高等院校应用型特色教材·公共基础类系列

管理学基础

主　编　吴　崑

副主编　赵明晓　李秀华　陈　晖

清 华 大 学 出 版 社

北京交通大学出版社

·北京·

内 容 简 介

本书为高等院校应用型特色教材。以实用性、实践性、趣味性为原则，注重知识更新，围绕"管理者如何有效管理其组织"这一主题，以管理的四大职能蕴含的基本理论和技能点为主线进行编排，分为两篇，共14章，第1篇为管理学基础知识，共计6章，即管理学概论、管理的形成和发展、计划、组织、领导、控制；第2篇为管理技术，共计8章，即目标管理、时间管理、职位说明书编写、团队管理、合理授权、沟通技术、绩效管理、问题管理。

本书特色在于集案例、页边注、小常识、课堂活动、思政园地、实训项目等于一身，图文并茂、充满趣味性，形成了系统的学习指导体系。

本书可作为高等院校、成人高校、民办高校工商管理相关专业的教学用书，也适用于五年制高职、中职相关专业，并可作为社会从业人士的业务参考书及培训用书。

图书在版编目（CIP）数据

管理学基础 / 吴崑主编. —北京：北京交通大学出版社：清华大学出版社，2022.8
ISBN 978-7-5121-4781-2

Ⅰ. ① 管… Ⅱ. ① 吴… Ⅲ. ① 管理学-高等学校-教材 Ⅳ. ① C93

中国版本图书馆 CIP 数据核字（2022）第 137179 号

管理学基础
GUANLIXUE JICHU

责任编辑：郭东青

出版发行：清 华 大 学 出 版 社　　邮编：100084　　电话：010-62776969　　http://www.tup.com.cn
　　　　　北京交通大学出版社　　邮编：100044　　电话：010-51686414　　http://www.bjtup.com.cn
印 刷 者：北京时代华都印刷有限公司
经　　销：全国新华书店
开　　本：185 mm×260 mm　　印张：21.75　　字数：562 千字
版 印 次：2022 年 8 月第 1 版　　2022 年 8 月第 1 次印刷
印　　数：1～1 500 册　　定价：59.00 元

前　　言

一、写作起因和过程

本书的主编从事管理学的教学与研究工作，在教学过程中发现目前市场上大多数管理学教材以学科型为主，要找到一本实用型的管理学教材非常困难。主编组成课程研究团队，广泛研究当时已有的各类管理学教材，并借鉴国外的企业管理内训教材，根据团队的教学改革经验和平时对管理学的研究，以实用性、实践性为原则，注重知识更新，编写出一套既能反映管理学的基本原理，又能结合中国实际；既能使学生掌握管理学的基本理论，又能培养学生管理技能的管理学教材。团队成员先编写了内部教材，应用于教学实践，内部教材以实用性、实践性为原则，注重知识更新，明确了每章的教学目的与要求，引用鲜活的实例、灵活的课堂活动、富于启示的知识拓展，提供了形式多样的实训项目，让学生在学习与练习中，获得智慧的启迪和技能的养成。经过不断完善，终于出版了本书。

二、本书的特点

1. 在难易程度上，本书定位于培养基层领班人的培养目标

在一个组织中，每个管理者在组织中处于不同的地位，起着不同的作用，拥有不同的权限，承担不同的责任，从管理学的角度，按照管理层次可以划分为高层、中层、基层管理者三大类（见图 0.1）。

图 0.1　各层级管理者应具备的主要管理技能

（1）高层管理者。高层管理者是指一个组织中最高领导层的组成人员。他们对外代表组织，对内拥有最高职位和最高职权，并对组织的总体目标负责。他们侧重组织的长远发展计划、战略目标和重大政策的制定，拥有人事、资金等资源的控制权，以决策为主要职能，故也称决策层。

（2）中层管理者。中层管理者是指一个组织中层机构的负责人员。他们是高层管理者的决策执行者，负责制订具体的计划、政策，行使高层管理者授权下的指挥权，并向高层管理者报告工作，也称执行层。

（3）基层管理者。基层管理者是指在生产经营第一线的管理人员（即基层领班人）。他们负责将组织的决策在基层落实，制订作业计划，负责现场指挥与现场监督，也称作业层。

不同层次的管理者对管理技能的需要有差异性。由于所处的位置、作用和职能不同，对管理技能的需要程度明显不同。

目前，市场上大多数的管理学教材以学科型为主，尤其针对研究生。在管理技能上也是针对企业的高、中层所应该具备的能力编写的，而没有针对基层管理者的管理技能要求而编写的教材。

本书针对这一问题，从内容到形式都力图有所突破和创新。在内容上，针对基层管理者，开创性地将管理学的理论知识与管理技能融合在一起，尤其是在第 2 篇以管理学蕴含的技能点作为主脉络组织内容，培养学生在基层管理工作岗位上用得上的管理技能。在形式上，本书将管理工具的学习与训练结合在一起，使学生能通过学习和练习熟练掌握这些工具。

2. 在内容上，本书定位于没有社会阅历的在校生管理学入门级教材

管理学是一门实践性很强的应用性科学，而绝大多数在校生从小学、中学，直至成为高等院校的大学生，之前大多没有工作经历，这一本管理学教材从学生熟悉的校园生活入手，通过学生在校园生活、学习中所经历的个人与班级管理案例，引发学生管理思想，展示管理知识，学生通过课后练习可以感受管理的魅力，激发学习兴趣，从而能尽快领会管理知识、掌握管理技能。

另外，管理学作为研究组织管理的学科，是很多专业学科的基础课程。最近几年出版的管理学教材涉猎很广，对战略管理、组织管理、人力资源管理、管理信息、项目管理、跨国企业管理等都有较多的论述，这导致与后续各门专业课程之间存在较多的重复和冲突，增加了这门专业基础课教学的难度。基于上述问题，本书较好地处理了管理学课程内容与后续课程内容之间的关系，其内容紧紧围绕着"管理者如何有效管理其组织"这一管理学基本主题，突出管理学基本概念、基本理论和基础知识的系统讲解，而像战略管理、管理信息、项目管理、跨国企业管理等与这一主题不直接相关的内容，不作为本书的内容。一部分内容，例如，组织管理、人力资源管理等与管理学基本主题直接相关，但在其后续专业课程有所涉及的内容，本书进行了简化处理，这样既满足了管理学作为基础课程的内容完整性要求，又为后续专业课程留下了空间，较好地处理了管理学这门课与后续各门专业课程之间的重复和冲突，真正体现出管理学入门教材的特点。

3. 在方式上，本书力图做到图文并茂，在编排方式上，为了帮助大学生能够很好地学习和掌握管理学基础知识，编者借鉴国内外优秀教材的优点，形成了系统的学习指导体系

本书的学习指导体系如下。

（1）学习目的：本书每章开始，首先简要地阐述该章的学习目的，以激发学生学习的积极性和自觉性。

（2）学习目标：当我们开始一段旅程时，首先必须明确目标，管理学的学习也是这样的。本书每章都有知识与能力的学习目标，明确指出学生应该掌握的内容，使学习有的放矢。

（3）管理问题：本书每章开篇都有一个发生在学生身边的实际问题，从而激发学生的学习兴趣，导入后续的教学内容。

（4）思政园地：本书每章都增加了课程思政的内容，力求将管理学课程作为切入点，培养学生热爱祖国，热爱人民，热爱中国共产党，树立正确的人生观与价值观。

（5）即问即答：本书每章都包含若干即问即答题，可以促使学生主动思考，加深对管理

基本概念和基本观点的理解。

（6）小卡片：本书每章都插入了一些小卡片，这些小卡片主要起补充和调节作用。

（7）页边注释：对于管理大师等情况，本书采用了页边注释的方式，清楚地提供必要背景和指导，便于学生的学习。

（8）复习思考题：本书每章最后都有一些复习思考题。这些问题都是直接针对该章内容的，答案可从该章内容中直接找到。学生通过复习思考题可以检查自己的学习成果。

（9）学生插画练习：本书每章都为学生准备了这个练习，让学生结合本章节知识点，用插画的形式表达出来。

三、内容构成

这本管理学教材以管理过程为导向来组织相关内容，如图0.2所示。

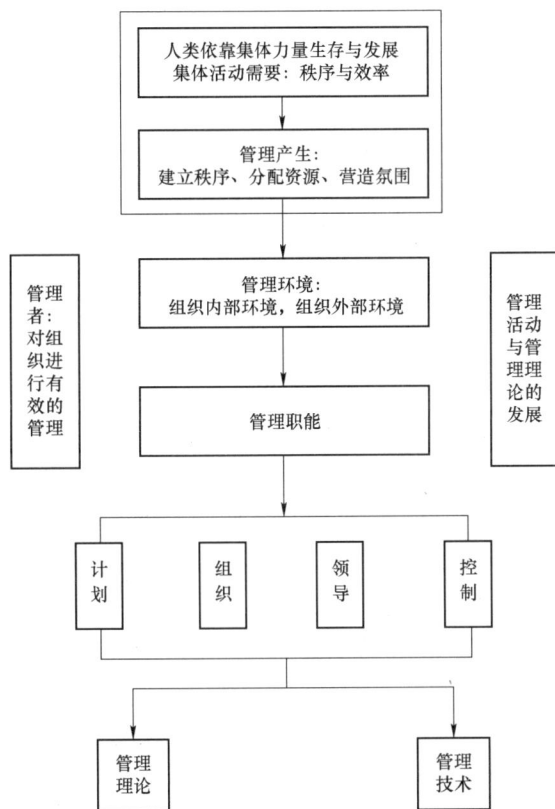

图 0.2　教材体例一览图

本书从人类所面对的基本矛盾——有限资源与无限欲望之间的矛盾出发，引出组织管理，然后围绕着"管理者如何有效管理其组织"这一主题，阐述管理者在一定的环境下，如何通过科学决策和履行管理四大基本职能——计划工作、组织工作、领导工作和控制工作以及管理创新，有效地实现组织目标。本书共设两篇，共14章，其中第1篇作为管理学基础知识，共计6章；第2篇是全书的重点，着重培养学生的管理技能，以管理的四大职能蕴含的技能点为主线进行编排，分为8章。

在本书编写过程中，赵明晓负责编写第5、10、12章；李秀华负责编写第3、7、8章；陈晖负责编写第6、13、14章；叶丽负责编写第11章；霍霞负责编写第2章；李春田负责编写第 4 章和第 9 章；吴崑负责编写第 1 章并总统稿。

在编写过程中我们参考了大量的著作、论文和企业案例，在此向被参考和引用文献的作者表示感谢。由于编写时间仓促，编者水平有限，书中难免有疏漏之处，敬请广大读者不吝赐教，以便于修订，使本书更臻完善。

编 者

2022 年 6 月

目　　录

第1篇　管 理 理 论

第2篇　管理技术

第1篇
管理理论

第1章 | 管理学概论

学习目的

通过本章的学习，深刻理解管理的基本概念及其普遍性，理解学习管理的重要意义，了解管理学的主要研究内容和研究对象，了解组织中管理者的不同层次与要求，理解组织内外部环境与管理之间的关系。最终，通过对管理问题、案例和习题的学习与研讨，能够举一反三地指出生活中存在的各种"管理"问题。

知识目标

- 管理的基本概念；
- 管理学的研究内容与研究对象；
- 组织中不同层次管理者的责任与素质；
- 组织内外部环境与管理之间的关系。

能力目标

- 能够准确指出生活中存在的各种"管理"问题；
- 能够有效说明学习管理学的重要意义。

思政目标

- 引导学生树立正确的社会主义人生观与价值观；
- 培养学生成为爱祖国，爱人民，爱社会的优秀管理者。

思维导图

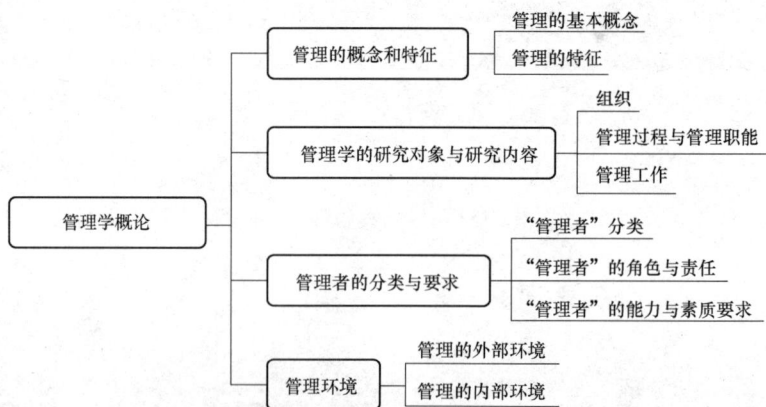

管理问题：

拓展训练中有一个经典项目叫"逃生墙"，由于其往往被安排在最后一个项目，因此又称作"毕业墙"。逃生墙模拟的是野外生存，假如一个团队被困在山谷中，必须翻过一块很高的大石头或一道障碍才能继续前进（没有其他的路可以绕行），在没有任何工具的情况下，如何实现集体逃生。逃生墙基本规则：全队所有成员在 30 min 内翻越一面高 4.2 m 的光滑墙面，在此过程中，大家不能借助任何外界的工具，包括衣服、皮带、绳子等。所能用的资源只有每个人的身体。

小王和他的同事面对这面光溜溜的高墙着实犯了难，4.2 m 的高墙要是一个人肯定是过不去的，可是 10 个人，没有任何工具，30 min 内又怎么能过去呢？正在大家发愁的时候，计划部的队长老张站了出来。他用非常坚定有力的语气说道："大家不要着急，我来分析一下目前的状况。我们的目标非常明确，那就是绝不能落下一个人，所有人都要翻过高墙，这是绝不动摇的目标。由于墙高 4.2 m，因此必须有 2～3 个人搭人梯才能过去，关键是负责搭人梯的最后一个人如何过去？"

大家听了老张的分析心里都踏实了很多，开始纷纷出主意，最后都赞同用"倒挂金钩"的方式把最后一个人拉上去。接着，大家又开始分析搭人梯的人、上面拉人的人、最后一个人都需要具有什么样的能力和特点，并根据这些特点进行了任务分工。最后老张又补充了一点：身材瘦小的女同志无论是上去的还是在下面的，都有一项重要的任务，那就是给大家加油鼓劲。

经过简短的分析会，计划制订出来了，每个人都有明确的分工，都是按照自身特点分配的任务，大家都充满了信心。会议的最后，队长挥舞着有力的手臂高喊："让我们为了大家的生存一起努力！"在老张的带领下，10 个人仅用了 23 min（包括会议时间）就全体顺利"逃生"了。

虽然顺利过关，但是最后的艰难时刻还是让大家激动不已。小王是负责倒挂金钩的人，在他觉得自己快坚持不住的时候，是那么多有力的手拼命把他和下面的最后一个人一起拉了上去，是那么多女同志声嘶力竭地为自己加油……小王觉得如果没有他们，自己很可能就坚持不住松手了。

拓展训练结束了，对于"逃生墙"小王久久不能忘怀。他一直在思考着成功的奥秘。

思考：你认为小王这个团队为什么能够顺利"逃生"？

学生插画练习：一个团队面临逃生墙，队长挥舞手臂高喊："让我们为了大家的生存一起努力！"

1.1　管理的概念和特征

现代生活中的每个人都和"管理"存在着密不可分的关系。学业的发展、职业的发展、家庭的组建、财富的规划……可以说人生的每一步都需要"管理"。而现代社会的发展离不开经济的发展，经济的发展又离不开企业的发展，"管理"是现代企业发展的充分必要条件。20 世纪 80 年代，日本企业的全面崛起与美国著名管理学家戴明等人提出并终身致力于推行的"全面质量管理"有着直接的关系。"现代管理之父"德鲁克在 20 世纪 90 年代指出美国汽车企业竞争力落后于日本汽车企业的主要原因在于管理和团队的建设。

随着全球化进程的不断加剧，现代经济呈现出极其复杂的相互关系和特征，"管理"在宏观经济中发挥的作用随处可见。

案例：生活中的管理哲学
一个三口之家的家庭分工

李雷与韩梅梅组建了幸福的家庭，并有一个健康的宝宝，两个人为了更好地经营管理好家庭，做了以下分工。

（1）财务管理：由韩梅梅"统收统支"，李雷的工资卡交给韩梅梅，在保证日常零花钱之外，李雷的其他花销都要"报请"韩梅梅审批；与此同时，韩梅梅负责家中的理财投资。

（2）教育管理：两个人在孩子的教育上有明确的分工合作，韩梅梅负责唱红脸，循循善诱，一副慈母做派；李雷则负责唱白脸，雷厉风行，该"鞭策"的时候绝不手软。

（3）旅游管理：全家每年一次国内游、一次国外游，由孩子决定目的地，韩梅梅是"总管"，负责制定攻略，预订机票、酒店，购买保险，李雷则负责旅游期间的摄影和安全保卫工作。

一年下来，家庭管理做得井井有条，在新年来临之际，李雷与韩梅梅开了一个家庭会议，对一年来的家庭管理进行了总结，并提出第二年的家庭管理目标。三年之后，两个人不但贷款买了房子，还买了一辆汽车，生活越来越幸福。

从以上案例不难得出一个结论：大到国家，小到一个家庭都需要管理，<u>现代社会及其社会成员都离不开"管理"</u>。

1.1.1　管理的基本概念

公开发表的"管理"定义已不下百条，本书采用首都经济贸易大学博士生导师黄津孚教授所提出的"管理"定义：

<u>管理是通过计划、组织、激励、协调、控制等手段，为集体活动配置资源、建立秩序、营造氛围，从而实现预定目标的实践过程。</u>

黄津孚教授的"管理"定义告诉我们管理的三个真谛。

（1）"管理"是从目标开始的。

（2）管理的三大任务是：配置资源、建立秩序、营造氛围。

（3）管理的手段是：计划、组织、激励、协调、控制。

需要特别说明的是，由于"管理"已经深入现代社会的每个角落，上述管理定义中"为集体活动"的定义完全可以扩展、延伸到个人，从而形成<u>"管理"的三个层次：个人自我管理、社会组织（以企业为代表的）管理、社会宏观管理</u>。

实例分析

小明的学习成绩一直不理想，小明的妈妈专门为他腾出一个房间，晚上甚至放弃看电视专门"监督"小明学习，也为他请过不少家庭教师，但是收效甚微。终于，一位资深的教育专家解开了小明妈妈的困惑。原来，小明学习成绩不理想的主要原因是效率低下，写作业和复习功课的时候都是心不在焉的，一边学习一边看小说、杂志。小明妈妈虽然也发现了这个问题，但不知道如何解决。专家建议通过运用目标管理的方法帮助小明建立一系列目标活动，从而帮助他提高效率。经过一段时间的努力，小明在妈妈的帮助下成绩有了显著提高。

思考：你认为如何从"管理"的角度解释小明成绩的提高呢？

从案例的表面上看，似乎与管理无关，但是如果用管理的定义来分析一下则不难发现小明妈妈存在着和大多数家长一样的误区。在孩子学习的问题上，目标是非常明确的：取得理想的成绩。但是很多家长往往把注意力放在为孩子请家教、花钱上辅导班等方面，即为学习活动分配了大量的资源，这仅仅是管理三大任务之一。家长们为了给孩子提供良好的学习环境，从来不让孩子做家务，并提供独立而舒适的房间和大量的学习用具。但这也仅仅是部分地完成了硬件上的氛围营造。"吃完饭就去学习"的硬性命令虽然从表面上建立了学习的秩序，但是这种秩序其实是靠强制与自觉来实现的，孩子往往并不真的知道自己应该做什么。

站在"管理"的角度看，虽然目标明确，但是在孩子学习的问题上，很多家长没能有效执行管理三大任务，因此，孩子学习成绩不理想也是意料之中的事情。目标管理的方法之所以有效是因为帮助小明建立了真正的"学习秩序"，并通过难度适中的一系列目标活动的设定激发了小明的学习情绪，实现了真正意义上的氛围营造，因此学习成绩的提升也就在情理之中了。[①]

💡 **即问即答**：你如何管理自己的时间？你的学习计划是如何制订的？

1.1.2 管理的特征

1.1.2.1 管理是普遍存在的

长久以来，很多人认为"管理"仅仅是组织中具有管理职能的人的事情，和普通人一点儿关系也没有。其实不然，社会中的每个人都必须善于管理。很多大学生独立性很差，每月的生活费总是不够，这就是典型的缺乏自我管理能力的表现。科学研究表明，绝大多数人的智力水平都相差不大，但为什么只有一小部分人能考上名牌大学，是其他同学不够"聪明"吗？教育研究的实践表明，智力水平相差无几的学生，学习成绩的巨大差异主要源于家长对孩子的管理以及学生自我管理能力的差异。

因此，无论大学考取什么专业，"管理学"都应当是必修课程。掌握管理技能，对大学生一辈子都是受益无穷的。

1.1.2.2 管理是科学与艺术的统一

"管理"就发生在我们身边，很多人似乎天生就会管理，那么管理是科学吗？答案是肯定的。现代管理中运用了大量自然科学的方法，如运筹学方法、信息技术方法等，现代管理中的标准化、制度化、流程化方法能够显著提升组织的效率，这些印证了管理是科学的。

然而，管理的核心是"人"。无论是管理者，还是被管理者，管理都不可能脱离人而单独存在。曾经有无数人为之梦想的"无人工厂"为什么至今仍无法实现？这就是最好的例证。

正是因为管理的核心是"人"，因此管理不可能像自然科学那样完全准确，在人与人的互动过程中，各类情况千变万化，因为每个人都是独一无二的，每个管理情境都是独一无二的，因此没有一种完全能够放之四海而皆准的管理方法可以让你一夜之间成为管理高手。

管理是一项非常复杂的社会劳动，需要管理者掌握多种自然科学和社会科学方法，因此，"管理学"也是一门多种自然科学和社会科学的复合学科。正是因为这种复合性，学术界普遍认为"管理既是科学又是艺术"。

---

① 本案例采编自教育专家访谈，是真实案例，人物名字为化名。

1.2 管理学的研究对象与研究内容

美国著名管理学家哈罗德·孔茨（Harold Koontz）形象地提出"管理理论丛林"的概念，形容管理理论的多种多样。管理学的流派繁多，因此其研究对象与研究内容也不尽相同。总结主流管理学派的理论内容，大体上可将管理学的主要研究对象与研究内容归纳为三部分，即组织、管理者、管理工作。也就是回答了"管什么""谁来管""怎么管"三大问题。

哈罗德·孔茨（Harold Koontz），美国著名管理学家，美国管理科学院院长，管理过程学派的主要代表人物之一。

1.2.1 组织

1.2.1.1 人类最基本的属性是"社会人"

人类在自然进化过程中，逐步形成了以集体力量求生存的模式，当以血缘为纽带的原始社会形成后，人类的最基本属性就是"社会人"。而社会人的基本表现形式就是无论个体愿意或不愿意、承认或不承认，个体都必然会属于某一个"组织"。组织是社会的细胞，组织的最小单位是家庭。

鲁滨孙漂流记里的鲁滨孙，刚刚到达荒岛的时候暂时脱离了人类社会，回归了一个"自然人"的状态，其生存完全依赖自我。但是鲁滨孙无时无刻不在想如何回归，当"星期五"来到他的身边，他又从一个自然人回归了社会人，和"星期五"组成了一个最小化的组织。

由于人类的社会人属性，因此"组织"就变得非常重要，组织的效率将决定整个社会的效率。

💡 **即问即答**：试着说出你都属于哪些组织？

1.2.1.2 "组织"的基本概念

组织的形式多种多样，规模各不相同，从最小的家庭到最大的国家、联合国，都可以称为"组织"。那么组织的评判标准是什么呢？通常认为，符合以下 3 个条件即可称为"组织"。

（1）由两个或两个以上自然人组成。

（2）拥有共同的、明确的"目的"与"目标"。

（3）拥有一定的"规则"。

组织涵盖的范围非常广。我们日常熟知的很多组织都是"正式"组织，其实为数更多的是"非正式"组织。关于组织的详细论述，请见第 4 章。

💡 **即问即答**：请用组织的 3 个标准判断一下家庭是否属于组织。

1.2.1.3 组织效率的主要决定因素是"管理"

组织存在的最大价值就是完成个体无法完成的任务，而组织成员都能从中获得超过自身个体努力所得到的价值。因此，如何提高组织效率，获得最大化的共同价值是显而易见的极为重要的研究命题。

从古至今，众多学者都在研究组织效率问题。《孙子兵法》中探讨军队的战斗管理问题，有一段经典论述：

《军政》曰："言不相闻，故为之金鼓，视不相见，故为之旌旗。"夫金鼓旌旗者，所以一民之耳目也；民既专一，则勇者不得独进，怯者不得独退，此用众之法也。故夜战多金鼓，昼战多旌旗，所以变人之耳目也。

这段文字翻译成现代汉语，意思如下。

古时《军政》书上说："因为（战士、部队）相互间听不到说话，所以用金鼓传声；相互间看不见行动，所以用旌旗指挥。"锣鼓与旌旗都是用来统一战士的耳目；当战士依从指挥而整齐划一，那么，英勇的战士不能独自前进，怯懦的战士也不能独自后退，这就是指挥军队战斗的方法。而夜间作战多用金鼓，白天作战多用旌旗，是为了方便士兵的视听。

这段话非常经典地指出，组织的效率在于组织成员之间的协调一致，而在内外部资源与条件既定的情况下，一个组织的效率主要取决于管理的效率。当然，随着社会的不断发展，组织形式也变得越来越复杂，组织效率不再是简单的协调一致问题，组织的管理内涵也越来越复杂。但是，众多研究人员和学者都一致认为，组织效率的主要决定因素是组织的管理水平。

🔍 实例分析

"足球"号称世界第一运动，足球场被称为"没有硝烟的战争"。足球场上的胜负往往不是由实力决定的，"冷门"经常会发生。

思考：你认为作为一个组织，足球队的效率由什么来决定？

1.2.2　管理过程与管理职能

管理活动的开展形成了一个基本流程，通过这个流程可以解决实际问题，完成组织目标。图1-1描绘了这个管理过程。

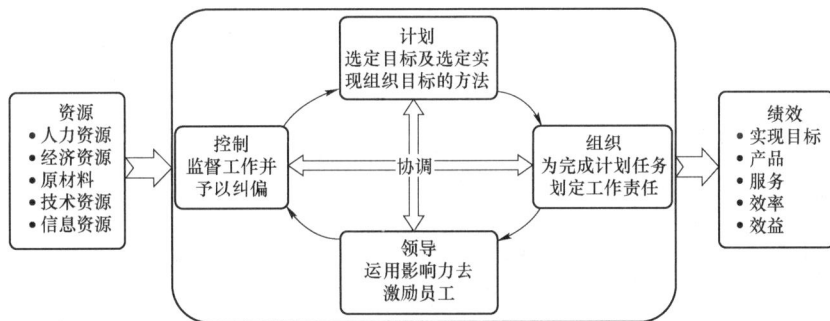

图1-1　管理过程

管理者将各种资源引入组织，然后通过一个完整的计划、组织、领导、控制的过程，利用相应的技术将投入转化为产出，比如提供了外部认可的产品和服务，从而实现了组织的绩效目标。显然，这个管理过程是确保投入产出效率非常重要的环节。下面就着重分析计划、组织、领导、控制4个环节的管理过程。

1.2.2.1　计划

计划职能的两项具体任务是选定组织的目标以及选定实现组织目标的方法。即为组织确定未来的业绩目标，解决"向何处去""成为什么样的组织"的问题，并确定使用哪些必要的资源来达到这些目标，解决"如何去""如何成为这样的组织"的问题。对这两个问题的回答反映了组织的愿景与价值观。

1.2.2.2 组织

为了完成计划任务，就必须划定工作责任，在此基础上为每个岗位进行工作设计，进而将合适的工作人员分配到合适的岗位上。这就是组织环节的工作。在此过程中，管理者将在计划的指引下实现组织结构、资源投入和人员安排三者之间的匹配：计划引导结构，依托特定的组织结构来积累和投入资源，并为不同部门选择合适的"领头羊"。

1.2.2.3 领导

把合适的员工放到合适的岗位上之后，就要运用影响力来激励员工，这是领导职能的中心任务。从某种意义上讲，领导是一个鼓舞员工实现组织目标的过程。而鼓舞员工需要相应的手段，比如创建共同的文化和价值观，以此引导组织成员"心往一处想，劲往一处使"；而在创建组织文化和价值观的过程中，最有效的途径之一就是向组织全体成员宣传组织的使命与目标，并使员工接受这一组织目标，激发他们投身于共同的事业。

1.2.2.4 控制

有激励就有约束，控制职能就是要实现这种约束。简言之，"控制"就是要监督整个管理过程和业务流程，并在业务运行出现问题的时候予以必要的纠偏。这种纠偏既包括将组织发展方向从偏离的轨道上拉回来，也包括重新选择做事的方法以保证最高效地达到组织目标。纠偏过程可能会引发新一轮调整和改革，从而使组织进入新一轮管理过程。

1.2.3 管理工作

赫伯特·A.西蒙
（Herbert Alexander
Simon），管理决策大
师，1975年荣获计算
机科学最高奖——图
灵奖，1978年获诺贝
尔经济学奖。

管理工作是管理者对"组织"实施管理的具体工作任务和过程。对管理工作的研究一向是管理学的重点内容。"科学管理之父"泰勒的主要研究内容就是如何提升一线生产管理水平从而提高劳动效率，管理过程学派认为管理即计划、组织、领导、控制的过程（此为四职能论，是对五职能论的发展）。而唯一获得过诺贝尔经济学奖的管理决策大师赫伯特·A.西蒙（Herbert Alexander Simon）则提出了"管理即决策"的著名观点，开创了管理决策学派。

组织、管理者和管理工作三者的关系如同一部汽车。组织本身相当于汽车，管理者如同驾驶员，而管理工作就是驾驶员驾驶汽车的过程。如果驾驶员的技术非常好，那么汽车本身差些也能跑得很快，而汽车再好，如果驾驶员是个新手，发生交通事故的概率也很高。即使是驾车的高手，在驾驶过程中也必须保持高度注意力，一旦忽视了道路环境的变化或犯困、走神、聊天，也会造成交通事故。

🔍 实例分析

请收集有关美国三大汽车公司（福特、通用、克莱斯勒）发展的历史资料。

思考：请以美国三大汽车公司的发展历史说明上述比喻。

1.3 管理者的分类与要求

"管理者"普遍存在于自然界,并非人类所独有的。群居动物往往都有一个头领,如"猴王""头狼""头马"等,它们的职责是带领动物群体躲避危险,寻找适合生存的环境,从而实现种群的生存与繁衍。

动物世界中的种群管理者往往只有一个,而且只能有一个。但是人类社会组织的复杂程度远远超过了动物种群,因此一个管理者根本无法胜任人类社会庞大组织的管理任务。

人类原始社会靠血缘结成组织,血缘家族中往往年长者居首,具有一定血缘关系的一个个小家庭组织成一个家族,若干家族依靠血缘关系(如通婚等)组成部落。因此,一个部落虽然看起来只有部落首领(或称酋长)一个管理者,实则是由部落首领、家族族长等一系列管理者构成的,庞大部落中还包含小部落,其构成更为复杂,管理者的队伍也更趋庞大。

组织效率主要取决于管理效率,而管理效率主要取决于管理者的水平,因此"管理者"一直是管理学研究的主要内容之一。对"管理者"的研究主要包括管理者如何分类、管理者的角色与责任、管理者胜任管理工作所需的能力与素质3个方面。

💡 **即问即答**:你所在班级的管理者有哪些?如何评价他们是否称职?

1.3.1 "管理者"分类

为什么要对管理者进行分类?因为从管理实践看,不同层级和不同职能的管理者所扮演的角色、所承担的责任、所需的能力与素质要求都不尽相同。很多拥有优秀专业技能的人并不能很好地胜任管理工作,很多优秀的基层管理者被提升为中层管理者后感觉无所适从,无法顺利开展工作。这些管理实践表明,有必要对管理者进行分类研究,以总结其一般性规律。

💡 **即问即答**:从小学到大学,你们班上有没有学习非常优秀但不胜任班干部的情况出现?你觉得主要原因是什么?

1.3.1.1 按照管理层级划分管理者

这是最常见的管理者分类方法,即按照管理者在组织中所处层级,将管理者划分为基层管理者、中层管理者和高层管理者。这种划分方法的依据是:不同层级的管理者在组织中所扮演的角色和承担的责任不同,因此所要求的能力与素质也不相同。

1. 基层管理者

基层管理者即组织第一线最小单元的管理者,以企业为例,生产车间的班组长、商业企业的商品组组长、银行前台的柜员主管、行政部门的科室主任等都是典型的基层管理者。他们往往在指导本小组成员进行一线工作的同时,自身也要进行操作性的生产活动。

2. 中层管理者

中层管理者即若干具有相同职能的基层最小单元组成的部门管理者,以企业为例,生产车间主任、商品部主任或经理、市场部经理、研发部经理等都属于中层管理者。中层管理者起到承上启下的作用,既要负责将高层管理者和组织的战略、目标、计划付诸实施,又要负责部门的绩效考核、业务指导、工作规划等。

3. 高层管理者

其处于组织成员金字塔结构的顶层，总揽组织管理各个方面的最终决策权，以企业为例，总裁、副总裁（有些企业称总经理、副总经理）或 CEO 等构成高层管理者。高层管理者对组织的总体发展方针、策略等负责。

需要特别说明的是， 基层、中层、高层管理者的划分是比较宽泛的，并非绝对的，每层都可能包含若干等级。由于大型复杂组织是由一些相对独立的小型组织构成的，因此基层、中层、高层的概念也是相对而言的。例如，军队体制是大家所熟知的，陆军大体上采用"军、师、旅、团、营、连、排"的层级体制，在军长上面还有司令，排长下面有班长，班长直接管理战士。在整个陆军的体制中，团是非常重要的作战单位，大多数的大规模军事行动都是以团为基本作战单位的。在一个团中，团长就是最高指挥官，是高层管理者，团参谋长负责整个团的作战策划，也属于高级管理者；营长是典型的中层管理者；而连长、排长、班长都属于基层管理者。但是在一个师中，团长就属于基层管理者了，中层管理者是旅长，高层管理者包括师长、副师长、参谋长等。

学生插画练习： 以 3 个台阶上站 3 个人表明 3 个层级的管理者，底层管理者的动作是劳动，中层管理者的动作是执行、鼓舞，高层管理者的动作是高瞻远瞩、瞭望等以制定正确的方向。

1.3.1.2 职能管理者与全面管理者

除了常见的层级分类法，也有研究将管理者划分为职能管理者与全面管理者。**职能管理者，** 指对某一项职能专门负责的管理者，如市场部经理、财务总监等。**全面管理者，** 指在某一范围内对各项管理工作全面负责的管理者，如总裁、总经理、CEO 等。

职能管理者与全面管理者划分的依据与层级划分法并无本质不同，也是根据管理者角色与责任的不同加以区分的。与层级划分法不同的是，职能管理者与全面管理者的划分是一种纵向划分，而层级划分法是横向划分，两者存在着互相补充的关系（见图 1−2）。

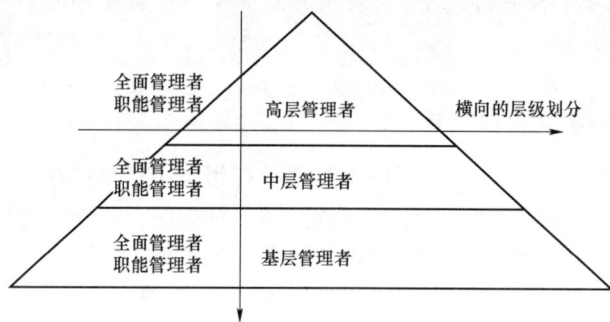

图 1−2　管理者分类的相互关系示意图

需要特别说明的是， 与层级划分法一样，全面管理者与职能管理者的概念都是相对而言的。例如，对一家公司而言，公司的 CEO 或总裁是全面管理者，他的每个副手通常都各自主管某一项职能，是职能管理者，而中层管理者通常掌管某一个职能部门，因此从公司总体出发，中层管理者一般是职能管理者；但是对于一个职能部门而言，经理就是全面管理者，对整个部门的各项工作负责，他的副手则可能专职管理某些具体工作或某个市场区域，因此是职能管理者。

小卡片: 管理大师德鲁克笔下的"管理者"

彼得·德鲁克
（Peter F. Drucker）
"现代管理之父"，
大师中的大师。

管理大师德鲁克曾经对"管理者"下过两个定义。在强调管理上司也是管理者的职责时，他说：管理者不是"负责下属工作的人"，而是"负责自己的业绩所依赖的所有人的业绩的人"。根据这个定义，有下属的人应该是管理者，因为他的业绩依赖于下属的业绩。没有下属的人，如果他的工作业绩依赖于组织中的其他人，也应该是管理者。而今天的组织中，很少人的业绩能够不依赖其他人。因此，组织中的绝大多数成员都应该是管理者。

在强调管理者的有效性时，他给出了管理者的又一个定义："在一个现代组织里，如果一位知识工作者能够凭借其职位和知识，对该组织负有贡献的责任，因而能实质性地影响该组织的经营能力及达成的成果，那么他就是一位管理者。"

根据这个定义，有下属的人不一定是管理者。德鲁克举的例子是制造业的工厂领班，因为他们并没有对组织的经营能力产生重大的影响，"对其下属的工作方向、工作内容、工作质量及工作方法，他们既无责任，也无职权"。

而没有下属的人可能是管理者，比如一些知识工作者，尽管他们没有下属，但是做出的决策可能极大地影响公司前程。德鲁克比较两家竞争企业的市场研究员，一位可能有200个下属，另一位可能只有一个秘书，"然而就这两位市场研究员做出的贡献来说，却无太大差别"。

上述两个定义至少有两个共同点：都承认没有下属也可以是管理者，都用成果而非职位作为衡量管理者的标准。因此想当管理者的员工，追求的不应该是职位，而是成果；那些身处所谓的"管理层"的经理人，如果没有成果，也不是管理者。

管理者的真相，就是管理者不在于有没有下属，而在于有没有成果。

1.3.2 "管理者"的角色与责任

你可以以管理者在工作中扮演的不同角色来理解管理工作。而管理者之所以需要扮演不同的角色，是因为管理者"都被授予负责一个组织的正式权力。正式权力带来地位，由此导致各种人际关系，而这些人际关系又产生了获得信息的途径。信息又反过来使得管理者能够为组织做出决策和制定战略"。因此，管理者在组织中扮演人际关系、信息传递和决策制定3类角色，如图1-3所示。

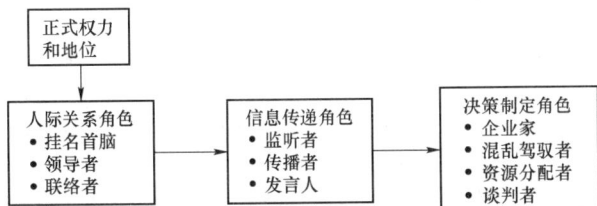

亨利·明茨伯格
（Henry Mintzberg），管理学家，经理角色学派的代表人物，明茨伯格曾四次在《哈佛商业评论》上发表文章，全面阐述了管理者角色理论，其中两次获得"麦肯锡"奖。

图1-3 管理者的角色

1.3.2.1 人际关系角色

管理者人际关系角色的作用，是与组织其他成员协作互动，并为员工和组织整体提供导向和监督管理。人际关系角色分为 3 种：挂名首脑、领导者和联络者。其中，挂名首脑是一个组织的象征性领导，会作为组织标志去参加一些社会性活动；领导者的主要职责是激励和动员下属，并负责人员的配备、培训和交往；"联络者"的角色则加入了对外沟通的成分：管理者要维护自行发展的外部接触，与他们沟通信息、交流感情。

1.3.2.2 信息传递角色

信息传递角色与获取和传递信息的任务密切相关。这类角色具体可分为 3 类：监听者、传播者和发言人。其中，监听者是为了透彻地了解组织与环境，从而获取各种特定的信息。监听活动包括读书看报、听取下级汇报、研读行业动态（如政策走向）等。此时的管理者是组织内外各方面信息渠道的中枢。传播者将从外部和下属那里获得的信息传递给其他组织成员，这种传递包括各种沟通方式，如邮件、电话、口头通知等。发言人则代表组织向外部发送有关组织的计划、政策、行动等信息。

1.3.2.3 决策制定角色

决策制定角色与管理者所从事的战略规划、资源运用等工作密切相关。在这一类型中，管理者的角色可以分为 4 种：企业家、混乱驾驭者、资源分配者和谈判者。企业家的职责是发现机会和创造机会，并借助机会推动企业和行业的变革。在这一过程中就自然涉及确定组织发展方向、市场定位，以及企业同用户之间关系的工作。具体到中国，这种企业家角色还特别体现为具有敢于挑战国际领先对手的"胆识"和"眼界"。

混乱驾驭者的职责是，当组织陷入危机和混乱，或者外部环境发生重大变化，尤其是意外动乱的时候，管理者要拿出补救方案来挽回大局。2008 年金融危机之后，沿海代工企业的海外需求大幅萎缩，很多企业调头开发国内市场，以此"驾驭混乱"。

资源分配者的职责是分配组织内部的各种资源，这在现实中很多时候表现为一种审批的权力。比如很多企事业单位的财务报销制度，都要求主管领导签字，

即所谓的"一支笔"财务报销审批制度，这就是管理者资源分配角色的具体表现。

谈判者的职责是在主要的谈判中作为组织的代表，这些谈判既包括与工会的谈判，也包括和商业伙伴、政府部门的谈判。管理学者明茨伯格对十种管理者角色学者理论进行了总结，见表 1-1。

表 1-1 明茨伯格的十种管理者角色

角色		描述	特征活动
人际关系	挂名首脑	象征性首脑，必须履行许多法律性或社会性的例行义务	迎接来访者，签署法律文件
	领导者	负责激励下属，承担人员配备、培训，以及有关的职责	实际上从事所有的有下级参与的活动
	联络者	维护自行发展起来的外部关系和消息来源，从中得到帮助和信息	发感谢信，从事外部委员会的工作，从事其他有外部人员参加的活动

角色		描述	特征活动
信息传递	监听者	寻求和获取各种内部和外部的信息，以便透彻地理解组织与环境	阅读期刊和报告，与有关人员保持私人接触
	传播者	将从外部人员和下级那里获取的信息传递给组织的其他成员	举行信息交流会，用打电话等方式传达信息
	发言人	向外界发布组织的计划、政策、行动、结果等	召开董事会，向媒体发布信息
决策制定	企业家	寻求组织和环境中的机会，制定改进方案，以发起变革	组织战略制定和检查会议，以开发新项目
	混乱驾驭者	当组织面临重大的意外混乱时，负责采取纠正行动	组织应对混乱和危机的战略制定和检查会议
	资源分配者	负责分配组织的各种资源，制定和批准所有有关的组织决策	调度、授权，开展预算活动，安排下级的工作
	谈判者	在主要的谈判中作为组织的代表	参加与工会的合同谈判

思政园地：改革先锋中的企业家

在庆祝改革开放 40 周年大会上，党中央、国务院决定，授予于敏等 100 名同志改革先锋称号。改革先锋中的企业家包括：率先到内地投资的澳门著名企业家和社会活动家马万祺，数字经济的创新者马云，"互联网+"行动的探索者马化腾，海归创业报国推动科技创新的优秀代表李彦宏，科技产业化的先行者柳传志，民营企业家的优秀代表刘永好，注重企业管理创新的优秀企业家张瑞敏，民营汽车工业开放发展的优秀代表李书福，电子产业打开国际市场的开拓者李东生，乡镇企业改革发展的先行者鲁冠球。

小卡片：经理角色学派的"经理角色"理论

20 世纪 70 年代，以亨利·明茨伯格（Henry Mintzberg）为代表的，由乔兰（Choran）、科斯廷（Costin）、贝克斯（J. Bex）、萨尔宾（Sarbin）、艾伦（Alien）、托马斯（Thomas）和比德尔（Biddle）等人组成的"经理角色学派"开展了对经理人角色和责任的广泛而深入的研究，发表了一系列重要论文与专著。

1.3.3 "管理者"的能力与素质要求

通过对管理者进行分类研究，明确了管理者的角色与责任，最后的问题就是什么样的人能够胜任不同层次与不同岗位的管理者呢？要清晰地回答这个问题，必须深入研究管理者的能力与素质要求。

1.3.3.1 管理者的能力要求

对于管理者的能力要求，目前管理学界普遍认可的是美国著名管理学家罗伯特·L.卡茨

（Robert L. Katz）于 20 世纪 50 年代提出的高效管理者应具备的 3 种基本技能（见表 1-2）。

表 1-2　高效管理者应具备的 3 种基本技能

技能类型	主要含义	主要作用
技术技能	完成具体工作的特定技能，如信息技术技能、财务分析技能等，也包括方法性技能，如决策技术、写作技术等	完成具体工作
人际技能	主要指在群体中与别人共处、沟通以达到协调与协作的技能	1. 部门内部协作； 2. 部门间协调
概念技能	字面解释为构建概念的技能，即在复杂环境中能够洞察环境变化，将复杂问题简化并寻找正确发展方向的能力	1. 应对复杂事件； 2. 制定正确的发展战略

💡 **即问即答**：你认为对于基层管理者、中层管理者和高层管理者各自而言，上述 3 种技能哪种最重要？

对于不同层级的管理者而言，3 种基本技能的侧重是不同的。基层管理者往往更注重具体任务的完成，因此技术技能是最重要的。而大多数基层管理者往往由于长期关注具体工作任务而忽视了对组织整体的了解与把握，再加上缺乏有效的信息渠道，因此严重缺乏概念技能。

对于中层管理者来说技术技能并非不重要，因为"外行不能有效领导内行"，但是人际技能会变得更重要。因为中层管理者不再亲自进行具体任务的执行，其主要工作内容是与高层管理者沟通，领悟组织战略并与基层管理者沟通，帮助他们制订工作计划，同时还必须与其他部门进行充分的沟通以达到协调与协作的目的。最后，中层管理者还肩负着激励部门人员、营造良好氛围的重要职责，完成这一重要任务，人际技能是必不可少的。很多技术能手与业务骨干由基层管理者晋升为中层管理者初期的迷茫、困惑以至于不能胜任，往往源于缺乏足够的人际技能。

从中层管理者向高层管理者晋升的最大障碍就是概念技能的缺乏，也就是日常所说的视野与思维高度的不足。概念技能是 3 种技能中最为复杂的，但通过学习管理学，接受 MBA 的教育等方式能够有效提升概念技能。

1.3.3.2　管理者的素质要求

对管理者素质要求的研究成果非常丰富，总结起来有以下几点。

1. 良好的职业道德

俗话说"做事先做人"，没有良好的职业道德，根本没有担任管理者的资格。可以说职业道德对管理者具有一票否决的作用。管理者必须具备强烈的责任心，例如对企业负责、对部门负责、对员工负责、对消费者负责。我国近年来频发的食品安全事件就是管理者责任心缺失所产生的严重后果。

2. 良好的精神修养

管理者应具备良好的精神修养，如积极主动的态度、良好的合作精神、主动承担责任的勇气等。管理者不仅对具体工作负责，更要对组织的文化建设负责，而组织的文化建设往往由管理者自身的精神修养所决定。如果部门的管理者开朗、热情、积极主动，能够包容员工的失误，善于发现员工的优点，以鼓励的方式激励员工，那么整个部门就会像大家庭一样和谐、奋进，效率很高。相反，如果部门的管理者做事消极，不愿意和别人沟通，有事情能推就推，总是批评、责备员工，那么整个部门就会是一盘散沙，相互推诿，效率非常低下。

3. "十字形"的知识结构

"十字形"的知识结构即一方面拥有宽广的知识面，另一方面在某一领域具有很深的造诣。如前文所述，管理是一项自然科学和社会科学综合而成的复杂社会工作，因此要求管理者具备广博的知识，如经济学与管理学、社会学与心理学、哲学与自然科学等；而每个组织都有其特定的活动领域，缺乏对该活动领域较为艰深的造诣则很难承担组织的管理工作，历史经验已经无数次证明"外行领导不了内行"。

课堂活动：请同学们对照管理者的能力与素质要求，分析自己的差距与不足

目标：

这项活动帮助你更好地认识自己与管理者的差距与不足，从而在大学期间更加有针对性地进行学习。

任务：分析自己与管理者的差距与不足，有针对性地制订一份大学的学习计划。

要求：1. 请同学们认真对待，实事求是，不要自欺欺人；

　　　2. 学习计划不必非常详细，列出大纲即可，但要有明确的针对性；

　　　3. 不少于 500 字。

1.4　管理环境

"管理环境"是一个非常抽象而难以理解的概念。为了更好地理解这个概念，首先来看一个管理问题。

实例分析：康师傅方便面的火车传奇

1959 年，魏德和在中国台湾彰化乡村办起了一家小油坊，起名"鼎新"。这个作坊式的小企业后由魏德和的 4 个儿子和 3 个女儿继承，维持着中小企业的规模。1989 年，四兄弟中的老幺魏应行身负家人重托，从中国香港转道来到大陆。因为家庭企业是油坊，他自然而然地想到，要在大陆开发一种食用油。当时大陆市场几乎全是散装油，谈不上优质和品牌。魏应行决心开发"顶好清香油"，创立"来自台湾的食用油"形象。

许多人可能还记得 20 世纪 80 年代末中央电视台播出的这条广告。当时正在大陆热播的台湾电视剧《星星知我心》女主角吴敬娴的一句"用顶好清香油，顶有面子"在电视上反复播放，广告语深入人心。可惜名声虽好，买卖却不好，以大多数老百姓在 20 世纪 80 年代末的消费水平，还没达到"要面子"的程度。大家用惯了廉价的散装油，而十几块钱一瓶的"清香油"质量虽好，价格却远远超过老百姓的心理底线，滞销也就成了自然而然的事，最后甚至不得不全面回收。

后来魏应行又先后试推"康莱蛋酥卷"和另外一种蓖麻油，两种产品虽然广告做得都很

出色，但同样犯下了高估市场的错误，一直未能获得理想的销售业绩。1989 年至 1991 年的三年间，魏应行已赔掉了所携来的 1.5 亿元新台币的半数以上，几乎要打道回府。恰好在这时他嗅到了方便面的市场机会。

当年他经常乘坐火车，并食用从台湾带来的方便面。后来渐渐发现，一同搭车的人们总是对他的方便面十分好奇，经常有人围观甚至询问何处能买到。魏应行敏锐地捕捉到了这个市场的巨大需求，决定主攻方便面市场。当时的大陆市场上只能买到两种方便面：一种是进口的"高价面"，在机场饭店等地有售，却因价格偏高而难于推广；另一种是价格极其低廉的袋装面，价格虽然低廉，但口味非常差。魏应行考虑到消费者的消费能力，最后把方便面售价定在每袋 1.98 元。

1991 年适逢天津科技开发区招标，魏应行便在区内注册了顶益食品公司，把所有家当押进去，准备投产味道很浓的"康师傅"红烧牛肉面，这是经过详细的市场调查后确定的最适合大陆人口味的产品。与此同时，"康师傅"的广告宣传也全面铺开。在称呼上，为适合北方人的思维方式，顶益决定用"师傅"这个词以显得较为专业，而姓氏则取用"健康"的"康"字，以塑造"讲究健康美味的健康食品专家"的形象。1991 年电视广告的费用相当便宜，在中央电视台的黄金时段插播一条广告只需 500 元人民币，几乎等于不花钱做广告！魏应行决定展开"康师傅"的大规模广告攻势，选在中央电视台播出台湾电视剧前的黄金时段。画面非常漂亮的"康师傅"广告一经推出，立刻打响，大家纷纷开始关注"康师傅"，掀起一股抢购狂潮。"康师傅"从此走上了中国方便面第一品牌的道路。

思考： 同样的企业与管理者，为什么前两次投资失败了，而投资方便面却如此成功？

从上述的管理问题不难看出，同样的企业、同样的管理者并不能保证每一次投资都获得成功，其原因在于成功不仅取决于管理者自身的能力与素质，还受到各种各样约束条件的限制。这些"约束条件"可以统称为"环境条件"，也就是说"管理环境"就是组织与管理者所面临的各种各样的约束条件的总和。

随着信息化与全球化进程的不断加速，人们生存的环境越来越呈现快速变化的特点，因此"管理环境"是现代管理学重点研究的内容，即研究环境的快速变化对组织、管理与管理者的影响与约束，以及组织与管理者如何应对环境的变化。"管理环境"的研究成果不胜枚举，本节仅作简要的介绍。

虽然"管理环境"要素繁多，但大多数学者都认同将管理环境分为外部环境和内部环境两大类。

学生插画练习： 管理者在观察外部环境时关注的要素有政治、经济、社会文化、技术、行业竞争、消费者，最终目的是"寻找机遇、规避风险"。与此同时，管理者也在思考内部的资源、能力、文化，最终目的是"内外结合、相互匹配"。

1.4.1　管理的外部环境

"外部环境"通常是指组织边界以外的环境要素总和，例如，一个国家、地区的总体经济状况，企业所在的行业状况，企业的竞争对手等。根据外部环境要素所处的层次，通常把外部环境分为宏观环境、中观环境和微观环境。

1.4.1.1　宏观环境

宏观环境通常指组织所处环境中最高层面的总体性环境要素总和。宏观环境要素通常与组织的直接联系较远，间接地对组织产生影响。最常用的宏观环境分析工具是"PEST 分析框架"，即包括政治因素、经济因素、社会文化因素、技术因素的四要素分析法。

1. 政治因素

政治因素包括对组织活动存在潜在的或现实的影响的政治制度与法律制度要素总和。以企业投资为例，通常在政治稳定、法律制度健全的环境中投资，投资安全性较高。如果一个企业在伊拉克、利比亚等国家有大规模的投资，估计其遭受巨额损失的概率非常高。中国已连续 17 年保持为吸收外资最多的发展中国家，这得益于我国非常稳定的政治环境以及不断完善的法律体系。

2. 经济因素

经济因素包含的内容非常庞大，通常人们习惯于将经济因素分为宏观经济因素和微观经济因素两大类。宏观经济因素主要指一个国家的人口数量及其增长趋势，国民收入、国民生产总值及其变化情况以及通过这些指标能够反映的国民经济发展水平和发展速度。微观经济因素主要指组织所在地区消费者的收入水平、消费偏好、储蓄情况、就业程度等因素。世界500 强企业纷纷到我国投资，除了我国稳定的政治因素，更加看重的是我国庞大人口带来的巨大市场以及经济发展的巨大潜力。

3. 社会文化因素

社会文化因素包括一个国家或地区的居民教育程度和文化水平、宗教信仰、风俗习惯、审美观点、价值观念等。文化水平会影响居民的需要层级，宗教信仰和风俗习惯会禁止或抵制某些活动的进行，价值观念会影响居民对组织目标、组织活动以及组织存在本身的认可与否，审美观点则影响人们对组织活动内容、活动方式以及活动成果的态度。自全球化浪潮以来，"多元文化"与"跨文化管理"已经成为管理学的热门研究领域。

4. 技术因素

技术因素主要指与组织所处领域的活动直接相关的技术手段的发展变化情况。技术因素是宏观环境中对组织影响最为直接的要素。2011 年最为轰动的企业兼并收购案莫过于谷歌收购摩托罗拉，世界通信巨头摩托罗拉经历了一系列决策失误后终于要走到尽头。仔细研究摩托罗拉的发展历程，对技术因素判断失误是其决策失误的重要原因。铱星公司投资失败在于技术过于先进，技术成本过高。而当手机出现的时候，摩托罗拉依然对"汉显"进行大规模的投资，白白将进入中国市场的先发优势让给了诺基亚。

1.4.1.2　中观环境

中观环境指组织所处的专业技术领域的状况。以企业为例，企业的中观环境通常指企业所在行业的状况。中观环境分析最著名的理论莫过于美国战略管理大师迈克尔·波特的"五力模型"。

"五力模型"由迈克尔·波特 20 世纪 80 年代初提出，对企业

迈克尔·波特
（Michael E. Porter）
32 岁即获哈佛商学院
终身教授之职，是当今
世界公认的竞争战略
和竞争力第一权威。

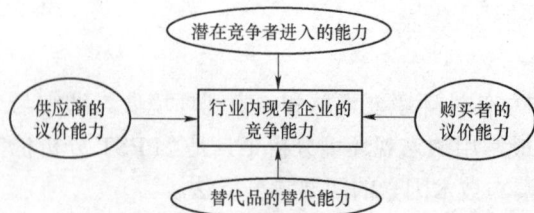

图1-4　五力模型

战略制定产生了全球性的深远影响。五种力量分别是：供应商的议价能力、购买者的议价能力、潜在竞争者进入的能力、替代品的替代能力、行业内现有企业的竞争能力。五种力量的不同组合变化最终影响行业利润的潜在变化以及企业在行业所处的竞争地位（见图1-4）。

1.4.1.3　微观环境

微观环境指组织所处区域以及与组织发生直接关联的各种要素的总和。以企业为例，企业的微观环境主要包括竞争对手与消费者。竞争对手与竞争品牌分析主要包括产品分析与市场分析。产品分析包括产品的卖点、市场细分、包装设计、更新速度、技术特点等。市场分析包括市场布局、渠道、终端、资源投入等方面的分析。消费者与客户分析包括消费心理与消费者行为两大部分。消费心理分析包括消费者的基本属性、支付能力、价格敏感度、差异性、文化背景等。消费者行为分析包括消费者的信息渠道分析、产品/服务的"触点"过程分析、消费者行为市场细分等。

1.4.2　管理的内部环境

"内部环境"是指组织边界以内的环境要素总和，例如组织的成员、组织的结构、组织的资产与设备等。

1.4.2.1　组织的"系统"要素

越来越多的管理学家倾向于将组织作为"系统"来研究。按照近代哲学"系统论"的观点，系统是由若干要素以一定结构形式联结构成的具有某种功能的有机整体。日常生活中到处可见各种各样的系统，如汽车、电脑属于系统，学校、医院也属于系统。

将组织看作一种系统来研究，通过研究组织的"系统机制"寻找提升组织效率的方法，是"系统学派"的主要研究方向。所谓"系统机制"就是系统如何运动、发展的原理，系统论认为系统的**载体结构、动因动力和调控因素**三大要素决定了系统的运动与发展。以一辆汽车为例，所谓"载体结构"就是汽车的物理结构，包括底盘、车身等部件以及这些部件相互之间的连接方式，通常而言，载体结构决定了系统的功能，汽车车身的尺寸决定了汽车载客数量的多少，汽车油箱的大小决定了能够行驶的最大里程。汽车的"动因动力"就是汽车的动力系统，由发动机、传动装置等组成。动因动力决定了系统的运动能力，汽车发动机的排气量决定了汽车的动力性能，从而影响汽车的速度与爬坡力。"调控因素"决定了系统的运动方向与速度，汽车的调控因素包括转向系统和制动系统，转向系统决定方向，制动系统能够有效降速。一辆汽车缺少上述三大要素中的任何一个都不能成为能够安全行程的合格车辆。

"组织"与汽车类似，以企业为例，企业的载体结构就是通常所说的组织结构，它规定了企业员工之间的相互关系，如总裁或CEO下辖几位副总裁，每位副总裁管理几个职能部门，每个职能部门设置几位经理与副经理，部门中设置哪些人员，谁应该向谁汇报和负责等。企业的动因动力回答企业及其经营者和员工为什么愿意努力工作，不断奋斗。企业动因动力涉及企业价值、企业文化、企业伦理以及企业的"法人治理结构"等问题。承担企业调控因素重任的就是"管理"了,战略管理为企业找准发展方向和道路。

1.4.2.2 组织的"资源、能力、文化"要素

1. "资源"

"资源"泛指一切组织可以利用的要素。显而易见,任何组织的生存与发展都以资源为基础,因此衡量一个组织所拥有的资源状况成为判断组织状况的重要标准。"资源"通常包括有形资源和无形资源两大类,有形资源即看得见摸得着的有形物质资源,无形资源即看不见摸不着的资源,如专利、口碑、信誉等。

以企业为例,企业的有形资源包括人、厂房、办公室、大楼、机器设备、原材料、半成品与成品、资本等,无形资源包括专利、技术、口碑、信誉、品牌、社会关系、公共关系等。在企业众多资源中,"人"无疑是最重要的。

> **名家观点**:"带走我的员工,把我的工厂留下,不久后工厂就会长满杂草;拿走我的工厂,把我的员工留下,不久后我们还会有个更好的工厂。"
> ——安德鲁·卡内基

"人"是企业最重要的资源,这已经成为全球所有企业家和企业管理者的共识,因此各大公司无不想尽办法招贤纳士。有的公司不断重金挖人,有的则建立庞大的人才培育计划,招聘新毕业的大学生,不断培养自己的人才。

2. "能力"

"能力"是某个社会主体(组织或个人)对客观世界可发挥的作用力。组织的能力形式多种多样,这与组织本身的形态和所处的领域有很大的关联性。以企业为例,企业的活动通常分为技术活动、运营活动、经营活动三大类,因此企业的能力通常包括技术能力、运营能力、经营能力。随着经营与管理活动日益复杂,企业家与学者们普遍认为经营与管理是不可分割的整体,今天所说的"管理"概念实际上是广义的管理,包含了经营与狭义管理。因此企业能力可以概括为技术能力与管理能力。

"**人是组织中的特殊元素,是唯一的资源与能力的复合体**"。组织中,人既属于重要的资源,同时也是能力的载体,没有脱离开人而单独存在的能力。由此也可证明,为什么在组织中,人是最重要的元素。

既然人是组织中最重要的元素,那么如何使组织有凝聚力,从而更大地发挥人的作用,提高社会组织效率呢?

3. "文化"

"文化",在这里指组织文化。艾德佳·沙因(Edgar H. Schein)在《组织文化与领导》中这样定义组织文化:一种基本假设的模型——由特定群体文化在处理外部适应与内部聚合问题的过程中发明、发现或发展出来的——由于运作效果好而被认可,并传授给组织新成员以作为理解、思考和感受相关问题的正确方式。也就是组织在长期的实践活动中所形成的并且为组织成员普遍认可和遵循的具有本组织特色的价值观念、团体意识、工作作风、行为规范和思维方式的总和。

"**健康的组织文化是保证组织稳定存在并不断发展,形成凝聚力,提高组织效率的根本保障**"。因为人是组织中最重要的因素,而人的根本的社会属性使得人不可避免地生存在某种文化中,因此健康的组织文化是根本。

> 💡 **即问即答**:你如何评价你的班级文化?你觉得你的班级有凝聚力吗?

案例分析

小章大学毕业后在一次偶然的机会遇到自己的高中同学小李。两人很快聊起大学生活以及目前的工作。小章得知小李大学的专业是机械制造，目前在一家研究所从事技术研究工作，而且取得了一项专利技术。小李得知小章在大学学的是企业管理专业，目前在一家企业做部门经理。小李非常兴奋地告诉小章自己准备创业当老板，凭着专利技术和自己的研究能力做一番事业，但是自己不懂管理，因此特别希望小章来帮他策划一下如何创业。

思考：请用本章所学知识，认真思考：如果你是小章，你将如何策划。

复习思考题

一、多选题

1. 管理的任务是（　　　）。

A. 资源配置　　　　　　B. 建立秩序

C. 营造氛围　　　　　　D. 文化建设

2. 管理的过程包括（　　　）。

A. 计划　　　　　　　　B. 组织

C. 领导　　　　　　　　D. 控制

3. 管理者的管理层级可划分为（　　　）。

A. 基层管理者　　　　　B. 中层管理者

C. 高层管理者　　　　　D. 底层管理者

4. 管理的宏观环境分为（　　　）。

A. 政治因素　　　　　　B. 经济因素

C. 社会因素　　　　　　D. 技术因素

5. 管理的中观环境包括（　　　）。

A. 潜在的进入者　　　　B. 替代品

C. 供应商　　　　　　　D. 购买者

二、简答题

1. 为什么说"管理是科学与艺术的统一"？

2. "组织"应符合哪几项条件？

3. 简述波特的"五力模型"。

4. 什么是"PEST 分析框架"？

5. 如果按照管理层级来划分，管理者划分为哪几个层级？举例说明。　　复习思考题参考答案

第2章 | 管理的形成和发展

通过本章的学习，了解管理思想的产生、演变与发展过程；了解早期管理思想的主要内容与特点；掌握古典管理理论的主要观点，了解主要代表人物；掌握"管理理论的丛林"所归纳的11个现代管理学派的主要观点与理论；了解当代经济社会发展特点与当代管理思想发展的背景，掌握当代管理前沿理论的主要内容。通过管理思想简史的学习，更深刻地理解"管理"的本质与时代特征。

知识目标

- 早期管理思想；
- 古典管理理论与代表人物；
- 现代"管理理论丛林"11个管理学派的主要思想；
- 当代管理理论的发展。

能力目标

- 能够正确指出管理理论发展的逻辑主线及其时代特征；
- 掌握各种管理学派的观点；
- 学会运用现代管理理论分析与处理简单的管理问题。

思政目标

- 提升学生的人文关怀和爱国情怀；
- 培养学生价值取向，增强四个自信；
- 树立学生爱岗敬业的道德品质。

思维导图

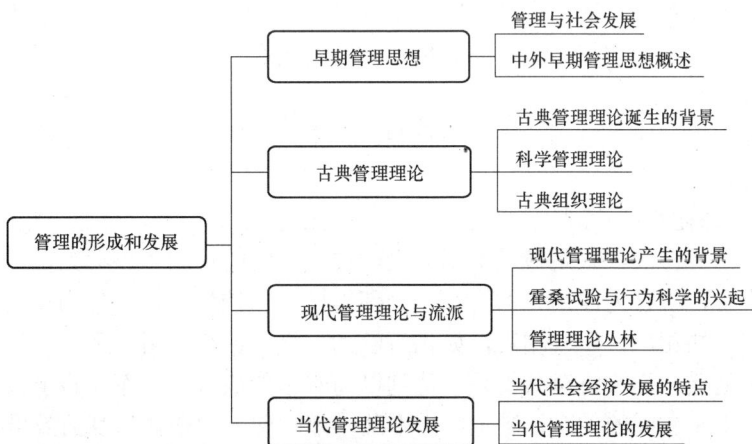

❓ 管理问题：

大学某班级同学大多不爱参加集体活动，人心较为涣散，班内还有很多"小团体"。班长和团支书一起研究对策，班长认为必须建立完善的班级管理制度，并严格执行，不参加活动的一律予以惩罚，因为大家都不自觉；团支书认为要用正面引导的方式，关键在于要组织大家愿意参加的、有兴趣的、有吸引力的活动，多用奖励的方式鼓励大家参加，并建立好沟通平台，让大家能够充分交流，破除"小团体"的现象。两个人观点不一致，为此还争论得相当激烈。

思考： 你认为他们两个谁的观点是正确的，你有哪些建议？

学生插画练习： 两个人在争论：应该惩罚、应该引导。

分析要点：

1. 班长的想法体现了古典管理理论中的经济人假设思想，认为应该用制度去规范行为。
2. 团支书的想法体现了行为管理理论中社会人的假设，对于非正式组织应该正确引导。

2.1　早期管理思想

作为一门学科，"管理"的历史是很短暂的，只是最近一二百年的事。但是"管理"的实践活动是伴随着人类的产生而一直存在的。如秦始皇命大将蒙恬率兵 30 万人建造万里长城，战国时期李冰父子在成都岷江建造都江堰水利工程，都需要有统一的组织管理。随着时代的变化，管理的基本思想、方法、工具都在不断发生变化，但是"管理"本身所追求的核心目标是不变的，即"如何提升组织效率和效益"。理论的产生源自长期的管理实践，理论是对实践经验中具有普遍适用性的一般规律的总结，理论反过来能够指导实践，并在新的实践活动中遇到新的问题，积累新的经验，形成新的理论。

2.1.1　管理与社会发展

对于人类发展历史阶段的划分存在着多种观点，主流观点以生产关系为划分标准，将人类社会划分为原始社会、奴隶社会、封建社会、资本主义社会和社会主义社会。所谓的**生产关系实际上就是社会如何管理生产的体制与制度。**

人类之所以需要对生产活动进行"管理"，是因为从原始人类开始，依靠个人的力量几乎无法生存，因此，人类必须依靠集体的力量才能完成生存与发展的基本目标，这种需要一直延续到今天从未改变过。

集体活动的效率取决于氛围、秩序与资源，其中，氛围最重要，秩序次之。最典型的例子莫过于军队的管理。

《孙子兵法》论述军队管理体制时有一句名言"凡治众如治寡，分数是也"，即管理很多人和管理几个人是一样的，只是数量不同而已。古代军队的体制"以五为伍，二伍为火，五火为队，二队为官，二官为曲，二曲为部，二部为校，二校为裨，二裨为军。无论十百千万之数各有统制，一知相应，一气相贯，如亿万丝为一缕，曲绾直引，无不如意，不见一丝之异；此整而不乱之兵，而大将总其纲领，达到以简驭繁的成效。全军从将至兵每人都明确自己的岗位和与上下左右间的关系，制定则士不乱，那时便有治众如治寡的效果。"

军队的这种管理体制其目标就是管理三大任务中的建立秩序。管理学中将这种组织结构称为"直线制"。由于这种体制简明而易操作，高效而易组织，因此一直延续到今天，基本结构并未发生大的变化。

严密的组织秩序是建立军队的必要条件，但是军队的战斗力更多地取决于氛围的营造。电视剧《亮剑》所渲染的"亮剑精神"正是李云龙带给他所率部队的精神动力，延伸到团队管理中就是我们今天所熟知的"团队文化"与"团队价值观"。正是凭借着这种"亮剑精神"，才能使"部队有一种气质""整个部队嗷嗷叫"，八路军才能在资源占据绝对劣势的情况下不断取得胜利。

从军队延伸到社会的整体管理，司法与国家强制性行政权力机关、国家暴力机关的存在保证了社会秩序的建立，而社会道德与风气的任务就是营造社会氛围，最后，整个社会的运行离不开资源的合理分配与有效利用。

本书关于"管理"的理论逻辑框架，如图 2-1 所示。

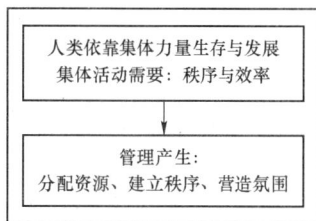

图 2-1　管理产生的逻辑

💡 **即问即答：** 请用管理三大任务"分配资源、建立秩序、营造氛围"分析一下如何进行自我管理。

2.1.2　中外早期管理思想概述

2.1.2.1　我国早期管理思想

古代中国在国家治理、军事思想、工程建筑等方面都处于世界领先水平，特别是春秋战国时期是我国第一次文化大发展的灿烂时期，"百家争鸣"的时代产生了各种流派的思想，最负盛名的有儒家、道家、法家等，各个流派最本质的争论是"管理哲学"的争论。

1. 儒家的管理哲学

儒家管理哲学的核心是"仁"字，因为儒家对于人性的假设是"善"（荀子的性恶论没有得到儒家的广泛认同），认为君主推行仁政，万民都是可以教化的，因此提倡"以仁为核心、以礼为准则、以和为目标"的管理哲学。从管理学的角度来说，儒家思想重视人的问题，认为人是最根本的资源。所谓"修身齐家治国平天下"的思想，是遵循从管理自我到管理家庭，再到管理国家及至最后构建和谐世界的轨迹。这就要求管理者要"修己安人"，以身作则，提高自己的道德修养和业务技能，为下属树立良好的榜样。

2. 道家的管理哲学

道家管理哲学的核心是"无为而治"，即管理者要顺应事物发展的客观规律。主张无为管理，推崇"无为而无不为"的管理方式。"无为而治"并非无所作为，而是要求在管理中尊重"自然规律"。道家管理哲学指导下的管理行为准则是"人法地，地法天，天法'道'，'道'法自然"，道家对人性的假设是中性的，通过对"道"的尊重从而尊重人性，是"人本主义"思想的先祖。

3. 法家的管理哲学

法家对人性的判断是"恶"，人都是利益驱动的，人"以肠胃为根本，不食则不能活，是以不免于欲利之心"，这和亚当·斯密的经济人假设不谋而合。法家管理思想的核心是"法""势""术"，即管理的三大要素：法规与制度、管理者的地位、管理的权谋。法家主张以法治国，以刑去刑。在管理过程中，管理者应该重视"法"的存在，建立严明的规章制度严格地按章行事，这样才能营造出一个公平公正的竞争环境。

综上所述，我国古代各家流派管理思想的差异性主要在于对人性的判断。基于不同的人性判断，管理的手段和方式也各有不同。

即问即答：你认为"人之初，性本善"还是"人之初，性本恶"？不妨来一次课堂辩论大赛。

2.1.2.2　西方早期管理思想

1.《汉穆拉比法典》与《古兰经》

在奴隶社会时期，西方管理思想的代表作是《汉穆拉比法典》，这是目前所知的世界上第一部比较完整的成文法典，由古巴比伦王国的国王汉穆拉比集合社会管理中方方面面的问题制定而成。法典正文共有 282 条，内容包括诉讼程序、保护私产、租佃、债务、高利贷和婚姻家庭等，刻在一根高 2.25 m、上周长 1.65 m，底部周长 1.90 m 的黑色玄武岩柱上，共 3 500 行，282 条，故又名"石柱法"。石柱上端是汉穆拉比王站在太阳和正义之神沙马什面前接受象征王权的权标的浮雕，以象征君权神授，王权不可侵犯；下端是用阿卡德楔形文字刻写的法典铭文，共 3 500 行、282 条，现存于巴黎卢浮宫博物馆亚洲展览馆。《汉穆拉比法典》中的管理思想维护了严格的奴隶社会等级制度，规定并保护奴隶主贵族的各项权力。

进入封建社会以后，西方各国大多处于君主和宗教的双重统治下，宗教思想具有极其强大的影响力，宗教典籍成为社会管理的重要思想汇集，《古兰经》是其中的代表。

《古兰经》是伊斯兰教奉行的根本经典，是真主安拉在穆罕默德 23 年传教过程中陆续降示的启示。《古兰经》共有 114 章，6 236 节，其中严格规定了人的行为准则，很多条款一直沿用至今，例如，某些阿拉伯国家还在执行的偷窃砍手法令就出于古兰经的规定。《古兰经》对社会经济生活进行了详细的论述，鼓励通过各种正当手段进行财富积累，并对遗产继承进行了详细的规定，反对剥削与高利贷，要求签订经济契约等。《古兰经》的管理思想是通过规范人们的行为维护社会的稳定，通过规范人与人之间的关系促进社会的发展。

2."经济人"假设与劳动分工论

对古典管理理论影响最大的莫过于"经济人"假设与劳动分工论。1776 年，英国古典经济学理论体系创建者亚当·斯密发表了著名的《国民财富的性质和原因的研究》，第一次正式提出"经济人"假设并系统地论述了"劳动分工"理论。

"经济人"假设即认为经济活动是由完全利己的个人相互交换的活动而产生的，人们在经济行为中，追求的完全是私人利益最大化。正是以"经济人"假设为理论基础，古典管理理论奉行以经济利益为手段，诱导工人努力工作的基本管理思想。

"劳动分工"理论认为"劳动分工"能够提高劳动生产率，原因有以下 3 点。

亚当·斯密（Adam Smith）（1723 年 6 月 5 日—1790 年 7 月 17 日），出生在苏格兰法夫郡（County Fife）的寇克卡迪（Kirkcaldy），英国经济学家、哲学家、作家，经济学的主要创立者。亚当·斯密强调自由市场、自由贸易以及劳动分工，被誉为"古典经济学之父""现代经济学之父"。1776 年，这部写作历时六年，修改三年的经济学著作《国民财富的性质和原因的研究》（即《国富论》）终于完成。它的发表，标志着古典自由主义经济学的正式诞生。

（1）因专业分工，劳动者某项技能变得越来越熟练。

（2）劳动分工减少了工作变换的时间。

（3）工具和机器的发明与使用使个体劳动者的效率成倍增长。

"劳动分工"理论是整个现代经济学与管理学的理论基础，虽然在目前知识经济环境下，出现了劳动技能多元化的趋势，但劳动分工仍旧是管理的基础。

学生插画练习：劳动分工提高生产效率。

思政园地：人文关怀（与经济人的假设有关吗？）

河南暴雨：平凡人做不凡事

2021 年 7 月，对于河南来说注定不平凡。河南发生了一场"千年一遇"的洪灾。房屋垮塌、道路成河、车辆浸泡，甚至有些生命被吞没。在大自然面前，人类是何等脆弱和渺小。敬畏自然、人与自然和谐相处是永恒的命题。在自然的残酷面前，我们也见证了众志成城的力量。洪灾发生后，消防、公安民警、基层党员干部、人民子弟兵等救援力量冲锋在前，一方有难，八方支援。这，就是中国力量！

在洪水中，有奋不顾身逆行而上的英雄，也有无数做着力所能及小贡献的普通老百姓。为了救人，众人自发摆成人墙，在齐腰深的水中救人；一人被水冲跑，四面冲出人来救援；一家母子三人不幸坠入深水坑中，无亲无故的路人冒着生命危险将他们拉出；一名郑州人民医院新进研究生试工人员在郑州地铁被洪水围困时，跪在地上做了 6 个小时心肺复苏工作，救助了十几个人。在这群平凡人里，也不乏学生的身影。积水严重的路边，一群小学生模样的孩子冒着雨，来来回回地在积水里跑着，拦住过往车辆，提醒人们绕道而行。因暴雨途经郑州的多列高铁停运，一个学生交响乐团就地为部分被困车站的乘客现场演奏《我和我的祖国》和《歌唱祖国》，给予大家力量和信心。

没有从天而降的英雄，只有挺身而出的凡人。灾难面前，无论大爱还是小爱，都是汇聚不朽中华力量的源泉。虽然你我都是平凡人，但只要有担当、有责任、有大爱，对他人的困难施以援手，用自己所学扶危济困，平凡人也能做出不凡事。

2.2　古典管理理论

在古典管理理论的形成过程中有两个标志性事件。

事件一：企业所有者与经营者的第一次分离。

1841 年 10 月 5 日，在美国马萨诸塞州到纽约的铁路上，两列火车迎头相撞，造成 2 人死亡，17 人受伤。美国社会舆论一片哗然，事故调查原因将矛头直指铁路公司低下的管理水平。为了平息公众指责，解决今后铁路运营的安全问题，在马萨诸塞州议会的推动下，铁路公司不得不进行管理改革，企业所有者交出了管理权，只享有分红的权利，聘有管理才能的人担任企业领导，这就是美国历史上第一家所有权与经营权分离的企业，也是第一次出现了"职业经理人"的概念。

事件二：《科学管理原理》于 1911 年首次出版。

经过南北战争以后，20 世纪初的美国资本主义经济得到较快发展，可是，由于企业管理

弗雷德里克·温斯洛·泰勒（Frederick Winslow Taylor）

曾在费城的恩特普利斯液压机厂做了3年学徒，对一线工作有深刻认识。1878年泰勒加入米德维尔工厂，1898年担任宾夕法尼亚贝瑟利恩钢铁公司的咨询顾问，1906年担任美国机械工程师协会的主席。1915年病逝，在他的墓碑上刻着"科学管理之父：弗雷德里克·温斯洛·泰勒"。泰勒的代表作有1895年发表的《计件工资》和1903年发表的《工厂管理》以及1911年出版的《科学管理原理》。

落后，美国经济的发展和企业中劳动生产率的提高远落后于当时科学技术成就和国外经济条件所提供的可能性。这种情况首先引起了同企业管理有关而又具有科学技术知识的一批工程技术人员和管理人员的注意，他们进行各种试验。努力把当时科学技术的最新成果应用于企业的生产和管理，以便大幅度地提高劳动生产率，从而形成了一套科学管理的理论和方法，弗雷德里克·温斯洛·泰勒的《科学管理原理》就是其中最突出的代表作。1911年，此书的出版，标志着科学管理理论正式诞生。弗雷德里克·温斯洛·泰勒也被后世称为"科学管理之父"。

2.2.1 古典管理理论诞生的背景

古典管理理论诞生最重要的社会背景就是18世纪60年代开始的"第一次工业革命"。小手工业逐步过渡到大机器生产，家庭作坊逐步过渡到大型工厂，自由竞争开始加剧。生产效率的极大提高，促进了大公司的发展，约翰·D.洛克菲勒（John D. Rockefeller）的标准石油公司（Standard Oil）几乎垄断了整个石油行业，安德鲁·卡内基（Andrew Carnegie）控制了钢铁工业的2/3，大型企业需要正规化的管理，对于规范的管理理论的需求也应运而生。

经过第一次工业革命，科学技术有了较大的发展，但是管理仍处于"经验管理"阶段。"经验管理"即传统的师傅带徒弟的方式，决策全凭经验和主观判断，缺乏科学依据。大型工厂的经验管理主要表现在所有权和经营权尚未分离，企业由资本家直接管理，缺乏专职的经营者，由于个人知识和经验的差异性，企业的管理是非常粗放的。企业的生产和管理凭个人经验办事，工人凭个人经验操作，没有科学的操作规程，管理人员凭个人经验管理，没有科学的管理规章制度。

"经验管理"的粗放方式严重阻碍了大型企业的发展。在科学化管理的强烈需求推动下，欧洲和北美各地涌现出一批钻研科学化管理的企业家和管理实践者，其中最著名的代表人物就是**弗雷德里克·温斯洛·泰勒（Frederick Winslow Taylor）**。1911年，泰勒所著《科学管理原理》正式出版，标志着科学管理正式诞生，古典管理理论正式确立。

2.2.2 科学管理理论

科学管理理论并非泰勒一个人创立的，当时欧美各地企业家和管理实践者都在不断探索大型企业的规范管理方法。除泰勒外，著名的科学管理研究者还包括卡尔·乔治·巴思、亨利·劳伦斯·甘特、吉尔布雷斯夫妇、哈林顿·埃默森、莫里斯·库克、亚历山大·哈密尔顿·丘奇、奥利弗·谢尔顿以及玛丽·派克·福莱特等。这里主要介绍泰勒《科学管理原理》的思想。

泰勒将科学管理归结为"思想的革命"，他认为当时劳资矛盾日益尖锐的主要原因是社会资源没有得到充分的利用，而如果能通过科学管理将社会资源进行充分利用的话，则劳资双方都会得到利益，矛盾即可化解。也就是说，大家应该关注把"蛋糕做大"的问题，而不仅仅是"如何分配蛋糕"的问题。

泰勒科学管理理论建立在亚当·斯密"经济人"假设基础之上，即工人最为关心的是如何提高自己的货币收入，只要能使工人得到经济利益，工人们就愿意配合管理者挖掘自身最大的潜能，达到生产效率最大化。

2.2.2.1 泰勒科学管理理论的主要内容

1. 科学管理的中心问题是提高生产效率

泰勒认为，为了改善工作表现，必须要改变过去那种以估计和经验为依据的方法，通过科学手段制定合理的劳动定额。为此，泰勒提出要设立一个专门制定定额的部门或机构，这个部门的主要任务是工作日写实、测时和动作研究，记录分析员工工作时动作的合理性，去掉多余的动作，改善必要动作，进行科学的测量和计算，制定出标准的操作方法，并规定完成每一个标准动作的标准时间，制定出有科学依据的工人的"合理的日工作量"（"第一流的员工在不损害其健康的情况下，维护较长年限的速度"为标准），这就是所谓工作定额原理。

2. 能力与工作相适应原理

泰勒认为，为了提高劳动生产率，必须为工作挑选"第一流的工人"。所谓"第一流的工人"是指有工作意愿并且体力、脑力、经验和技能与工作相适应的员工。据此，管理者应当对员工进行科学的选择、培训和晋升，应当选择将合适的员工安排在合适的岗位上，并培训员工使用标准操作方法，使之在工作中逐步成长。

3. 工作标准化

泰勒从铁锹实验等大量考察与测试中得出结论：工人在作业过程中，不仅操作动作和时间要标准化，还应实现劳动工具、机器和材料等方面的标准化，才能使工人更有效地作业，从而提高生产效率。

4. 在工资制度上实行差别计件制

按照作业标准和时间定额，规定不同的工资率。对完成和超额完成工作定额的工人，以较高的工资率计件支付工资；对完不成定额的工人，则按较低的工资率支付工资。泰勒认为这样做既能克服消极怠工的现象，更重要的是能调动工人的积极性，从而促使工人大大提高劳动生产率。

5. 计划职能与执行职能相分离

泰勒指出，在旧的管理中，所有的计划都是由工人凭个人经验制定的，实行新的管理制度后，就必须由管理部门按照科学规律来制定计划。他主张把计划职能从工人的工作内容中分离出来，由专业的计划部门去做。计划部门的任务是，规定标准的操作方法和操作规程、制定定额、下达书面计划、监督控制计划的执行。管理者和劳动者在工作中必须互相呼应、密切合作，以保证工作按照科学的设计程序进行。

6. 例外原则

泰勒在实际考察中发现，工厂主每天都被一些琐碎之事缠身，忙得不可开交，管理效率十分低下。泰勒认为，工厂主应该将日常事务授权下属管理人员负责处理，而工厂主自身仅保留对例外事项（多数是重大事项）的决策权和控制权。如基本政策的制定和重要的人事任免权等。这种以"例外原则"为依据的管理控制原理，以后发展成为管理上的分权化原则和实行事业部制管理体制。

7. 工人和雇主都要进行一场彻底的"精神变革"

泰勒认为科学管理的精华不在于具体的制度和方法，而在于重大的精神变革。它要求工人进行彻底的精神变革，改变对工作、对同伙、对雇主的责任的观念；同时，也要求管理人员——领工、监工、企业所有者、董事会也进行完全的精神变革，改变对同事、对工人以及对一切日常问题的态度，增强责任观念。通过这种重大的精神变革，可使管理人员和工人双方都把注意力从盈利的分配转到增加盈利上来。当他们用友好使用和互相帮助来代替对抗和斗争时，他们就能够生产出比过去大得多的盈利，从而使工人的工资大大增加，企业主的利润也大大增加。

2.2.2.2 科学管理理论的四项原则

（1）以科学研究代替传统的经验方法。

（2）以标准化作业方法对工人加以培训，而改变由工人任意挑选自己工作的方式。

（3）与工人紧密协作，保证严格按照标准作业的科学原则工作。

（4）管理者与工人进行分工，严格区分计划与执行，管理者负责计划，改变任务和工作方式都由工人确定，责任由工人承担的传统做法。

2.2.2.3 泰勒科学管理理论的评价

1. 泰勒科学管理理论的贡献

（1）泰勒科学管理理论把科学引进了管理领域。泰罗提出的科学管理理论，冲破了多年沿袭下来的落后的经验管理办法，把科学引进了管理领域，并创立了一套具体的科学管理办法来代替单凭个人经验进行作业和管理的旧办法，这是管理理论上的进步，也为管理实践开创了新局面。

（2）泰勒和他的同事创造和发展了一系列有助于提高生产效率的技术和方法。

2. 泰勒科学管理理论的局限

（1）泰勒把人看作纯粹的"经济人"，认为人的活动仅仅出于个人的经济动机，忽视企业成员之间的交往以及工人的感情、态度等社会因素对生产效率的影响。

（2）泰勒的科学管理仅重视技术的因素，不重视人群社会的因素。

（3）泰勒的科学管理理论解决的仅仅是具体工作的作业效率问题，而不是从整体上解决企业的经营管理问题，研究的范围比较狭窄。

2.2.3 古典组织理论

古典组织理论的代表人物是亨利·法约尔（Henry Fayol，1841—1925）和马克斯·韦伯（Max Weber，1864—1920）。这里重点介绍他们的古典组织理论。

2.2.3.1 法约尔的一般管理理论

1. 一般管理理论的主要内容

1）6 种经营活动

法约尔认为，经营和管理是两个不同的概念，管理活动包括在经营活动之中。法约尔认为经营的内容共包括 6 种活动，而管理只是其中的一种。法约尔认为企业的全部活动应包括以下 6 种。

亨利·法约尔（Henry Fayol）

1880 年，40 岁的法约尔被任命为富香博矿业公司总经理，担负起拯救公司的重担。他凭借自己出色的管理才能，开创了公司的辉煌，这家公司至今仍是法国中部最大的采矿和冶金集团。退休后法约尔创办了"管理学研究中心"，推动管理学研究与教育工作。法约尔的代表作是发表于1916 年的《工业管理与一般管理》，标志着一般管理理论的形成，成为"管理过程学派"的开山鼻祖。

（1）技术活动：即从事生产、制造、加工。

（2）商业活动：即进行采购、销售和交换。

（3）财务活动：即确定资金来源及使用计划。

（4）安全活动：即保证员工劳动安全及设备使用安全。

（5）会计活动：即成本核算、资产负债表的制作、货物盘点和统计等。

（6）管理活动：即计划、组织、指挥、协调、控制五大职能。

2）五大管理职能

法约尔指出，人们对 6 种经营活动中的前 5 种了解较多，但对管理活动知之甚少。法约尔认为，管理活动包括计划、组织、指挥、协调和控制五大职能，管理活动具有一般性，适用于企业、事业单位和行政组织等一般组织。

3）管理的十四项原则

法约尔十分重视管理原则的系统性。他努力探索确立企业良好的工作秩序的管理原则。他根据自己长期的管理经验，提炼出 14 项原则。

（1）分工。劳动专业化是各个机构和组织前进和发展的必要手段。由于减少了每个员工所需掌握的工作项目，故可以提高生产效率。劳动的专业化，也使实行大规模生产和降低成本成为可能。同时，随着每个员工工作范围的缩小，也可使工人的培训费用大为减少。

（2）权力与责任。法约尔认为，权力即"下达命令的权利和强迫别人服从的力量"。权力可区分为管理人员的职务权力和个人权力。职务权力是由职位产生的；个人权力是指由担任职务者的个性、经验、道德品质以及能使员工努力工作的其他个人特性产生的权力。个人权力是职务权力不可缺少的条件。他特别强调权力与责任的统一。有责任必须有权力，有权力就必然产生责任。

（3）纪律。纪律的实质是遵守组织内部各方达成的协议或规定。它以组织及其雇员之间的服从和尊重为基础。维持纪律最有成效的办法是：各级领导要称职，协约尽可能明确而公正；当纪律遭到破坏时，要执行合理的惩罚。

（4）统一命令。组织内的每个人只能接受一个上级的命令，法约尔认为，这是一条普遍和永恒的原则，双重命令是对权威、纪律和稳定性的一种威胁，破坏了统一指挥的原则，组织将会出现混乱，并将一事无成。

（5）统一领导。为了达到同一目标的各种活动，只能有一个领导和计划。只有这样，资源的应用与协调才能指向实现同一目标。统一领导是统一指挥的前提，统一指挥只有在统一领导下才能存在。

（6）员工个人要服从整体。法约尔认为，整体利益大于个人利益的总和。一个组织谋求实现总目标比实现个人目标更为重要。协调这两方面利益的关键是领导阶层要有坚定性和做出良好的榜样。协调要尽可能公正，并经常进行监督。

（7）员工的报酬要公平。报酬必须公平合理，尽可能使职工和公司双方满意。对贡献大、活动方向正确的职工要给予奖赏。

（8）集权。集权就是降低下级的作用。集权的程度应视管理人员的个性、道德品质、下级人员的可靠性以及企业的规模、条件等情况而定。

（9）等级链与跳板。等级链是指"从最高的权威者到最低层管理人员的等级系列"。它表明了权力等级的顺序和信息传递的途径。为了保证命令的统一，不能轻易违背等级链，请示要逐级进行，指令也要逐级下达。有时这样做会延误信息，鉴于此，法约尔设计了一种"跳板"，便于同级之间的横向沟通。但在横向沟通前要征求各自上级的意见，并且事后要立即向各自上级汇报，从而维护了统一指挥的原则。

（10）秩序。秩序即人和物必须各尽其能。管理人员首先要了解每一工作岗位的性质和内容，使每个工作岗位都有称职的职工，每个职工都有适合的岗位。同时还要有条不紊地精心安排物资、设备的合适位置。

（11）平等。平等即以亲切、友好、公正的态度严格执行规章制度。雇员们受到平等的对待后，会以忠诚和献身的精神去完成他们的任务。

（12）管理人员保持稳定。生意兴隆的公司通常都有一批稳定的管理人员。因此，最高层管理人员应采取措施，鼓励职工尤其是管理人员长期为公司服务。

（13）首创精神。给人以发挥主动性的机会是一种强大的推动力量，必须大力提倡、鼓励雇员们认真思考问题和创新的精神，同时也应使员工的主动性受到等级链和纪律的限制。

（14）团队精神。职工的融洽、团结可以使企业产生巨大的力量。实现集体精神最有效的手段是统一命令。在安排工作、进行奖励时不要引起嫉妒，以避免破坏融洽的关系。此外，还应尽可能直接地交流意见等。

2. 法约尔一般管理理论的评价

1）法约尔一般管理理论的贡献

法约尔的一般管理理论是西方古典管理思想的重要代表，后来成为管理过程学派的理论基础，也是以后各种管理理论和管理实践的重要依据，对管理理论的发展和企业管理的历程均有着深刻的影响。管理之所以能够走进大学讲堂，全依赖法约尔的卓越贡献。一般管理思想的系统性和理论性强，对管理五大职能的分析为管理科学提供了一套科学的理论构架。来源于长期实践经验的管理原则给实际管理人员以巨大的帮助，其中某些原则甚至以"公理"的形式为人们接受和使用。因此，继泰勒的科学管理之后，一般管理也被誉为"管理史上的第二座丰碑"。

2）法约尔一般管理理论的局限

马克斯·韦伯（Max Weber）德国著名社会学家、政治学家，现代社会学三大奠基人之一，"组织理论之父"。美国社会学家根瑟·罗思认为，"韦伯是唯一能同卡尔·马克思相提并论的思想家"。

法约尔一般管理理论的主要不足之处是他的管理原则过于僵硬，以至于有时实际管理工作无法遵守；忽视对"人性"的研究，仍将人视为"经济人"；只注重企业内部的管理，忽略组织与其外在环境的关系。

2.2.3.2 马克斯·韦伯的官僚行政组织理论

1. 官僚行政组织理论的主要内容

韦伯理论的伟大在于建立了一套正式组织的理想的官僚行政体系，这种理想的行政体系一直沿用至今，当今社会中无论是公共管理领域还是企业，超过90%的组织仍都沿用韦伯所提出的行政体系。

韦伯认为人类社会存在3种为社会所接受的权力：传统权力、超凡权力、法定权力。对于传统权力，韦伯认为，人们对其服从是因为领导者占据着传统所支持的权力地位，同时，领袖者也受到传统的制约。但是，人们对传统权力的服从并不是以与个人无关的秩序为依据，而是在习惯义务领域内的个人忠诚。领导者的作用似乎只为了维护传统，因而效率较低，不宜作为行政组织体系的基础。而超凡权力的合法性，完全依靠对于领导者的信仰，他必须以不断的奇迹和英雄之举赢得追随者，超凡权力过于带有感情色彩并且是非理性的，不是依据规章制度，而是依据神秘的启示。所以，超凡的权力形式也不宜作为行政组织体系的基础。韦伯认为理想的行政组织是通过职务和职位来管理的，而不是通过传统的世袭地位来管理。所以，只有法定权力才能作为行政组织体系的基础，原因如下。

（1）管理的连续性使管理活动必须有秩序地进行。

（2）以"能"为本的择人方式提供了理性基础。

（3）领导者的权力并非无限，应受到约束。

2. 官僚行政组织理论的特征

有了适合于行政组织体系的权力基础，韦伯勾画出理想的官僚组织模式，具有下列特征。

（1）组织中的成员应有固定和正式的职责并依法行使职权。组织是根据合法程序制定的，应有其明确目标，并靠着这一套完整的法规制度，组织与规范成员的行为，以期有效地追求与达到组织的目标。

（2）组织的结构是一层层控制的体系。在组织内，按照地位的高低规定成员间命令与服从的关系。

（3）成员与工作的关系。成员间的关系只有对事的关系而无对人的关系。

（4）成员的选用与保障。每一职位根据其资格限制（资历或学历），按自由契约原则，经公开考试合格予以使用，务求人尽其才。

（5）专业分工与技术训练。对成员进行合理分工并明确每个人的工作范围及权责，然后通过技术培训来提高工作效率。

（6）成员的工资及升迁。按职位支付薪金，并建立奖惩与升迁制度，使成员安心工作，培养其事业心。

韦伯认为，凡具有上述 6 项特征的组织，可使组织表现出高度的理性化，其成员的工作行为也能达到预期的效果，组织目标也能顺利地达成。韦伯对理想的官僚组织模式的描绘，为行政组织指明了一条制度化的组织准则，这是他在管理思想上的最大贡献。

3. 韦伯的官僚行政组织理论的评价

1）韦伯的官僚行政组织理论的贡献

被誉为"组织理论之父"的德国社会学家马克斯·韦伯（Max Weber）对组织管理理论的伟大贡献在于明确而系统地指出理想的组织应以合理合法的权力为基础，这样才能有效地维系组织的连续和目标的达成。具体表现在如下几个方面。

（1）带来高效率。韦伯的官僚组织从理性精神出发，集中人力物力实现最高的效率，在严格的上下级关系中，实现协调统一。

（2）实现管理的专业化、知识化。有观点认为，官僚制最大的功绩在于举起了理性和逻辑的旗帜，批判和否定了产业革命初期的个人专断和感情用事进行管理的做法。

（3）注重法律法规的作用。官僚组织中有一系列的法规，明确规定了组织和个人的权限范围和职责内容。

2）韦伯的官僚行政组织理论的局限

（1）滋生官僚主义，行政效率低下。繁乱复杂的规章制度和程序规范使行政机构陷入文山会海的泥潭，效率低下；同时，森严的上下级制度，使领导层级权力过分集中。

（2）组织僵化，缺乏创造性。忽视人的主观能动性，过分依赖规则和程序，缺乏创新和突破。

即问即答：你所在的学校的管理是否符合韦伯的官僚行政组织理论？

思政园地：四个自信

讲好中国抗疫故事，更加坚定"四个自信"

突如其来的新型冠状病毒性肺炎疫情，对人类的生产生活造成重大冲击，影响了人类发展进程，也重塑了世界政治经济秩序。在这场人类大难中，人类命运共同体理念得到实际验证和有效传播，中国制度优势得到充分体现和广泛赞誉。面向全球讲好中国抗疫故事，是当前中国理论界、文化界的重要任务。

面对新型冠状病毒性肺炎疫情这场大考，以习近平同志为核心的党中央高度重视，全面加强对新型冠状病毒性肺炎疫情防控的集中统一领导，把人民群众的生命安全和身体健康放在首位，形成了中央统一部署、上下联动的防控救治体系，举全国之力有效地控制了新型冠状病毒性肺炎疫情在国内的蔓延，书写了中国制度、中国速度、中国精神新篇章，充分体现了中国共产党领导的最大优势和中国特色社会主义制度的显著优势。

与其他国家相比，我国的抗疫工作体现出以下几方面的显著特点：一是上下协同，从中央到地方上下联动，形成统一高效的指挥体系；二是公开透明，及时公开各种防控信息，接受社会监督，同全社会互动；三是科学防控，有效救治；四是抓住重点，防控、救治、物资保障一起抓；五是全民动员，共同应对疫情。这些特点是中国特色社会主义制度优越性在疫情防控中的具体生动体现。经过抗击疫情斗争的考验，中国共产党全面领导的优势更加彰显；以人民为中心的执政理念更加彰显；社会主义集中力量办大事的优势更加彰显；全体人民齐心战"疫"的磅礴伟力更加彰显。经过这场大考，广大人民群众对中国共产党的领导地位和社会主义制度的优越性有了更加深刻的体悟，更加坚定"四个自信"，对实现中华民族伟大复兴的光明前景更加充满信心。

课堂活动：科学管理理论的运用

目标：学会运用科学管理理论，优化工作。

背景：通过观察平时生活、工作中的行为，研究出较优的行动方案。

任务：把学生分成小组，每小组5～6人，用秒表记录一下每位同学早上从起床、整理床铺到完成洗漱的时间，观察所有的动作。分析完成相应工作应由哪些基本动作组成，每一工作的要求是什么，需要花多长时间；研究每位同学的错误动作、多余动作，研究哪些动作不标准，哪些动作费时过多。

要求：每一小组进行讨论研究，在剔除所有不必要的动作之后，把完成这项任务必需的动作按顺序列出，组合成一个操作步骤，写上动作的要求和能做到的最短时间。对小组的同学进行训练，使所有同学能在规定的时间与要求下完成任务。

2.3 现代管理理论与流派

2.3.1 现代管理理论产生的背景

尽管古典管理理论的广泛流传和实际运用，大大提高了组织的效率，但古典管理理论着重于生产过程、组织控制方面的研究，较多地强调科学性、精密性和纪律性，对人的因素注重较少，把工人当作机器的附属品、让工人像牛马一样干活，这就激起了工人的强烈不满。20 世纪 20 年代后，一方面，劳资双方的矛盾日益激化；另一方面，由于经济的发展和周期性经济危机的加剧，以及科学技术的发展和应用，单纯地依靠传统的管理理论与管理方法已不可能有效地控制工人来达到提高生产率和利润的目的。一些学者开始研究企业中关于人的一些问题，于是人际关系学说应运而生。这个学派为以后的行为科学学派奠定了基础，也成为由科学管理过渡到现代管理的跳板。

为了摆脱经济危机，化解严重的劳资矛盾，众多企业管理者与学者开始不断探索，寻找新的药方。在此过程中，行为科学开始兴起。行为科学产生于 20 世纪二三十年代，是指应用心理学、社会学、人类学及其他相关学科的成果，来研究管理过程中人的行为和人与人之间关系规律的一门科学。

行为科学走上管理学研究舞台成为主角的重要标志性事件就是著名的"霍桑实验"。

2.3.2 霍桑实验与行为科学的兴起

2.3.2.1 霍桑实验

1. 实验过程

霍桑实验是从 1924—1932 年在美国芝加哥郊外的西方电器公司的霍桑工厂中进行的。霍桑工厂具有较完善的娱乐设施、医疗制度和养老制度，但工人依然愤愤不平，而且生产效率低下，远远达不到设计要求。为了探究其原因，1924 年 11 月，美国国家研究委员会组织了一个包括多方面专家的研究小组进驻霍桑工厂，开始进行实验，以便找到影响劳动生产率的主要因素。1927 年，梅奥应邀参加了中途遭遇困难的霍桑实验。实验进行了 8 年，共分为 4 个阶段。

1）第一阶段（1924—1927）——照明实验

这一实验的研究目的是研究照明情况对生产效率的影响。行为科学产生之前主流观点将工人看作"机器"，忽视人的情感因素和社会属性。当时主流的劳动医学理论认为，影响劳动效率的主要因素是"疲劳"和硬件方面的工作环境，如灯光、声音、温度等。因此，研究小组首先选定了照明因素加以对比研究，以确定照明条件对工作效率的影响程度。

在开始实验前，专家小组以泰勒的科学管理原理为指导思想。他们认为工作的物理环境

埃尔顿·梅奥（Elton Mayo，1880—1949）出生于澳大利亚。毕业于澳大利亚的阿德莱德大学，获该校逻辑学和哲学硕士学位。曾任澳大利亚昆士兰大学逻辑学和哲学教授。后到苏格兰的爱丁堡从事医学研究，并成为一位精神病理学副研究员。1923 年接受洛克菲勒基金资助移居美国，任教于宾夕法尼亚大学。1926 年进入哈佛大学从事工业管理问题的研究。梅奥亲自参与并指导了"霍桑实验"。有关霍桑实验的总结主要集中在他的两本书中——《工业文明中的人类问题》和《工业文明中的社会问题》。

与生产效率之间应该存在着因果关系，而照明度又是工作的物理环境之一，所以他们决定做此实验。在具体做实验时，专家小组选择了两个实验小组。其中一个小组称为实验组，另一个小组称为控制组。实验组的照明度不断变化，控制组的照明度始终不变。通过对比研究，专家小组发现，照明度的改变不是引起生产效率变化的决定性因素，这与研究假设出现了严重的偏差，研究小组无法继续开展研究工作。为了走出实验困境，从 1927 年起，国家研究委员会聘请以梅奥教授为首的一批哈佛大学心理学工作者继续进行实验。梅奥研究团队放弃了传统的"硬件"影响因素理论，开始转向心理因素研究，因此第二阶段的主题确定为福利实验。

2）第二阶段（1927—1929）——福利实验

这一阶段的变量是工作日长度、休息时间、薪酬支付方式等福利状况。其结果与照明实验基本一致：每个测试阶段都比前一个阶段产量更高，甚至回到实验最初的条件时，产量仍继续上升。阶段结论：这些福利变量并非决定因素。

经过进一步调查发现，提高劳动生产率的主要原因在于荣誉感与良好的相互关系。实验之前，部长曾亲自请 6 位参加实验的女工到办公室谈话，鼓励她们积极配合实验，女工们认为她们是工厂的代表，因此建立起为工厂的荣誉而努力的目标，并因此而在工作中建立了良好的相互关系。

实验进行到第二阶段依然没有找到具有说服力的研究成果，梅奥团队决定采用访谈的形式听取工人的意见以找到"真正的原因"。

3）第三阶段（1929—1931）——访谈

实验进行到第三阶段，研究小组决定进行大规模访问交谈。他们共花了两年多时间对 2 万名职工进行访问交谈。访谈的开始采用的是结构式的方法，即让访谈对象回答预先设计好的问题。但是令人意想不到的是，研究人员认为重要的问题工人们往往不感兴趣，而工人们更愿意说的是研究人员认为不重要的一些事情。梅奥团队及时调整了访谈方式，采取全开放的方式，即不设置任何题目，工人们可以畅所欲言，每次访谈的平均时间从 30 min 延长到 1~1.5 h，多听少说，详细记录工人的不满和意见。访谈计划持续了两年多。工人的产量大幅提高。

通过大规模的访问交谈和反复的对比实验研究，结果发现，在众多因素中，影响工作效率的重要因素是在工作中发展起来的人际关系，而不是工资待遇与工作环境等。并且经过进一步的反复实验研究，发现每个工人的劳动效率的高低，不但受自身的条件与因素的影响，而且也受到人际关系或者同事的影响。由于有初步的倾向性认识，为了进一步研究具体的影响劳动生产率的因素，研究小组决定进行第四阶段的研究。

4）第四阶段（1931—1932）——群体实验

第四阶段实验的核心是检验科学管理理论推行的"计件工资制"的实际效果。梅奥等人在这个实验中选择 14 名男工在单独的房间里从事绕线、焊接和检验工作。对这个班组实行特殊的工人计件工资制度。

实验者原来设想，实行这套奖励办法会使工人更加努力工作，以便得到更多的报酬。但观察的结果发现，产量只保持在中等水平上，每个工人的日产量平均都差不多，而且工人并不如实地报告产量。深入的调查发现，这个班组为了维护他们群体的利益，自发地形成了一些规范。他们约定，谁也不能干得太多，突出自己；谁也不能干得太少，影响全组的产量，并且约法三章，不准向管理当局告密，如果有人违反这些规定，轻则被挖苦谩骂，重则被拳打脚踢。进一步调查发现，工人们之所以维持中等水平的产量，是因为担心产量提高，管理当局会改变现行奖励制度，或裁减人员，使部分工人失业，或者会使干得慢的伙伴受到惩罚。

这一实验表明，为了维护班组内部的团结，人们可以放弃物质利益的引诱。由此研究人员提出"非正式群体"的概念，认为在正式的组织中存在着自发形成的非正式群体，这种群体有自己的特殊的行为规范，对人的行为起着调节和控制作用，同时也加强了内部的协作关系。

2. 霍桑实验的结论

从 1924 年到 1932 年，霍桑实验持续了 9 年。1933 年，梅奥出版了《工业文明中的社会问题》，对实验进行了总结，提出了一系列理论。

1）社会人理论

以泰勒的科学管理理论为代表的传统管理理论认为，人是为了经济利益而工作的，金钱是刺激工人积极性的唯一动力，因此，传统管理理论也被称为"经济人"理论。而霍桑实验表明，经济因素只是第二位的东西，社会交往、他人认可、归属某一社会群体等社会心理因素才是决定人工作积极性的第一位的因素，因此，梅奥的管理理论也被称为"人际关系"理论或"社会人"理论。

2）士气理论

以泰勒的科学管理理论为代表的传统管理理论认为，工作效率取决于科学合理的工作方法和好的工作条件，所以管理者应该关注动作分析、工具设计、改善条件、制度管理等。而霍桑实验表明，士气，也就是工人的满意感等心理需要的满足才是提高工作效率的基础，工作方法、工作条件之类物理因素只是第二位的东西。

3）非正式群体理论

以泰勒的科学管理理论为代表的传统管理理论认为，必须建立严格完善的管理体系，尽可能避免工人在工作场合中的非工作性接触，因为其不仅不产生经济效益，而且降低工作效率。而霍桑实验表明，在官方规定的正式工作群体之中还存在着自发产生的非正式群体，非正式群体有着自己的规范和维持规范的方法，对成员的影响远较正式群体为大，因此，管理者不能只关注正式群体而无视或轻视非正式群体及其作用。

4）人际关系型领导者理论

以泰勒的科学管理理论为代表的传统管理理论认为，管理者就是规范的制定者和监督执行者。而霍桑实验提出，必须有新型的人际关系型领导者，他们能理解工人各种逻辑的和非逻辑的行为，善于倾听他们的意见和进行交流，并借此来理解工人的感情，培养一种在正式群体的经济需要和非正式群体的社会需要之间维持平衡的能力，使工人愿意为达到组织目标而协作和贡献力量。

总之，霍桑实验表明，人不是经济人，而是社会人，不是孤立的、只知道挣钱的个人，而是处于一定社会关系中的群体成员，个人的物质利益在调动工作积极性上只具有次要的意义，群体间良好的人际关系才是调动工作积极性的决定性因素。因此，梅奥的理论也被称为"人际关系理论"或"社会人理论"。

3. "经济人"假设向"社会人"假设转变

霍桑实验引发管理学界的大地震，企业管理者与学者认识到管理是与社会科学密切相关的工作。科学管理是建立在"经济人"假设基础之上的。行为科学建立在"社会人"假设基础上，即人不仅追求个人利益，人的社会属性如归属感、人与人的相互关系、集体利益等对人的行为具有强烈的引导作用。

2.3.2.2 行为科学的兴起

霍桑实验之后，以研究人的社会属性和心理属性为目标的行为科学研究者大量出现。1949年在美国芝加哥大学召开的"组织中人类行为"的理论研讨会上，"行为科学"正式定名。虽然"行为科学"研究者的研究领域和目标各不相同，但总体来说行为科学研究人的行为产生的原因和影响行为的因素，目的在于激发人的积极性和创造性，从而实现组织的目标。行为科学融入了心理学、社会学、人类学、经济学等多种学科，取得了世界公认的若干重要研究成果。

1. 马斯洛的需要层次理论

亚伯拉罕·H.马斯洛（Abraham Harold Maslow，1908—1970）提出人的"需要层次理论"，形象地将人的五级需要比喻成金字塔形状，如图2-2所示。第一级是生理上的需要，如食物、水、传宗接代等。第二级是安全方面的需要。前两个层次的需要属于基本需求，在这两个层次上人与动物并无本质区别。在满足了基本需要之后，人类还有特殊的社会属性需要，即第三级的情感和归属上的需要以及第四级的地位或受人尊重的需求。对于少数优秀的人而言，最高层次的追求是第五级的自我实现的需要，即追求自我梦想，实现自我价值。

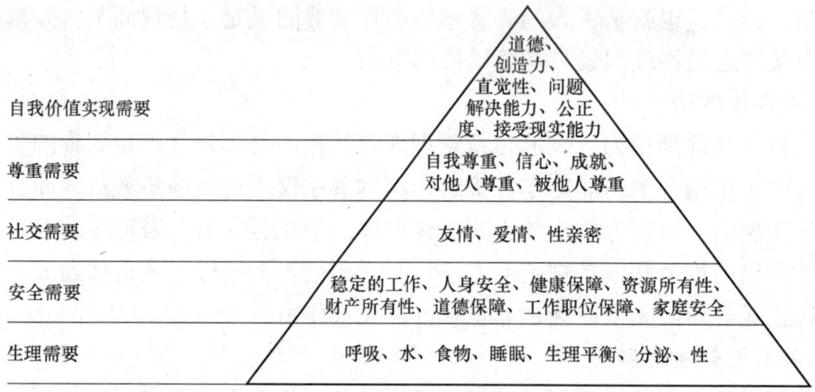

图2-2 马斯洛的需要层次理论

马斯洛认为满足人的需要是一个递进的过程，自下而上逐级实现。层级越低越容易得到满足，层级越高越难实现。当低层级的需求得到满足后，人们会追求更高层级的需要。而只有未被满足的需求才有激励作用。通俗理解，假如一个人同时缺乏食物、安全、爱和尊重，通常他对食物的需要是最强烈的，其他需要则显得不那么重要。此时人的意识几乎全被饥饿所占据，所有能量都被用来获取食物。在这种极端情况下，人生的全部意义就是吃，其他什么都不重要。只有当人从生理需要的控制下解放出来时，才可能出现更高层级的、社会化程度更高的需要，如安全的需要。

满足不同层级需要的方法有所不同。满足生理需要的主要条件是钱，或者说是收入。满足安全需要的条件有稳定的工作、医疗保险、养老保险等。满足社交需要的条件包括稳定的家庭与朋友圈子、友善的同事、各种社交活动等。满足受人尊重需要的条件有高学位、高职务、高职称、良好的工作环境、表扬等，尤其是不能当众指责别人。满足自我价值实现需要的条件有领导权与决策权、自主权、充满挑战性的工作或活动、艺术创造等。

💡 **即问即答：** 用马斯洛的需要层次理论分析一下你自己的状况。

2. X 理论与 Y 理论

美国社会心理学家道格拉斯·麦克雷戈（Douglas A. McGregor）于 1957 年提出了著名的 X 理论与 Y 理论，即存在 X 与 Y 两种人性假设，如图 2-3 所示。X 假设是"性恶"论，管理必须采取惩罚性措施；Y 假设是"性善"论，管理应采取引导与鼓励性措施。X 理论、Y 理论与中国古典的"性善论"与"性恶论"的基本思想是一致的。X 理论的主要内容如下。

（1）多数人天生是懒惰的，他们都尽可能逃避工作。

（2）多数人都没有雄心大志，不愿负任何责任，而心甘情愿受别人的指导。

（3）多数人的个人目标是与组织的目标相矛盾的，必须用强制、惩罚的办法，才能迫使他们为实现组织目标而工作。

（4）多数人干工作都是为了满足基本的生理需要和安全需要，因此，只有金钱和地位才能鼓励他们努力工作。

（5）人大致可以分为两类，一类是符合上述设想的人，另一类是能够自己鼓励自己、能够克制感情冲动的人，这些人应肩负起管理的责任。

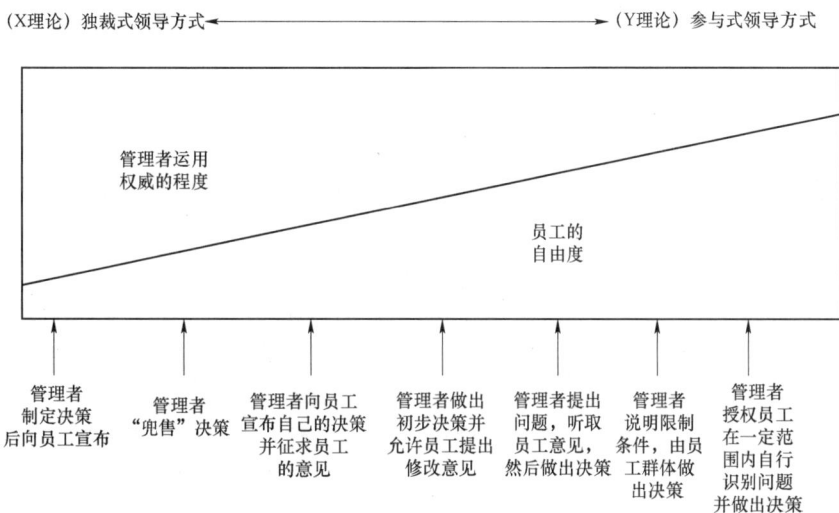

图 2-3　X 理论与 Y 理论

Y 理论主要内容与 X 理论相对应，内容如下。

（1）一般人都是勤奋的，如果环境条件有利，工作就如同游戏或休息一样自然。

（2）控制和惩罚不是实现组织目标的唯一方法，人们在执行任务中能够自我指导和自我控制。

（3）在正常情况下，一般人不仅会接受责任，而且会主动寻求责任。

（4）在人群中广泛存在着高度的想象力、智谋和解决组织中问题的创造性。

（5）在现代工业条件下，一般人的潜力只利用了一部分。

Y 理论告诉管理者，要尊重和相信员工，要为他们提供工作和发展的条件和机会，要想办法激励和调动员工的工作积极性，使人的智力、才能得到充分的发挥，在满足个人需求和目标的同时完成组织的目标。

根据 Y 理论的观点，管理者的职责和相应的管理方式如下。

（1）管理者的重要任务是创造一个使人得以发挥才能的工作环境，发挥出员工的潜力，并使员工在为实现组织的目标贡献力量时，也能达到自己的目标。此时的管理者已不仅仅是指挥者、调节者或监督者，而是起辅助者的作用，从旁给员工以支持和帮助。

（2）对员工的激励主要是来自工作本身的内在激励，让他担当具有挑战性的工作，担负更多的责任，促使其工作做出成绩，满足其自我实现的需要。

（3）在管理制度上给予员工更多的自主权，实行自我控制，让员工参与管理和决策，并共同分享权力。

需要指出的是，X 理论和 Y 理论是两种极端的观点，X 理论更适合人们低层次需求不能得到满足的情况下，Y 理论更适合人们低层次需求已经得到满足的前提下。事实上，X 理论和 Y 理论给人们提供了思考问题的角度，在使用时要根据社会发展现状以及人的个体因素综合考虑，不能机械照搬使用。

3. 管理方格理论

管理方格理论是用方格图表示和研究领导方式的一种理论。由美国行为科学家罗伯特·布莱克和简·莫顿创立。他们认为在企业管理的领导工作中会出现以生产为中心、以人为中心、以 X 理论为依据强调监督、以 Y 理论为依据强调自治的极端方式，为了避免这种片面的领导行为，他们于 1964 年发表《管理方格》一书，提出方格理论。他们设计了由 81 个方格组成的图形，纵向表示领导者对人的关心程度，横向表示领导者对生产关心的程度。在管理方格图中，1.1 方格表示贫乏管理，对生产和人的关心程度都很小。9.9 方格表示理想型管理，对人和生产都很关心，能使组织目标和个人的需求最有效地结合起来，介于其间的还有很多结合方式，以反映不同的管理类型。管理方格理论正受到各国管理界的重视（见图 2-4）。

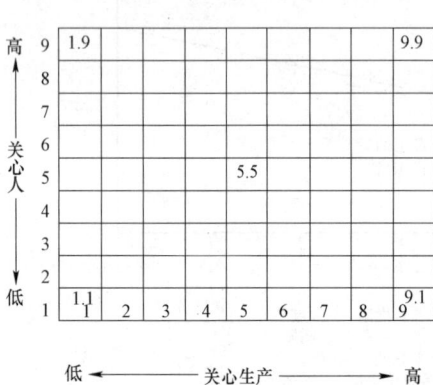

图 2-4　管理方格理论

图中横坐标代表企业领导对生产的关心程度，1 为最弱，9 为最强，对生产的关心也可以扩展理解为对企业总体各项业务与事务的关心。纵坐标代表企业领导对人的关心程度，其强弱分布与横坐标相同。企业领导风格用坐标方式表示，即（X，Y）。在 81 种领导风格组合中，有 5 类典型的领导风格。

1）（1，1）型为贫乏型

领导者既不关心生产，也不关心员工，只以最低限度的工作维持企业的基本运转。

2）（9，1）型为任务型

领导者非常关心生产，但不关心员工，追求工作效率最大化，往往铁面无私，甚至不近人情。

3）（1，9）型为俱乐部型

领导者实施人性化管理，重视对员工的支持和体谅，与员工建立了良好的关系，组织氛围轻松愉快，但领导者并不重视工作任务如何协同完成，导致管理松弛。

4）（9，9）型为战斗集体型

领导者既高度重视工作任务，也高度关注员工，把组织目标的实现与满足职工需要放在同等重要的地位；既有严格的管理，又有对员工的高度的关怀和支持。

5）（5，5）型为中游型

领导者兼顾工作任务的实现与对员工的关心，但其努力程度或管理能力处于中等水平。这类企业往往表现为业绩并不突出，但稳定性较好。

很显然，上述五种典型领导风格中，企业领导应该追求的目标，首先是（9，9）型，其次是（9，1）型，再次是（5，5）型、（1，9）型，最后是（1，1）型。

💡 **即问即答：** 谈谈你对人性的认识和对人性假设理论的评价。

🔍 **实例分析：销售副总家失火之后**

一家公司的销售副总，在外出差时家里失火了。他接到妻子的电话后，连夜火速赶回家。第二天一早去公司向老总请假，说家里失火要请几天假安排一下。按理说，这也不过分，但老总说："谁让你回来的？你要马上出差，如果你下午还不走，我就免你的职。"这位副总很有情绪，无可奈何地从老总办公室里出来后又马上出差走了。

老总听说副总已走，马上把党、政、工、团负责人都叫了过来，要求他们分头行动，在最短的时间内，不惜一切代价把副总家里的损失弥补回来，把家属安顿好。

问题：1. 用管理方格理论分析这位老总的领导风格属于哪一种？为什么？

　　　2. 从本案例中你可以获得哪些启迪？

　　　3. 你赞成这位老总的做法吗？有何建议？

分析要点：

1. 属于（9，9）型。因为老总对工作和员工的关心都达到了较高点。

2. 作为领导者，关心工作和关心员工都很重要，也可以同时做到。即努力使员工在完成组织目标的同时，满足个人需要，只有这样，才能使领导工作卓有成效。

3. 基本赞同。但觉得应在副总出差的同时，就告诉其将如何帮助他安顿家属的决定，以免他因牵挂而带着情绪出差。尽管副总迟早会知道老总用意，但事前沟通可能效果会更好。

2.3.3　管理理论丛林

第二次世界大战之后，管理理论得到高度重视，获得了巨大发展，进入了繁荣时期。研究管理不再是企业家的任务，很多不从事管理工作的学者也加入了研究行列，由于从事管理研究的企业家和学者的工作与经验背景、知识结构各不相同，因此他们的理论假设、研究对象、视角都存在较大差异，由此出现了众多的管理学派以及著名的企业家和管理学者。这种现象被孔茨称为"管理理论丛林"。

1961 年 12 月，孔茨于美国《管理学会杂志》上发表了著名的《管理理论的丛林》论文，详细阐述了管理研究的各种方法，对现代管理理论中的各种学派加以分类，把管理理论界百花齐放、百家争鸣的现象称为"管理理论丛林"。孔茨认为当时存在着 6 个具有代表性的学派：管理过程学派、经验和案例学派、人类行为学派、社会系统学派、决策理论学派和数理学派。

1980 年，孔茨于美国《管理学会杂志》发表了《再论管理理论的丛林》一文，他认为经过 20 年的发展，具有代表性的管理理论学派由 6 个增加到了 11 个。这里对 11 个管理学派进行简要的介绍。

学生插画练习：管理的理论像一片热带丛林，一名管理者在其中迷路了。

2.3.3.1 合作社会系统学派（社会协作系统学派）

该学派的代表人物是美国的切斯特·巴纳德，代表作《经理的职能》。他被誉为"现代管理理论之父"。该学派的主要观点如下。

1. 组织的实质

组织是一个系统，是由人的行为构成的、整体的协作系统的一部分和核心。这一协作系统由人的系统、物的系统和社会系统所组成。

2. 组织要素

作为一个组织，必须具备 3 个要素：协作的意愿；共同的目标；成员间的信息沟通。经理人员是组织成员协作活动相互联系的中心。他的基本任务是：建立整个组织的信息系统并保持其畅通；保证其成员进行充分协作；确定组织目标。

3. 权限接受论

权力来源原理：权力来源于生产资料的占有者；权力大小的确定：权力发出后被接受的程度，即不是上级授予，而是来自下级接受的程度。

4. 组织平衡论

组织对内平衡即组织对个人的诱因要大于或等于个人对组织所做的贡献；组织对外平衡即组织内部效率产生外部效能，它与外部环境间的平衡。

合作社会系统学派将组织看作一个合作的社会系统，试图将人际关系学派与群体行为学派的观点加以综合，从个体和群体两方面出发，以"合作"为研究中心，以社会系统视角看待组织，研究如何通过合作提升组织效率。

2.3.3.2 决策学派（决策理论学派）

该学派的代表人物是美国的赫伯特·西蒙。其主要理论如下。

（1）决策理论包括两个基本命题：一是人的有限理性理论：①知识不完备；②困难难以预见；③可能行为的范围受到局限；二是决策的满意准则：由于人的有限理性，因而人不可能做出"完全合理"或"最优"的决策，只能满足于"足够好"或"令人满意"的决策。

（2）决策理论过程包括：决策过程、程序化决策和非程序化决策、决策中的科学成分。

西蒙认为管理工作的起点是确定"目标"，而确定目标的过程就是决策的过程，一旦决策过程完成，剩下的就是执行问题。决策与执行相比对管理效率的提升更为关键，因此西蒙将管理研究的重点放在决策过程上。西蒙认为决策是一个过程，而不是一个瞬间的思维，决策就是列出备选方案，计算备选方案优劣，最终得出结论的过程。但是，由于寻找最优决策方案的成本太高，决策者往往又存在着有限理性的状况，因此人们的决策结果通常都是次优方案。

2.3.3.3 经验学派（案例学派）

该学派的代表人物是美国的彼得·德鲁克，代表作《有效的管理者》。其主要理论如下。

（1）管理的三项基本任务：①取得经济效果；②使工作具有生产性，并使工作人员有成就感；③承担企业对社会的责任。

（2）目标管理理论过程包括：①将组织宗旨和使命转化为目标；②将目标展开，使每项业务的目标都同整个组织的目标一致；③目标的实施要以自我控制为主，建立协作关系协调个人目标，从而谋求共同利益。

该学派主张通过分析管理者的实际管理经验或案例来研究管理学问题。他们认为，成功的组织管理者的经验和一些成功的大企业的做法是最值得借鉴的。因此，他们重点分析许多组织管理者的经验，然后加以概括和总结，找出他们成功经验中具有共性的东西，然后使其系统化、理论化，并据此为管理者提供在类似情况下采取有效的管理策略和技能，以达到组织的目标。

2.3.3.4　管理科学学派（数学学派）

该学派的代表人物是布莱克特和伯法等。其主要理论如下。

（1）制定和运用数学模型与程序的系统，进行计划、组织、控制、决策等，求出最优解答，以达到企业的目标。

（2）尽量减低企业经营管理活动中的不确定性，以便使投入的资源发挥最大的作用，得到最大的经济效果。数理学派的核心思想是将数学研究方法引入管理研究，通过建立数学模型，求得管理问题的最优解决方案。

2.3.3.5　系统管理学派（系统学派）

该学派的代表人物是美国的卡斯特和罗森茨韦克。其主要理论如下。

（1）从系统概念出发，建立起企业管理的系统模式，认为系统观点、系统分析、系统管理都是以系统理论为指导的，三者既有联系又有区别。

（2）企业管理系统由人、资金、物、技术、时间、信息 6 个基本要素所构成，其中人为主体，其他各项要素在一定程度上均受人的控制与协调。

（3）企业管理系统内部分为运行系统、控制系统、支持系统、信息系统 4 个子系统。

（4）企业的系统管理强调以整体系统为中心，决策时强调整个系统的最优化而不是强调子系统的最优化。

该学派理论强调应用系统的观点，全面考察与分析研究企业和其他组织的管理活动、管理过程等，以便更好地实现企业的目标。

2.3.3.6　管理角色学派（经理角色学派）

该学派的代表人物是亨利·明茨伯格。这个学派主要通过观察经理的实际活动来明确经理角色的内容。明茨伯格系统地研究了不同组织中 5 位总经理的活动，得出结论：总经理并不按人们通常认为的那种职能分工行事，即只从事计划、组织、协调和控制工作，他也做其他许多工作。该学派的主要理论如下。

该学派认为经理一般都担任 10 种角色，这源于经理的正式权利和地位。10 种角色可以归为以下三类。

（1）人际关系方面的角色，包括挂名首脑、领导者、联络者。

（2）组织信息中枢的角色，包括信息接收者、信息传播者、发言人。

（3）决策方面的角色，包括企业家、故障排除者、资源分配者、谈判者。

2.3.3.7 权变管理学派

该学派的代表人物是劳伦斯和洛尔希。"权变"即随环境变化而变化。权变理论的产生背景是 20 世纪 70 年代发生能源危机后社会变革速度远远高于以往,以企业为代表的社会组织面临着前所未有的环境变化速度,因此,卢桑斯(F. Luthans)等人提出权变管理思想,认为管理者的实际工作取决于其所处的环境条件,因此管理者应根据不同的情境及其变量决定应采取何种行动。不同组织面临的管理环境各不相同,因此世上没有普遍适用的管理方法。该学派的主要理论如下。

(1)该学派认为,在企业管理中没有一成不变、普遍适用的"最好的"管理理论和方法。人们是怀着许多不同的需要加入工作组织的。

(2)权变管理理论的运用。①计划。制订计划要充分注意其模糊性和灵活性。②组织。因地制宜、因时制宜地选择企业需要的管理组织形式和管理措施。③领导。没有"最好的"或"最差的"领导方式。

2.3.3.8 管理过程学派(经营管理学派、管理职能学派)

管理过程学派是在法约尔一般管理理论的基础上发展起来的。代表人物是美国的哈罗德·孔茨。其主要理论:该学派强调对管理的过程和职能进行研究,认为无论组织的性质和所处的环境有多么不同,但管理者所从事的管理职能是相同的。其基本研究方法是:①把管理者的工作计划分为管理职能;②对管理职能进行逐项研究,从丰富多彩的管理实践中总结管理的基本规律,以便详细分析资源和管理职能。

该学派注重把管理理论和管理者的职能和工作过程联系起来,目的在于分析过程,从理论上加以概括,确定一些管理的基本原理、原则和职能。由于过程是相同的,从而使实现这一过程的原理与原则,具有普遍适用性。

2.3.3.9 人际关系学派

该学派的代表人物是梅奥、马斯洛。其主要理论:该学派注重对组织中人与人之间的关系进行研究,他们以个人心理学作为研究的理论基础,研究具有社会性质的个人行为动机,进而指出,处理好组织中的人与人之间的关系是组织中管理者必须理解和掌握的一种技巧。该学派将研究的重点放在工作中人与人之间关系的决定因素与协调因素上。

2.3.3.10 群体行为学派

该学派的代表人物是阿基利斯、谢里夫。其主要理论:该学派以社会学、人类学、社会心理学为基础,着重研究各种群体行为方式。从小群体的文化和行为方式,到大群体的行为特点,都在该学派的研究之列。该学派也常被称为"组织行为学派"。

2.3.3.11 社会技术系统学派

该学派的代表人物是特里斯特。其主要理论:该学派认为管理过程仅分析企业的社会方面是不够的,还必须注重其技术方面。企业中的技术系统对社会影响很大。个人态度和个人行为都受到在工作技术系统的重大影响。组织中人所面临的环境包括"软""硬"两部分,即面临着人与人之间的关系以及人与工作环境之间的关系。管理者的主要任务之一就是确保社会合作系统与技术系统的相互协调。现代管理科学领域热门的工业工程与人机交互工程均由该学派衍生而来。

思政园地：爱国主义情怀

用生命书写探地故事的黄大年

1. 传承民族精神 奋斗新时代

距离地球物理学家、吉林大学教授黄大年去世，已经过去了 22 个月，很多人都很想念他。

"黄老师倾尽毕生心血的地球探测项目还在继续，我们时刻都在怀念他，他的为人处世永远值得我们学习。"吉林大学地球探测科学与技术学院教授、黄大年生前助手于平在电话里告诉科技日报记者。

她没有过多地倾诉思念："我们只想全力以赴把研究工作推进下去。黄老师生前十分低调，一心扑在科研上，我觉得只有做出成绩才是对他最好的纪念。"

2017 年 1 月 8 日，年仅 58 岁的黄大年病逝。

心有大我，至诚报国。一年来，黄大年的事迹在神州大地被广为传颂，激励着无数人奋力前行。

2. 至诚报国，创造多项"中国第一"

人们感动于他的爱国情怀。2009 年 4 月 22 日第 40 个"世界地球日"当天，我国启动了"深部探测技术与实验研究专项"。但在向地球深部进军的路上，缺乏高精度地球探测仪器装备掣肘相关技术的发展。

彼时，海漂 18 年之久的黄大年已蜚声中外。作为航空地球物理研究领域的科学家，他是剑桥 ARKeX 地球物理公司研发部主任，带领着一支 300 人的团队，从事海洋和航空快速移动平台高精度地球重力和磁力场探测技术工作。

2009 年年底，当听到祖国的召唤时，黄大年立即决定回国。同事们的含泪挽留、妻子卖掉诊所后的痛哭、女儿独在异乡的孤独都没有让他停下归国的脚步。

参与"深部探测技术与实验研究专项"，黄大年回国后的第一项重要任务是担任专项第 9 项目"深部探测关键仪器装备研制与实验项目"的负责人。在他的带领下，400 多名科学家创造了多项"中国第一"，为我国"巡天探地潜海"填补了技术空白。

他带领团队用 5 年时间完成"深部探测关键仪器装备研制与实验项目"，让我国深部探测仪器的技术总体达到国际领先水平；地面电磁探测系统工程样机研制工作取得显著成果，为产业化和参与国际竞争奠定了基础；固定翼无人机航磁探测系统工程样机研制成功，填补了国内无人机大面积探测领域的技术空白……

人们难忘他作为战略科学家的高瞻远瞩。黄大年推动成立吉林大学移动平台探测技术研发中心，以航空重力梯度仪为核心，建立立体探测系统。

回国仅半年多，黄大年就统筹各方力量，绘就了一幅宏大的新兴交叉学科蓝图。2016 年 9 月，一个辐射地学部、医学部、物理学院、汽车学院、机械学院、计算机学院等的非行政化科研特区初步形成，黄大年担任吉林大学新兴交叉学科学部首任部长。这个战略设想涉及卫星通信、汽车设计、大数据交流、机器人研发等众多科研领域。

3. 无私忘我，是学界的一股清流

人们心疼他的分秒必争。他永远坐最晚一班航班，手术前一天还在谈工作……

黄大年的办公室墙面上挂着一张巨大的日程表，直观地说明了主人的忙碌：赴西北地区指导地方科技建设、教育部"长江学者"评审……

日程表上的时间停在 2016 年 11 月 29 日。上面潦草地标记着"第七届教育部科技委地学与资源学部年度工作会"。那天 2:00，北京飞往成都的最晚航班刚一落地，黄大年就被急救车接走。经过简单检查后，他逃出医院，他说："因为第二天的会太重要了。"

他的眼里只有工作。傍晚时分，黄大年的夫人张燕常拿着切成小块的水果来办公室看望他。"黄老师总是说，放那儿吧，正忙呢，你先回去。"黄大年的学生马国庆说，虽然师母会要求看着他吃完，但经常还是无奈地走了。

人们感念他的不求私利、无私忘我。他将科学放在第一位。一回国，黄大年就搅动了国内学界。自然资源部科技与国际合作司副司长高平说："大年不讲'关系'，不搞'你好我好大家好'。他是学术界的一股清流。"

作为国家多个技术攻关项目的首席专家，黄大年经手数亿元的项目经费。怎么分配这一笔钱，他的发言权最大。有和他相熟的专家来找黄大年要经费，黄大年却说："在科学上，我没有对手，也没有朋友。"

黄大年的故事还有很多很多。他已经走远，但他又从未离去。他精神的火炬，还在照亮无数人前行的道路。

2.4　当代管理理论发展

2.4.1　当代社会经济发展的特点

当代社会经济发展最重要的两个特点就是：全球化与信息化。

2.4.1.1　经济全球化

谈到全球化，人们首先想到的是"经济全球化"和"经济一体化"。全球化对于经济的影响，首先，表现在市场范围的扩大。企业所面对的市场不再局限于国内市场，全球市场都可以成为企业的目标市场。

其次，资源配置的变化。从劳动力到自然资源到技术资源等，经济全球化加大了资源的流动性，除了极为重要的战略性资源（石油、矿产等也存在例外），一国的资源也很难再成为本国的专有资源，在全球化的趋势下，资源的争夺变得不可阻挡。

再次，分工协作方式的变化。当今的国际分工比大卫·李嘉图设想的要复杂得多，随着发达国家产业结构的转变和转移，国际分工格局正在发生不断变化，而且随着新兴国家的不断发展，整个世界的产业格局也在不断变化中。

最后，全球经济相互依存的形成。在经济全球化的浪潮中，大部分国家都已经不可避免地与全球经济紧密联系在一起，这就使得"资金流""信息流""商品流"形成全球联动的机制。

2.4.1.2　经济信息化

全球化产生了大众文化。随着国际互联网的普及，时间和空间不再成为障碍，信息在全世界范围内飞速转播。全球化无疑使文化融合的速度数以倍计地提升。然而，文化并未像人们所想象的形成一种"全球文化"。文化融合使得国家间的文化共同点在增加，例如，互联网文化已在全球形成，但是文化独立性并未就此消失，反而表现出很强的刚性。因此，在全球化的大背景下，本土化也受到重视，"Glocal"一词由此诞生（由全球化 global 与本土化 local 两个词组合而成）。

随着互联网的普及，时间与空间约束被打破，个性获得了极大解放，个性文化形成世界范围内的潮流。人们在生活中随处都在追求个性化，无论是服装、餐饮、电子产品还是旅游和文化消费等。但与个性文化相对应的是大众文化的形成，尤其是互联网，它将全球各地的人联系在一起，使得各种文化因素在世界范围内形成某种大众共性，如电影、音乐等。

现如今人们已经习惯了快速生活，电子邮件只需要几秒钟就可以到达，通过网络可以实时地（而且成本极低）与世界另一端的人通话，非现场直播的体育比赛越来越缺少吸引力，人们已经习惯于快速的生活方式。速度文化的基础是虚拟文化，虚拟文化以互联网为基础，但是不仅限于互联网。虚拟文化改变了人们对时间和空间的概念，重新定义了人们的生活。

随着全球化下文化融合的不断进展，21 世纪新人文主义精神在全世界范围内形成。新人文精神强调基于"生活质量"而非个人无限财富聚敛的"可持续性文明"。"生活质量"就是"实际生活条件"以及"公民个人的主观幸福感"，如健康、和谐的社会关系，绿色自然环境等。18 世纪的启蒙运动以"解放自我"、追求世界普遍性为中心，而 21 世纪新人文精神所提倡的，则是尊重他者，尊重差别，提倡多元文化互补，特别是东西方文化互补。

2.4.2　当代管理理论的发展

2.4.2.1　波特的竞争战略理论

第二次世界大战以后，随着全球化进程的加速以及科学技术水平的迅速提高，人类社会以前所未有的速度向前发展。特别是 20 世纪 70 年代两次能源危机的爆发，加速了全球格局的变化，企业面临着前所未有的环境变化。在这种环境背景下，20 世纪 60 年代，A.钱德勒（Alfred Chandler）、I. 安索夫（Igor Ansoff）、K. 安德鲁（Kenneth Andrews）、C. R·克里斯滕森（C. Roland Christensen）等著名学者共同开创了企业战略学，安德鲁和克里斯滕森等学者提出的 SWOT 分析框架堪称经典，至今仍是企业战略分析中最常用的工具。SWOT 分析法，即态势分析，就是将与研究对象密切相关的各种主要内部优势、劣势和外部的机会、威胁等，通过调查列举出来，并依照矩阵形式排列，然后用系统分析的思想，把各种因素相互匹配起来加以分析，从中得出一系列相应的结论，而结论通常带有一定的决策性。运用这种方法，可以对研究对象所处的情景进行全面、系统、准确的研究，从而根据研究结果制定相应的发展战略、计划和对策等。SWOT 分析法常常被用于制定集团发展战略和分析竞争对手的情况，在战略分析中，它是最常用的方法之一。

当代公认的竞争战略管理大师是美国哈佛商学院教授迈克尔·波特。波特的理论和分析工具，如战略定位、五力模型、价值链、钻石模型等，大大丰富了 SWOT 框架的内涵和实用性，波特的理论与分析工具秉承了 SWOT 分析"内外结合"的思想，如战略定位、五力模型、钻石模型等理论着重分析企业外部因素，而价值链理论着眼于企业内部因素分析。波特认为企业竞争优势虽然是由企业所处产业的状况及其在产业内的位置所决定，但是企业竞争优势的生成是在企业价值链中完成的。波特的理论与 SWOT 分析框架最主要的不同在于波特的分析过程是"先外后内"的。现将波特理论的主要内容总结如下。

1. 五力模型

详见本书第 1 章 1.4 节。

2. 3 种基本竞争战略

波特认为企业可以采取 3 种基本竞争战略，除了自身能力与条件，采取哪种竞争战略取决于竞争的基础和企业的竞争定位。以产品为基础的战略定位，应采取成本领先的竞争战略；以需求为基础的战略定位，应采取差异化竞争战略；以接触为基础的战略定位，应采取集中化竞争战略。

（1）总成本领先战略。

（2）差异化战略又称别具一格战略。

（3）集中化战略又称目标集中战略、目标聚集战略、专一化战略。

第一种战略就是最大努力降低成本，通过低成本降低商品价格，维持竞争优势。要做到成本领先，就必须在管理方面对成本进行严格控制，尽可能将降低费用的指标落实在人头上，处于低成本地位的企业可以获得高于产业平均水平的利润。在与竞争对手进行竞争时，由于你的成本低，对手已没有利润可图时，你还可以获得利润。第二种战略是企业所提供的产品或服务别具一格，或功能多，或款式新，或更加美观。如果别具一格战略可以实现，它就成为在行业中赢得超常收益的可行战略，因为它能建立起对付五种竞争作用力的防御地位，利用客户对品牌的忠诚而处于竞争优势。第三种战略是主攻某个特定的客户群、产品系列的一个细分区段或某一个地区市场。其前提是：公司能够以更高的效率、更好的效果为某一狭窄的战略对象服务，从而超过更广阔范围内的竞争对手，可知该战略具有赢得超过行业平均水平收益的潜力。

2.4.2.2 核心竞争力理论

虽然波特的竞争战略理论一直处于主流地位，但是也受到了很多批评。一是波特的理论大量运用产业组织的"结构—行为—绩效"分析法，过多关注外部，而价值链理论分析的因素太多，几乎无所不包，没有抓住重点，因此"企业黑箱"问题无法解决。二是产业组织分析法能够清晰地解释行业间的差别，但是无法解释为什么行业内部的差别远远大于行业间的差别。产业内的分散程度比产业间要大 3～5 倍。波特理论之后出现的核心竞争力理论，大大加强了对企业内部因素的分析，对于现实的解释力明显增强。因此，核心竞争力理论受到空前关注，国内外大批学者加入核心竞争力的研究。

C. K. 普拉哈拉德（C. K. Prahalad）和加里·哈默尔（Gary Hamel）于 1990 年在《哈佛商业评论》上发表了著名的《公司核心竞争力》论文，1994 年两人又合作出版了专著《竞争大未来》，核心竞争力理论正式确立。他们对核心竞争力的定义是："在一个组织内部经过整合的知识和技能，尤其是关于如何协调多种生产技能和整合不同技术的知识和技能。"从产品或服务的关系角度来看，核心竞争力实际上是隐含在公司核心产品或服务里的知识和技能，或者知识和技能的集合体。核心竞争力是企业通过管理整合形成的，相对于竞争对手能够更显著地实现顾客价值需求的、不易被竞争对手模仿的动态能力，核心竞争力通常表现为企业以技术能力和管理能力为主导的一组能力体系的有机整合。

核心竞争力具有如下主要特征。

1. 价值性

从核心竞争力概念产生的逻辑关系上看，它是这一概念产生的根源。因此它不仅是衡量企业是否具有核心竞争力的根本标准，而且是衡量核心竞争力价值大小的尺度，符合市场需求的价值性是其根本特性。这是因为企业核心竞争力的价值性是通过市场检验来实现的，符合市场需求的程度越高，为顾客创造的可感知价值越大，企业的核心竞争力价值性越大，企业的竞争优势越显著。

2. 独特性

企业核心竞争力是独树一帜的，不易也不能被行业内的其他企业所模仿。否则，它在竞争中就不具优势。企业核心竞争力的培育主要是通过企业自身的不断学习、创新和磨炼而形成的，具有鲜明的企业个性，深深地打上了企业的烙印，并根植和依附于整个企业系统。

3. 延展性

企业的核心竞争力能够为企业提供进入多个市场的潜在途径，核心竞争力是母体、是核心，有溢出效应，即具有能够为自身复制和模仿的特点。当基于单一产品或服务领域具有竞争优势时，这种竞争优势可应用于多种产品和服务领域。它使企业能够不断地开发出新产品或服务以满足顾客需求，使企业具有旺盛的、持久发展的生命力。

4. 融合性

企业的核心竞争力是企业对资源和能力的高效和有机的整合，单独的任何一项资源或能力都不能成为企业的核心竞争力。

5. 持久性

企业生存和发展的持久性依赖于企业核心竞争力的持久性。企业必须拥有其他企业不易获得、仿效、复制的核心竞争力，并能够在不断变化和发展的环境中长期发挥作用，使企业竞争优势相对不变或者进一步提高，才会带来企业的长期生存和发展。

6. 动态性

随着顾客需求、技术进步、企业资源、企业管理模式等的内外部环境变化，企业原有的核心竞争力可能变为一般竞争力。因此，企业的核心竞争力是相对的、动态的，企业核心竞争更体现为一种持续创新、持续学习的能力，它要求企业在变化的环境中不断开发、维护已有的核心竞争力，擅长变更和培育新的核心竞争力。

2.4.2.3　企业流程再造

20 世纪 90 年代与核心竞争力同样轰动的是"企业流程再造"理论。1993 年，美国麻省理工学院教授 M. 哈默·哈默（M. Hammer）博士与 J. 钱皮（J. Champy）合著了《再造企业——管理革命的宣言书》一书，正式提出了企业流程再造理论。

按照哈默与钱皮所下的定义，"企业流程再造"是指"为了飞跃地改善成本、质量、服务、速度等重大的现代企业运营基准，对工作流程做根本的重新思考与彻底翻新"。

企业流程再造的主要程序：①对原有流程进行全面的功能和效率分析，发现具体存在的问题；②设计新的流程改进方案，并进行评估；③制定与流程改进方案相配套的组织结构、人力资源配置和业务规范等方面的改进规划，形成系统的企业再造方案；④持续实施与持续改善。

企业流程再造的基本做法：①确定顾客的需求；②决定改造的关键流程；③拟定流程改造的学习对象和目标；④重新设计流程；⑤改变思维，塑造新文化。

2.4.2.4 虚拟组织与无边界组织

20世纪90年代以来，现代企业向组织结构简单化、扁平化的方向发展，于是就产生了能将知识、技术、资金、原材料、市场和管理等资源联合起来的虚拟企业。扁平化即组织内部的垂直层级大大减少，从而提高组织效率。扁平化带来组织垂直层级的减少，必然会增加横向的宽度。这种横向的宽度达到一定程度，就突破了传统意义上以资产为纽带的组织边界，出现了虚拟组织与无边界组织。

1. 虚拟组织

虚拟组织是利用现代信息技术或其他沟通方法，突破地域、产权等的制约，组合、开发、利用各成员单位的核心能力，实现预期目标的组织。通俗地讲，虚拟组织指两个以上的独立的实体，为迅速向市场提供产品和服务、在一定时间内结成的动态联盟。

虚拟组织具有以下特征。

（1）虚拟组织是一个以机会为基础的各种核心能力的统一体，当机会消失后，虚拟组织就会解散。所以，虚拟组织可能存在几个月或者几十年。

（2）虚拟组织的价值在于能够整合各成员的核心能力和资源，从而降低时间、费用和风险，提高服务能力。

（3）合作是虚拟组织存在的基础。各成员在合作中必须彼此信任，当信任成为分享成功的必要条件时，就会在各成员中形成一种强烈的依赖关系。否则，这些成员都无法取得成功。

2. 无边界组织

号称"世界第一CEO"的美国通用电气（GE）前董事长兼CEO杰克·韦尔奇（Jack Welch）在对GE进行改造时提出"无边界组织"这一概念。即打破一切人为的职能部门边界与障碍，形成"供应商+GE+用户"的业务链条，传统的职能部门的职能与资源按照业务链条流动，形成"柔性工作团队"。

无边界组织具有以下特征。

（1）无边界组织力图取缔指挥链，保持合适的管理跨度，以授权的团队取代部门。

（2）无边界组织是一种有机组织。这里的无边界是强调为了共同的目标，组织内外的任何单位、部门、岗位角色个人、外部合作伙伴，既要有自己所专门负责的职责，但又不能仅限于对所专负的职责承担责任，而是要向所能承担的职责转化。

（3）无边界组织强调的是在保证稳定和秩序的前提下，突破彼此的种种界限，以增强企业组织的灵活性和适应性。

2.4.2.5 学习型组织

学习型组织是美国学者彼得·圣吉（Peter M. Senge）在《第五项修炼》一书中提出的管理观念，即企业应建立学习型组织，其含义为面临变化剧烈的外在环境，组织应力求精简、扁平化、弹性因应、终生学习、不断自我组织再造，以维持竞争力。知识管理是建设学习型组织的最重要的手段之一。学习型组织不存在单一的模型，它是关于组织的概念和员工作用的一种态度或理念，是用一种新的思维方式对组织的思考。在学习型组织中，每个人都要参与识别和解决问题，使组织能够不断地尝试、改善和提高它的能力。学习型组织的基本价值在于解决问题，与之相对的传统组织设计的着眼点是效率。在学习型组织内，员工参加问题的识别，这意味着他要懂得顾客的需要。员工还要解决问题，这意味着他要以一种独特的方式将一切综合起来考虑以满足顾客的需要。组织因此通过确定新的需要并满足这些需要来提高其价值。它往往是通过新的观念和信息而不是物质产品来实现价值的提高。要建立学习型组织，必须进行五项修炼。

（1）建立共同愿景。愿景可以凝聚组织上下的意志力，通过组织共识，员工努力的方向一致，个人也乐于奉献，为组织目标奋斗。

（2）团队学习。团队智慧应大于个人智慧的平均值，以做出正确的组织决策，通过集体思考和分析，找出个人弱点，强化团队向心力。

（3）改变心智模式。组织的障碍，多来自个人的思维习惯，例如固执己见、本位主义，唯有透过团队学习，以及标杆学习，才能改变个人的心智模式，有所创新。

（4）自我超越。个人有意愿投入工作，专精工作技巧，个人与愿景之间有一种"创造性的张力"，这正是自我超越的来源。

（5）系统思考。通过搜集信息，掌握事件的全貌，以避免只见树木不见森林，培养综观全局的思考能力，看清楚问题的本质，有助于清楚了解因果关系。

2.4.2.6 蓝海战略

蓝海战略是由欧洲工商管理学院的 W. 钱·金（W. Chan Kim）和莫博涅（Mauborgne）提出的。他们将激烈竞争的市场形象地比喻为"红海"，将通过差异化而实现的竞争并不激烈的市场称为"蓝海"。企业不应该以目前"红海"中的最佳企业为标杆，而是应该通过创新行业规则、改变游戏框架走向"蓝海"。实现蓝海战略的核心是价值创新。蓝海战略认为，聚焦于红海等于接受了商战的限制性因素，即在有限的市场上求胜，却否认了在商业世界开创新市场的可能。运用蓝海战略，视线将超越竞争对手移向买方需求，跨越现有竞争边界，将不同市场的买方价值元素筛选并重新排序，从给定结构下的定位选择向改变市场结构本身转变。价值创新挑战了基于竞争的传统教条即价值和成本的权衡取舍关系，让企业将创新与效用、价格与成本整合一体，不是比照现有产业最佳实践去赶超对手，而是改变产业境况重新设定游戏规则；不是瞄准现有市场的"高端"或"低端"顾客，而是面向潜在需求的买方大众；不是一味地细分市场满足顾客偏好，而是合并细分市场整合需求。之所以成为"价值创新"，原因在于它并非着眼于竞争，而是通过提供创新产品和服务，使顾客和企业的价值都出现飞跃，由此开辟一个全新的、非竞争性的市场空间（见表 2-1）。

表 2-1 红海与蓝海战略比较

红海战略	蓝海战略
在已经存在的市场内竞争	拓展非竞争性市场空间
参与竞争	规避竞争
争夺现有需求	创造并攫取新需求
遵循价值与成本互替定律	打破价值与成本互替定律
根据差异化或低成本的战略选择把企业行为整合为一个体系	同时追求差异化和低成本，把企业行为整合为一个体系

案例分析：某油漆厂工人为什么闹事

刘明是某名牌大学企业管理专业毕业的大学生，被分配到宜昌某集团公司人力资源部。前不久，因总公司下属的某油漆厂出现工人集体闹事问题，刘明被总公司委派下去调查了解情况，并协助油漆厂李厂长理顺管理工作。到油漆厂上班的第一周，刘明就深入"民间"，体察"民情"，了解"民怨"。一周后，他不仅清楚地了解了油漆厂的生产流程，同时也发现工厂的生产效率极其低下，工人们怨声载道，他们认为工作场所又脏又吵，条件极其恶劣，冬天的车间内气温只有零下8度，比外面还冷，而夏天最高气温可达40多度。而且他们的报酬也少得可怜。工人们曾多次向厂领导提出改善工作条件，提高工资待遇，但厂里一直不重视。刘明还了解了工人的年龄、学历等情况，工厂以男性职工为主，约占92%。年龄在25～35岁的占50%，25岁以下的占36%，35岁以上的占14%。工人们的文化程度普遍较低，初高中毕业的占32%，中专及其以上的仅占2%，其余的全是小学毕业。刘明在调查中还发现，工人的流动率非常高，50%的工人仅在厂里工作1年或更短的时间，能工作5年以上的不到20%，这对生产效率的提高和产品的质量非常不利。于是，刘明决定将连日来的调查结果与李厂长做沟通，他提出了自己的一些看法："李厂长，经过调查，我发现工人的某些起码的需要没有得到满足，我们厂要想把生产效率搞上去，要想提高产品的质量，首先得想办法满足工人们提出的一些最基本的要求。"可是李厂长不这么认为，他恨铁不成钢地说："他们有什么需要？他们关心的就是能拿多少工资，得多少奖金，除此之外，他们什么也不关心，更别说想办法去提高自我。你也看到了，他们很懒，逃避责任，不好好合作，工作是好是坏他们一点儿也不在乎。"但刘明不认同李厂长对工人们的这种评价，他认为工人们不像李厂长所说的这样。为进一步弄清情况，刘明采取发放问题调查问卷的方式，确定工人们到底有什么样的需要，并找到哪些需要还未得到满足。他也希望通过调查结果来说服厂长，重新找到提高士气的因素。于是他设计了包括15个因素在内的问卷，当然每个因素都与工人的工作有关，包括：报酬、工人之间的关系、上下级之间的关系、工作环境条件、工作的安全性、工厂制度、监督体系、工作的挑战性、工作的成就感、个人发展的空间、工作得到认可情况、升职机会等。调查结果表明，工人并不认为他们懒惰，也不在乎多做额外的工作，他们只希望工作能丰富多样化一点儿，能让他们多动动脑筋，能有较合理的报酬。他们还希望工作多一点儿挑战性，能有机会发挥自身的潜能。此外，他们还表达了希望多一点儿与其他人交流感情的机会。他们既希望能在友好的氛围中工作，也希望领导经常告诉他们怎样才能把工作做得更好。基于此，刘明认为，导致油漆厂生产效率低下和工人有不满情绪的主要原因是报酬太低，工作环境不好，人与人之间的关系冷淡。

思考：

1. 李厂长对工人们的看法属于X理论吗？刘明的问卷调查结果又说明了对人的何种假设？

2. 根据刘明的问卷调查结果，请你为该油漆厂出主意，来满足工人们的一些需求。

分析要点：

对组织中人的不同看法，将直接影响管理者的管理行为。本案例主要涉及的知识点有：X理论、Y理论、需要层次理论等，可以帮助大家加深对保健因素、激励因素、人的本性假设等知识的理解。

1. 李厂长对工人的看法属于X理论吗？刘明的问卷调查结果又说明了对人的何种假设？

案例中李厂长对工人的看法从人性的假设理论来看，主要体现为 X 理论。认为工人懒惰、不思进取、不求上进，工人的行为仅仅是为了获取金钱。把工人完全看作"经济人"与泰勒的有关思想是一致的。而刘明通过与工人的接触和了解，并在充分调查的基础上，认为工人不是这样的，工人愿意承担工厂的责任，愿意多为工厂干活，工人有发挥自身潜能的愿望，有与他人交往并被他人接纳的愿望，所以刘明对工人的看法主要表现为 Y 理论。

2. 根据刘明的问卷调查结果，请你为该油漆厂出主意，来满足工人们的一些需求。

根据马斯洛的需要层次理论，人的需要由低级到高级经历生理需要、安全需要、社交需要、尊重需要、自我价值实现需要五个层次，且人的行为主要取决于其主导需要。就案例中当前的情况来看，工人的主导需要应该是社交需要、尊重需要和自我价值实现需要。

回顾与总结

早期管理思想：
以社会管理、国家管理为主

古典管理思想：
"经济人"假设与劳动分工
以1911年出版的《科学管理原理》为标志

霍桑实验与行为科学兴起：
"经济人"假设向"社会人"假设过渡

现代"管理理论丛林"：
孔茨归纳的11个主流学派

当代全球化和信息化：
战略管理兴起，核心竞争力、企业流程再造、虚拟组织与无边界组织、学习型组织、蓝海战略等前沿管理理论不断涌现

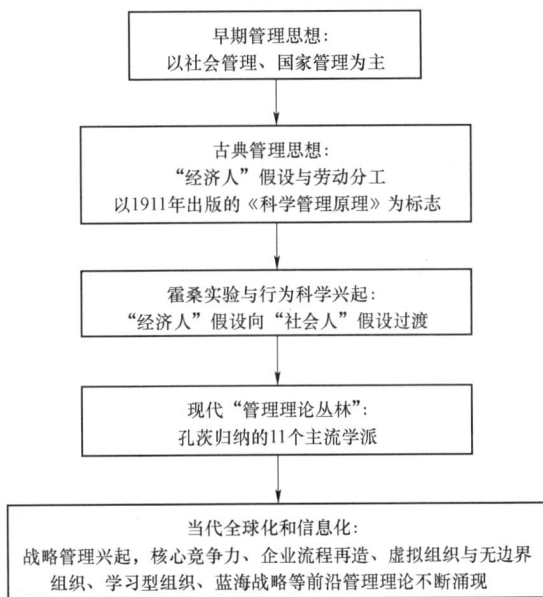

从赫茨伯格的双因素理论来看，工人的保健因素可能包括工作环境与条件、工作的安全性、工厂的规章制度等，激励因素可能包括工资报酬、工作的挑战性、工作的成就感、个人发展机会及升职的机会等。据此，可以考虑从奖励手段、工人参与管理、丰富工作内容、美化工作环境、建立健全规章制度等方面着手改进油漆厂目前的工作状态。

实训项目

项目名称：管理思想分析
实训目的：
1. 增加对现代管理思想与组织文化的感性认识；
2. 培养对组织的管理思想的分析能力。
实训器材：手机、计算机等。
实训指导：
在实际企业中，或网上，或报刊中，搜集一个我国改革开放后有关管理的案例和资料，

运用所学管理理论，分析其管理思想。

实训报告：

1. 写成简要的书面分析报告；
2. 在班级组织一次交流和讨论；
3. 由教师根据分析报告与讨论表现评估打分。

复习思考题

一、多选题

1. 儒家管理哲学提倡（　　）。

A. 以仁为核心　　　　　B. 以礼为准则

C. 以和为目标　　　　　D. 以人本主义为核心

E. 以法为准则

2. 对古典管理理论影响最大的理论有（　　）。

A. "经济人"假设　　　　B. 劳动分工论

C. 泰勒科学管理理论　　D. 法约尔的一般管理理论

E. 官僚行政组织理论

3. 泰勒科学管理理论的贡献（　　）。

A. 把人看作纯粹的"经济人"

B. 创造和发展有助于提高生产效率的技术和方法

C. 把科学引进了管理领域

D. 从整体上解决企业的经营管理问题，研究的范围比较狭窄

4. 法约尔的一般管理理论的职能包括（　　）。

A. 计划　　　　B. 组织　　　　C. 指挥

D. 协调　　　　E. 控制

5. 梅奥通过霍桑实验得出的一系列有关人际关系学说的主要观点有（　　）。

A. 企业中的人首先是"经济人"

B. 企业中的人首先是"社会人"

C. 生产效率主要取决于员工的工作态度和人们的相互关系

D. 企业中存在非正式组织，要重视它们的存在

6. 下列选项中正确的是（　　）。

A. 行为科学本身并不是完全独立的学科，而是心理学、社会学、人类文化学等研究人类行为的各种学科互相结合的一门边缘性学科

B. 只要管理者通晓了行为科学的各个方面，彻底了解员工和同事的心理，就一定能够把企业管理好

C. 正确合理地应用行为科学理论分析现实问题，对于激发员工的积极性，提高组织的士气具有重要意义

D. 行为科学使管理对象的重心从重视事和物的管理转变到重视人这一因素的作用。

7. 个人的协作固然可以通过命令和指挥形式来实现，但只有具备什么条件，个人才会承

认这种命令的权威而接受命令？（　　　）

A. 个人理解这个命令

B. 个人认为这个命令同组织的目标是一致的

C. 个人认为这个命令同自己的个人利益是符合的

D. 个人有执行这个命令的能力

二、简答题

1. 你认为"经济人"假设和"社会人"假设哪一个更贴近现代人的特点？

2. 泰勒科学管理理论的主要内容有哪些？

3. 如何评价法约尔的 一般管理理论？

4. 比较古典管理理论 3 位杰出代表人物的管理思想，思考他们的管理思想过时了没有？在当今的管理实践中应当如何应用？

5. 在执行管理的各项职能时该如何应用权变管理理论？谈谈你的看法。

复习思考题参考答案

第3章 | 计 划

学习目的

通过本章的学习，掌握计划的类型，掌握制订计划的步骤和计划的使用方法，无论在学习还是生活中都能够制订计划。

知识目标

- 了解计划的性质；
- 了解计划的要素；
- 明确计划的类型；
- 掌握制订计划的步骤。

能力目标

- 能够制订计划；
- 学会使用计划的方法。

思政目标

- 引导学生正确认识个人目标与集体目标之间的关系，树立正确的价值观；
- 培养学生"严谨、细致、精益求精"的工匠精神；
- 帮助学生形成正确的职业规划观念。

思维导图

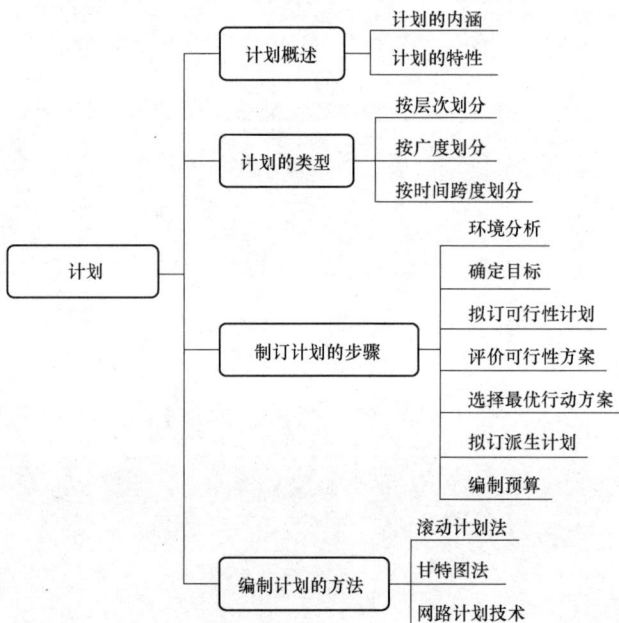

54

⑦ 管理问题：

查理斯·舒瓦普作为美国伯利恒钢铁公司的总裁，一心想提高公司的工作效率。因此，他去找效率专家艾维·利帮忙，并说："如果你能告诉我如何更好地执行计划，我听你的，在合理范围内酬劳由你定。"

艾维·利听后，递给舒瓦普一张空白纸，声称这张空白纸能够让他的公司效率提高50%。随后，艾维·利告诉舒瓦普如何使用这张白纸。首先，他让舒瓦普在这张白纸上写下第二天要做的6件最重要的事，舒瓦普用了约5 min时间写完。过了一会儿，艾维·利又让舒瓦普用数字标明每件事情对于舒瓦普本人和公司的重要性次序。这个过程他只花了5 min。接着，艾维·利告诉舒瓦普按照以下方法做："把这张纸放进口袋。明天早上第一件事是把纸条拿出来，执行第一项任务。不要看其他的，只看第一项。其次，用同样的方法对待第二项、第三项……直到下班为止。如果一天内只做完了前5件事，也不要紧，因为这一天总是做着最重要的事情。"艾维·利还对舒瓦普说："您可以试着每天这样做，当您对这种方法的价值深信不疑后，请让您的下属也这样做，直到您相信这个方法有价值时为止，请按您认为的价值给我寄支票。"

一个月后，艾维·利收到了一张舒瓦普寄来的2.5万美元的支票和一封信。舒瓦普在信中说道："这是我一生中最有价值的一课。"此后，舒瓦普在企业及员工中广泛普及这种方法。5年后，当年这个不为人知的小钢铁公司成为世界上最大的钢铁公司之一。

问题：

效率专家艾维·利执行计划的方法使这个不为人知的小钢铁公司成为世界上最大的钢铁公司之一，这一方法成功的关键是什么？

分析要点：

1. 计划作为管理的首要职能，是组织实施的纲要，为控制提供标准。

2. 计划工作的内容不仅要制定目标，还包括工作的重要性、人员分配、时间安排、实施手段、资源投入等，明确这些关键因素后，制订的计划会更具有可行性。

3. 计划的作用在于弥补不肯定性和变化带来的问题，提高工作目标的指导作用，提高组织的工作效率并为控制提供依据。

3.1 计 划 概 述

计划是管理的首要职能。计划职能的首要任务是在对组织所处环境开展必要的调查和预测的基础上，根据调研结果和组织所拥有的可利用资源来确定组织目标，然后制定详细、可行的行动方案。

3.1.1 计划的内涵

3.1.1.1 计划的概念

关于计划的定义有很多种，比如，"计划是一种普遍的和连续的执行功能，它包括复杂的领悟、分析、理性思考、沟通、决策和执行的过程""对所追求的目标及实现该目标的有效途径进行设计"。

"计划就是为我们所作的事情制订规则，避免迷惑与匆忙行事，充分利用资源并且减少浪费。计划是控制的基础。"

"计划是一个确定目标和评估实现目标最佳方式的过程。"

这些定义都体现了计划的特征：计划是面向未来的，计划是连续的过程，计划是为了实现目标，计划处于动态变化之中。

本章中的"计划"，是指通过计划的编制，合理有序地安排组织内的所有具体管理活动，有效地利用组织的人、才、物等资源，以达到组织决策目标实现的过程。

在对计划的概念进行理解时，需要注意以下几点。

（1）计划是具有目的性的，它反映的是企业对未来一定时期内规划的决策目标。

（2）计划是具有预见性的。计划是在预测的基础上，对未来行动的一系列安排。因而，计划有可能存在误差，需要根据实际情况适时调整。

（3）计划是企业可利用资源（包括人、财、物和时间等）优化配置的结果。

（4）计划是普遍存在的。实际的计划工作涉及组织中每位管理者及员工，需依据各层级的实际情况制订分计划，层层落实。

（5）计划是一个过程，需要组织各部门、各环节紧密配合才能达到理想的效果。在此过程中，还需要进行必要的调整、激励和监督。

学生插画练习：一个人冥思苦想，手里拿着笔在做计划，右边是时钟。这体现为了做计划贻误了决策的最佳时机。

3.1.1.2　计划的内容

一份完整的计划应包括以下几方面的内容，简称"5W1H"：

why——为什么要做？即明确计划工作的原因和目的；

what——做什么？即明确所要进行的活动的内容及要求；

who——谁去做？即规定由哪些部门和人员负责实施计划；

when——何时做？即规定计划中各项工作的起始时间和完成时间；

where——何地做？即规定计划的实施地点；

how——怎么做？即制定实现计划的手段和措施。

学生插画练习：上述 6 个英文字母卡通排列。

小卡片：灵活性原理

灵活性原理强调的是能适应变化的计划。计划工作中体现的灵活性越大，则由于未来意外事件引起的损失的危险性就越小。当承担的任务重、目标期限长的情况下，灵活性便显示出它的作用。本身具有灵活性的计划又称"弹性计划"，即能适应变化的计划。

3.1.1.3　计划的作用

1. 明确方向，协调工作

管理者要安排工作，要根据工作任务确定下级的权力和责任，要使组织成员的活动方向趋于一致，形成一种有合力的组织行为，以保证达到计划所设定的目标。计划将组织的目标活动在时间和空间上进行详细的分解，从而为科学分工提供了依据，有利于管理者指挥。

2. 优化配置、提高效益

通过制订计划，明确目标，在优化配置可利用的各项资源的基础上，对各项工作进行严密细致的规划，可以减少未来活动中的随意性，消除不必要的重复所带来的浪费。同时，计划可以使组织中成员的努力合成一种组织效应，这将大大提高工作效率从而带来经济效益。计划工作可以提高效率，减少迟滞和等待时间，减少盲目性所造成的浪费，促使各项工作能够均衡稳定地发展。

3. 预测变化、降低风险

唯一的不变是变化，特别是当今世界正处于一种剧烈变化的时代，社会、技术、人们的价值观念在不断变化。计划是预期这种变化并设法消除变化对组织造成不良影响的一种有效手段。计划是面向未来的，要根据过去的和现在的信息来推测将来可能出现哪种变化，这些变化将对达成组织目标产生何种影响，在变化确实发生的时候应该采取什么对策，并制定出一系列的备选方案。

4. 明确标准、便于控制

控制的所有标准基本上都源于计划。计划职能与控制职能具有密切的联系。计划的实施需要控制活动给予保证。在控制活动中发现的偏差，可以使管理者修订计划，建立新目标。因此，计划是控制的基础，它为有效控制提供了标准和尺度。没有计划，控制工作就没有意义。

即问即答：如果在我们的生活中多一些计划的话，会有什么不同？举一个例子。

课堂活动：跳绳

目的：体会计划的重要性、明了团队合作的作用。

道具：一条长绳、一根棍子。

时间：45 min。

程序：

1. 把全班同学分成若干组，每组 6～8 人。

2. 找 4 位同学，其中两人把长绳的两头系在树或杆子上，另外两人在长绳的两侧分别画起跑线和终点线。

3. 每组同学都要从长绳的一边跃到另一边。

规则：

1. 绳子的高度控制在 0.9～1.4 m 之间。

2. 在跃绳的过程中，任何人不得触及绳子。

3. 小组最后一位同学要把棍子也带走。

教师任务：

1. 事先寻找一块空地，空地上有两棵树或杆子，两棵树或杆子之间的距离在 4 m 之内。

2. 根据两棵树或杆子的距离准备一条长绳和一根棍子。

3. 秒表记录每组同学从起跑线到终点线所花费的时间。

4. 注意在活动过程中保证学生的安全。

5. 总结活动的意义。

考核标准：不违反规则，且用时最少的小组获胜。

3.1.2 计划的特性

3.1.2.1 计划的首位性

计划是管理的首要职能，是组织、领导、控制职能的前提和基础。在组织管理中心，要使其他管理职能发挥效用，必须先做好计划。组织职能以实现组织目标为目的，依据计划而制定的组织目标更具合理性，而组织结构的划分是为之服务的。领导职能是对员工进行引导、激励、约束（如进行绩效评价、实施奖惩），也是为了实现计划制订的组织目标。在制定控制的标准时，必须以计划为主要依据，并且控制的目的就是更好地实现计划的目标。所以在四大职能中，计划处于首要的位置。

3.1.2.2 计划的预见性

预见性是计划最明显的特点之一。计划是在对未来环境状况预测的基础上、行动之前对行动的目标、内容、要求、方法、措施所做出的预见性确认。预见不能是盲目的、空想的，而是在明确企业发展目标的基础上，针对组织所处的内外部环境，开展有针对性的调研活动，掌握未来环境的发展规律，同时结合组织当下所能支配的资源情况和过去的发展经验，对今后的发展趋势进行科学预测之后做出的。预测的结果，正是计划制订的前提。

💡 **即问即答**：计划的预见性可能带来哪些潜在风险？

3.1.2.3 计划的可行性

衡量一个计划好坏的重要标准是符合实际、易于操作、目标适宜。预见准确、针对性强的计划，在现实中才真正可行。为了使组织计划具有可操作性并达到理想的效果，在制订计划之前必须进行充分的调查研究，准确把握环境和组织自身的内外部环境，做到目标合理，时机把握准确，实施方法和措施具体、明确、有效。需要注意的是，为了适应环境的变化，克服不确定因素的干扰，要适当增加计划的弹性，以不变应万变。

3.1.2.4 计划的效率性

计划的效率是指实现目标所获得的利益与执行计划过程中所有耗损总和的比率。即制订计划与执行计划时所有的产出与所有的投入之比。但这一概念不仅包括了按资金、工时、或成本表示的投入产出比率，而且包括组织和个人的满意程度这一类主观评价标准。计划的效率性主要体现在3个方面：①有效地实现组织与外部环境的协调，最大限度地减少由于这方面不协调给组织带来损失的可能性；②有效地实现组织内部的协调，使投入产出比率最佳；③有效地实现组织目标与组织成员个人目标的协调。因此，计划工作的任务不仅要确保实现目标，而且要从众多的方案中选择最优的，以求资源的合理利用和提高效率。

💡 **即问即答**：如何衡量计划中投入产出的关系？

3.1.2.5 计划的普遍性

计划工作从组织的纵向结构上由上至下都存在，从总经理、部门经理、主管、班组长到员工，各级管理者为了实现组织目标，使本层次的组织工作得以顺利进行，都需要制定相应的分目标及分计划，计划并非只是领导和管理层的事情，在不同层级都有计划。从组织结构横向上来看，不同的部门都需要制订计划。例如，最高管理层制订总计划，在总计划的原则下主要的职能部门将会制订出生产计划、营销计划、财务计划、人力资源计划，这些计划又分成不同的子计划，不同部门都有计划。因此计划具有普遍性。

学生插画练习：计划工作从组织的纵向结构上由上至下都存在，从总经理、部门经理、主管、班组长到员工。

3.2 计划的类型

3.2.1 按层次划分

按计划层次，从抽象到具体，可以把计划分为宗旨、目标、战略、政策、程序、规则、规划和预算，如图 3-1 所示。

3.2.1.1 宗旨

宗旨也称使命，是指组织成立的目的和意图，规定了组织执行或打算执行的活动，以及现在的或期望的组织类型，即组织要从事什么样的事业，成为什么样性质的组织。

3.2.1.2 目标

目标就是明确应该干什么，最终要达到什么目的。管理者将组织目标细化，从而得出各方面的目标，从确定目标到目标分解，直至形成目标体系，构成了组织全部计划的基础。

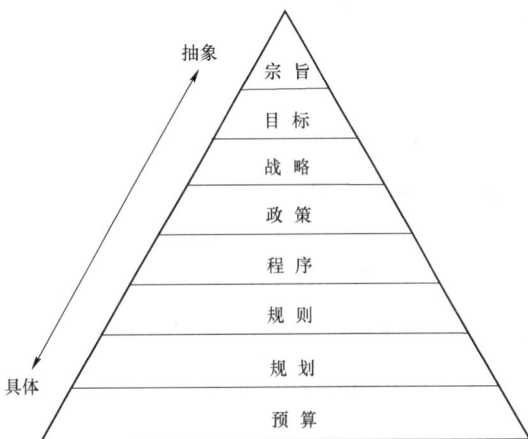

图 3-1 计划的层次体系

3.2.1.3 战略

战略是为了达到组织的长远目标所采取的行动方针和资源利用的总计划，是实现组织目标的途径，说明工作重点、资源分配的优先顺序。

3.2.1.4 政策

政策是组织在决策或处理问题时处理各种问题的一般规定。政策可以减少管理成本，指引其他派生计划的方向，使主管人员能够控制全局。

3.2.1.5　程序

程序是制订处理未来活动的例行方法和时间顺序的计划,它规定了解决例行问题的方法、步骤。制定程序的目的是减轻主管人员决策的负担,明确各个工作岗位的职责,提高管理活动的效率和质量,越是基层,所规定的程序也就越细,数量也越多。

3.2.1.6　规则

规则是根据具体情况,是否采取某个特殊的或特定的行动所作的规定,表现为一种最简单形式的计划。

3.2.1.7　规划

规划是为了实施既定方针所必需的目标、政策、程序、任务分配、执行步骤、使用的资源等而制订的综合性计划。

3.2.1.8　预算

预算用数字来表示活动的投入与产出的数量、时间、方向等,是一种数字化的计划。

3.2.2　按广度划分

3.2.2.1　战略计划

战略计划应用于整个组织,为组织未来较长时期(通常为 5 年以上)设立宗旨、总体目标,明确战略和重大措施,具有全局性、指导性和长期性的特点。

3.2.2.2　战术计划

战术计划,是在战略框架内,确保战略目标实现、资源供应及有效运用的具体计划。其需要解决的是组织的具体部门或职能在未来各个较短时期内的行动方案,具有局部性、短期性和可行性的特点。

3.2.3　按时间跨度划分

3.2.3.1　短期计划

短期是指一年以内的期限,比如年、季、月计划。短期计划通常比中期计划更为详细具体,更具可操作性。

3.2.3.2　中期计划

中期计划介于短期计划与长期计划之间,时间一般是一年以上 5 年以内。中期计划来自组织的长期计划,并按照长期计划的内容和预测到的具体条件变化进行编制。

3.2.3.3　长期计划

长期一般是 5 年以上的期限。长期计划是指从整个企业的全局出发,确定在较长时间所要达到的目标和为实现这一目标应采取的各种具体措施。不仅考虑了企业的当前利益，而且考虑了长远的经济效果。因此，这种计划带有战略意义。

3.3 制订计划的步骤

3.3.1 环境分析

任何一个组织想要制订一个能引导企业走向成功的计划，必须全面调查和分析组织环境因素，获取和分析与本企业和本行业有关的组织环境因素的信息情报，既有组织外部环境信息，也有组织内部环境信息。

3.3.1.1 外部环境信息分析

组织外部环境信息分析，主要是调研目前经济形势及发展趋势、竞争对手及发展动向、顾客需求及变化、制造厂商的生产状况及产品更新等，分析企业外部机会和威胁。机会是指外部环境中对企业有利的因素，如政府支持、高新技术的应用、良好的购买者和供应者关系等。威胁是指外部环境中对企业不利的因素，如新竞争对手的出现、市场增长率缓慢、购买者和供应者讨价还价增强、技术老化等。这是影响企业当前竞争地位或影响企业未来竞争地位的主要障碍。

3.3.1.2 内部环境信息分析

组织内部环境信息分析，主要是对企业组织结构、企业文化、资源、价值链、核心能力等进行分析评价，旨在了解自身所具备的优势和劣势，以便有效利用自身的资源，提高组织效益。企业内部的优势一般表现在企业的资金雄厚、技术设备先进、管理技能高超、产品新颖、市场占有率高等方面。其劣势一般表现在资金紧缺、技术设备落后、管理技能低下、产品老套、市场占有率低等方面。

3.3.2 确定目标

根据调查的资料和组织现状，建立目标的时空结构。如下：

目标任务分解：总目标→部门目标→环节目标。

目标结构分析：长期目标→中期目标→短期目标。

各时期的目标均是为了达到长期目标。各部门目标和环节目标均为了整体目标服务。

3.3.2.1 目标任务分解

目标任务分解是将确定的组织总目标分解落实到各个部门、各活动环节，将长期目标分解为中期目标、短期目标。通过细化分解，确定组织的各个部门在计划期内的具体任务以及完成这些任务应达到的具体要求。分解的结果是形成组织目标的时空结构，包括目标的时间结构和空间结构。目标结构描述了组织中较高层次的目标（如总目标与长期目标）与较低层次目标（如部门、环节、个人与各阶段目标）相互间的指导与保证关系。

3.3.2.2　目标结构分析

目标结构分析是分析组织在各个时期的具体目标能否实现，从而能否保证长期目标的达成；组织的各个部分的具体目标能否实现，能否保证整体目标的达成。如果某个具体目标不能充分实现，则应考虑能否采取有关补救措施，否则就应调整较高层次的目标要求，有时甚至可能导致某些决策的重新修订。

3.3.2.3　确立目标的要求

企业计划目标应兼顾多方面的利益。企业目标的确定应当明确，并且尽可能量化。企业计划目标的确定必须科学合理。企业计划目标应具有执行上的灵活性。

3.3.3　拟订可行性方案

由于实现计划目标的可行性方案可能不止一个，因此，应拟订实现计划目标的各种方案，以便寻求实现目标的最好计划方案。

3.3.3.1　拟订可行性方案的要求

（1）借鉴过去的经验，过去的经验对于拟订可行性计划方案具有借鉴作用。

（2）结合实际进行创新。企业内、外部情况的迅速发展变化，使昨天的答案不一定适应今天的要求，要拟订切合实际情况的计划方案就必须创新。

3.3.3.2　拟订可行性方案的注意事项

1. 全面搜集实现计划的各种可行性方案

只有具备完备的选择范围，才能选择最好的方案，尽量避免漏掉一些可行性方案。从思想上要认识到这一点的重要性，不能为了省事而草草了事。

2. 备选方案必须是互斥的

各种备选的可行性方案必须是相互排斥的。只有各种可行性方案是相互排斥的，才更具代表性，才具备选择的意义。

3.3.4　评价可行性方案

备选方案确定后，分析各方案的优缺点。根据确定的目标和环境分析的结果、所期望的社会效益、时间安排的可行性等因素，权衡每个方案的特点，对方案进行评估。在若干种方案并存的情况下，就要根据组织的目标来选择一个最合适的方案。

3.3.5　选择最优行动方案

选择最优行动方案要以择优为原则，灵活选择方案。这是决策的关键。另外，在选出最优方案后进行细化和完善，并选出后备方案。

💡 **即问即答**：方案优选的标准有哪些？

3.3.6　拟订派生计划

为辅助和扶持该方案，需要细化该计划。各个业务部门和下属单位还要拟订细节计划或子计划，如生产计划、营销计划和采购计划等。拟订派生计划时要使有关的人员和部门了解企业的总体计划目标、计划前提、主要政策、抉择理由，掌握总体计划的指导思想和内容。协调并保证各子计划的方向一致以支持总体计划，防止只追求本单位目标而妨碍总体目标。协调各子计划的工作时间顺序。例如，制造与采购、加工与装配的时间配合等。

3.3.7　编制预算

最后一项是把计划转化为预算，组织每个重要部门制定预算，协调资金的使用，保证经济目标的实现，使之数字化。预算实质上是资源的分配。它既是汇总各种计划的工具，又是衡量计划进度的重要标准。

实例分析：人类第一次登月

计划与实际操作之间的差异

"休斯敦，川奎特基地，Eagle 已经着陆了。"这句话永远铭刻在全世界所有在 1969 年 7 月 20 日观看人类第一次登月的人们的记忆里。

这一成功盛举背后的场面是令人难以置信的。

把 3 名宇航员送入太空，在月球上着陆，从能量巨大的 Slaturn V 火箭倒计时和起飞，到太空飞船的精密操作，每个细节宇航局技术专家和飞行控制人员都做了周密计划。然而，即使在太空行动中，最聪明的管理者和技术人员已经做了最出色的计划，也不能保证能百分之百按照计划行事。

当尼尔·阿姆斯特朗和巴兹·阿尔顿开始驾驶极易损坏的小型太空飞船 Eagle 向月球表面降落的时候出了差错。地面指挥中心突然响起了"1202"报警声。在指挥中心从地球上监控 Eagle 下降的一个人回忆说："我不太清楚'1202'到底是什么。"离月球表面着陆只剩下 8 min 的时候，除了史蒂夫·比尔斯，一个 26 岁的技术专家，指挥中心没有一个人知道"1202"意味着什么。整个太空项目组只能等待，看比尔斯是否放弃月球着陆。比尔斯最后决定，问题是由于飞船上的信息太多导致计算机不能处理而引起的，只要计算机不完全关闭，Eagle 就能成功地在月球上着陆。尽管响起了警报，但是指挥中心还是按计划向 Eagle 发出了继续着陆的信号。

当 Eagle 离月球表面只有 5 000 ft，且以 +100 ft/s 的速度飞向月球时，另一个问题发生了。指挥中心的计算机引导飞船进入着陆区，但是当尼尔·阿姆斯特朗从飞船窗口看月球表面的时候，他没有看到任何事先研究月球表面时所能认到的东西。计算机制导系统正引导他们进入一个岩石地带——与事先计划的完全不同。如果飞船 Eagle 着陆在像大众汽车那么大的岩石上，那么精密的月球着陆器将会粉身碎骨。在离月球表面 350 ft 时，尼尔·阿姆斯特朗没有与休斯敦指挥部说一句话，就直接手动操纵飞船寻找着陆地点。指挥中心的工程师和技术人员只是坐着而不能给他任何帮助。阿姆斯特朗离月球越来越近，他能看到的还是岩石。同时，在休斯敦，计算机显示 Eagle 油箱里的燃料已经很少了。指挥中心的决定是如果 Eagle

不能在 60 s 之内着陆，那么登月行动即告失败。25 s，20 s，阿姆斯特朗离月球表面只有 100 ft 了，这时他找到了一个着陆地点，如果他能及时降落到那里，似乎就是安全的。那一刻，指挥中心异常的寂静，什么声音都听不到。紧接着，通信系统中传来尼尔·阿姆斯特朗平静、镇定、冷静的声音："休斯敦，川奎特基地，Eagle 已经着陆了。"

问题：导致计划与实际操作产生偏差的原因是什么？

分析要点：

1. 计划是在预见未来的基础上制定的行动方案，预测所需数据的质量和技术的科学性影响着预测的结果。

2. 计划制订的程序是否正确完善？

3. 计划制订方法的选择是否合理？人为操作可能产生哪些误差？

3.4 编制计划的方法

3.4.1 滚动计划法

3.4.1.1 滚动计划法定义

滚动计划法是一种将短期计划、中期计划和长期计划有机结合，根据近期计划的执行情况和环境变化情况，定期修订未来计划并逐期向前推进的方法。这种短期、中期、长期的相互衔接，保证了即使由于环境变化出现某些不平衡时，也能及时地进行调节，使各期计划基本保持一致。滚动计划法加强了计划的弹性，它可以提高组织的应变能力。

3.4.1.2 滚动计划法的编制方法

滚动计划法是变静态为动态的一种连续性编制计划的方法，它是利用"近细远粗，分段编制"的基本方法制订计划的。

具体编制方法是先将整个计划期分为若干个时间段，其中第一个时间段称为执行计划，后几个时间段称为预计计划。执行计划制订较为详细，便于按照执行；预计计划相对粗略，越是远离现实时间的预计计划越粗略。每完成一个时间段的计划，便根据当前执行计划的实施情况以及组织内外部环境的变化，对原来的预计计划做出调整和修改，并将计划期按时间顺序向前推一个时间段，即向前滚动一次，使得原计划中的第一个预计计划成为新一轮计划的执行计划。

例如，编制五年计划滚动（2021—2025），从编制 2021 年计划时对后四年 2022—2025 年进行预测，将 2021 年的计划与后四年的计划衔接起来，形成 2021—2025 年的五年计划。截至 2021 年年末，企业根据当年计划完成情况及客观条件变化等因素对原定的 2022 年计划进行调整，并对 2022—2026 年进行预测，编制 2022—2026 年的五年计划。截至 2022 年年末，再根据当年计划完成情况及客观条件变化等因素对原定的 2023 年计划进行调整，编制 2023—2027 年的五年计划，以此类推，不断地向前滚动，编制出各期计划。具体如图 3-2 所示。

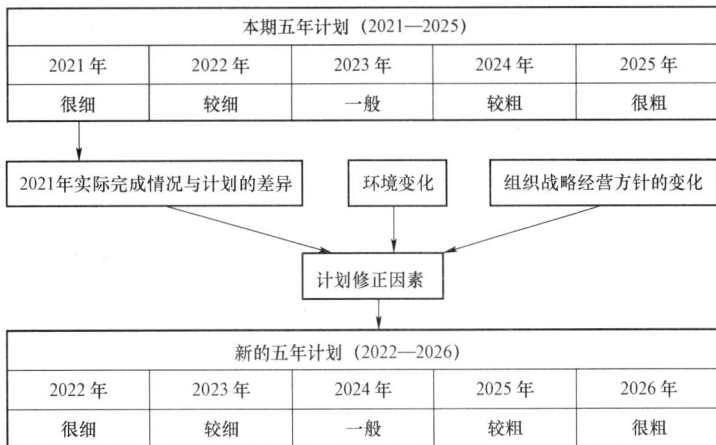

图 3-2 运用滚动计划法编制各期计划

💡 **即问即答:** 如何选择滚动间隔期? 多长时间向前滚动一次?

3.4.1.3 滚动计划法的优点

滚动计划法可以使计划更加切合实际,使战略性计划的实施更切合实际。由于人们无法对未来的环境变化做出准确的估计和判断,因此,计划针对的时期越长,不确定性就越大,实施难度也越大。滚动计划法相对缩短了计划时期,加大了计划的准确性和可操作性,是战略性计划实施的有效方法。

(1)使计划更加切合实际。由于滚动计划相对缩短了计划时期,加大了对未来预测的准确性,提高了计划的质量。

(2)使长期计划、中期计划和短期计划相互衔接,短期计划内部各阶段相互衔接,保证计划能够根据环境变化及时做出调整,有利于各期计划基本保持一致。

(3)增强了计划的弹性,从而提高组织的应变能力。

(4)使计划的严肃性和应变性都得到保证。

🎯思政园地: 工匠精神

人民日报:让工匠精神深入人心

2020 年 12 月 10 日,习近平总书记致信祝贺首届全国职业技能大赛举办,强调"大力弘扬劳模精神、劳动精神、工匠精神""培养更多高技能人才和大国工匠"。在长期实践中,我们培育形成了"执着专注、精益求精、一丝不苟、追求卓越的工匠精神"。迈向新征程,扬帆再出发,急需一大批具有工匠精神的劳动者,亟待让工匠精神在全社会更加深入人心。

不论是传统制造业还是新兴制造业,也不论是工业经济还是数字经济,工匠始终都是中国制造业的重要力量,工匠精神也始终都是创新创业的重要精神源泉。中国制造、中国创造需要培养更多高技能人才和大国工匠,需要激励更多劳动者特别是青年人走技能成才、技能报国之路,更需要大力弘扬工匠精神,造就一支有理想、守信念、懂技术、会创新、敢担当、讲奉献的庞大产业工人队伍,为经济社会发展注入充沛活力。

让工匠精神深入人心,就要创造更多"工匠故事"。做好电线电缆"守门员"的叶金龙,与马达结缘一辈子的吴玉泉，以精湛技能完美诠释"钳工"意义的赵水林……一批批国家级技能大师，坚守产业报国的初心，在平凡的岗位上成就了不平凡的业绩。深入贯彻尊重劳动、尊重知识、尊重人才、尊重创造方针，完善工匠政策，提升工匠地位，落实工匠待遇，才能为广大技能人才提供更广阔的舞台，推动更多工匠竞相涌现。

让工匠精神深入人心，还要进一步讲好"工匠故事"。工匠精神是在生产实践中凝聚而成的可贵品质，充分展现着劳动之美、精神之美、时代之美。讲好"工匠故事"，能让人们从大国工匠身上感受到劳动的光荣、精神的魅力。开展以弘扬工匠精神为主题的宣传教育，把崇尚工匠精神纳入人才培养全过程，贯通大中小学各学段和家庭、学校、社会各方面，才能让一个个"工匠故事"激励青少年乃至更多人追求卓越。

时代发展需要大国工匠。站在实现"两个一百年"奋斗目标的历史交汇点上，全社会都要大力弘扬工匠精神，让崇尚工匠精神的理念深入人心，让每位劳动者在新时代书写出更多更精彩更动人的"工匠故事"。

3.4.2 甘特图法

甘特图法是一种使用条形图编制项目工期计划的方法，又名线条图、展开图、横线工作法，是一种常用的日程工作计划进度图表，可以简便地进行工期计划和进度安排。如图3-3所示，甘特图形式上是一种线条图，纵轴展示计划项目，横轴展示时间刻度，线条表示计划完成的活动和实际活动完成的情况。

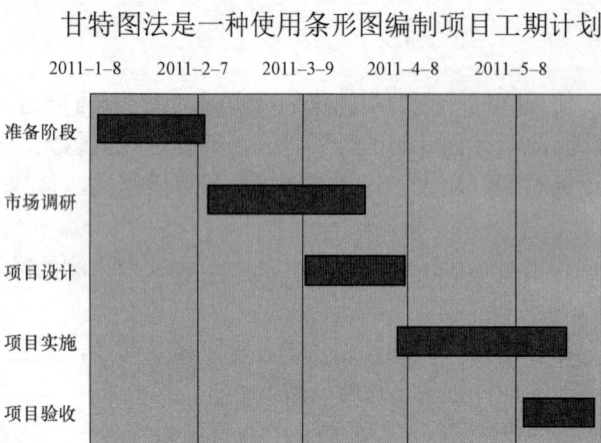

图3-3 甘特图示例

甘特图适用于具体实施计划的管理，操作简便，绘制简单。绘制的关键字包括序号、工作项目、时间刻度、负责人和备注等。

由于甘特图直观明了、简单易懂，应用比较广泛。它的局限性在于只部分地反映了项目管理的时间、成本和范围，而不能综合地反映项目本身的完成情况。

3.4.3 网络计划技术

网络计划技术，也称计划评审技术，是指把一项工作或项目分成各项活动，并根据各项活动的先后顺序和所需时间，对整个工作或项目进行统筹规划和控制，找出关键路线和关键活动，以便以最少的人力、物力和财力，用最短的时间来实现目标的一种计划方法。

网络图是网络计划技术的基础。任何一项任务都可以分解为许多不同的活动，根据这些活动在时间上的衔接关系，用箭线表示它们的先后顺序，画出一个由各项活动相互联系并注明所需时间的箭线图，这个箭线图就称为网络图（见图3-4）。

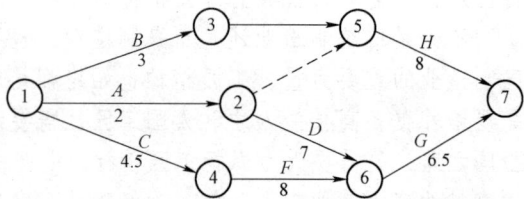

图3-4 网络图

3.4.3.1 网络图构成要素

1. 箭线

"→"代表工序，是完成一项工作的过程，需要消耗人力、物力、财力和时间才能完成。箭线下方的数字表示完成该工序所需的时间，上方表示该工序的名称。此外，有一些工序虽不占用人财物和时间，但能明确工序之间先后衔接的逻辑关系，这些工序称为虚工序，在网络图中用虚线箭头来表示。

2. 结点

"○"代表事项，是两个工序之间的连接点。事项不消耗资源，也不占用时间，仅用于连接前后两项工序。结点内一般填写数字，根据工序的先后顺序，从左到右依次从小到大来填写。

3. 路线

路线是在网络图中由始点结点出发，沿箭线方向前进，连续不断地到达终点结点为止的一条通道。通过找出各路线，并比较各路线的长度（时间总和），可以找出一条或多条最长的路线，称为关键路线。关键路线上的工序被称为关键工序。关键路线的长度决定了整个计划任务所需的总时长，关键工序完工时间的变化则直接影响该计划能否按时完成。

3.4.3.2 网络计划技术的应用

利用网络图可以反映出整个计划工作的全貌。在此基础上进行网络分析，计算各路线时间，确定关键路线和关键工序，加强对工序活动的监督和控制，以达到预定的计划目标。此外，还可以利用时间差不断改善调整工序安排，完善网络计划，求得工期、资源和成本的优化方案，优化整个计划完成的效率。这也是应用网络计划技术的主要目的。

案例分析：连锁超市的困惑

李明是一家连锁超市的区域经理，负责华北区分店的经营运作。他对新一年的工作做了如下安排：为保持公司的竞争力，继续价格优势，各分店的经理要将产品的损耗降低到最低程度；将加班费等费用减少；把商店库存压缩到最低程度；订货单尽早发出，以便公司采购员有足够的时间去讨价还价；确保广告费不超支；对采用购物优惠券要格外谨慎。

半年后，李明发现在他管辖的那个地区，利润并没有预计的那么高；从上半年的财务分析报表来看，损耗与加班费、广告开支都超出了公司的平均水平。不过，库存积压减少了，购物优惠券的费用减少了。在这一年中由于受到日本核泄漏的负面消息影响，曾出现了抢购食盐和海产品的事情，使库存告急。在订单方面，各分店经理的订单要么来得太晚，要么一来就很急，采购部门一再抱怨这类事，并且他发现产品的质量和对顾客的服务比削价更能获得利润。

问题：为了扭转现在的局面，李明该如何制订新一轮的工作计划？

分析要点：

1. 新一轮工作计划的目的是什么？应设定哪些评价指标？

2. 计划实施受到哪些资源限制？存在哪些签字风险？

3. 哪一种计划编制方法能更好地实施过程控制？如何加强计划实施过程中的监督和控制？

复习思考题

一、多选题

1. 计划的特性包括（   ）。

A. 首位性   B. 预见性   C. 可行性

D. 普遍性   E. 效率性

2. 按时间分，可以把计划分为（   ）。

A. 短期计划   B. 指导计划   C. 长期计划

D. 中期计划   E. 战略计划

3. 按广度分，可以把计划分为（   ）。

A. 指导计划   B. 综合计划

C. 战略计划   D. 战术计划

4. 以下对滚动计划法的论述，正确的是（   ）。

A. 使计划更切合实际

B. 使短期计划和长期计划相互衔接

C. 大大增强了计划的弹性，提高了组织的应变能力

D. 使计划的严肃性和应变性都得到保证

5. 以下对网络计划技术中关键路线的描述，准确的是（   ）。

A. 一个网络图只有一条关键路线

B. 网络图中关键路线的用时最长

C. 关键路线的时长决定了整个计划的时长

D. 关键路线上的工序称为关键工序

二、简答题

1. 简述计划的作用。

2. 简述计划的内容。

3. 简述计划制订的步骤。

4. 如何利用滚动计划法编制计划？

5. 网络计划技术的应用目的是什么？

复习思考题参考答案

第4章 | 组　　织

学习目的

通过本章的学习，深刻领会组织结构设计的基本原理，包括设计原则、程序等，学会分析各种组织结构。根据企业内外部环境变化，重新设计新的组织结构。能运用相关知识，改进身边不合理的组织结构。

知识目标

- 掌握组织与组织结构的含义；
- 了解组织结构设计的基本思路与原则；
- 掌握组织结构与部门职能分工的设计；
- 掌握典型的组织结构模式。

能力目标

- 能画出组织结构图；
- 能分析组织结构的利弊；
- 能合理的设计组织结构；
- 能对先行组织结构提出有效的改进方法。

思政目标

- 运用实践工具增强学生自我管理能力，提升学生道德品质、品性修养；
- 培养学生团队精神；
- 树立学生爱岗敬业的道德品质；
- 培养学生的"工匠精神"。

思维导图

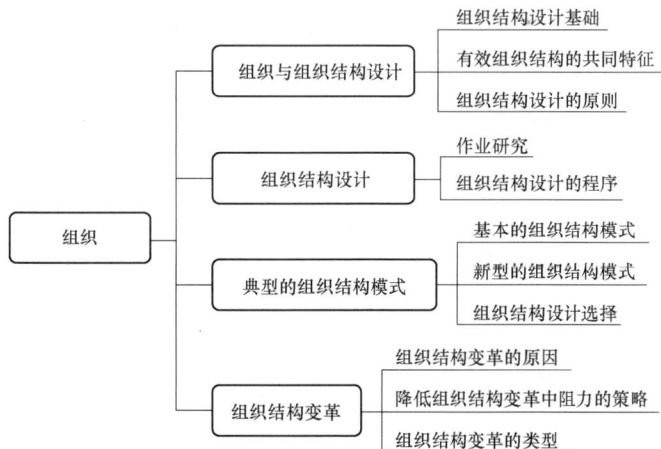

管理问题：

开了一整天的公司高层例会结束后，D 公司 S 总经理不禁陷入沉思。

例会由 S 总经理主持、几位副总经理参加。原本他就想商谈一下公司今后的发展方向问题，不过会上的意见争执却出乎他的预料。很明显，几位高层领导在对公司所面临的主要问题和下一步如何发展的认识上，存在着明显的分歧。

6 年来，D 公司由初创时的几个人、1 500 万元资产、单一开发房地产的公司，发展到今天的拥有 1 300 余人、5.8 亿元资产，以房地产业为主，集娱乐、餐饮、咨询、汽车维护、百货零售等业务于一身的多元化实业公司，成为本市乃至周边地区较有竞争实力和知名度的企业。

作为公司创业以来一直担任主帅的 S 总经理在成功的喜悦与憧憬中，更多了一层隐忧。在今天的高层例会上，他在发言时也是这么讲的："公司成立已经 6 年了，在过去的几年里，经过全体员工努力奋斗与拼搏，公司取得了很大的发展。现在回过头来看，过去的路子基本上是正确的。当然也应该承认，公司现在面临许多新问题：一是企业规模较大，组织管理中管理信息沟通不及时，各部门协调不力；二是市场变化快，我们过去先入为主的优势已经逐渐消失，且主业、副业市场竞争都渐趋激烈；三是我们原本的战略发展定位是多元化，在坚持主业的同时，积极向外扩张，寻找新的发展空间，应该如何坚持这一定位？"面对新的形势，就公司未来的走向和目前的主要问题，会上各位高层领导都谈了自己的想法。

管理科班出身、主管公司经营与发展的 L 副总经理在会上说："公司的成绩只能说明过去，面对新的局面必须有新的思路。公司成长到今天，人员在膨胀，组织层级过多，部门数量增加，这就在组织管理上出现了阻隔。例如，总公司下设 5 个分公司，即综合娱乐中心（下有戏水、餐饮、健身、保龄球、滑冰等项目）、房地产开发公司、装修公司、汽车维修公司和物业管理公司。各部门都自成体系，公司管理层级过多，如总公司有 3 级管理层，各分公司又各有 3 级以上管理层，最为突出的是娱乐中心的高、中、低管理层级竟达 7 级，且专业管理机构存在重复设置现象。总公司有人力资源开发部，而下属公司也相应设置人力资源开发部，职能重叠，管理混乱。管理效率和人员效率低下，这从根本上导致管理成本加大，组织效率下降，这是一个公司的发展大忌。从组织管理理论的角度看，一个企业发展到 1 000 人左右，就应以制度管理代替'人治'，我们公司可以说正是处于这一管理制度变革的关口。我们公司业务种类多、市场面广、跨行业的管理具有复杂性和业务多元化的特点，现有的直线职能制组织结构已不能适应公司的发展，所以进行组织结构变革是必然的，问题在于我们应该构建一种什么样的组织结构以适应企业发展需要。"

坐在 S 总经理旁边的另一位是公司创立三元老之一的始终主管财务的大管家 C 副总经理，他考虑良久，非常有把握地说："公司之所以有今天，靠的就是最早创业的几个人，他们不怕苦、不怕累、不怕丢了饭碗，有的是闯劲、拼劲。一句话，公司的这种敬业、拼搏精神是公司的立足之本。目前，我们公司的发展出现了一点儿问题，遇到了一些困难，这应该说是正常的，也是难免的。如何走出困境？关键是要强化内部管理，特别是财务管理。现在公司的财务管理比较混乱，各个分公司独立核算，都有了自己的账户，总公司可控制的资金越来越少。如果要进一步发展，首先必须做到财务管理上的集权，该收的权力总公司一定要收上来，这样才有利于公司通盘考虑，共图发展。"

高层会议各领导的观点在公司的管理者中引起了争论，各部门和下属公司也产生了各自的打算：房地产开发公司要求开展铝业装修，娱乐中心想要租车间搞服装设计，物业管理公司提出经营园林花卉的设想，甚至有人提出公司应介入制造业，成立自己的机电制造中心。

问题： 请从组织工作的角度讨论公司目前进行改革时机是否成熟。请根据以上信息，为该公司设计一套合适的组织结构，并画出相应的组织结构图。

分析要点： 公司目前的发展很显然遇到了管理瓶颈：公司规模不断发展壮大，公司业务也不断增加，已经呈现了多元化的特点，而公司目前的组织结构依然是创立时期的直线职能制结构，已经出现了管理层级过多、管理信息沟通不及时、财务管理混乱等情况，这都严重影响了企业的发展。因此，此时进行组织结构的变革正当其时。关键的问题在于：如何根据公司业务发展特点和公司目前的管理状况，选择一种合适的组织结构类型，然后重构公司的组织结构，并进行组织结构变革。

4.1 组织与组织结构设计

现代组织是一个由多种元素构成的复合体，如果没有一套分工明确、权责清晰的组织结构，组织的各种资源就得不到合理配置，组织目标就难以高效实现。因此，建立合理高效的组织结构就成为管理工作的一项重要内容。

4.1.1 组织结构设计基础

4.1.1.1 组织与组织结构

一般意义的组织是人们进行合作活动的必要条件，泛指各种各样的社会组织或事业单位，企业、机关、学校、医院、工会等。

管理学意义的组织，可以从静态与动态两个方面来理解。从动态方面来看，组织是指维持与变革组织结构，以完成组织目标的过程。通过组织机构的建立与变革，将生产经营活动的各个要素、各个环节，从时间上、空间上科学地组织起来，使每个成员都能接受领导、协调行动，从而产生新的、大于个人和小集体功能简单相加的整体职能。从静态方面来看，指组织结构，即反映人、职位、任务以及它们之间的特定关系的网络。这一网络可以把分工的范围、程度、相互之间的协调配合关系、各自的任务和职责等用部门和层次的方式确定下来，成为组织的框架体系。本章主要偏重于组织的静态内涵——组织结构，即按照一定目的和程序组成的一种权责机构。

钻石为什么比石墨坚硬？钻石为什么比石墨值钱？关键是结构不同。同样，企业要具备富有弹性、快速的市场响应力，实现其生存、发展目标，需要一个合理、科学的组织结构给予支撑。

所谓"组织结构"，就是描述组织的框架体系。具体地说，就是如何对组织内部进行职能分工，形成横向的部门联系以及纵向的层次体系。组织结构是一个组织的"骨骼系统"，健全的组织结构可以使组织的人、财、物、信息等资源要素之间达到良好的结合，并能协调组织内部关系，充分发挥各级人员的积极性，实现组织目标。

小卡片：组织名言

若拿走我的财产，但留给我这个组织，5 年之内，我就会卷土重来。

——事业部制组织结构首创人小阿尔弗莱德·斯隆

小卡片：管理故事——拿破仑的法国骑兵

在欧洲历史上，拿破仑的法国骑兵曾经和木马留克骑兵交战。木马留克骑兵个个彪悍凶猛，骑术出色，如果与对方一对一地较量，则法国骑兵不是木马留克骑兵的对手。但交战的结果是人数很少、骑术逊色的法国骑兵打败了人数较多、骑术出色的木马留克骑兵。这是为什么呢？拿破仑曾得意地评价说："两个木马留克骑兵，绝对能打赢 3 个法国骑兵；100 个法国骑兵与 100 个木马留克骑兵势均力敌；300 个法国骑兵大体上能战胜 300 个木马留克骑兵；而 1 000 个法国骑兵则一定能打败 1 500 个木马留克骑兵。"这主要是因为法国军队组织严密，结构合理，所以能起到"1+1＞2"的功效；而木马留克骑兵的组织比较松散，结构不合理，只能是"1+1＜2"了。

管理启示：结构决定功能。从该故事中，人们不难看出组织的重大作用。

4.1.1.2 管理跨度与管理层次

在进行组织结构设计时，所涉及的横向和纵向的两个关键因素是：管理跨度和管理层次。

1. 管理跨度

在一个机构中，必须决定一个管理者能管理多少个下级人员。这就是管理跨度需要解决的问题。

所谓管理跨度，也称管理幅度，是指一名主管能够直接有效地指挥下属成员的数目。通常表明管理者管理范围的大小。一名主管直接下属的人数是有限的。当超过某个限度时，管理的效率就会随之下降。因此，主管人员要想有效地领导下属，就必须认真考虑能直接管辖多少下属的问题，即管理跨度问题。

管理学的学者已发现这个数字，在机构的高层领导中，通常能直接管理的下属人数是 4～8 人，在机构低层领导中，通常能直接管理的下属人数是 8～15 人。

小卡片：关于管理跨度与管理层次

资料 1：美国著名顾问林德尔·厄威克发现：对所有上级主管人员来说，"理想的下级人数是 4 人"，而"在组织的最低层次，赋予他们的责任就是完成具体的任务而不是管理他人，这个人数可以是 8～12 人"。另有人认为一个主管人员可以管理 30 个下属。

资料 2：在由美国管理协会对 100 家大公司的调查中，向总裁汇报工作的高级管理者的人数为 1～24 人，只有 26 个总裁拥有 6 人或不到 6 人的下属，中间数字是 9 人。在被调查的 46 家小公司中，25 个总裁有 7 人以上的下属，最一般的人数为 8 人。在其他的研究报告中可以找到类似的结果。

资料 3：美国通用电气公司目前的管理层次已由 9 层减少为 4 层。只有这样的体制，才能保证上下级的不断沟通，下层才能直接体会到上层的决策思想和智慧光芒，上层也能亲自了解到下层的动态，吸取第一线的营养。只有这样，企业内部才能形成互相理解、互相学习、整体互动思考、协调合作的群体，才能产生巨大的、持久的创造力。

对于决定管理跨度大小的各种因素，从理论上加以抽象概括，可以归纳为上下级关系的复杂程度。衡量上下级关系复杂程度的标志有 3 个：关系的数量；相互接触的频率；相互接触所需花费的时间。但是，以上这 3 个衡量上下级关系复杂程度的标准，在管理跨度设计中，要进行观测和计算是比较难的。为了便于操作，可以根据这个原理，去寻找直接影响上下级关系复杂程度，又比较容易进行观察和评价的因素，这些因素主要有以下 7 个。

1）主管人员与其下属双方的素质和能力

凡受过良好训练的下属，不但所需的监督比较少，而且不必实时事事都向上级请示汇报，这样就可以减少与其主管接触的次数，从而增大管理宽度。同样道理，素质和能力均较强的主管人员能够在不降低效率的前提下，比在相同层次，担负类似工作的其他主管人员管辖较多的人员而不会感到过分紧张。

2）面对问题的种类

主管人员若经常面临的是较复杂、困难的问题或涉及方向性、战略性的问题，则直接管辖的人数不宜过多。反之，若主管人员大量面临的是日常事务，已有规定的程序和解决方法，则管辖的人数可以较多一些。

3）工作任务的协调

工作任务相似及工作中需协调的频次较少，则宽度可加大，组织层次也可减少。

4）沟通的程度

组织目标、决策制度、命令可迅速而有效地传达，渠道畅通，管理幅度可加大；反之，应小一些。

5）授权的明确性

领导者对下属进行管理，很重要的是授权要明确：第一是布置任务要明确、具体，使下属知道干什么，怎么干；第二是在下达任务的同时要明确地授予相应的权力；第三是授予下属的权力应与其能力相符合。如果这三点都做得好，则管理幅度可以加大。

6）考核明确

如果有比较明确的考核和评价标准，是非界线分明，则不必事事分析研究，思想认识比较容易统一，可以很快地采取相应的措施，则管理跨度可以加大。

7）增强组织的凝聚力

如果要能够设法增强组织的凝聚力，成员之间相互了解、配合默契、同心同德，那么就会提高工作效率，管理幅度也可以适当加大。

💡 **即问即答**：你班班长的管理跨度是多少？

🤖★ **小卡片**：格拉丘纳斯的上下级关系理论

法国管理顾问格拉丘纳斯（V. A. Graicunas）在 1933 年首次发表的一篇论文中，分析了上下级之间可能存在的关系，并提出了一个用来计算在任何管理跨度下，可能存在的人际关系数目的数学模型。他的理论把上下级关系分为三种类型。

- 直接的单一关系。指上级直接地、个别地与其直属下级发生联系。
- 直接的组合关系。存在于上级与其下属人员的各种可能的组合之间的联系。
- 交叉关系。即下属彼此打交道的联系。

通过这三种上下级关系的分析，格拉丘纳斯提出了一个可以用在任何管理跨度下计算上下级人际关系数目的经验公式：

$$C = n[2^{n-1} + (n-1)]$$

式中：C——可能存在的人际关系数目；

      n——管理幅度。

格拉丘纳斯指出，管理的跨度算术级增加时，主管人员和下属可能存在的相互关系将以几何级数增加。因此，上下级相互关系的数目和频数减少，就能增加管理跨度，从而减少层次过多而产生的费用和无效性。

2. 管理层次

管理跨度的确定是组织结构设计中的一个难题。而这个困难的解决，与纵向管理层次息息相关。

管理层次是组织的最高主管到作业人员之间所设置的管理职位层次数。当组织规模相当有限时，一个管理者可以直接管理每位作业人员的活动，这时组织就只存在一个管理层次；而当规模的扩大导致管理工作量超出一个人所能承担的范围时，为了保证组织的正常运转，管理者就必须委托他人来分担自己的一部分管理工作，这使管理层次增加到两个层次；随着组织规模的进一步扩大，受托者又不得不进而委托其他的人来分担自己的工作，以此类推，形成了组织的等级制或层次性管理结构。

一个组织中管理层次的多少，应具体地根据组织规模的大小和组织工作量的大小而定。一般说来，大部分组织的管理层次往往可以分为三层，即上层、中层、基层，各个层次分工明确。上层也称最高经营管理层或战略决策层，其主要任务是从组织整体利益出发，对整个组织实行统一指挥和综合管理，并制定组织目标及实现目标的一些大政方针。中层也称经营管理层，其主要任务是负责分目标的制定、拟订和选择计划的实施方案、步骤和程序，按部门分配资源，协调下级的活动，以及评价组织活动成果和制订纠正偏离目标的措施，等等。基层也称执行管理层或操作层，其主要任务是按照规定的计划和程序，协调基层员工的各项工作，完成各项计划和任务。

管理跨度、管理层次和组织规模存在互相依赖、互相制约的关系：

管理跨度×管理层次=组织规模

组织规模一定时，管理跨度越宽，管理层次则越少，这时组织结构就是"扁平型"结构；反之，管理跨度越窄，管理层次就越多，组织结构就是典型的"高耸型"结构。

随着科技的发展和环境不确定性的增强，组织结构趋向扁平化方向发展。

💡 **即问即答**：请用你班班委组织结构来说明管理跨度与管理层次之间的关系。

⭐ **小卡片**：管理故事——诸葛孔明谋臣术的缺失

"出师未捷身先死，长使英雄泪满襟"，诸葛孔明一生事必躬亲，积劳成疾，卒于军中，终年54岁，虽业绩彪炳，却始终未能为蜀国培养出一些像样的人才，最后落得国家大业后继无人的结局。从现代的管理理论来看，诸葛先生的误区就是，作为一名管理者，究竟能够有效地管理多少下属呢？这就是管理跨度问题。遥想当年，诸葛孔明在隆中的草堂里指着远处的江山为迷茫中的刘备画了一幅图，告诉他这就是你的天下，刘备就此折服，甘拜诸葛孔明为"西蜀公司"的首席执行官。当时的西蜀还只是一个兵不强、马不壮的"小公司"，行业里也是诸侯割据纷争，局面乱七八糟，诸葛孔明立志"扫清天下浊"，攻城略地，针对市场发起了一次又一次战役，神机妙算，营销手段变幻无穷；经过一番市场吞并重整，一些小公司被扫荡出局，西蜀的市场快速拓展，胜赤壁、得荆州、取西川、定汉中，盛极一时。随着市场做大，下属以州、郡等为单位的"公司"越来越多……一方面是"公司"越来越大，另一方面是诸葛孔明越来越操劳，军中"二十罚已上皆自省览"，诸如任免一个县官这样的芝麻小事，诸葛孔明也要亲自处理，事无巨细、亲力亲为、日理万机、"夙兴夜寐"。司马懿评价说："孔明食少事烦，其能久乎？"同时，诸葛孔明对"公司"人才培养体系重视不足，客观上为将来"公司"运营出现断层埋下了伏笔，诸如关羽大意失荆州，马谡刚愎丢街亭，不能不说是首席执行官的责任。而与之相对比，曹魏采取的人才策略是，"三个臭皮匠，顶个诸葛亮"，曹操广纳天下贤才，达到人才的整合效应，用分工与协作产生更多的"诸葛"，就是说在"公司"形成高、中、基三个管理层次：战略决策层、战术执行层、运营层，让合适的人做合适的事。"用兵不在兵之多寡，在于主将，在于谋臣——而谋臣之术，用兵之法，在于军中组织应该怎样布阵：每个将官能有效管理多少士兵（要设置适当的管理跨度），这样才能用兵得法、布兵成阵——而排兵布阵又受官的能力与兵的能力的影响，即'揣能'——古人之善用兵者，揣其能而料其胜负"。然而孔明是没有机会实施了。

课堂活动：**"扁平型"组织结构和"高耸型"组织结构的优缺点**

目标：这项活动帮助你更好地认识"扁平型""高耸型"组织结构的优缺点，为今后的实践运用打下基础。

背景：了解什么是"扁平型""高耸型"组织结构。

任务：把学生分成小组，每小组 5～6 人，展开一次团队讨论，与团队成员讨论以下几个问题："扁平型""高耸型"组织结构各自有哪些优缺点？各举一例说明"扁平型""高耸型"组织结构在实际企业中的运用。（小组成员可互相补充意见）

要求：记录讨论结果。然后，当大多数人的意见达到一致时，要求小组代表成员总结"扁平型""高耸型"组织结构各自的优缺点，并对两种典型组织结构举例进行说明。

4.1.1.3 部门划分

部门是指组织中主管人员为完成规定的任务有权管辖的一个特定的领域。"部门"这个术语在不同的组织有不同的称呼，企业组织称为分公司、部和处；军队用师、团、营、连；政府单位则称部、局、处、科等。部门划分是指把工作和人员组成若干管理的单元并组建相应的机构或单位。不同的管理部门或业务，是使整个管理系统有机运转起来的细胞与基础。部门的划分有不同的标准和方法。

1. 职能部门化——按职能设计组织的部门

把相同或相似的活动归并在一起，作为一个管理单位即为职能部门化。例如，在政府组织中，政府的经济管理职能部门、文化职能部门、政治职能部门以及专门办事部门和机构的设立，都是依据这一标准和原则进行的。企业中的供应、生产、销售和财务、后勤等部门的设立，也是这一划分标准和方法的体现。按职能设计组织的部门，如图4-1所示。

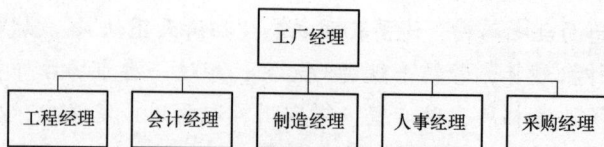

```
                        ┌──────────┐
                        │  工厂经理  │
                        └────┬─────┘
    ┌──────────┬───────────┼───────────┬──────────┐
┌────────┐ ┌────────┐ ┌────────┐ ┌────────┐ ┌────────┐
│ 工程经理 │ │ 会计经理 │ │ 制造经理 │ │ 人事经理 │ │ 采购经理 │
└────────┘ └────────┘ └────────┘ └────────┘ └────────┘
```

图4-1　按职能设计组织的部门组织图

2. 行业和产品部门化——按产品或行业设计组织的部门

这种标准和方法把某种行业或者生产某种或某系列产品的活动集中到一起，建立相应的部门予以管理。一般来说，按照行业设立组织部门的方法也常见于政府组织部门的设计中，如政府的林业部、农业农村部、水利部；按产品或行业设计组织的部门，也是企业经常采用的部门设计方法，如图4-2所示。

```
                  ┌──────┐
                  │ 总裁  │
                  └───┬──┘
        ┌────────────┼────────────┐
   ┌────────┐   ┌────────┐   ┌────────┐
   │ 副总裁  │   │ 副总裁  │   │ 副总裁  │
   │ 燃料   │   │ 润滑剂  │   │ 化学制品 │
   └────────┘   └────────┘   └────────┘
```

图4-2　按产品或行业设计组织的部门化组织图

3. 地域部门化——按区域设计组织的部门

按照地域的分散化程度划分组织的业务活动，继而设置管理部门管理其业务活动即为地域部门化。在政府管理方面，我国曾经设立的华北、东北、华东、华中、西北、西南等各大行政区就具有按区域设计组织的部门的特点，如图4-3所示。

```
                    ┌────────┐
                    │ 总经理  │
                    └────┬───┘
      ┌───────────┬──────┼───────────┬──────────────┐
┌──────────┐ ┌──────────┐ ┌──────────┐ ┌──────────────┐
│ 中国市场部 │ │ 日本市场部 │ │ 韩国市场部 │ │ 澳大利亚市场部 │
└──────────┘ └──────────┘ └──────────┘ └──────────────┘
```

图4-3　按区域设计组织的部门化组织图

4. 顾客（服务对象）部门化——按服务对象设计组织的部门

这是按组织活动的服务对象为依据划分和设计组织部门的方法。根据这一标准和方法，在设计组织部门时，把特定的服务对象与组织的活动结合起来，形成组织的部门，如政府教育部中的留学生司、学生司；商业企业组织中的儿童用品部、妇女用品部、老年人用品部等，如图4-4所示。

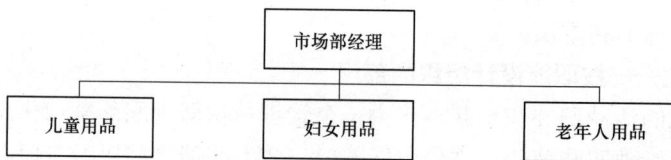

```
                  ┌──────────┐
                  │ 市场部经理 │
                  └─────┬────┘
      ┌─────────────────┼─────────────────┐
  ┌──────────┐     ┌──────────┐     ┌────────────┐
  │ 儿童用品  │     │ 妇女用品  │     │ 老年人用品  │
  └──────────┘     └──────────┘     └────────────┘
```

图4-4　按服务对象设计组织的部门化组织图

5. 流程部门化——按生产流程设计组织的部门

按生产过程、工艺流程或设备来设计组织的部门即为流程部门化，如图 4-5 所示。

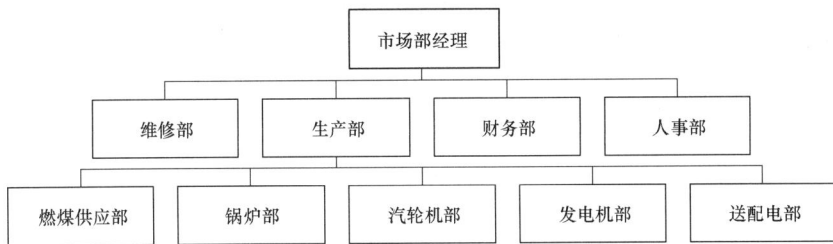

图 4-5 按生产流程设计组织的部门化组织图

💡 **即问即答**：你班班委是按什么方法进行部门划分的?

在实际运用中，每个组织都应根据自己的特定条件，选择能取得最佳效果的部门划分方法。但应该指出的是，部门划分方法的选择不是唯一的，并不一定要求各层次的业务部门都整齐划一。在很多情况下，常常采用两种或两种以上的划分方法。例如，一所大学，在中层这个管理层次上，按领域可以划分为各个系、所；按职能可以划分为教务处、人事处、后勤处、财务处、保卫处、外事处等；按服务对象可以划分为研究生院、函授学院；按设备可以划分为数据处理中心；等等。这种混合划分部门的方法，常常能够更有效地实现组织的目标。

总之，在进行部门划分时，尽量遵循以下原则。

（1）确保目标实现。如在生产企业中，除生产部门外，销售、财务、人事、计划部门都是确保企业目标实现所必需的。

（2）精干高效。企业组织机构的数目力求最少，但这是以有效地实现企业目标为前提的。

（3）部门设置应有灵活性。划分部门应按业务的需要，并根据实际情况的变化随时增加新部门，撤销原有部门，或设立临时性部门，成立专门小组来解决临时出现的问题。

（4）各部门职务的指派应达到平衡，避免工作量分摊不均，忙闲不均。

（5）检查部门应具有独立性。执行检查、评估的职能部门应单独设立，不隶属任何业务部门，从而保证检查人员的公正性和客观性，真正发挥检查、监督的作用。

课堂活动：五种部门划分方法各自的优缺点

目标：这项活动帮助你更好地认识五种部门划分方法的优缺点，为今后的组织结构设计实际运用打下基础。

背景：掌握五种部门划分方法。

任务：思考如下几个问题。

1. 试述五种部门划分方法各自的优缺点。

2. 除了以上五种部门划分方法，还有没有其他方法在实际中得以采用。如果有，请举例说明。

3. 学生可以互相补充意见。

要求：掌握五种部门划分方法各自的优缺点，并能结合实例分析、使用。

4.1.1.4 职权类型

职权是组织正式赋予管理者的，能有效促使下属完成某一组织目标的权力。职责是指由于占据组织中某一职位而必须承担的责任，职责与职权是一对"孪生兄弟"，职责与职权共存，职权是履行职责的必要条件与手段，职责则是行使职权所要达到的目的。作为一名管理者，占据了组织中某一职位，就必须承担职位要求的职责，同时也必须拥有完成职责的职权，权责对等，且共存于一体。

在组织结构设计中，随着任务和责任的分派，必须要进行职权的设计。在一个组织内大致有3类职权。

1. 直线职权

直线职权是指组织中上级指挥下级工作的权力。在组织机构中，直线人员拥有发布命令及执行决策等权力，也就是通常所说的指挥权。在组织结构中，从上到下形成一个等级链。

2. 参谋职权

参谋职权是指参谋人员所拥有的辅助性的职权，是顾问性、服务性、咨询性和建议性的职权，旨在帮助直线权力有效地完成组织目标。参谋人员也可分为两类，即个人参谋和专业参谋。参谋人员没有指挥和命令的权力。

3. 职能职权

随着组织规模不断扩展和管理活动日趋复杂，主管人员受时间、精力和专业知识与能力等方面的限制，仅仅依靠参谋人员的建议很难做出科学的决策，为了提高和改善管理效率，主管人员就将一部分本属于自己的直线职权授予参谋人员，这就产生职能职权。职能职权是指由直线主管人员授予的、参谋人员所拥有的部门决策权和指挥权。职能职权实质上属于直线职权。

4.1.2 有效组织结构的共同特征

企业组织是动态的，随着市场形势、企业任务的变化而变化。但是，在进行组织结构设计时，在企业战略指导下仍然可以遵循一些共同的原则和规律。成功的组织结构设计一般具有以下共同的特征。

4.1.2.1 有较明确的组织边界

组织边界是划分企业内外资源要素的分水岭。企业必须通过管理手段控制组织内部资源，而通过市场手段购买组织外部资源。聪明的企业家会有效地设计自己企业的边界，专注于控制具有核心竞争力的资源要素，以达到企业利润最大化的目的。

4.1.2.2 集权与分权的统一

权力是组织中一种无形的力量。一个管理者的权力来源于组织对其的依赖度、所控制的财务资源、正式职位赋予的权力以及对决策信息的控制。管理者位于组织结构的中心，其权力的集中是组织正常运转的保证。组织结构中高层对低层有控制的权力，而低层对高层同样有讨价还价的权力。为了减少高层和低层之间权力的摩擦，提高效率和员工参与意识，越来越多的组织倾向于将管理者的权力分散，授予中级管理者和普通员工。成功的分权，应保证将权力授予知识、技能达到一定水平的员工，并辅以一定的激励机制和有效的信息沟通及反馈系统。

小卡片：管理故事——离家的小狗

某户人家养了一只小狗。有一天，小狗突然丢了，这户人家马上报了警。几天后，小狗被人送到警察局，警察立刻通知了这家人。在等待主人到来时，警察突然发现这只小狗不但没有欢喜的神情，反而悲伤地流泪。警察相当好奇："你应该高兴才对，怎么流泪呢？"小狗回答："警察先生啊，你有所不知，我是离家出走的！"警察吃惊地问道："你家主人虐待你吗？为什么要离家呢？"

小狗悲伤地说："我在主人家已经待了好多年，从一开始就负责家人的安全，一直很尽忠职守地完成我的工作。当然主人也感觉到了，平时见到我会摸摸我、拍拍我，常常会带我出去散散步。那种保卫一家人的成就感，那种受重视、受疼爱的感觉，让我不断提醒自己，好好照顾这一家人，直到有一天……""怎么样？"警察关心地问道。"有一天家里装上了防盗门，从此我失业了，看门不再是我的职责，家人也不需要我保护了。我整天无所事事，对家庭一点儿用都没有，虽然主人还是一样地饲养我，但是我实在受不了这种受冷落的感觉，所以才会离家出走，宁愿过流浪的日子。"

管理启示：水不激不跃，人不激不奋。当领导者能在工作中充分满足员工的成就感时，才能够真正激发并延续他们旺盛的生命力，进而将个人生命力与公司竞争力紧密结合，增进工作效能。授权是培养和激励下属的过程，绝不能因为怕下属犯错而不给予其机会，相反应提供充足的机会以使下属成熟，尽量少犯错误。

即问即答：你认为一个企业的领导是该集权还是该分权？哪些权力该集权？哪些权力该分权？请说明理由或举例说明。

4.1.2.3 注意对影响组织结构要素的分析

组织在确定组织结构时应需考虑以下影响因素。

1. 组织战略

组织战略是指实现组织目标的各种行动方案、方针、方向和途径的综合，因此，组织战略是实现组织目标的基本手段。为了实现组织目标，组织结构设计必须服从组织战略的需要，只有按照这一要求设计的组织，才能成为组织目标实现的有效和可靠的依托。

2. 组织环境

组织环境是指组织结构选择必须考虑的因素。外部环境的变化性和复杂性程度加剧了环境的不确定性。在不确定性环境中，组织必须保持灵活性，保持一种随时对环境变化做出反应的状态。环境的不确定性影响着企业组织的形态。在不确定性低时，组织形态偏于机械型，无须模仿或少模仿，企业组织着眼于眼前的运作。在不确定性高时，组织形态偏于有机型，广泛模仿或迅速模仿，企业组织重视计划与预测。

3. 组织的技术

组织技术是指组织将输入转化为输出的知识、工具、技能和活动。技术不仅影响组织活动的效果和效率，而且影响组织结构的设定。通常，组织所采用的技术方法与水平不同，组织结构的形式也会不同，或集权式，或分权式，等等。

4. 组织规模与组织结构

组织规模不同，与之相适应的组织结构形式亦有很大的差别。一般来说，规模越大的组织，管理层次越多、工作和部门的数量越多、职能和技能的专业化程度越高、组织正规化程度越高、组织分权程度越高、高层领导的比例越小、专业技术支持人员的比例越高、书面沟通的文件越多。当然，组织规模不是决定组织结构设计的唯一因素，它与战略、环境、技术等因素一同决定着组织结构的设计。

💡 **即问即答**：请用学校和你的班级来说明组织规模如何影响组织结构。

4.1.2.4　有适合的部门组合

不同业务和不同目标的企业可能会有不同的部门组合，一般分为职能式、矩阵式、事业部式等组合。随着信息技术的发展和企业管理水平的提高，现代企业的组织结构由一成不变的集权化、等级制的"金字塔"组织结构，转向分权化而富有弹性的组织结构。

4.1.2.5　有迅速有效的执行能力

俗话说，"船小好调头"。越庞大的组织，执行能力往往越低，这就导致大企业的效率不如小企业。提升企业的执行能力，首先应保证管理指令系统的顺畅，每个员工都有明确的汇报路线，每个员工都有唯一的经理负责他的行政管理和工作行为。其次应注意管理层次和控制管理跨度，管理层次过多会导致企业执行速度减慢，而适当控制管理跨度可以减少管理成本，提高企业效率。

4.1.3　组织结构设计的原则

4.1.3.1　战略导向原则

组织是实现组织战略目标的有机载体，组织的结构、体系、过程、文化等均是为完成组织战略目标服务的，达成战略目标是组织设计的最终目的。组织应通过组织结构的完善，使每个人在实现组织战略目标的过程中做出更大的贡献。

4.1.3.2　适度超前原则

组织结构设计应综合考虑组织的内外部环境、组织的理念与文化价值观、组织当前以及未来的发展战略等，以适应组织的现实状况。并且，随着企业的成长与发展，组织结构应有一定的拓展空间。

4.1.3.3　精简、高效原则

组织结构的设计切忌规模过于庞大、机构臃肿、人浮于事。最佳的组织结构是在确保完成工作任务的基础上，组织形式的最简单化。在设计过程中，要做到"因事设岗、因岗设职、因职设责、因责设人"。同时，还要处理好管理跨度与管理层次的关系，使管理幅度确定在一个相对合理的状态。同时，组织结构不能脱离企业实际进行设计。适用、有效的组织结构能够保证企业发展战略与实施策略有效地得到贯彻和落实，能够带动企业正常运营，能够确保企业长期健康地发展。

4.1.3.4　责权利对等原则

责权利相互对等，是组织正常运行的基本要求。权责不对等对组织危害极大，有权无责容易出现瞎指挥的现象；有责无权会严重挫伤员工的积极性，也不利于人才的培养。因此，在组织结构设计时应着重强调职责和权力的设置，使组织能够做到职责明确、权力对等、分配公平。

4.1.3.5　稳定性与适应性相结合的原则

首先，企业组织结构必须具有一定的稳定性，这样可使组织中的每个人工作相对稳定，相互之间的关系也相对稳定，这是企业能正常开展生产经营的必要条件，如果组织结构朝令夕改，必然造成职责不清的局面。其次，企业组织结构必须具有一定的适应性。由于企业的外部环境和内部环境是不断变化的，如果组织结构、组织职责不注意适应这种变化，企业就缺乏生命力、缺乏经营活力。因此，企业应该根据行业特点、生产规模、专业技术复杂程度、专业化水平、市场需求和服务对象的变化、经济体制的改革需求等进行相应的动态调整。企业应该强调并贯彻这一原则，应在保持稳定性的基础上进一步加强和提高组织结构的适应性。

实例分析：某商业企业组织结构中的部门职能描述

某商业企业按照"精简高效"的原则组建了由决策层、业务管理层、执行层构成的"八部一室"组织结构，如图 4-6 所示。

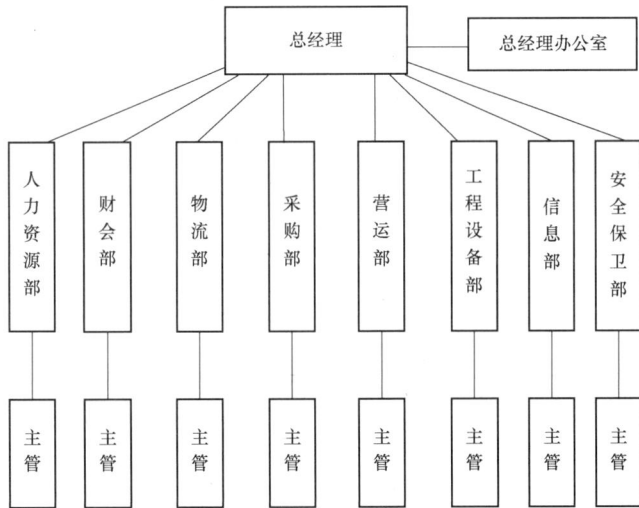

图 4-6　某商业企业的组织结构图

各职能部门的职能描述如下。

（1）总经理办公室主要职能。公司对内对外协调；各类文件及存档归类管理；日常行政事务的处理；后勤生活及安全保障。

（2）人力资源部主要职能。用工管理；分配管理；教育培训；劳动保护；其他事项。

（3）财会部主要职能。资金管理；现金管理；票据管理；核算管理；结算管理；财务管理。

（4）物流部主要职能。商品配送管理；商品出入库管理。

（5）采购部主要职能。商品采购管理；商品质量和价格管理。

（6）营运部主要职能。对销售现场作业的指导与监督；对销售现场服务的监督与管理；对销售现场经营的指导；对销售现场执行有关政策法规的监督。

（7）工程设备部主要职能。基建工程管理；设备设施管理；结算管理。

（8）信息部主要职能。总部信息系统建设；配送信息系统建设；销售现场信息系统建设。

（9）安全保卫部主要职能。内部治安管理；防火防盗管理；交通安全管理；安全教育管理。

4.2　组织结构设计

4.2.1　作业研究

任何一个企业组织结构的设计前提都是作业研究。作业研究是通过对作业系统的改进或重新设计，寻找最经济有效和使作业者胜任愉快的工作方法和工作节奏。这一研究始于泰勒的科学管理的实践和吉尔布雷斯夫妇的动作分析，后经巴恩斯、莫吉森等人的发展完善，成为一门在现代管理中发挥巨大作用的科学。在作业研究的过程中，必须明确以下两个问题。

4.2.1.1　明确作业研究的目的

1. 把要做的事情研究透彻

通过作业研究，设计人员应该把组织结构设立的要求搞清楚，把要达到的目的确定下来，并且以文字形式形成正式文件，以此统一全体管理者的思想，达成对企业管理的共识。

2. 把要做的事情简单化

即把企业不断重复、不断变化的经营活动和经济现象，通过不同的管理层次和管理部门把它规范起来，并由该部门规定完成本项工作的标准，从而使每个人都能按照一个统一的尺度来对企业进行管理。

3. 把要做的事情做完善

通过作业研究，设计人员应该明确哪些工作是企业运营的重点、哪些工作是企业管理的难点，只有找出企业运营的重点和难点，才有可能针对管理中的薄弱环节和容易出现的问题提出防御措施，解决实际问题。

4. 把要做的事情细化

把管理过程进行详尽的分解，是作业研究的重点和难点。在细化过程中把管理的职能、权限、责任分解到无可取代的专一程度；把管理的过程、环节也分解到最小单位，达到可以控制、检测、落实的程度。

4.2.1.2　明确作业研究的思路

首先，根据企业作业流程进行部门划分和层次划分，这是组织结构设计的切入点，也是以"事"为核心设立组织结构的出发点。在作业研究时，需要了解什么是企业职能和部门职能，企业职能是指企业管理系统在特定环境中保持正常运转，保证企业生存和发展所必须具备的功能；部门职能是指通过企业内部的业务分工及管理活动所做的分解和概括，确保企业总目标得以实现的功能。企业职能完善的关键是部门职能的健全，部门划分是否合理是部门职能是否健全的前提。

部门划分可以确保管理者为实现企业目标，在职务范围、任职责任、授予的权力等方面进行分配，以达到企业内部分工协作的目的。在部门划分过程中，会涉及四个方面的结构，如图 4-7 所示。

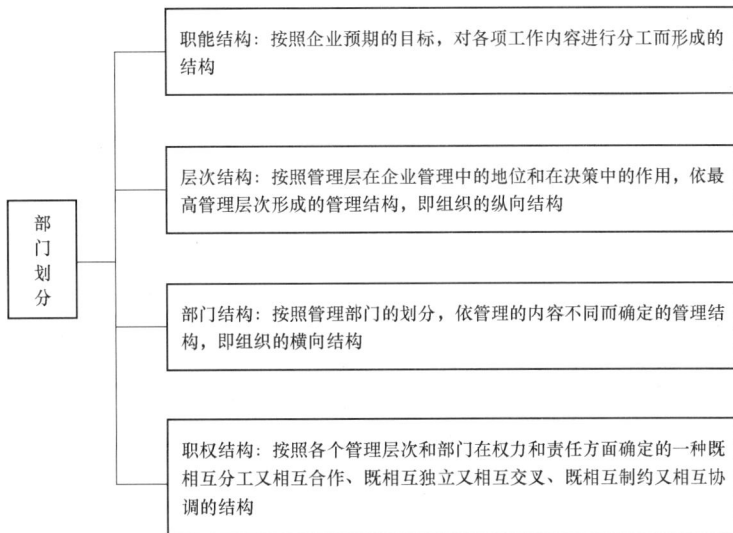

图 4-7　部门划分图

其次，根据作业流程赋予的部门职能确定部门内部的岗位分工。企业组织结构中的任何一个部门都是由若干个工作岗位构成的。企业的经营规模不同、人员状况不同，尤其是业务流程不同，决定了企业部门内部岗位分工结构的不同。

4.2.2　组织结构设计的程序

4.2.2.1　确定组织目标

组织目标是进行组织设计的基本出发点，任何组织都是实现其一定目标的工具，没有明确的目标，组织就失去了存在的意义。因此，管理组织设计的第一步，就是要在综合分析组织外部环境和内部条件的基础上，合理确定组织的总目标及各种具体的派生目标。

4.2.2.2　确定业务内容

根据组织目标的要求，确定为实现组织目标所必须进行的业务管理工作项目，并按其性质适当分类，如企业的市场研究、经营决策、产品开发、质量管理、营销管理等。明确各类活动的范围和工作量，进行业务流程的总体设计，优化总体业务流程。

4.2.2.3　确定组织结构

根据组织规模、技术特点、业务工作量的大小，参考同类其他组织设计的经验和教训，确定应采取什么样的管理组织形式，需要设计哪些单位和部门，并把性质相同或相近的管理业务工作分归适当的单位和部门负责，形成层次化、部门化的结构。

4.2.2.4　规定职位职责权限

根据组织目标的要求，明确规定各单位和部门及其负责人对管理业务工作应负的责任以及评价工作成绩的标准。同时，还要根据搞好业务工作的实际需要，授予各单位和部门及其负责人适当的权力。

4.2.2.5　联成一体

这是组织设计的最后一步，即通过明确规定各单位、各部门之间的相互关系，以及它们之间的信息沟通和相互协调方面的原则和方法，把各组织实体上下左右联结起来，形成一个能够协调运作，有效地实现组织目标的管理组织系统。

4.2.2.6　反馈与修正

要在组织运行过程中，加强反馈，适时进行修正，使其不断完善。

实例分析：某公司组织结构设计

下面以上述组织结构设计内容为基础，结合实际情况，以某公司现行组织结构（见图4-8）为例，做简单分析。

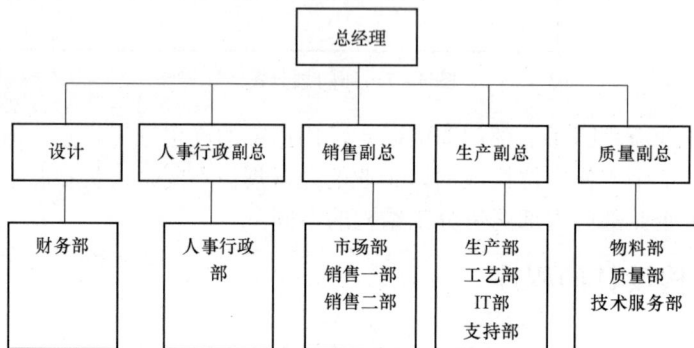

图4-8　某公司现行组织结构图

作业流程重组后的组织结构调整方案如图4-9所示。

图4-9　作业流程重组后的组织结构图

调整原则及调整后的部门职责如下。

1. 将公司流程划分为"战略流程""经营流程""支持流程"

（1）战略流程。包括公司发展规划、新产品研发。

（2）经营流程。包括市场、客户销售、售后服务。

（3）支持流程。包括财务、人力资源、行政、物料采购、生产、质量、IT。（由于战略流程主要集中在美国，可以不考虑，故组织结构中不体现）

2. 面向作业流程设置组织结构

（1）以市场和客户为导向：设置销售副总，并分设以下部门。

① 市场部。市场部负责公司产品营销、产品市场推广。

② 销售部。销售部为客户与企业的单一接触点，主要职责包括订单处理、订单执行、产成品管理、发货。

③ 售后服务部。关注销售完成后的客户服务。

（2）以产品生产为主体组织生产流程管理与质量控制，设置生产副总，并分设以下部门。

① 综合计划部。负责生产计划、物料需求计划、采购计划、车间作业计划。

② 物料部。不同于现行的物料部职责，主要从事物料采购、供应商管理、原材料库存管理、原材料领用。

③ 抽丝生产部。根据生产过程特点，将原生产部门分为抽丝生产部和加工生产部。抽丝生产部主要负责抽丝生产环节管理。

④ 加工生产部。将抽丝工序完成的产品作为光纤生产的原材料，主要对产品后续加工工序进行管理。

⑤ 工艺部。工艺部负责产品生产过程各道工序的生产标准文件制定与维护。

⑥ 质量部。质量部负责对从原材料采购到产品生产再到产成品入库等各个环节进行质量控制（其范围超过现行质量部质量管理范围）。

（3）以保障公司正常运营为目标设置运营副总（COO），并分设以下部门。

① 人力资源部。人员招聘、人员培训、人员考勤、工作评价、人员奖励、人员晋级。

② 行政部。公司后勤保障、办公用品采购与管理。

③ 维护支持部。负责固定资产设备维护、水电气等支持（包容现行"支持部"职能）。

（4）以资金管理为核心内容设置总会计师（CFO），并设置财务部，财务部下设总账岗、应收岗、应付岗、费用岗、分析岗。

（5）以公司信息管理为主要内容设置信息副总（CIO），并分设以下部门。

① PTS 部。负责支持生产过程的信息控制。

② ERP 部。负责企业管理信息系统的维护和服务。

③ 电子商务部。负责公司外部网站、内部网站的维护。

④ 网络硬件部。负责公司所有通信网络与硬件设备的维护。

4.3 典型的组织结构模式

4.3.1 基本的组织结构模式

4.3.1.1 直线制组织结构

直线制组织结构是企业发展初期最简单的一种组织结构，如图 4-10 所示。

1. 特点

组织中每个人都只能向一个直接上级报告，上下级权责关系呈一条直线，即"一个人，一个头儿"。

2. 优点

结构简化，权力集中，命令统一，决策迅速，责任明确。

3. 缺点

没有职能机构和职能人员当领导的助手。在规模较大、管理比较复杂的企业中，主管人员往往由于个人的知识及能力有限而感到难于应付，顾此失彼，可能会发生较多失误。此外，每个部门基本关心的是本部门的工作，因而部门间的协调比较差。

一般地，这种组织结构形式只适用于那些没有必要按职能实行专业化管理的小型组织，或者是现场的作业管理。

4.3.1.2 直线职能制组织结构

我国目前很多中小型企业都采用直线职能制组织结构。直线职能制组织结构又称 U 型结构，如图 4-11 所示。

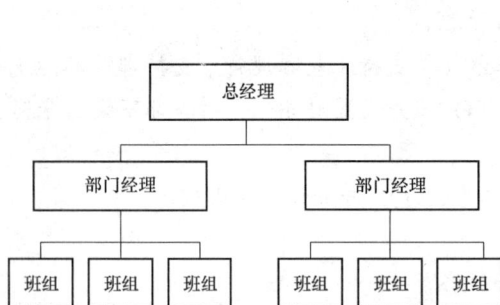

图 4-10 直线制组织结构图   图 4-11 直线职能制组织结构图

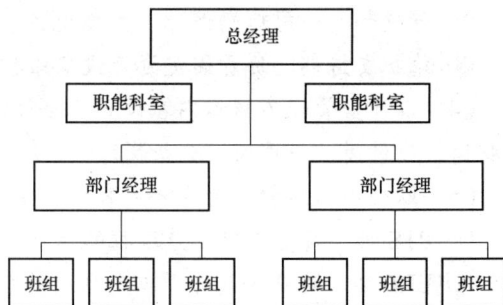

1. 特点

企业的全部机构和人员可以分为两类：一类是直线机构和人员；另一类是职能机构和人员。直线机构和人员在自己的职责范围内有一定的决策权，对下属有指挥和命令的权力，对自己部门的工作要负全面责任；而职能机构和人员，则是直线指挥人员的参谋，对直线部门下级没有指挥和命令的权力，只能提供建议和在业务上进行指导。

2. 优点

各级直线领导人员都有相应的职能机构和人员作为参谋和助手，因此能够对本部门进行有效的指挥，以适应现代企业管理比较复杂和细致的特点；而且每一级又都是由直线领导人员统一指挥，满足了企业组织的统一领导原则。

3. 缺点

下级部门主动性和积极性的发挥受到限制；各部门自成体系，不重视信息的横向沟通，工作容易重复；当职能部门和直线部门之间目标不一致时，容易产生矛盾，致使上层主管的协调工作量增大。另外，如果授予职能部门的权力过大，则容易干扰直线指挥命令系统。

这种组织结构形式对中小型组织比较适用，但对于规模较大、决策时需要考虑较多因素的组织，则不太适用。

4.3.1.3 事业部制组织结构

事业部制组织结构是目前国外大型企业通常采用的一种组织结构，如图 4-12 所示。在企业组织的具体运作中，事业部制又可以根据企业组织在构造事业部时所依据的基础不同区分为产品事业部制、区域事业部制等类型，通过这种组织结构可以针对某个单一产品、服务、产品组合、主要工程或项目、地理分布、商务或利润中心来组织事业部。

1. 特点

事业部制是分级管理、分级核算、自负盈亏的一种形式，即一个组织按地区或按产品类别分成若干个事业部。从产品的设计、原料采购，一直到产品销售，均由事业部及所属工厂负责，实行单独核算、独立经营，公司总部只保留人事决策，预算控制和监督大权，并通过利润等指标对事业部进行控制。

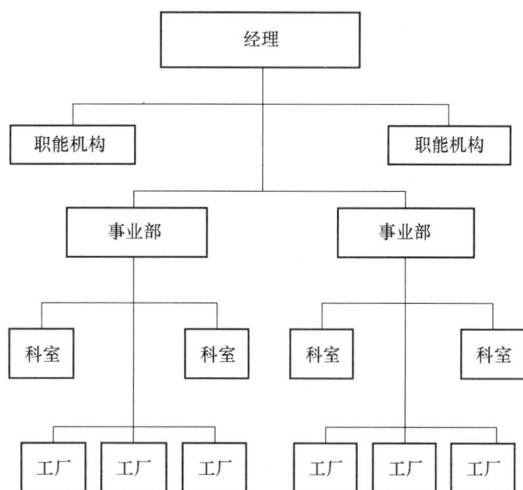

图 4-12　事业部制组织结构图

2. 优点

事业部制有利于调动各事业部的积极性，事业部有一定经营自主权，可以较快地对市场做出反应，在一定程度上增强了适应能力和竞争力；同一产品或同一地区的产品开发、制造、销售等一条龙业务属于同一主管，便于综合协调，也有利于培养有整体领导能力的高级人才；最高管理层可以从日常事务中摆脱出来，集中精力研究重大战略问题。

3. 缺点

各事业部容易产生本位主义和短期行为；资源的相互调剂会与既得利益发生矛盾；人员调动、技术及管理方法的交流会遇到阻力；企业和各事业部都设置职能机构，机构容易重叠，且费用增大。

事业部制组织结构适用于规模庞大、产品品种繁多、技术复杂的大型组织，当总部的无形资产有巨大吸引力、管理能力很强，同时分部又有独立的市场和独立的利益时适宜选择事业部制。

4.3.1.4 简单型组织结构

简单型组织结构指低复杂性、低正规化、职权集中在一个人手中，扁平型的组织结构。往往表现出基本上没有什么结构。比如，一家男装零售店，经营者和所有者合一，雇用 5 个营业员，老板主持一切事务。

（1）优点：反应快、灵活、运营成本低、责任明确。

（2）缺点：只适应于小型组织。组织越成长，越不适用；组织越大，高层信息超载，决策缓慢，如果继续维持简单结构，组织只会停滞不前。已经被证实这是许多小企业毁灭的主要原因。所有事情取决于老板一人，风险极大。

4.3.1.5 矩阵制组织结构

矩阵制组织结构如图 4-13 所示。

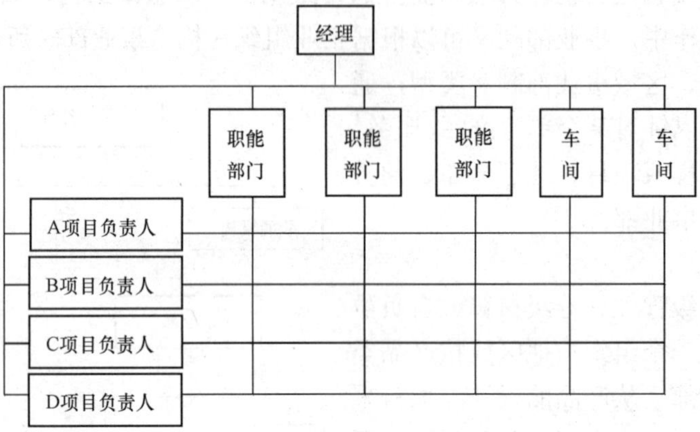

图 4-13　矩阵制组织结构图

1. 特点

矩阵制组织既有按照管理职能设置的纵向组织系统，又有按照规划目标（产品、工程项目）划分的横向组织系统，两者结合，形成一个矩阵。横向系统的项目组所需工作人员从各职能部门抽调，这些人既接受本职能部门的领导，又接受项目组的领导，一旦某一项目完成，该项目组就撤销，人员仍回到原职能部门。

2. 优点

加强了各职能部门间的横向联系，便于集中各类专门人才加速完成某一特定项目，有利于提高成员的积极性。在矩阵制组织结构内，每个人都有更多机会学习新的知识和技能，因此有利于个人发展。

3. 缺点

由于实行项目和职能部门双重领导，当两者意见不一致时令人无所适从；工作发生差错时也不容易分清责任；人员是临时抽调的，稳定性较差；成员容易产生临时观念，影响正常工作。

它适用于设计、研制等创新型企业，如军工、航空航天工业的企业。

矩阵制组织结构适用于一些拥有中等规模和中等数量产品线的组织。当环境的不确定性和部门之间存在高度依存关系时，也适宜采用矩阵制组织结构。

4.3.1.6　多维立体制组织结构

多维立体制组织结构是在矩阵制组织结构的基础上发展起来的，它的组织结构如图 4-14 所示。

多维立体制组织结构是系统理论在管理组织中的一种应用，主要包括以下机构。

（1）按产品划分的事业部——产品事业利润中心。

（2）按职能划分的专业参谋机构——专业成本中心。

（3）按地区划分的管理机构——地区利润中心。

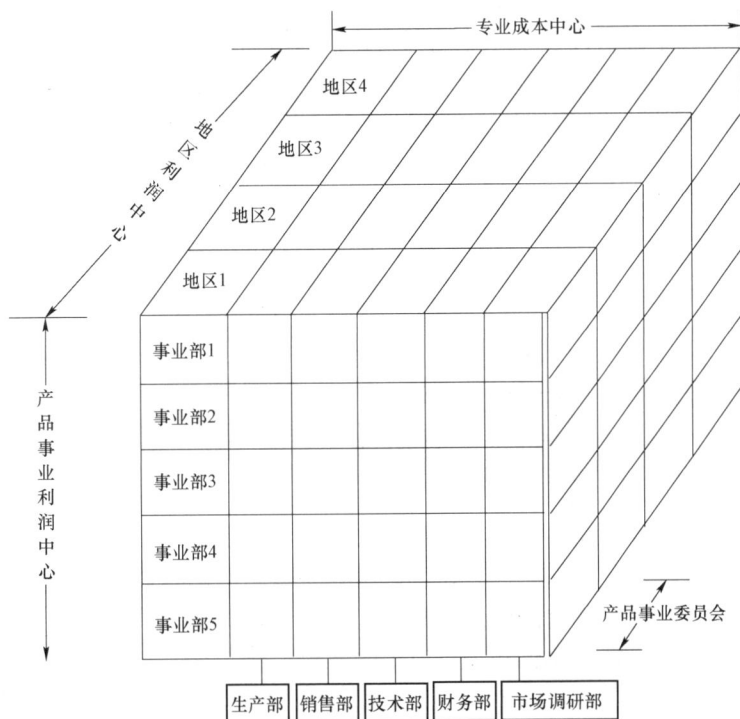

图 4-14　多维立体制组织结构图

通过多维立体结构，可以把产品事业部经理、地区经理和总公司参谋部门这三者较好地统一和协调成管理整体。该种组织结构形式适合于规模巨大的跨国公司或跨地区公司。

4.3.1.7　附加的有机结构

1. 任务小组临时性结构

为完成某种特殊任务，把组织内外的专家集中起来，形成任务小组，目标完成后小组解散。如开发一项新产品，组成设计、研究、制造、营销、财务等专业集体。

2. 委员会结构

在管理学上，组织的委员会是由来自不同部门、具有不同经验、知识和背景的人员组成，跨越专业和职能界限执行某方面管理职能的一种组织结构。它的作用是完善个人管理的不足，并预防过分集权化，使各方的利益得到协调和均衡。大到国家政权机构，小到企业、学校等委员会组织随处可见。例如，我国的人大常务委员会、国家发展和改革委员会、国家民族事务委员会、国家卫生健康委员会、国务院学位委员会、国家自然科学基金委员会、公司中的董事会和监事会、高等学校的学术委员会、医疗卫生机构中的事故鉴定委员会、职称评定委员会等。由此可见，委员会是一种重要的组织结构。

💡 **即问即答**：你们班的班委属于哪种组织结构模式？举办大型晚会活动应采取哪种组织结构模式？

4.3.2 新型的组织结构模式

企业在以多变和不确定性及全球化趋向为特征的市场环境中寻求生存和发展的同时，又出现了一些新型的组织结构模式。其中动态组织机制——网络型组织结构的出现，使企业能够集中面对以时间为基础的转瞬即逝的市场机会。它的组织结构如图4-15所示。

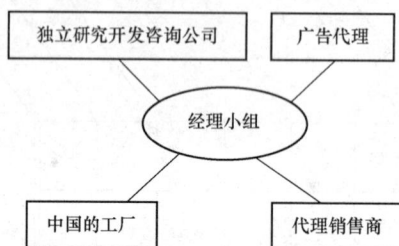

图4-15　网络型组织结构图

网络型组织结构是目前正在流行的一种新形式的组织设计，是一种以项目为中心，通过与其他组织建立研发、生产制造、广告、销售等业务合同网，有效发挥业务专长的协作性组织形式。网络型组织结构有时也被称为"虚拟组织"，即组织中的许多部门是虚拟存在的，管理者最主要的任务是集中精力协调和控制组织的外部关系。

优点：	缺点：
① 组织结构具有更大的灵活性和柔性。 ② 组织结构简单精练，组织结构扁平化，管理效率更高了。	① 组织可控性很差。 ② 组织风险性大。 ③ 员工的组织忠诚度低。

🤖 **小卡片**：虚拟组织实例——耐克的虚拟经营

耐克公司创建于1972年，起初它是一家规模甚小、随时都有可能倒闭的企业。与一些具有百年历史的体育用品公司相比，属于体育用品领域的小字辈，但它后来居上，超过了曾雄踞市场的领导品牌阿迪达斯、彪马、锐步，被誉为是"近二十年世界新创建的最成功的消费品公司"。

耐克公司能够取得这样巨大的成功，除了产品优良的品质性能、精心的广告宣传，以及公司创建者极具现代商业意识和开拓精神，其选择了虚拟的生产经营方式也都是重要的因素之一。

20 世纪 70 年代，耐克公司研制出一系列新型跑鞋，耐克跑鞋的销售势头非常好，虽然耐克完全有能力建立自己的鞋厂，但耐克决定继续利用日本厂商的制鞋能力。1972 年，耐克与日本厂商签订了合同，由美国人设计，而生产则完全交由日本厂家完成。随着公司的壮大，菲尔·耐特把眼光投向了国际市场。那时耐克公司除了在日本联合设厂打入了日本市场，还通过在爱尔兰设厂进入欧洲市场并以此躲过了高关税。

随着世界经济的发展，各地区生产成本已发生了巨大的变化，耐克公司意识到运动鞋的生产需要大量的劳动力投入，劳动力成本占总成本的比例很大，这就要求其将生产置于劳动力工资相对水平非常低的国家。基于这种战略考虑，耐克公司的合作对象从日本、西欧转移到了韩国、中国、印度等劳动力价格更为低廉的发展中国家。到 20 世纪 90 年代，耐克更为看好越南等东南亚国家。随着在海外生产基地的不断"战略转移"，耐克公司的销售业绩和利润也节节攀升。然而，在海外进行生产也有很大的风险。较远的地理距离和不同的民族文化使得控制生产和质量更加困难。因此，耐克公司在实践中逐渐掌握了如何确认新的生产分包商是否能够满足其生产和质量标准，如何设置质量标准，如何去控制海外生产和质量。

赖特和他的管理团队还瞄准了互联网，建立了 Nike.com，作为全球化战略的基石。

由于耐克公司在生产经营上广泛采用虚拟经营方式，从而本部人员相当精简而又有活力，这样避免了很多生产问题的拖累，使公司能集中精力关注产品设计和市场营销等方面的问题，及时收集市场信息，及时将它反映在产品设计上，然后快速由世界各地的签约厂商生产出来满足需求。

耐克公司给我们的启示是，在体育产品日新月异和市场竞争日趋激烈的信息时代，对于一些已具备相当实力的企业而言，像厂房、设备等实物资产在某种程度上已并不重要，任何实体都会折旧，甚至过时而成为包袱，所以，制胜的关键是立足于"虚"的东西、核心的东西，而实体部分则可通过外部采购、远程合作等方式交给市场上这方面做得最好的企业去完成。

4.3.3　组织结构设计选择

在具体运用中，不能简单地认为一种组织设计比另一种组织设计更优越，但在一些特定的条件下可以这样讲。如表 4-1 所示，对几种典型的组织结构设计选择比较归纳。

表 4-1　组织结构设计选择比较归纳

设计选择	优点	使用的时间和地点
职能制	专业化的经济性	单一产品或服务的组织
事业部制	对结果的高度责任感	大型组织：多种产品或多个市场的组织

续表

设计选择	优点	使用的时间和地点
简单制	快速、灵活、经济	小型组织；发展的初期；简单、动态的环境
矩阵制	专业化的经济性与对产品结果的责任感	有多个产品规划、需要依靠职能专长的组织
虚拟制	快速、灵活、经济	工业企业；发展的初期；有许多可靠的供应商；需要海外低廉的劳动力
任务小组	灵活性	组织中有些重要任务具有特定的期限和工作绩效标准，或者任务是独特、不常见的，需要跨职能界限的专门技能
委员会	灵活性	需要跨职能界限的专门技能的组织

课堂活动：设计某商场组织结构

目标：这项活动帮助你掌握组织结构设计的具体运用。

背景：掌握不同组织结构模式的设计方法、优缺点、适用条件。

任务：把学生分成若干小组，每小组5～6人，展开一次团队合作，与团队成员完成如下任务：某新建百货商场主营百货商品，经营面积在 3 万 m²。试将其组织结构的构架搭建起来。团队成员人人参与，互相补充意见。

要求：以小组为单位完成设计工作，并说明原因。其他条件可自己假设。

4.4 组织结构变革

组织结构变革是指各类组织对于管理理念、工作方式、组织结构、人员配备、组织文化等多方面进行不断调整、改进和革新的过程。当今，由于组织面对的是一个动态的、变化不定的大环境，为了组织的生存和发展，为了适应环境的变化，为了更有效地利用资源，最大限度地实现组织目标，组织结构必须不断地进行变革。

4.4.1 组织结构变革的原因

组织结构变革的原因来自组织的内部力量和组织的外部动力两个方面。

4.4.1.1 组织的内部力量

这是一股在组织内部起作用，并在组织管理部门控制之内要求改革的力量。属于组织内部变革的因素主要有以下几种。

1. 组织结构的变革

组织结构方面的变革主要有：通过部门化的划分或单位联合成部门的变革方式，使正式组织系统中产生许多分系统；新型组织结构形式的创建，如混合公司、跨国公司、地区性运输系统等，常引起很多其他的变革；非正式组织的变化也是组织系统变革的一个因素，内部结构中的临时性的部门，如特别委员会、任务小组等，也将为整个组织的变革提供动力。

2. 技术系统的变化

技术系统是组织变革的重大推动力。机械化、自动化、计算机化对于组织有着广泛的影响。某种新技术的采用会导致生产组织的深刻变化、劳动生产率的大幅度提高，并影响到组织结构和员工的心理状态。对于不稳定的动态的环境，技术的因素尤其显得重要。

3. 社会心理系统和人的因素

组织变革的动力经常来源于社会心理系统，组织变革及其目标的实现在很大程度上依赖于人的因素。组织内部的群体动力状态、人际关系、信息交流和意见沟通、团体的凝聚力和士气等，还有每个组织成员的士气、态度、行为、意见和要求等对整个组织的变革都有重大的影响。如果组织的变革得不到下级的支持，缺乏必要的社会心理气氛，那么这项变革就很难推行，即使推行了也很难成功。

小卡片：管理故事——将军的马

有一位勇猛的将军，年轻的时候特别喜欢大吃大喝。他总是到离家有一段距离的一个村子里享受他的放荡生活，通常一周光顾一次。每次他都喝得酩酊大醉，一边东摇西晃，一边同女人调笑。他的青春年华就这样一天天虚度，自己的武艺也渐渐荒废。

终于，有一天早上，将军的母亲狠狠地训斥了他一顿，责怪他不该像一个花花公子那样无所事事。母亲情真意切的话令他猛然醒悟，将军感到惭愧万分，向母亲发誓说他再也不会去那个村子了。从此，他开始拼命训练，立志一心向善，成为一个品行优秀的人。

一天傍晚，在进行了整日的野外训练之后，将军又累又乏，伏在他的爱驹上睡着了。马儿本来应该驮着他回家，但这天恰好是周末，也就是以前他去那个村子游乐的时间。受过主人良好调教的马，竟带着他往他的乐土去了。

当将军醒来时，他发现自己违背了对母亲所发的誓言，又去了他不该去的地方。想到自己的失信，将军忍不住掉下泪来。他凝视着自己的马，这是自孩提时就伴随着他的亲密伴侣，是他除亲人外的至爱。经过长久的沉默，他拔出剑来，杀了这匹马。

管理启示：变革是痛苦的，人们对旧习惯的根除并不那么容易。作为组织的变革，更是一个巨大的挑战。为了组织更好的发展，变革又是必需的。

4.4.1.2 组织的外部动力

1. 政治因素

任何组织内部的变革都会受社会政治因素的影响。其影响力量包括政权的更迭、政治体制的改革、国内政治局势的动荡和稳定、民主和法制的健全与破坏、方针政策的正确与偏航、社会风气的好坏、国际政治形势的变化等。

2. 经济因素

生产力水平的提高，劳动生产条件与物质条件的改善，生产方式发生变化等，将推动组织与企业的发展；社会经济结构的发展，产业结构的变化，经济体制的改革推动各级企、事业单位的改革和调整；经济发展会影响教育、文化、科技及人们思想观念的变化，这些变化对组织改革都有影响。

3. 市场变化因素

市场大致包括金融市场、房地产市场、信息市场、消费品市场、生产资料市场、人才和劳动力市场等。这些市场的变化对组织变革（尤其是企业组织变革）都有重要的影响。

小卡片：管理故事——站在炮管下的士兵

　　一位年轻有为的炮兵军官上任伊始，到下属部队视察操练情况，他在几个部队发现了相同的情况：在一个队列操练中，总有一名士兵自始至终站在大炮的炮管下纹丝不动。军官不解，询问原因，得到的答案是：操练条例就是这样要求的。军官回去后反复查阅了军事文献，终于发现长期以来，炮兵的操练条例仍因循非机械化时代的规则。站在炮管下士兵的任务是负责拉住马的缰绳，在那个时代，大炮是由马车运载到前线的，以便在大炮发射后调整由于后坐力产生的距离偏差，减少再次瞄准所需的时间。现在大炮的自动化和机械化程度很高，已经不再需要这样一个角色了，但操练条例没有及时调整，因此才出现了"不拉马的士兵"现象，军官的这一发现使他获得了国防部的嘉奖。

　　管理启示：当外部环境发生变化时，组织要及时地审视自己的规章条例是否依然适用，是否会影响组织的正常运转。

4.4.2　降低组织结构变革中阻力的策略

　　组织结构变革是一个破旧立新的过程，必然会遇到各种抵制和阻力。阻力有来自个人的，也有来自群体的，可以是公开的、即时的，也可以是潜在的、延后的。

　　人们为什么会抵制变革呢？　具体来说，一个人会出于以下3个原因抵制变革：不确定性、担心个人的损失、担心变革不符合组织的利益和目标。

　　作为变革推动者的管理者，应当有动力去发动变革，以使组织的效果得到改进。同时，更要采取有力措施去减弱变革中的阻碍力量。在这里提出6种策略，供管理者或其他变革推动者处理变革阻力时参考使用。

4.4.2.1　教育和沟通

　　通过对员工进行教育和沟通，帮助他们了解变革的理由，这会使阻力降到最低。而这可以通过个别会谈、备忘录、小组讨论或报告会等取得。

4.4.2.2　参与

　　一个人如果参与了变革的决策，他就不容易形成阻力。因此，在变革决定之前，需要将持反对意见的人吸收到决策过程中来。

4.4.2.3　促进与支持

　　变革推动者可以通过提供一系列支持性措施减少阻力。如果员工对变革的恐惧和忧虑很强，那么为员工提供心理咨询和治疗、新技能培训等可能有助于促进他们心态的调整。

4.4.2.4　谈判

　　如果阻力集中在少数有影响力的个人中，可以通过谈判形成某一奖惩方案，使这些人的需要得到满足，以降低阻力。

4.4.2.5　操纵与合作

　　操纵是将努力转换到施加影响上，如有意扭曲事实而使变革显得更有吸引力，隐瞒破坏性的消息。合作是通过"收买"反对派的领袖人物参与变革决策来降低阻力。

4.4.2.6　强制

强制是直接对抵制者使用威胁力和控制力，如降低工资、不予升职等。

思政园地：改革精神

从组织变革管理看"商鞅变法"

1. 商鞅变法

战国时期，秦国贫穷，经济和社会发展落后于魏、齐、楚等六国，并且被魏国侵占了河西大片领土。秦孝公继位以后，决心变革图强。商鞅自魏国入秦，提出"废井田、重农桑、奖军功、统一度量衡和建立郡县制"等一整套变法求新的发展策略，得到秦孝公的信任，被任命为左庶长，开始变法。于是，在公元前 356 年和公元前 350 年，先后两次实行"以废井田、开阡陌，实现郡县制，奖励耕织和战斗，实行连坐之法"为主要内容的变法。

经过商鞅变法，秦国经济得到发展，军队战斗力不断加强，发展成为战国后期最富强的封建国家。

商鞅变法是中国古代一次成功的变革，它使秦国成为一个强大的国家，为将来秦国统一六国奠定了基础。

2. 从组织变革管理的角度看"商鞅变法"

商鞅变法之所以成功，其原因是多方面的，但其中最重要的是：**经营管理层的支持，清晰的变革路线图，卓越的执行力，重执行、明奖罚。**

1）经营管理层的支持

变革要想取得成功，"人"的因素是第一位的。"人"的因素主要包括两个方面：一是要有高层的支持；二是要有一批居于要职推行变革的中层骨干。

变革管理的第一要诀是高层支持，没有高层支持任何变革都无法取得成功。高层的支持不只是发发言、讲讲话，做个"支持"的姿态，更重要的是要为变革提供资源（包括人、财、物）上的支持，尤其是为变革排除阻力。

商鞅变法中，秦孝公全力支持变革。用保守势力代表甘龙的话说："嬴渠梁（即秦孝公）铁心支撑变法。"

在变法开始前的开春朝会上，秦孝公力排众议，态度坚决，明确表示不支持变法者只有死路一条。

当孟西白三族与戎狄部落发生争水私斗，渭水刑杀 700 人时，嬴渠梁对商鞅说："左庶长尽管放手去做，万事由我嬴渠梁承担。"

变法成功除了高层的支持，还需要一批忠诚拥护变法的中层骨干。因为中层骨干是推行变革的核心力量。

在商鞅变法中，秦孝公和商鞅通过一系列组织变革和人事调整，让支持变革的核心骨干居于要职，为变革凝聚了力量。

- 将主导和支持变革的人才安排到实权部门；
- 将反对和不支持变法的人安排到虚权部门；
- 设立新的部门支持变法，例如专门制定法令、制度的部门，招贤纳才的部门，等等；

● 建立专门的推行机构；

……

2）清晰的变革路线图

变革之初，需要建立清晰的变革路线图。变革路线图，一是清晰地指明未来变革的方向，让大家能够看到未来；二是清楚地指引变革的路径。

变革管理中有一个重要工具——"**From-To 结构图**"，能够很好地展示企业的现状以及希望达到的未来。"From-To 结构图"有两列，第一列（From）通过形势分析，明确企业的现状，分析企业面临的核心挑战（问题和机会）；第二列（To）列出企业战略预期实现的目标。

如果将"From-To 结构图"与战略行动计划结合起来，组合成"From-To+战略行动计划"结构图，那么，企业战略变革过程的"从哪里来""到哪里去""如何去"就会变得简单明了，一目了然。如图 4-16 所示为秦国变法的"From-To + 战略行动计划"结构图。

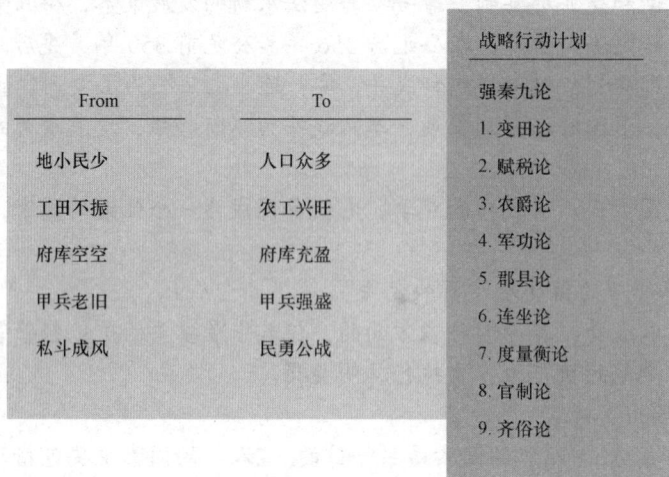

From	To	战略行动计划
		强秦九论
地小民少	人口众多	1. 变田论
工田不振	农工兴旺	2. 赋税论
府库空空	府库充盈	3. 农爵论
甲兵老旧	甲兵强盛	4. 军功论
私斗成风	民勇公战	5. 郡县论
		6. 连坐论
		7. 度量衡论
		8. 官制论
		9. 齐俗论

图 4-16　秦国变法的"From-To + 战略行动计划"结构图

商鞅初入秦时在渭水船头会见秦孝公，其谈话内容就是一幅清晰的"From - To+ 战略行动计划"结构图。正是这番谈话打动了秦孝公。这番谈话清晰地描述了秦国的现状，指明了秦国未来的发展方向以及战略行动计划。

听了商鞅的阐述，秦孝公的评价是："有此九论，秦国曙光依稀就在眼前。"

3）卓越的执行力：重执行、明奖罚

政策、法令制定好以后，能不能起作用关键看执行。而执行最重要的是明奖罚，做得好的给予奖励，违反法令制度的予以惩罚。

在组织结构变革中，通常有三种违反制度的情况难以处理。

（1）高层带头违反制度、规则。因为高层位高权重，无人敢管。商鞅说，变法要成功，"法治要不避权贵，公室宗亲与庶民同罪"。有一次，太子犯了法，商鞅说："新法之所以不能顺利实施，关键在于上层带头违犯。太子是国君继承人，不能施以刑罚，便将他的老师公子虔处以劓刑，将另一位老师公孙贾脸上刺字，以示惩戒。"

（2）多人共同违反制度。多人共同违反制度，中国历来有"法不责众"的说法。商鞅说："只要法律颁布于前，无论多少人违法，一律依法执行。"有一次，秦国的孟西白三族与戎狄部落发生争水私斗，商鞅根据颁布的法令在渭水刑杀 700 余人。

（3）对组织有重大历史贡献的人违反法律。组织一般会考虑其历史贡献，从轻或免于处罚。商鞅提出，"有功于前不为损刑，有善于前不为亏法（之前有功劳不能用来减损对其刑罚，之前有善举不能用来减轻对其法律裁决）"。

4.4.3　组织结构变革的类型

组织结构变革可以通过三种主要方式进行，即以机构设置为中心的变革、以技术为中心的变革、以人员为中心的变革。

4.4.3.1　以机构设置为中心的变革

即通过改变组织结构形态、信息沟通渠道和方式、管理的规章制度、成员的工作环境等途径实现组织结构变革。在这种变革过程中，人员的态度和行为方式是随着以上几方面的改变而加以调整的，并且这种调整是渐进的，有时是不情愿的，组织结构的变革常常会遭受来自人员态度和行为方面的阻力。以组织结构设置为中心的变革是人们采用较多的变革方式，其优点是操作起来相对容易，且效果比较明显。

4.4.3.2　以技术为中心的变革

管理者可以对其用以将投入转换为产出的技术进行重大变革。从 20 世纪初期，泰勒的科学管理就是基于动作和时间研究来推进变革，以提高生产效率。今天，许多技术变革通常涉及新的设备、工具和方法的引进，以及实现自动化和计算机化。

4.4.3.3　以人员为中心的变革

即通过改变成员的态度、价值观念、需要层次和种类、行为方式等途径实现组织变革。这种方式的变革，要求组织的管理者针对员工的不同特点和所处的不同状态，有目标、有计划、有步骤地进行深入细致的教育、引导、示范和培训，改变他们看问题的角度与方式、对工作和人生的态度，激发他们的工作热情，引导他们的需求偏好和兴趣，提高他们的岗位技能，鼓励他们大胆创新，提高工作效率。因此，这种变革一般需要较长的时间，并对组织的管理者素质具有极高的要求，其效果迟缓但具有持久性，与前两种组织结构变革方式相比有更大的难度。

在具体的管理实践中，对于一个具体组织而言，应视其具体情况来选择变革方式，其组织结构变革常常是上面三种方式交替与混合的过程。在这个过程中，选好变革的突破口至关重要，只有将这些变革方式很好地结合起来使用，循序渐进，才能收到良好的效果。

实例分析：A 公司的组织结构变革

A 公司在国内是一家很有规模的广告公司，最初是从国内的一个沿海城市起家的。在创建初期该公司总部设在远离市区的开发区内，为了业务开拓上的方便，公司在市区设立了一个广告业务部和一个广告设计部，其中广告业务部负责联系业务、调查客户的基本需求，开展商务谈判等，然后他们会将接到的广告业务交给广告设计部去设计。广告设计部除了听从广告业务部在具体业务内容上的指示，还需要直接与客户打交道，听取他们的意见和建议，获得他们对于设计的认可，但在与客户打交道的过程中，广告设计部经常发现广告业务部的一些指示与客户的实际要求出入很大。因此，两个部门经常发生矛盾，甚至经常需要公司总经理亲自出面才能够解决。为此，公司在总部又专门设立了一个市场研究部，专门从事市场信息收集和顾客想法的收集工作。但是运行了一段时间以后，新成立的市场研究部受到了另外两个部的诸多指责，它们认为市场研究部收集的信息全是垃圾，不但对它们的工作没有帮助，而且带来了许多误导。市场研究部则抱怨说这不能怪它们，是客户的问题，因为客户经常是："说要的不是真正想要的，想要的不是他们真正需要的。"结果该公司的第一次组织结构变革失败了。

随后公司撤销了市场研究部，并且投资在市区买了一栋小楼，然后就将总部和广告业务部与广告设计部都搬到新的地址办公。这样一来原有的广告业务部和广告设计部因为可以直接由公司总经理"面授机宜"以及通过会议进行协调，效率大大提高。公司的业务有了一个很大的发展，公司的效益也大幅提高。在后来将近三年的高速增长期，公司先后成立了专门的财务部、总务部、客户关系部、媒体协作部等部门，但是随着公司业务的发展总经理越来越感到公司的组织结构存在问题，因为经常会出现客户抱怨他们不知道应该找哪个部门去处理他们的广告项目中出现的各种问题。而且随着公司的业务越来越多，需要协调的问题越来越严重，公司总经理不得不经常停下许多工作去解决各部门之间发生的冲突。对此，公司总经理认为这主要是由于他手下各部门的主管不太懂得现代管理知识，跟不上形势造成的，但是由于他们都是公司创业的元老，既有功劳又有苦劳，实在不好将他们撤换掉，因此，公司总经理一直找不到很好的解决问题的办法。

后来公司总经理专门找人研究了国外一些现代广告公司的经营与管理，研究人员告诉他国外的广告公司有一种组织管理体制叫作"广告客户经理制"，总经理认为这是一个好办法，于是就在自己的公司当中任命了一批广告客户经理，并让他们每个人专门负责几个客户的广告业务。开始大家觉得这种办法很新鲜，都很支持，所以推行得不错。但是过了一段时间之后，这些广告客户经理相继找总经理提出了辞职，他们的主要理由是各个部门的主管不支持他们的工作，他们几乎是"光杆司令"，不仅没有什么资源可用，而且他们在为客户服务的过程中很难协调各部门所管辖的业务，而客户却将全部抱怨都发在他们身上，所以他们干不下去了。同时，各个部门的主管也不断地向总经理抱怨说那些广告客户经理们经常不通过他们就找他们的部下去干活，弄得他们对于部下的控制受到了削弱，而且本部门的许多工作出现无序状态。对此，总经理又束手无策了，他实在想不出究竟是什么地方出了差错，最终该公司的第二次组织结构变革又陷入了困境。

如果请你为这家广告公司做管理咨询，请找出该公司两次组织结构变革出现的问题，并分析说明产生问题的原因，同时列出你的解决方案。

分析要点：

1. A公司变革前总部远离业务部门，广告业务部、广告设计部、市场研究部分工有冲突，工作难以协调，组织变革后，虽然撤销了市场研究部，但组织结构仍采用直线职能制，无法克服组织内部部门林立、协调困难的弱点，不利于开展广告业务。

2. A公司第二次组织结构变革设立了广告客户经理（项目经理），目的在于向矩阵制组织结构发展。此项作法方向正确，但公司未能处理好职能部门和项目团队的关系，使广告客户经理难以开展正常业务活动。

措施：

（1）采取有力措施，健全机制，完善矩阵制组织结构，给予广告客户经理足够的自主权。

（2）与组织结构改革相适应的人员调整特别是对元老做出必要的调整，以利于变革的开展。

实训项目

项目名称：设计某公司组织结构。

实训目的：掌握组织结构设计的具体运用。

实训指导：把学生分为若干小组，每组5～8人，要求每组创办一家模拟公司，结合所学组织结构知识，构建公司组织框架，并制定组织目标和相关行动方案。以实训报告的形式上交，教师在课内组织讨论，并评价各自优劣。

实训报告：请每位成员思考影响组织结构的相关因素，书写500字的心得体会。

复习思考题

一、多选题

1. 过分集权可能造成的两个弊端是（　　　）。

A. 影响组织总体政策的统一性　　　B. 影响决策执行的速度

C. 降低决策的质量　　　　　　　　D. 降低组织的适应能力

2. 授权的原则包括（　　　）。

A. 重要性原则　　　　　　　　　　B. 适度原则

C. 级差授权原则　　　　　　　　　D. 权责一致原则

3. 影响组织分权程度的主要因素有（　　　）。

A. 组织规模的大小　　　　　　　　B. 政策的统一性

C. 组织的可控性　　　　　　　　　D. 组织所处的成长阶段

4. 管理中的职权来源于（　　　）。

A. 在层级组织中居于某一特殊职位所拥有的命令指挥权

B. 由于个人能够有效地激励、领导和影响他人而拥有的管理能力职权

C. 个人自封的职权

D. 由于个人具备某些核心专长或高级技术知识而拥有的技术能力职权

5. 扁平式组织结构的缺点是（　　　）。

A. 信息失真度比较大

B. 下属缺乏更多的提升机会

C. 增加了管理工作的复杂性

D. 增加了主管人员对下属的监督和协调控制的难度

6. 组织设计的原则包括（　　　）。

A. 统一指挥原则　　　　　　　　　B. 控制幅度原则

C. 权责对等原则　　　　　　　　　D. 柔性经济原则

二、简答题

1. 组织结构设计的影响因素有哪些？

2. 管理层次、管理跨度和组织规模存在什么关系？

3. 基本的组织结构模式有哪些？

4. 浅谈三类职权。

5. 试述降低组织结构变革中阻力的策略有哪些。

复习思考题参考答案

第5章 ┃ 领　导

通过本章的学习，了解领导理论、激励理论，掌握领导的概念和权限，把握领导的艺术，学会使用正确的方法实施激励。

知识目标

- 掌握领导的概念与权限；
- 明确领导的类型；
- 熟悉领导理论；
- 掌握激励理论；
- 理解领导的艺术性。

能力目标

- 能运用领导理论分析领导行为和领导风格；
- 能运用激励理论实施激励活动；
- 灵活把握领导的艺术。

思政目标

- 引导学生树立正确的"领导观"；
- 培养学生爱岗敬业的"职业道德"品质；
- 培养学生尊重他人、敬畏规则、与人协作的道德品质。

思维导图

```
                                    ┌─ 领导的内涵
                    ┌─ 领导概述 ────┼─ 领导的作用
                    │               └─ 领导的权限
                    │
                    │               ┌─ 领导理论概述
                    │               ├─ 领导特质理论
                    ├─ 领导理论 ────┼─ 领导行为理论
                    │               └─ 领导权变理论
          领导 ─────┤
                    │               ┌─ 领导艺术的概念
                    ├─ 领导艺术 ────┤
                    │               └─ 领导艺术的几个误区
                    │
                    │               ┌─ 激励的概念
                    └─ 激励理论 ────┼─ 内容型激励理论
                                    └─ 过程型激励理论
```

管理问题：

一个团队能够取得较好的成绩，与团队领导的能力不可分割。团队领导不一定是最聪明的人，但一定是大家都愿意跟着走的人。曾国藩就是这样一位优秀的领导。

1. 功不独居，过不推诿

李鸿章曾经这样评价曾国藩："与人共事，论功则推以让人，任劳则引为己责。"即有了功劳，曾国藩会马上推给他人；有了责任，就马上自己担当起来。曾国藩所处的时代是晚清，那个时候普遍的社会特点是争功诿过，投机取巧。曾国藩深知如果不改变这种风气，军队就无法形成战斗力。所以他一定要从湘军内部扭转这个风气。怎么扭转？从自己开始，影响身边的人，一步一步地把这个风气硬生生地扭转过来了。

2. 推诚布公，不假权术

曾国藩从来不跟手下玩权谋，所以手下愿意为他所用。曾国藩曾说："驭将之道，最贵推诚，不贵权术。"权术会引发猜疑，而组织的失败往往源自猜疑。所以领导者一定要记住，不要高估自己的智商，不要低估别人的智商，坦诚相见反而是最聪明的做法。

3. 用共同的利益激励人

曾国藩对人性求利的一面看得非常清楚，他曾经讲过一句话："凡是勇于做事的人都是因为心中有大欲望。"他明白人性是求利的，所以湘军一边高谈"卫道"和"忠义血性"的价值观，但也从不忌讳谈利益。

湘军的军饷特别高，一个普通的湘军士兵一个月的军饷是4.2两白银，是当时正规军士兵的4倍多。所以湘军从来不担心没有人当兵，一支部队打光了，另一支部队马上就能建立起来。这是湘军非常有效的激励手段。

当时的社会中很多有追求的读书人，他们旨在追求政治上的发展。曾国藩深知管理者一定要满足人才的欲望而不失其意，这样，才能合众人之私，而成一人之公。曾国藩把湘军打造成一个大家共享的事业发展平台，真正做到了"凡利之所在，当与人共分之；名之所在，当与人共享之"。所以，对一个组织内的成员来说，最好的激励手段是发展空间。

4. 用宽广的胸怀包容人

在湘军内部，左宗棠一直在挑战曾国藩的地位，左宗棠为人性格桀骜不驯、目中无人。曾国藩很了解左宗棠，知道他不愿意听人摆布，受人控制，就让他自己独立招兵，成立"左湘军"。曾国藩让他独当一面，给他一个方向，规定一个任务，具体怎么打，由左宗棠自己说了算，打赢了功劳就归左宗棠。就这样，左宗棠每打赢一场胜仗，曾国藩就帮他保举一次，不到三年，左宗棠从一个举人做到了浙江巡抚——朝廷二品大员。

问题： 案例中曾国藩的哪些管理方式说明其是一名优秀的领导者？

分析要点：

1. 曾国藩不仅具备权力，更有宝贵的权威，他的领导权威体现在他的个人魅力上。

2. 曾国藩熟悉每个士兵的需求，善用激励因素（薪资和荣誉）调动下属的工作积极性。

3. 曾国藩能根据下属的成熟度，选用不同的领导方式。如对左宗棠的管理。对有意愿、有能力的下属，他采用授权型领导方式。

5.1 领 导 概 述

5.1.1 领导的内涵

领导是管理的第三大职能，是指在一定条件下，指引和影响个人或组织实现组织目标的行动过程。在领导行为中，把实施指引和影响的人称为领导者，把接受指引和影响的人称为被领导者，一定条件是指领导活动所处的环境因素。领导的本质是人与人之间的一种互动过程。

5.1.1.1 领导的概念

关于领导的概念，不同学者从不同角度和侧面给出不同的定义。

领导是上级影响下级的行为，以及劝导他们遵循某个特定行动方针的能力。

——切斯特·巴纳德

领导是指管理者与部属共同进行工作，以指导和激励部属的行为，使其能符合职务；了解下属的情感以及解决行动时所面临的各种问题。

——W. H. 钮曼和小 C. E. 萨默

领导是影响力，是影响人们心甘情愿和满腔热情地为实现群体目标而努力的艺术或过程。

——哈罗德·孔茨

虽然各位学者的表述不同，但核心都是强调领导是一种影响力。所以本书对领导的定义是："领导是运用影响力带领、引导或激励下属为实现目标而努力的过程。"领导者就是在组织中发挥领导作用的人。

从领导的定义上，可以看到领导至少要有三个要素：一是领导者必须有追随者；二是领导者要有影响追随者的能力，这种能力或力量包括正式的权力，也包括个人所拥有的影响力；三是领导者实施领导的唯一目标就是达成组织的目标。

小卡片：领导行为的影响因素

领导行为是一个动态的过程。这个过程由三方面相关的因素所构成，即领导者、被领导者和组织环境。其中，领导者是起主导作用的因素，被领导者和组织环境是影响领导有效性的重要因素。领导行为是由这三个行为因素组成的复合函数，用公式表示为"领导行为=f(领导者，被领导者，组织环境)"。因此，研究领导行为时，必须充分考虑各种因素的作用及相互关系。

5.1.1.2 领导与领导者

领导与领导者是两个不同的概念，领导是一种行为，领导者是组织中的一个角色。领导是领导者的一种行为。一个组织可以指定一个领导者或选出一个领导者，却不能指定或选出某种领导行为。领导是一个行为过程，在这个过程中有许多相关因素。

扩展学习：田俊国《赋能领导力》中对领导者的理解

首先，领导者中"领"的含义就是探索业务方向和确认愿景，并持续带领团队向新的愿景进发。

其次，领导者中"导"的含义就是引导下属与团队，帮助他们借助工作平台实现个人价值和持续成长。

最后，领导者自己也是在事业中修行的人，领导者只有持续提高自己的格局和影响力，才有资格持续领导企业前行。

5.1.1.3　领导者与管理者

领导者与管理者处理问题的着眼点不同：领导者着眼于战略性、全局性、综合性。管理者着眼于战术性、局部性、职能性。领导者和管理者的性质和工作内容不同：领导是为组织活动指明方向和开拓局面的行为，而管理则是为组织活动建立秩序、维持动作的行为；领导者主要解决管理过程中的战略性问题，而管理者则解决组织活动的秩序和效率问题。领导者和管理者的能力不同：领导者具有洞察市场的能力、预测分析的能力和统筹大局的能力；管理者具有分析能力、总结能力和解决实际问题的能力。领导者和管理者使用权力的基础不尽相同：领导者依靠个人魅力带领下属，管理者依靠管理制度鞭策下属。领导者和管理者的区别如表 5-1 所示。

表 5-1　领导者和管理者的区别

领导者	管理者
着眼于战略性、全局性、综合性	着眼于战术性、局部性、职能性
为组织活动指明方向、开拓局面	为组织活动建立秩序、维持动作
具有洞察市场的能力、预测分析的能力和统筹大局的能力	分析能力、总结能力和解决实际问题的能力
依靠个人魅力带领下属	依靠管理制度鞭策下属

● 做一个领导者，而非管理者。

● 我们寻找的……是领导者……他能够激发活力、调动情绪和有效控制，而不是使人沮丧、让人颓废和硬性控制。

——杰克·韦尔奇

学生插画练习：左边是员工；右边是一个人物，注明是管理者，拿着一个鞭子，鞭策前进。

学生插画练习：右边是员工；左边是一个人物，注明是领导者，举着小旗，带领员工前进。

💡 **即问即答**：小公司更需要领导者还是管理者？

5.1.2　领导的作用

领导的作用是指领导者帮助下属尽其所能以达到目标。领导者不是在下属的后面推动或鞭策，而是在下属的前面引导、鼓励其实现共同的目标。

5.1.2.1 指导作用

指导作用是指指导组织各项活动的开展，明确活动的目标和实现目标的途径；明确大方向，进行调研，对组织和环境正在发生和可能或将要发生的变化进行判断，并引导组织成员认识和适应这种变化；指导下属制定具体的目标、计划及明确职责、规章、政策。

5.1.2.2 协调作用

由于组织成员的能力、态度、性格、地位等不同，人们会在思想上、行动上发生各种分歧，领导者要协调组织成员之间的关系，把大家团结起来，朝着共同的目标前进。

5.1.2.3 激励作用

在领导者的支持和正确激励下，员工会更加主动地、热情地投入工作，从而最大限度地激发出每个人的内部力量，这就是领导者对员工的激励作用。

5.1.3 领导的权限

领导是领导者向下属施加影响的行为，领导的实质在于影响。影响力由法定权力和自身影响力两个方面构成。

5.1.3.1 法定权力

法定权力是组织赋予领导者的岗位权力，它以服从为前提，具有明显的强制性。法定权力随职务的授予而开始，以职务的免除而终止。法定权力如表 5-2 所示。

表 5-2　法定权力

法定权力	内　　涵
决策权	领导过程就是制定决策和实施决策的过程，决策正确与否是领导者成功的关键因素之一
组织权	在领导活动中，根据工作的需要，对机构设置、权力分配、岗位分工和人员使用等做出安排的权力
指挥权	在领导活动中，向下属部门或个人下达命令，为实现决策、目标和任务而进行各项活动的权力
人事权	领导者在有关人员的挑选录用、培养、调配、任免等事宜的决定权。这种权力把下属的工作和前途与领导者直接联系起来，形成一种重要的影响力
奖惩权	奖惩权是领导者根据下属的功过表现进行奖励或惩罚的权力。奖惩权是领导者统驭被领导者、实施领导的必要保证

5.1.3.2 自身影响力

自身影响力是指领导者以自身的威信影响或改变被领导者的心理和行为的力量。它不具有强制性，取决于领导者本人的素质和修养、个人魅力。自身影响力如表 5-3 所示。

表 5-3　自身影响力

自身影响力	内　涵
品德	良好的品德，严谨的作风，作风正派，行为端正；以身作则
学识	领导者要有广博的知识
能力	领导者要有较强的工作能力，如分析判断能力、决策能力、组织能力、沟通能力、创新能力等
情感	情感交流是通往良好人际关系的桥梁，良好的人际关系是形成领导者影响力的基础条件

实例分析：班长的领导力

为了迎接新的一年的到来，学校决定进行全校大扫除，每个班级除自己班级的清扫任务外，都还被分配了学校公共区域的卫生清扫任务。21 级工商管理专业一班被分配的公共清扫区是一处刚刚竣工的实验室，由于赶上春节，学校特批工人提前完工回家过年，很多建筑装修垃圾还没来得及清理。

班长领到任务后，将本次清扫任务按照工作量进行了分配，包括班级清扫任务、班级分担区清扫任务和实验室清扫任务。被分配到班级及班级分担区清扫任务的同学很高兴，清扫工作很容易完成；被分配到实验室清扫任务的同学，有些小情绪，但是碍于班长和老师的检查，也只能领任务。

班长看出这些同学的"消极情绪"，他什么也没表现出来，只是加入实验室清扫的队伍中，他身先士卒、毫无怨言。其他同学看到了，自然也就不再消极工作；一部分被分配到班级及班级分担区清扫任务的同学，平时很受班长照顾，知道实验室卫生不好打扫，都跑来帮忙。实验室的卫生清扫工作也很快完成了。

问题：班长在本次卫生清扫工作中，领导力表现如何？都使用了哪些领导权限？

分析要点：

1. 领导力即对他人的影响力，领导力大小取决于对他人影响力大小。

2. 领导权限由法定权力和自身影响力构成。

3. 领导者更高效地完成任务不能依靠法定权利。

4. 领导自身影响力受领导者自身的品德、学识、能力和与被领导者建立的良好人际关系等因素的影响。

5.2　领　导　理　论

5.2.1　领导理论概述

领导理论是研究领导本质及其行为规律的科学。领导理论发展经历了三个阶段，即性格理论阶段、行为理论阶段、权变理论阶段。由于对领导的理解不同，形成了领导学理论研究的三种类型，即"特质论""行为论""权变论"。

5.2.1.1 性格理论阶段

自 20 世纪初到 20 世纪 30 年代,属于性格理论阶段。这一阶段侧重于研究领导人的性格、素质方面的特征。

5.2.1.2 行为理论阶段

20 世纪 40—60 年代,属于行为理论阶段。这一阶段从领导者的风格和领导者应起的作用入手,把领导者的行为划分为不同的领导类型,分析各类领导行为的特点、优缺点并进行相互比较。

5.2.1.3 权变理论阶段

20 世纪 70 年代至今,属于权变理论阶段。这一阶段理论的主要特点是:领导行为的效果好不好不仅取决于领导者本人的素质和能力,而且还取决于许多客观因素,如被领导者的特点、环境等,是一种对领导理论的动态研究。

💡 **即问即答:** 你比较认同哪种领导理论?

5.2.2 领导特质理论

5.2.2.1 天才论

早期的特质理论认为,领导行为主要取决于领导者内在的品质,具备了某些天生的品质就能成为好的领导者,只有先天具有这些品质的人后天的培养才是有效的。

许多心理学家对某些社会上公认的成功领导者进行了研究、测定,试图归纳出成功的领导者各自应具备的品质。例如,有学者认为天才的领导者应该是健谈的、外表英俊潇洒的、智力过人的、自信的、心理健康的、有支配他人倾向的、外向而敏感的。

5.2.2.2 特质理论

特质理论继承了 20 世纪初出现的"天才论"的许多成果,但它在研究方法上因为拥有心理学的支持,从而超越了天才论。领导者具备的品质不是生而有之,而是在实践中逐步形成和累积起来的,是通过培训学习获得的。也就是说,在实际工作中,选择领导者需要有明确的标准;培训领导者需要有明确的内容;考核领导者需要有严格的指标体系。

哈佛商学院在其《总经理学》教材里提出,优秀的总经理必须具备以下基本素质:领导能力,决断力,预见力,说服力,创造力,洞察力,体力、魄力,勇气与自信,吸引力,等等。

5.2.2.3 对特质理论的评价

(1)领导特质并非所有的成功的领导者都具备,而且许多非领导者也可能具备。作为一种研究方法,这种理论的体系显得比较薄弱。

(2)它没有指明各种特质与领导成功的相关性。没有一种品质是所有领导者所共有的。因此,领导特质理论无法指出哪些素质是领导者必需的,而且也无法对各种品质与领导成功的相关性做出评价。

(3)它忽视了客观因素。一个领导者能否发挥作用,会随被领导者的不同而不同,也会随环境的改变而改变。

由于特质理论对领导素质和效率的研究仍存在着许多缺陷，到了 20 世纪 40 年代，有关领导理论的研究转向了对行为方式的探讨。

📖 **扩展学习**：领导者特质理论实践研究

1971 年，心理学家爱德温·吉色列在《管理才能探索》一书中，采用语义差别量表法，选择分布于交通、制造、通信、财政金融、保险、公用事业等 90 个不同组织，年龄跨度为 26～42 岁，学历层次 90% 为大学程度的 306 名管理者进行研究，得出了包含三大类 13 个因子的领导者特质。

第一类领导者特质为能力，包括管理能力、智力、创造力 3 个因子。

第二类领导者特质为个性品质，包括自我督导、决策、成熟性、工作班子的亲和力、男性的刚强或女性的温柔 5 个因子。

第三类领导者特质为激励，包括职业成就需要、自我价值实现需要、行使权力需要、高度金钱奖励需要、工作安全需要 5 个因子。

尽管通过此次研究，研究者们没有找到区分有效领导者与无效领导者的特质模型。不过，研究者还是取得了一些研究成果，如发现领导者有 6 项特质不同于非领导者，即进取心、领导意愿、正直与诚实、自信、智慧和与工作相关的知识。此外，还发现高自我监控者在调节自己行为以适应不同环境方面具有很高的灵活性，比低自我监控者更易于成为群体的领导者。

5.2.3 领导行为理论

领导行为理论的研究从领导者的风格和领导者的作用入手，把领导者的行为划分为不同类型。领导的有效性主要取决于领导行为方式、作风，注重考察那些成功的领导者做些什么、怎样做的，优秀的领导者的行为与较差的领导者的行为有无区别等，把领导者的行为划分为不同类型，进行相互比较，从而归纳出各种不同的领导方式。

5.2.3.1 勒温和怀特定义的 3 种领导方式

美国艾奥瓦大学的著名心理学家勒温和他的同事们从 20 世纪 30 年代起就进行了关于团体气氛和领导风格的研究，归纳出 3 种领导方式：权威（专制）式、民主式、放任式，具体内容见表 5-4。

表 5-4　3 种领导方式

领导方式	特 征
权威（专制）式	• 只注重工作的目标，只关心工作任务和工作效率，不关心组织成员； • 被领导者与领导者之间的社会心理距离比较大； • 虽然通过严格管理能够达到目标，但组织成员没有责任感，情绪消极，士气低落； • 工作效率居中
民主式	• 注重对组织成员的鼓励和协助，关心并满足组织成员的需要，营造一种民主与平等的氛围； • 领导者与被领导者之间的社会心理距离比较近； • 不但能完成工作目标，还与组织成员之间关系融洽；组织成员工作积极主动，有创造性； • 工作效率最高

续表

领导方式	特　征
放任式	● 采取的是无政府主义的领导方式，对工作和组织成员的需要都不重视、无规章、无要求、无评估； ● 人际关系不好，只能达到组织成员的社交目标，但完不成工作目标； ● 工作效率最低

5.2.3.2　美国俄亥俄州立大学的研究

20 世纪 40 年代末，美国俄亥俄州立大学通过搜集下属对领导行为的大量的描述个案，将上千种领导行为因素进行了归纳，试图找出领导有效性的相关行为因素。把研究聚焦于领导者在领导下属时所表现的行为，提出了"结构维度—关怀维度"理论。

"结构维度"是指领导者把重点放在完成组织绩效上的领导行为上，建立以达到工作目标的结构。以工作为中心，领导者既规定了他们自己的任务，也规定了下级的任务，包括进行组织设计、制订计划和程序、明确职责和关系、建立信息途径、确立工作目标。

"关怀维度"则是指领导者信任下级，友爱温暖，关怀下级个人福利与需要。以人际关系为中心，注重同下属建立良好的关系，包括建立互相信任的气氛、尊重下级的意见、注意下属的感情和问题等。

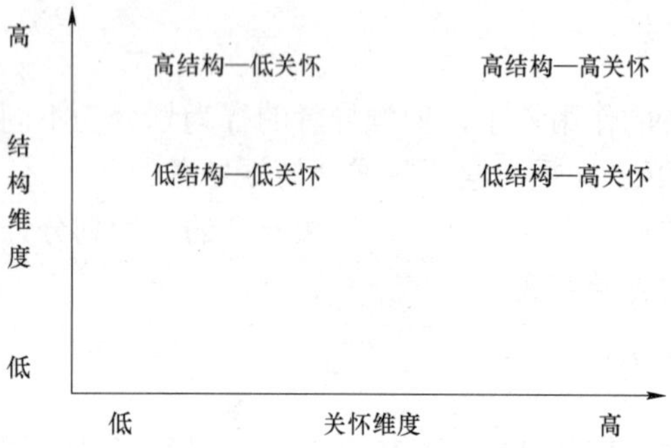

领导行为是这两种行为的具体组合，领导者的行为可以用"领导四分图"表示，如图 5-1 所示。

低结构—低关怀的领导类型既不关心人，又不重视组织效率和工作成效，是最无效的领导方式。

高结构—低关怀的领导类型以工作为中心，对组织的效率、工作任务和目标的完成都非常重视，但忽视人的情感和需要，为独裁式的领导。

图 5-1　领导四分图

低结构—高关怀的领导类型以人为中心，不关心组织效率，但关心和体恤下属，以鼓励下属完成工作。

高结构—高关怀的领导类型对人对事并重，既能保证任务的完成，又能充分满足人的需要，是最为理想的领导方式。下属能参与事务，属于参与式领导风格，工作效率与领导的有效性最高。

此外，管理方格理论也是研究企业的领导方式及其有效性的理论，具体内容可参见本书第 2 章相关内容。

实例分析："结构维度—关怀维度"理论

贝索斯的领导风格分析

《彭博商业周刊》撰稿人 Brad Stone 有一本名为《应有尽有的商店：杰夫·贝索斯和亚马

逊时代》的书，对贝索斯的领导与管理风格进行了详细描述，称其为"粗暴又细腻"的领导风格。

在高科技界，言行强势的 CEO 并不鲜见。史蒂夫·乔布斯粗暴对待苹果公司下属的轶事很出名，他不仅在电梯里解雇过员工，也对表现不佳的高管大吼大叫过；比尔·盖茨也曾经在微软大发脾气；史蒂夫·鲍尔默则有扔椅子的倾向；英特尔前任 CEO 安迪·格鲁夫十分苛刻严厉，他的一个下属甚至在绩效考核的时候晕倒了。

贝索斯也是这样的类型。他的进取心和勇气凌驾于领导者的其他理想品质（比如建立共识、讲究礼貌）之上。虽然他也可以表现得十分迷人，在公共场合显得十分幽默，但私下里，他的怒气可以爆发到被下属称为"癫狂"的程度。如果一位同事没有达到贝索斯的严格标准，他就可能会变得"癫狂"。如果一个雇员没有给出正确的回答，或者是试图虚张声势，或者是把别人的功劳据为己有，或者搞了一点儿钩心斗角的事情，贝索斯的额头上就会冒起青筋。以下就是他的一些斥责之词，由亚马逊老员工收集：

"你是懒惰还是本来就没用？"

"你今天忘记吃治疗愚蠢的药了吧？"

"这个问题需要运用的才智是人类才智。"

"我需要有一份写着我是这家公司 CEO 的证书，才能让你停止在这个事儿上挑战我吗？"

"你想为你没有做的事情邀功吗？"

"下一次再让我听到那个点子，我就干脆自杀得了。"

（看了供应链团队年度计划后）"我猜供应链明年不会有什么有趣的事情了。"

（在一位工程师演示完之后）"为什么你要浪费我的时间？"

一些亚马逊的员工认为，贝索斯就像乔布斯、盖茨，以及甲骨文公司的联合创始人拉里·埃里森一样，缺乏换位思考的能力。因此，他把员工视为一种可消耗的资源，完全不考虑他们做出的贡献，这反过来又让他可以冷冷地分配资金和人力，并做出高度理性的商业决策，如果换成一位有换位思考能力的 CEO，可能会在这个过程中考虑到人们的情感和人际关系。但这些员工也承认，贝索斯改善了公司的业绩和客户服务水平，员工方面的问题是次要的。"贝索斯并不是以折磨别人为乐，"在亚马逊工作十多年的管理者金·瑞奇米勒说："他不是那种人。他不能容忍的是愚蠢，即使偶尔愚蠢也不行。"

问题：贝索斯的领导风格属于"结构维度—关怀维度"理论中的哪种类型？试述这种类型的特点。

分析要点：

1. "结构维度"是指领导者把重点放在完成组织绩效上的领导行为上，建立以达到工作目标的结构；"关怀维度"则是指领导者信任下级，友爱温暖，关怀下级个人福利与需要。

2. 结构维度和关系维度的不同组合，形成了 4 种类型的领导风格。

3. 领导者更重视组织中的工作还是更关心组织中人的感受，决定了其倾向于"结构维度"还是"关怀维度"。

4. 贝索斯是个优秀的领导，他开创了亚马逊一个新的时代。

5.2.4　领导权变理论

5.2.4.1　路径—目标理论

路径—目标理论由多伦多大学的组织行为学教授罗伯特·豪斯最先提出。该理论认为，领导者的工作是利用结构、支持和报酬，建立有助于员工实现组织目标的工作路径。"路径—目标理论"同以前的各种领导理论的最大区别在于，它立足于部下，而不是立足于领导者。这一理论的两个基本原理如下。

（1）领导方式以部下乐于接受为前提，所以要寻求能够给部下带来利益和满足的方式。

（2）领导方式以激励为目的，领导者要能够指明工作方向，使其能够顺利达到目标，在工作过程中满足组织成员的需要。

根据该理论，领导方式可以分为以下4种，领导方式及适用情况如表5-5所示。

1. 指示型领导方式

领导者对下属提出要求，包括对他们有什么希望，如何完成任务，完成任务的时间限制等。指明方向，给下属提供他们应该得到的指导和帮助，使下属能够按照工作程序去完成自己的任务，实现自己的目标。

学生插画练习：一个领导者用手指向前方，一个下属在旁边听从指挥。

2. 支持型领导方式

领导者对下属友好，关注下属的福利和需要，尊重下属，能够真诚帮助下属，平易近人，平等待人，关系融洽。

学生插画练习：一个领导者拍着下属的肩膀表示关心。

3. 参与型领导方式

领导者邀请下属一起参与决策，虚心听取下属的意见，让下属参与管理，将他们的建议融入组织的决策中去。

学生插画练习：一个领导者和下属围成一圈坐着，讨论问题。

4. 成就导向型领导方式

领导者做的一项重要工作就是树立具有挑战性的组织目标，为下属制定的工作标准很高，寻求工作的不断改进，激励下属想方设法去实现目标，迎接挑战。

学生插画练习：一个领导者站在山坡上，手里拿着红旗。

罗伯特·豪斯认为，领导方式是有弹性的，针对不同的阶段和不同的领导对象可以选择不同的领导方式，所以这4种领导方式可能在同一个领导者身上出现。罗伯特·豪斯强调，领导者的责任就是根据不同的环境因素来选择不同的领导方式。如果强行使用某种领导方式，就必然会导致领导活动的失败，应采用最适合于下属特征和工作需要的领导方式。

表5-5 领导方式及适用情况

领导方式	适用情况
指示型	● 当下属能力比较低时 ● 当任务不明确，组织的规章和程序不清晰时
支持型	● 当下属从事于机械重复性的和没有挑战性的工作时 ● 当下属没有信心时
参与型	● 当下属具有独立性，具有强烈的控制欲时 ● 当任务不明确时
成就导向型	● 当组织要求下属履行模棱两可的任务时 ● 当下属能力较强时

💡 **即问即答**：企业突发意外且任务紧急，需要立即采取行动，按照路径—标理论，哪种领导风格更适合？

5.2.4.2 领导生命周期理论

由科曼首先提出，后由保罗·赫西和肯尼斯·布兰查德予以发展的领导生命周期理论，也称情景领导理论，这是一个重视下属的权变理论。

该理论认为，领导的成功取决于下属的成熟度以及由此确定的领导方式。下属的成熟度是个体对自己的直接行为负责任的能力和意愿，包括工作成熟度和心理成熟度。该理论将领导方式分为4类：命令型高工作—低关系；说服型高工作—高关系；参与型低工作—高关系；授权型低工作—低关系。

生命周期理论认为依据下属的成熟度，选择正确的领导方式，就会取得领导的成功。在下属逐渐成熟的过程中，领导方式应当逐渐调整。总体要求是：对于不同成熟度的下属要采取不同的领导方式；同一下属，在不同的成熟时期，采用不同的领导方式。随着下属成熟度的提高，领导者可以不断减少对其下属活动的控制，还可以不断减少关系行为，如表5-6所示。

表5-6 领导方式与下属所处阶段及特征

领导方式	下属所处阶段	下属特征
命令型 （高工作—低关系）	第一阶段	● 执行某任务既无能力又不情愿 ● 既不胜任工作又不能被信任
说服型 （高工作—高关系）	第二阶段	● 无能力，但愿意执行必要的工作任务；有积极性，无技能
参与型 （低工作—高关系）	第三阶段	● 有能力，但不愿意干所承担的工作
授权型 （低工作—低关系）	第四阶段	● 下属愿意又有能力担负责任

🐞 **课堂活动**：利用"领导生命周期理论"分析在孩子成长过程中家长领导方式的变化

目标：这项活动帮助你掌握领导生命周期理论的具体运用。

背景：在孩子成长过程中，孩子"成熟度"的变化与下属工作能力成熟度有相似之处，家长教育陪伴的方式与领导行为相似，对家长领导方式变化进行分析，以实践"领导生命周期理论"。

任务：把学生分成若干小组，每小组5~6人，展开一次团队合作，让团队成员完成以下任务：用表格的方式将孩子成长过程分成几个阶段，描述每个阶段孩子的特征和家长所应用的领导方式。

要求：以小组为单位完成设计工作，并说明原因。

5.3 领导艺术

5.3.1 领导艺术的概念

领导艺术侧重于领导者本身的气质和领导者自身的特性。所谓领导艺术,就是指领导者对管理工作的把握和自身气质的结合。

广义上,领导艺术是领导者在充分把握工作实际,充分把握领导对象思想行为特点的基础上,领导者所具有的领导方法、领导理念、领导技术的统一体。它是思想方法和工作方法在管理学领域的集中体现。

5.3.1.1 权力和权威

权力是指通过法定程序授予的、为实现组织目标,在实施领导过程中对下属施行的强制性影响力和制约力。权力具有强制性,这种强制性就在于企业先给了每个层级的领导者一些资源和权力,他们再通过这些资源强制别人按照自己的意愿来做事。这种强制性的优点在于效率高,但缺点是容易造成下属对权力的抗拒。

权威是指个人执行职务中魅力的体现。有权力不一定有权威,有权威一定是有权力的。权威是通过员工的承认所体现的正确、适当的正式权力。

领导者的影响力,一方面来自职位权力(奖励权、强制权、法定权),另一方面来自个人魅力。有些领导者为了显示职位权力的尊严,故意拉开与下级之间的心理距离,摆足架子,反而造成了脱离下属的后果,丧失了领导威信。

思政园地:职业道德

钟南山:大医精诚 大爱无疆

2020年武汉新型冠状病毒性肺炎疫情蔓延,牵动着我们每个人的心。钟南山院士挂帅出征,《人民日报》微博这样评价他:"84岁的钟南山,有院士的专业,有战士的勇猛,更有国士的担当。"在民众眼里,他就代表正直,代表科学,代表权威。一个中国工程院院士、一个医学专家,神奇地拥有了100%的可信度。老百姓为什么信他?他的权威来自哪里?

1. 面对科学,他敢讲真话

2002年11月,广东佛山出现第一个非典病例。随后,这个可怕的疾病迅速在全国传播开来,成千上万人被感染,却无药可医。有权威人士宣称"病原基本可确定为衣原体",并建议使用抗生素治疗。在当时一团懵的局面下,大部分人倾向于采纳这个建议。只有钟南山坚决反对。因为他试过很多次,抗生素对非典患者根本无效。于是他顶住压力,多次疾呼:病原不是衣原体,不能使用抗生素。

后续面对卫健委在北京召开新闻发布会,有官员在会上宣称:"疫情已得到有效控制。"

钟南山再次讲出真话："什么叫现在已经控制？根本就没有控制！目前病原都还没搞清楚，你怎么控制它？"他相信，"真话和真药一样重要。"

2. 面对病人，他妙手仁心

钟南山，1936 年生于一个医学世家，他对"治病救人"这件事，是有强烈信念感的。在非典最严重时，他大义凛然地说："把最重的病人送到我这里来。"因为他觉得，那是他的使命。

正是这位老人，通过翔实的研究，最先摸出了非典的基本真相——病毒感染引起的肺炎。他的坚持，使广东在非典防治中没有走更多的弯路，广东省 SARS 病死率全球最低（3.8%）。而钟南山团队当时提出的行之有效的救治方案，也成为我国 SARS 诊治指南的基础，大大提高了非典的治愈率，明显缩短了病人的治疗时间。

在 2020 年武汉新型冠状病毒性肺炎疫情中，又是钟南山院士一边告诉公众"尽量不要去武汉"，一边自己登上去武汉的高铁，挂帅出征。面对疫情，钟南山钟情于祖国和人民，大爱无疆，真情如山，顶起了抗击疫情的一片天。

5.3.1.2　领导艺术的特性

（1）领导艺术具有很强的个人特性。首先取决于领导者个人的气质魅力，其次取决于个人的经历，特别是从事领导工作的经验。

（2）领导艺术具有很强的艺术性。在领导过程中，领导艺术不局限于管理学一般的规律，它有一定的特殊性，属于管理过程中的一种特殊的管理方法。

（3）领导艺术具有很强的针对性。它是在特定的领导对象面前采取的一些领导的技巧和方法。针对不同的群体（如学生、企业员工、公务员、教师）有不同的领导艺术。

（4）领导艺术具有很强的技巧性。这种技巧性存在于领导方法和实时操作中。

💡 **即问即答：**举例说明，一次讲究"领导艺术"的活动安排，让你欣然接受。

5.3.1.3　提高领导艺术的方法

1. 要加强自身的理论修养

领导艺术的高低很大程度上取决于领导者的理论素养，取决于领导者看待问题、分析问题的能力。当领导者分析问题、解决问题的能力比较全面客观时，常常可以起到比较好的领导效果，领导对象也会对其比较信服。反之，如果领导者本身的理论素养较低，看待问题过于自我，比较狭隘，那么往往在处理问题上就不够客观，也不容易引起领导对象的共鸣。

2. 要善于思考，只学习不思考不行

在日常工作，有的领导者已经有多年的领导经历，但还停留在书本上，停留在机械地模仿别人的领导方法，没有形成自己独有的、独特的领导模式和领导艺术。很重要的原因是不善于思考，不善于总结。在领导工作实践过程中一定要对自己工作中的得与失进行对比，在正反经验的总结对比中找到适合自己的一种领导模式和领导方法。

3. 要积极投身管理工作实践

要积极投身管理工作实践，特别是对于一些管理经验比较少、管理工作经历比较单一的领导者来说，积极投身管理工作实践，是最重要也是最常用的一种方法。要在实践中提高自己的能力素质，在实践中找到自己的差距和不足，在实践中去摸索适合自己的领导方法。

4. 要加强自身道德修养

领导者的威信很大程度上取决于自身的道德水平、道德修养和个人的价值追求。比如老一辈革命家在领导部属的过程中往往是运用自己的人格魅力，用自己的人格魅力去影响和带动部属来实现管理意图。在这个过程中就体现了品格的力量，它会影响领导对象自觉地按照领导者的意愿去行事，减少了管理工作的能耗，提高了管理工作的效率。

5.3.2 领导艺术的几个误区

5.3.2.1 重领导艺术轻自身模范带头

领导艺术并不是纯技巧的东西，更多的是通过自己的品格和自身模范带头作用去影响和带动下属实现领导意图，而不只是单纯地通过技巧来领导。

5.3.2.2 重自身模范带头轻领导艺术

很多领导者认为自身做得好就可以，只要自身模范带头就一定能带动下属。这里需要一定的技巧和工作方法，要注意思想方法和工作方法的统一。领导艺术和自身模范带头二者要并进。

5.3.2.3 靠权力代替权威

有些领导者在领导过程中片面地强调自己的权力，过分地夸大这种关系，过分地强调自身权力的重要性。这样会造成管理工作的畸形发展，会让领导对象处于一种无可奈何的状态，很容易激发领导者和被领导者之间的矛盾，影响管理工作的进行。

☞**扩展学习**：权威效应

权威效应，也称权威暗示效应，是指如果一个人地位高，有威信，受人敬重，那他所说的话及所做的事就容易引起别人重视，并让他们相信其正确性，即"人微言轻、人贵言重"。权威效应的普遍存在，首先是由于人们有"安全心理"，即人们总认为权威人物往往是正确的楷模，服从他们会使自己具备安全感，增加不会出错的"保险系数"；其次是由于人们有"赞许心理"，即人们总认为权威人物的要求往往和社会规范一致，按照权威人物的要求去做，会得到各方面的赞许和奖励。

5.3.2.4 靠实际工作来代替学习

很多领导者靠经验进行管理，而忽略了新形势下对领导对象思想和行为特点的研究，忽略了对领导对象在新的历史条件下的特点和动向以及接受信息的手段渠道的研究。这就造成了管理工作的滞后，滞后于时代的要求，滞后于管理对象发展的要求，滞后于管理工作的要求；造成了管理工作总在低层次徘徊，用老办法来解决新问题，就是所谓的"旧瓶装新酒"的问题，造成了管理工作的质量长期上不去。

🔍**实例分析**：山姆·沃顿的领导艺术

2021 年，沃尔玛继续荣登《财富》世界 500 强榜首。作为创始人，山姆·沃顿是沃尔玛的灵魂。他于 1963 年创建了沃尔玛，在此后近 30 年的岁月里，山姆一直领导沃尔玛的日常业务，决定着它的发展方向，并以自己的风格、个性、理念深刻地影响着它，使沃尔玛成为美国巨型零售企业中最具个性的一个。山姆具有一切优秀领导者的特质，并努力践行。

山姆具有强烈的事业心和进取心。他终生工作勤勉，精力充沛，在 60 多岁时，仍每天从 4:30 开始工作直至晚上。他经常自己驾飞机从一家分店飞到另一家分店访问，每周至少有 4 天时间花在这类访问上。

山姆相信个人的努力和诚意，并尽力保持与员工个人的大量接触。他坚持一年至少对每家分店访问两次，因此他很熟悉这些分店的经理和大多数员工。他待人友好，在员工乃至顾客中享有很高的威望，正是他的这种个人魅力鼓励并维系了员工和顾客对公司的忠诚与赞扬。

他有敏锐的洞察力和创新精神。截至 1960 年年底，山姆已经拥有 15 家连锁杂货店，但他感受到杂货业本身的局限性，开始着手大型商店的建立。山姆对折扣店规模大从而效率高、价格低从而销量大这种优点的认识再一次走在了众多零售商的前面。作为一个企业领导，山姆这种不断超越自己与别人的进取心和敢于尝试、不怕碰钉子、不怕打破常规的精神是他成功的关键。

山姆所从事的一切领导活动的核心，就是鼓舞员工的士气，调动其工作积极性，促使其充满信心、满怀热情地为顾客服务。他曾经说过："我认为，如今我们所从事的这个行业中，对管理者最大的挑战，是如何成为员工的真正领导者。一旦他做到这一点，这支由优秀管理者和员工组成的团体，就可以战胜一切！"尽管山姆是一位工作上异常严厉，且十分坚持己见的人，但在工作之余他非常爱好寻求乐趣，使大家在娱乐中彼此沟通、放松，达到鼓舞士气的效果。

问题：请描述一下山姆的领导风格和艺术性。

分析要点：

1. 山姆将领导艺术和自身模范带头作用并重。
2. 山姆领导既依靠权力，又有自身的权威。
3. 山姆善于营造良好的工作氛围来激励员工。
4. 山姆既能不断思考又能积极投身实践，具有敏锐的洞察力。

5.4　激　励　理　论

领导的过程也是激励的过程。领导者只有树立正确的激励思想，掌握和运用正确的激励方法与艺术，才能实施成功有效的领导。

5.4.1　激励的概念

激励是指激发人的行为的心理过程。激励这个概念用于管理，是指激发员工的工作动机，也就是用各种有效的方法去调动员工的积极性和创造性，使员工产生组织所希望的行为，努力完成组织的任务，实现组织的目标。

人的行为产生于人的动机，动机是导致人采取行动的内在力量。有了动机，组织个体才会通过高水平的努力而实现组织目标的愿望，而这种努力应能满足个体的某种需要。

动机来自人的内在需要。需要是人对某种目标的渴求、欲望，当人的需要未得到满足时，他会有采取行动的动机。动机是人与环境互动的结果，因此动机水平不仅因人而异，而且因时而异。动机的功能是唤起、维持、强化人的行为。

$$需要→意向→愿望+诱因=动机→行为$$
$$工作业绩=能力×动机$$

5.4.2 内容型激励理论

内容型激励理论主要包括马斯洛的需要层次理论、X 理论与 Y 理论、双因素理论和成就激励理论。关于马斯洛的需要层次理论、X 理论与 Y 理论在 2.3 节已有介绍，这里主要简述双因素理论和成就激励理论。

5.4.2.1 双因素理论

双因素理论又叫"激励—保健理论"，是美国心理学家弗雷德里克·赫茨伯格（Frederick Herzberg）于 1959 年在《工作的激励因素》《工作与人性》等书中提出的。20 世纪 50 年代末，赫茨伯格和他的同事在美国匹兹堡地区对一些工厂、企业的 200 名工程师和会计师进行访问、调查后，认为个人与工作的关系是一个最基本的方面，个人对工作的态度在很大程度上决定着任务的成功与失败。结果发现，促使职工在工作中产生不满意的因素与工作环境或条件相联系，在工作中产生满意的因素与工作内容本身相联系，前者称为保健因素，后者称为激励因素，这是影响人的行为需要的两种因素。如表 5-7 所示。

弗雷德里克·赫茨伯格（Frederick Herzberg）是美国心理学家、管理理论家、行为科学家，双因素理论的创始人。

表 5-7　保健因素与激励因素

保健因素（工作环境与条件）	缺少保健因素	激励因素（工作本身）	增加激励因素
工资、福利、工作条件、管理制度、安全保障、人际关系等	不满意	工作的挑战性、工作带来的愉悦、成就感、上下级的信任、业务的发展和职务上的晋升等	满意

保健因素是导致工作不满意感的因素，包括工资、福利、工作条件、管理制度、安全保障、人际关系等。这些条件的改善，只能消除职工的不满，不能使其非常满意。这类因素不能直接起到激励的作用，但能起到预防员工产生不满和维持工作现状的作用，故称之为"保健因素"。

激励因素是使人真正对工作感到满意的因素，包括工作的挑战性、工作带来的愉悦、成就感、上下级的信任、业务的发展和职务上的晋升等，这些因素的满足会使职工非常满意。这是影响人们工作的内在因素，其核心是注重工作本身的内容，从而促进人们的进取心，激发人们的工作热情，提高工作效率，所以被称为"激励因素"。随着保健因素与激励因素的逐一满足，员工的状态会呈现出"不满意—没有不满意—满意"的变化。

☞扩展学习：双因素理论的局限性

双因素理论关于保健因素与激励因素的划分，具有一定的局限性。双因素理论对两种因素的归纳总结建立在一定的调研基础上，而赫茨伯格的调查研究只是针对 200 名工程师和会计师进行的；事实上，不同职业和不同阶层的人对激励因素和保健因素的反应是各不相同的。例如，工资收入较低的员工不一定都将工资薪金作为保健因素，而是都将成就感作为激励因素，恰恰相反的是，工资薪金相对于成就感则往往是更具有激励作用的。正是因为被调查对象的代表性也不够，导致研究的结果不是对所有人员都是实用的，在具体的激励工作中要结合员工的真正需要，合理确定保健因素与激励因素。

学生插画练习：左边保健因素，中间箭头，右边激励因素。

虽然这一理论有它的局限性，如研究方法的局限性、对人的差异的忽视，但能给管理者很多启示：提醒诸如工资、福利等激励措施的作用是有一定限度的。不仅要创造良好的工作外部环境和条件，还要激发人的潜能。比如每次过节员工得到过节费这一问题，员工已经习惯于这种激励方式，这时候员工在工作上不会有什么积极的反映；但如果突然取消或降低这一福利政策，又会造成员工的不满，影响其工作积极性。

💡 **即问即答：** 双因素理论中对保健因素和激励因素的划分，你赞同吗？

5.4.2.2　成就激励理论

成就激励理论理论又称三需要理论或成就需要理论，是由美国哈佛大学教授戴维·麦克利兰（David McClelland，1917—1998）通过对人的需要或动机进行研究，于 20 世纪 50 年代在一系列文章中提出的。该理论实际上关心的是人的成就动机，认为除生理需要外，个体在工作环境中有以下 3 类主要的需要或动机。

（1）成就需要是达到标准、追求卓越、争取成功的需要。对这一类需要的满足方式包括个人责任、及时反馈信息、人与岗位匹配等。

（2）权力需要是影响或控制他人且不受他人控制的欲望。这一类需要的满足方式包括承担责任、竞争性与权力性的工作。

（3）归属需要是建立良好人际关系的愿望。这一类需要的满足方式包括良好的工作氛围、人际关系等。

5.4.3　过程型激励理论

5.4.3.1　期望理论

期望理论，又称"效价—手段—期望理论"，是由北美著名心理学家和行为科学家维克托·弗鲁姆（Victor H. Vroom）于 1964 年在《工作与激励》中提出来的。期望理论以 3 个因素反映需要与目标之间的关系，只有当个体预期到某一行为能给自己带来既定结果，并且这一结果对自己有吸引力时，才会采取该行为。

弗鲁姆认为，人总是渴求满足一定的需要并设法达到一定的目标。这个目标在尚未实现时，表现为一种期望，这时目标反过来对个人的动机又是一种激发的力量，而这个激发力量的大小，取决于目标价值（效价）和期望概率（期望值）的乘积。用公式表示就是：

$$激励力量（M）=效价（V）×期望值（E）$$

式中，激励力量（M）表示动机的强度，愿意为目标努力的程度，即激励作用的大小。

效价（V）表示人对目标价值的估计。这是一个心理学概念。同一目标，由于各个人所处的环境不同，需求不同，其需要的目标价值也就不同。

期望值（E）表示人对目标实现可能性的估计，目标价值大小直接反映人的需要动机的强弱，如果个体相信通过努力肯定会取得优秀成绩，期望值就高。

期望理论提示管理者，在选择激励手段时，一方面要考虑效价，另一方面要考虑期望值，只有这样，才能最大限度地激发员工工作的积极性；同时，领导者设立目标的标准不宜过高，也不宜过低，应该是让员工通过一定努力能够实现的。

案例分析：期望理论

为什么发了年终奖，也没产生预期的激励效果

MM 公司陈总经理为了激发员工工作热情与提高效率、冲击年度挑战性经营目标的实现，在公司大大小小的会议及正式非正式的场合总是不断地告诉员工，只要大家工作努力，年终奖金的数额就不会少，一定不会让大家失望。员工为了年末可以拿到更多的奖金，非常投入地高效工作，最终实现了挑战性的业绩目标。但当年终奖金发放到员工手中时，并没有员工心里想象中的高，很多员工感到非常失望，认为陈总经理开出的空头支票没有兑现，自己努力工作的成果没有得到回报。有些员工在公司散播对年终奖金分配的不满情绪，甚至有的员工因为对年终奖金分配不满意而提出离职。

问题：拿到年终奖的员工为什么会失望？

分析要点：

1. 个体满意度是指员工在企业中对薪酬、工作内容、职业成长等因素的心里满意程度。实际所得或感知是指在以上因素中员工实际所得或感知到的；心理期望是指在以上因素中员工心里期望得到的。当实际所得不变时，心理期望越高，则个体满意度越低，反之，则个体满意度越高。

2. MM 公司陈总经理经常性地谈论年终奖金，无形中不断提升了员工对奖金金额的期望，即使最后实际发放的奖励金额并不低，但员工心理期望的不断提高使得奖金被实际感知的激励作用大大减小甚至出现了反激励作用，最终导致员工的消极怠工甚至离职。

3. 企业在人力资源投入一定的情况下，也就是在员工实际所得或感知不变的情况下，合理有效地控制员工的心理期望，力求使其个人能够形成较为合理的理性期望，避免因心理期望过高引起的不满。

5.4.3.2 公平理论

公平理论是研究工资报酬分配的合理性、公平性对职工工作积极性影响的理论，由美国心理学家亚当斯于 1967 年提出。该理论认为，员工对收入的满意程度能够影响职工工作的积极性，而员工对收入的满意程度取决于一个社会比较过程，一个人不仅关心自己的绝对收入的多少，而且关心自己相对收入的多少。每个人会把自己付出的劳动和所得的报酬与他人付出的劳动和所得的报酬进行社会比较，也会把自己现在付出的劳动和所得报酬与自己过去所付出的劳动和所得的报酬进行历史比较，职工个人需要保持一种分配上的公平感。如果当他发现自己的收支比例与他人的收支比例相等，或现在的收支比例与过去的收支比例相等时，他就会认为公平、合理，从而心情舒畅，努力工作；如果当他发现自己的收支比例与他人的收支比例不相等，或现在的收支比例与过去的收支比例不相等时，就会产生不公平感，内心不满，工作积极性随之降低。

公平理论对我们有着重要的启示。首先，影响激励效果的不仅有报酬的绝对值，还有报

管理学基础

118

酬的相对值。其次，激励时应力求公平，使等式在客观上成立，尽管有主观判断的误差，也不至于造成严重的不公平感。最后，在激励过程中应注意对被激励者公平心理的引导，使其树立正确的公平观：一是要认识到绝对的公平是不存在的；二是不要盲目攀比；三是不按劳付酬是在公平问题上造成恶性循环的主要杀手。

💡 **即问即答**：如何用激励理论解读"不患寡而患不均"？

5.4.3.3 强化理论

强化理论是美国心理学家和行为科学家斯金纳（B. F. Skinner）等人提出的一种理论，也称操作条件反射理论、行为修正理论。该理论认为，人的行为由外部因素（强化物）控制。

所谓强化，从其最基本的形式来讲，指的是对一种行为的肯定或否定的后果（报酬或惩罚），它至少在一定程度上决定这种行为在今后是否会重复发生。根据强化的性质和目的可以把强化分为正强化和负强化。在管理上，正强化就是奖励那些组织上需要的行为，从而加强这种行为；负强化就是惩罚那些与组织不兼容的行为，从而削弱这种行为。强化方式与管理方法如表5-8所示。

表5-8 强化方式与管理方法

强化方式	管理方法
正强化	奖金，提升，对成绩的认可、表扬，改善工作条件和人际关系，安排担任挑战性的工作，给予学习和成长的机会
负强化	批评、处分、降级等，不给予奖励或少给奖励

✎ **实训项目**：从搭积木方式看领导方式

实训目的：通过3组领导对工作任务下达方式的不同，比较不同的领导方式。

实训器材：3盒积木，主管卡片。

实训指导：

程序：

（1）选出9位同学，分成3组（A、B、C），每组3人。

（2）告诉每个小组，一个人是主管，另一个人是下属。每个主管按照发放的材料（见"附件：主管卡片"）内容指挥下属，下属听从主管的指示操作。

（3）小组A上台，主管A指挥下属活动。

（4）询问学生，主管A是如何领导下属的。

（5）小组B上台，主管B指挥下属活动。

（6）询问学生，主管B是如何领导下属的。

（7）小组C上台，主管C指挥下属活动。

（8）询问学生，主管C是如何领导下属的。

（9）教师把发给主管们的材料与黑板上学生的回答一一对比，并进行归纳、总结。

（10）由学生举手表决，选出最受欢迎的领导方式。

规则：

（1）主管 A 实行直接管理的方法，每步都要给予特别的、详尽的指示，不允许下属做任何独立的决定。

（2）主管 B 只是简单陈述要做什么，不要提供任何进一步的指导和反馈，下属可以做任何想做的事。

（3）主管 C 描述一下需要做什么，让下属自己尝试各种技巧，必要的时候给予正确的反馈。

教师任务：

（1）事前准备3盒积木。

（2）组织活动，给每个小组编号，按照编号顺序指挥相关人员进行搭积木活动。

（3）控制整个活动，确保每个小组不违反规则。

（4）根据"程序（4）"，教师把学生的回答写在黑板上。

（5）根据"程序（6）"，教师把学生的回答写在黑板上。

（6）根据"程序（8）"，教师把学生的回答写在黑板上。

（7）教师总结。

实训报告：每位学生描述不同领导方式的工作特点与员工工作效果，书写500字左右的心得体会。

附件：主管卡片

1. 主管 A

下属的任务是建造一座公寓，公寓的周边环境具有浓郁的小桥流水式的乡村风格。你实行的是直接管理的方法，每步都要给下属特别的、详尽的指示，不允许下属做任何独立的决定。

例如："首先，拿出拱形的积木，并把它放在右边一点儿。"

2. 主管 B

下属的任务是建造一座公寓，公寓的周边环境具有浓郁的小桥流水式的乡村风格。你只是简单地陈述要做什么，不要提供任何进一步的指导和反馈，下属可以做任何他想做的事。

例如："首先，拿出拱形的积木，然后在两边放上两个长方形的积木。"

3. 主管 C

下属的任务是建造一座公寓，公寓的周边环境具有浓郁的小桥流水式的乡村风格。你只要描述一下需要做什么，让下属自己尝试各种技巧，必要的时候给予正确的反馈。

例如："首先，拿出拱形的积木。"（如果主管觉得下属放置的位置不合适，则可给出建议，如：我认为，这个拱形的积木放在右边比放在中间更好些。）

复习思考题

一、多选题

1. 领导至少要有3个要素，包括（   ）。

A. 追随者   B. 领导目标是达成组织目标的实现

C. 有影响追随者能力   D. 以目标为导向

2. 领导的作用主要包括（   ）。

A. 协调   B. 激励   C. 指导   D. 计划

3. 领导权力类型有（   ）。

A. 工作权力   B. 法定权力

C. 自身影响力   D. 威信权力

4. 权威式领导特征包括（   ）。

A. 只关心工作   B. 与领导者之间的社会心理距离比较大

C. 员工工作情绪消极   D. 工作效率最高

5. 高结构—低关怀型领导者的特点有（   ）。

A. 以工作为中心   B. 以人为中心

C. 重视人的情感和需要   D. 忽视人的情感和需要

6. 路径—目标理论将领导方式分为（   ）。

A. 指示型领导方式   B. 参与型领导方式

C. 成就导向型领导方式   D. 支持型领导方式

7. 提高领导的艺术性的方法有（   ）。

A. 加强理论修养   B. 善于思考

C. 多进行管理实践   D. 加强道德修养

8. 按照赫茨伯格双因素理论，属于激励因素的有（   ）。

A. 工作的挑战性   B. 工资福利

C. 工作成就感   D. 工作条件

9. 公平理论对员工激励的启示有（   ）。

A. 员工不仅关注报酬的绝对值，还关注其相对值

B. 只有真正的公平才有激励效果

C. 公平感是一种心理感受，需要一定的心理引导

D. 职工对他所获得的报酬与自己工作的投入的比值大于他人的报酬和投入的比值时才有激励效果

二、简答题

1. 简述领导生命周期理论。

2. 如何理解领导艺术的特性？

3. 试介绍期望理论。

4. 如何理解领导力？

5. 简述领导者和管理者的区别。

复习思考题参考答案

第6章 | 控 制

思维导图

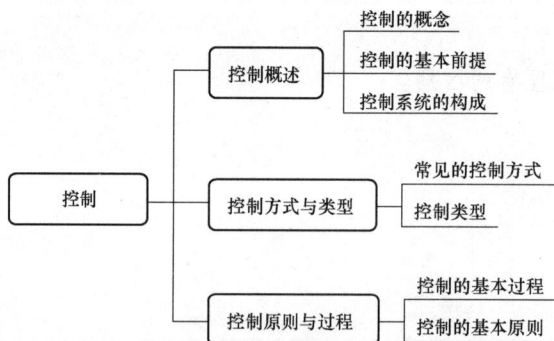

管理问题：

2018 年 3 月 23 日，美国总统特朗普在白宫正式签署对华贸易备忘录，对从中国进口的商品加征关税，并限制中国企业对美投资并购。同年 4 月 3 日，美国贸易代表办公室宣布建议加征 25%关税的自中国进口产品清单，价值约 500 亿美元。中国在第一时间反击，重点针对特朗普当选票仓来源地进口的产品，等额加征 25% 关税，中美贸易战正式开打。2018 年 4 月 16 日，美国商务部宣布，因为中兴通讯违反了美国限制向伊朗出售美国技术的制裁条款，未来 7 年将禁止美国公司向中兴通讯销售零部件、商品、软件和技术。媒体报道，没有美国的芯片和操作系统，中兴将面临灭顶之灾。这让沉浸在"厉害了，我的国"的宣传氛围中的国人如梦初醒。虽然中兴最终以"17 亿美元罚款+整改管理层+随时接受美方审查"让禁令撤销，但所有人都明白，中美贸易摩擦才刚刚开始。

2018 年 7 月，媒体报道，在美国、欧盟、中国、韩国、日本和俄罗斯等国放行的背景下，中国政府否决了美国芯片巨头高通公司对全球最大的汽车芯片制造商——荷兰恩智浦公司的收购案，从而使得这起高达 440 亿美元的收购案流产。

2018 年 9 月 18 日，美国政府宣布实施对从中国进口的约 2 000 亿美元商品加征关税的措施。这大大超出中方的预料，因为 2017 年全年美国对中国的出口额总计只有 1 303.7 亿美元，中方被迫宣布对约 600 亿美元的美国商品实施加征关税措施。

2018 年 12 月 1 日晚，中国国家主席习近平与美国总统特朗普在阿根廷布宜诺斯艾利斯举行会晤，双方达成 90 天"停火"共识。

2018 年 12 月 6 日，任正非之女、华为公司 CFO 孟晚舟在加拿大转机时应美国方面要求被加拿大逮捕，美方指控华为涉嫌违反了美国对伊朗的贸易制裁规定。

2018 年，美联储 4 次加息，吸引美元大量回流美国，许多新兴国家货币受到贬值冲击。阿根廷和土耳其两国 5 个月来对美元贬值幅度最高分别达到 96.62% 和 59.83%。人民币经受考验，守住了 1:7 的汇率大关。

中美贸易战边打边谈。2019 年第一季度不断有谈判进展的消息传出。但在 2019 年 5 月 10 日，特朗普突然翻脸，宣布调升对 2 000 亿美元中国商品的进口关税。中方反击宣布自 2019 年 6 月 1 日起，对 600 亿美元美国商品提高进口税率。随后，美国贸易代表署公布，将对中国输美剩余的 3 250 亿美元商品加征 25% 的关税，涉及产品达 3 805 个。中国之前加征关税后的美国进口商品已所剩无几，无法回击。2019 年 5 月 15 日美国总统特朗普签署一项紧急状态行政令，禁止美国企业使用对国家安全构成风险的企业所生产的电信设备；美国商务部当天表示，将把华为及 70 家关联企业列入其所谓的"实体清单"，禁止华为从美国企业购买元器件和技术。该禁令的影响扩散至全球半导体企业。

美国彭博社 2019 年 5 月 22 日称，美国政府正考虑将 5 家中国监控设备企业列入与华为类似的"清单"，禁止其获得美国零件与软件。

2019 年 5 月 22 晚，有消息称，中国学者、埃默里大学华裔终身教授李晓江及其妻子李世华突然被解雇，其实验室突然被关闭，其中国雇员遭到强制遣返。而一个月前，MD 安德森癌症中心开除了 3 名华人科学家，理由是美国国立卫生研究院（NIH）指责三人可能"严重"违反了保密原则。

很多人惊呼，中美贸易摩擦扩散到科技领域，中美走向全面对抗而且愈演愈烈，有失控的可能。

问题： 中美经济贸易摩擦会失控吗？

分析要点：

中美两国的分歧和矛盾在未来很长一段时间内都会客观存在，因此，中美对抗将会持续很多年，不要幻想短时间内能解决问题或者找到一劳永逸的解决方案。这一次的贸易战即使停止，未来贸易摩擦也不会停止，科技战、货币战、投资战可能会轮番上演，甚至更严重的冲突都有可能频繁发生。因此，如何管控两国分歧和对抗在两国都可承受的范围内，考验的是两国政治家和领导人的智慧。如果对抗失控，将对中美两国和全球的经济发展和人民生活造成巨大的负面影响。

控制是管理的基本职能。由于这样那样的原因，管理工作难免出现偏差或者各种各样的问题、矛盾甚至冲突，所以控制工作是必不可少的。

6.1 控制概述

管理者的一个首要任务，是对组织活动进行控制。它涉及计划实施的结果如何，计划所确定的目标是否得到顺利实现，甚至计划本身是否科学、合理等问题。没有适宜的控制或控制失误，组织的绩效将会受影响。

6.1.1 控制的概念

"控制"一词来源于希腊语"掌舵术"，意思是领航者通过发号施令将偏离航线的船舶拉回到正常的航线上来。因此，从传统意义上看，所谓控制，就是"纠偏"，即衡量实际的运行状况和成果，及时发现与计划（目标或者标准）的偏差，采取纠正偏差的措施，确保计划的实现。

> **名家观点**：控制的重要性
>
> 尽管计划可以制订出来，组织结构可以调整得非常有效，员工的积极性也可以调动起来，但是这些仍然不能保证所有的行动按计划执行，不能保证管理者追求的目标一定能达到。
>
> ——斯蒂芬·罗宾斯

但人们在实践中发现，有时候纠正偏差的成本太高。例如一个人身体出现问题，发现得了癌症，医生最常见的恢复患者身体健康的治疗方法是三管齐下：首先，手术——切除癌细胞；其次，化疗——以毒攻毒，毒死癌细胞；最后，放疗，即放射线治疗——烧死癌细胞。但化疗和放疗对患者身体伤害极大，有些癌症患者其实是被治死的。所以人们首先想到，如果肿瘤在变成恶性肿瘤之前就被发现，患者只需要手术治疗，而无须化疗和放疗，那样对患者身体伤害就很小。其实任何肿瘤的生长都有一个过程，与人的饮食、生活和工作习惯及环境紧密相关，进而我们会想到，如果改变不良的饮食、生活和工作习惯及环境，人们就会远离癌症。也就是说，最好首先是预防癌症，消除产生癌症的土壤；其次是在肿瘤恶变之前发现它，消除它；最差是确诊得了癌症去治疗。前两种方法属于预防控制，后一种方法是传统意义上的纠偏控制。鉴于有些癌症患者是被治死的，医学界提出了"带癌生存"的理念，即对于某些癌症患者，控制的目标从"消除癌细胞"变为"带癌生存，抑制癌细胞，延长生存期"。据媒体报道，80 岁以上的老人因其他原因死亡后进行尸体解剖，发现约 1/4 的老人体内有肿瘤，但他们生前并不知晓，肿瘤也未对他们生前的健康构成任何伤害，所以"带癌生存"是一直客观存在的现象，有时候我们没有必要大动干戈，一味地追求杀癌细胞的力度和强度，非要把癌细胞斩尽杀绝不可。这在管理学上正是广义控制的含义。即从广义角度看，控制工作并不仅限于按照既定的计划来衡量和纠正计划执行中的偏差，它同时包含着在必要的时候修改计划，以使计划更加适合于实际情况，从而对组织更有利。

可见，现代意义上的控制工作从传统的"纠偏"发展到 4 种含义：①预防，不让偏差发生；②早防，提前发现偏差可能产生的迹象，将偏差消灭于萌芽状态；③纠偏，实现原定目标；④调整目标，使之符合实际从而更有利于组织，这可能是在事情进行之中，偏差已经产生，因为目标和计划的调整而使偏差得以消除；也可能是在事情进行之前，管理者预测到偏差可能会产生，对目标和计划进行调整而使偏差的隐患得以消除。前 3 种含义都实现了原来的目标和计划，第四种含义则相反，如表 6-1 所示。综合而言，本书如此定义控制工作：控制是预测和监视组织各方面的活动，保证组织实际运行状况与计划要求保持动态适应的一项管理职能。这个定义中"保持动态适应"既可能意味着要实现原定目标，又可能意味着要调整目标和计划使之符合实际。

表 6-1　控制的 4 种含义及示例

控制含义		预防（发生之前）	早防（发生之初）	纠偏（发生之中和之后）	调整目标（发生之前和之中）
控制目标	一般表述	不让问题产生	不让问题产生	解决问题，实现原目标	调整目标适应新环境
	癌症控制	健康，不让癌症产生	健康，消灭癌症的萌芽状态	恢复健康，消灭癌细胞	延长带癌生存期
	产品质控	产品质量符合标准	产品质量符合标准	产品质量符合标准	调整产品质量标准
控制方法	一般表述	建立制度，提升素质，预测问题，实施对策	检测，分析趋势，提前发现可能的问题，采取对策	分析偏差原因，实施纠偏措施	组织内外环境发生大变化，原目标和计划有必要进行调整
	癌症控制	合理的工作和生活方式，良好的环境，每天锻炼，平衡的饮食，必要的休息等	定期体检，了解健康知识，改变不良习惯，肿块癌变前手术	手术，化疗，放疗，中西药物治疗	手术（必要时），中西抑癌药物，心态、环境、锻炼、饮食和休息 5 方面配合
	产品质控	产品质量保证体系的建立，员工培育，产品质量控制的奖罚制度，控制方法和手段的完善等	监测产品生产全过程，在产品出现可能发生质量问题的迹象时采取对策，将问题消灭于萌芽状态	分析质量问题产生的原因，采取对策，不让质量问题继续发生	在国家政策，用户需求、竞争对手策略、企业战略等发生变化时，企业可以调整产品质量控制标准和计划

6.1.2　控制的基本前提

管理者进行控制的根本目的，在于保证组织活动的过程和实际绩效与目标及计划相一致，最终保证组织目标的实现。控制职能无疑是十分重要的，但控制本身不是目的，它仅仅是保证目标实现的手段之一，必须将其置于整个管理工作过程之中才能发挥其应有的作用。

组织内任何形式的控制，都有一定的前提条件。这些前提条件是否充分，对控制工作能否顺利开展有很大影响。一般地，控制的前提条件包括以下几个方面。

1. 有计划：有一个科学的、切实可行的计划

控制的目的是保证组织目标与计划的顺利实现。控制目标体系是以预先制定的目标和计划为依据的，控制工作的好坏与计划工作紧密相关。组织在行动之前制订出一个科学的、符合实际的行动计划，是控制工作取得成效的前提；相反，如果一个组织没有一个好的计划，或者有一个会导致组织走向失败的计划，那么控制工作做得越好就越会加速组织走向失败的进程。

此外，控制工作本身也需要有一个科学的、切实可行的计划来明确控制的目标、对象、主体、方式方法；没有一个科学的控制计划，控制就难免顾此失彼。从这两方面而言，有效控制是以科学的计划为前提的。

2. 有组织：有专司控制职能的组织机构或岗位

控制工作主要是根据各种信息，纠正计划执行中出现的偏差，以确保目标的实现。要做到这一点，就要有专司控制职能的组织机构或岗位，建立、健全与控制工作有关的规章制度，明确由何部门、何人来负责何种控制工作。3 个层面的控制如图 6-1 所示。

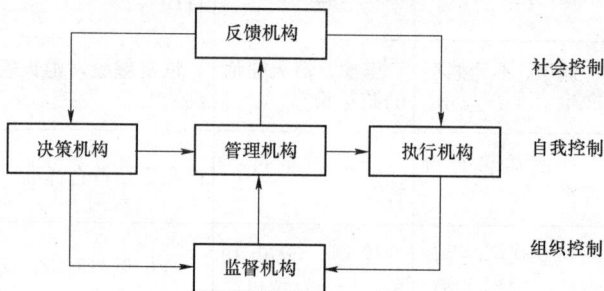

图 6-1　3 个层面的控制

一个组织，如果没有专门的控制机构，而由各部门自行监督、自行控制，那么就会出现管理部门和执行部门出于对切身利益的考虑而故意掩盖失误、制造假象、阳奉阴违的情况，也可能会存在管理部门由于忙于贯彻指令，无暇顾及调查研究及分析评价而难以反映真实状态的情况。因此，监督机构与相应的规章制度越健全，控制工作也就越能取得预期的效果。

💡 **即问即答**：对组织中的控制机构如何进行控制？

3. 有领导者：有畅通的信息反馈渠道

控制工作中的一个重要步骤就是要将决策指令和计划执行情况及时反馈给管理者，以便管理者对已达到的目标水平与预期目标进行比较分析。这种信息反馈的速度、准确性如何，直接影响决策机构做出的决策指令的正确性和纠偏措施的准确性。因此，为了获得准确的信息反馈，防止监督机构与被监督机构串通一气、谎报信息，管理者在制订了计划，明确了各部门、各岗位的控制职责以后，还必须设计和维护畅通的信息反馈渠道，充分发挥社会舆论的监督作用。

信息反馈渠道的设计要注意：设立多个信息反馈渠道，确定与信息反馈工作有关的人员在信息传递中的任务与责任；事先规定好信息的传递程序、收集方法和时间要求等事项；做好领导工作，调动各方面人员主动提供信息的积极性。只有加强领导，并建立畅通的信息反馈渠道，控制工作才能卓有成效地进行下去。

思政园地：诚信

诚信是一种植根于内心的道德传统

2014 年第四届西藏自治区道德模范提名奖获得者尼玛，是西藏宏发建筑工程公司董事长兼总经理。他总结自己的成功之道时说："成功的路没有捷径，全靠辛勤的汗水和诚信的经营。"

尼玛的公司崛起于建筑业，承建的工程多次被拉萨市住建局评为"优质工程""样板工程"。为确保工程质量，尼玛经常坚守在施工现场。多年来，公司承建的所有工程施工合格率都达到 100%。对待工程，尼玛的信条是："公司的每项工程，不求利润多高，但必须确保工程质量最好、工期最短，最重要的是无事故、无隐患。"他希望公司每做完一个工程，施工队走了，把安全和幸福留下来了。刚创业时，他带领的是一个小施工队；现如今，他是拉萨房地产行业的领军人物。致富自己、造福他人的梦想是照亮他成功道路的一盏明灯，而成功的路没有捷径，全靠辛勤的汗水和诚信的经营。在物欲横流的今天，他花大量的人力物力在工程质量和公益活动上，在别人看来会有点儿"傻"，可就是这股"傻劲儿"，让他成为大家口中的"良心企业家"。

西藏自治区首届优秀中国特色社会主义事业建设者、拉萨市民族团结进步先进个人、西藏宏发建筑工程公司董事长兼总经理……这些头衔使尼玛在近些年来被大家所熟识，公司员工、小区业主、受助人都对他交口称赞，称他是"良心企业家"。尼玛所创建的西藏宏发建筑工程公司自成立以来，累计为农民工提供就业岗位近 40 000 人次，为 3 190 名不同民族的个体户提供就业商铺；在公益慈善方面，累计捐款捐物折款达 778.01 万元。公司副总旺杰告诉记者，十几年前，尼玛所拥有的只是一个小施工队，除抓住了机会外，其成功跟诚信经营也是分不开的。

6.1.3　控制系统的构成

如图 6-2 所示，一个组织的控制系统主要由以下几个要素构成。

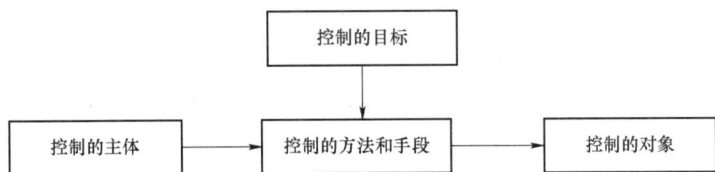

图 6-2　组织控制系统的构成

1. 控制的主体：谁来履行控制的职责

为了落实对各控制对象根据控制目标要求进行控制的职责，控制系统必须明确各项工作的控制主体。

组织内的控制活动以往是由人来执行和操纵的，因此，组织控制系统的主体是各级管理者及其所属的职能部门。

但在现代，我们已经越来越多地把例行的程序性的控制转由智能化的机器设备和信息网络来执行，管理者更多关注的是例外的非程序性的控制。控制主体控制水平的高低是控制系统能发挥多大作用的决定性因素。

2. 控制的目标：要求控制在怎样的范围之内

任何控制活动都有一定的目标取向，不存在无目的的控制。要建立控制系统，除要明确控制对象外，还要明确控制的目标，即要求控制在怎样的范围之内。

在一个组织中，控制的目标常常以各种形式的控制标准体现出来，如时间标准、质量标准、行为准则等。控制应服从于组织发展的总体目标，因此，控制标准往往是根据总目标所派生出来的分目标及各项计划指标或制度要求来确定的，也就是说，控制目标是与组织理念体系、目标体系和计划体系相辅相成的。

💡 **即问即答**：控制的目标是否就是由组织目标体系和计划指标组成的？

3. 控制的方法和手段：如何实现控制

为了了解控制对象实际达到控制目标的程度，还需要明确衡量控制对象实际状况与控制目标之间差距的方法和手段。

控制的方法和手段是多种多样的，只要控制对象确定，控制目标要求明确，就一定可以找到相应的衡量指标和衡量方法。第 6.2 节介绍了各种控制的方式和类型，各个组织应视具体情境选用相应的控制方法和手段。

💡 **即问即答**：一个组织的控制系统是否就是信息管理系统？

4. 控制的对象：控制什么

要建立控制体系，必须明确控制的对象，即明确要控制什么。控制对象可从不同的角度进行划分。从横向看，组织内的人、财、物、时间、信息等资源都是控制的对象；从纵向看，组织中的各个层次，如企业中的部门、车间、班组、各个岗位都是控制对象；从控制的阶段看，组织内不同的业务阶段也是控制对象，如企业中研、供、产、销都需要控制；从控制的内容看，行为、态度、业绩等都可以成为控制的对象。组织的控制应该是全面的控制，组织控制系统的控制对象原则上应该是组织的各个方面。

组织的控制还应该是统一的控制，即在控制活动中要把组织的各个方面当作一个整体来控制，只有统一控制才能使组织活动协调一致，达到整体的优化，从而有效地实现组织目标，否则就会顾此失彼。例如，在企业组织控制中，若仅仅着眼于对物的控制而忽视对人的行为的控制，就不可能收到良好的控制效果。

💡 **即问即答**：如果管理者未能控制组织的各个方面，会产生什么后果？

6.2 控制方式与类型

❓ **管理问题**：

魏文王曾求教于名医扁鹊："你们家兄弟三人，都精于医术，谁是医术最好的呢？"扁鹊："大哥最好，二哥差些，我是三人中最差的一个。"

魏文王不解地说："请你介绍得详细些。"

扁鹊解释说："我的大哥治病，是在病情发作之前，那时候患者自己还不觉得有病，但大哥就下药铲除了病根，使他的医术难以被人认可，所以没有名气，只是在我们家中被推崇备至。我的二哥治病，是在病初起之时，症状尚不十分明显，患者也没有觉得痛苦，二哥就能使患者药到病除，这使乡里人都认为二哥只是治小病很灵。我治病，都是在病情十分严重之时，患者痛苦万分，患者家属心急如焚。此时，他们看到我在经脉上穿刺，用针放血，或在患处敷以毒药以毒攻毒，或动大手术直指病灶，使重症患者病情得到缓解或很快治愈，所以我名闻天下。"

魏文王大悟。

思考：你如何理解扁鹊这番话？

分析要点：事后控制不如事中控制，事中控制不如事前控制。防重于治，企业家要有防患于未然的敏锐洞察力，最大限度地去化解经营中的潜在风险。可惜大多数经营者都未能体会到这一点，总是要等到错误决策造成重大损失后才寻求弥补，有时候却是"亡羊补牢，为时已晚"。

学生插配漫画练习：将扁鹊的话变成一幅漫画。

在组织控制系统的构建过程中，由于控制的性质、内容、范围不同，可采用多种控制的方法和手段，这些控制的方法和手段又可从不同的角度出发划分成不同的控制类型。要进行有效的控制，就应了解控制的方式和类型，以根据实际情况选择合适的控制方式和类型。

6.2.1 常见的控制方式

控制方式是指管理者在对控制对象实施控制的过程中所采用的方法和手段。从总体上而言，根据控制主体的不同，控制方式可分为两大类：传统的控制方式（组织控制方式）和基于责任感的控制方式（自我控制方式）。

传统的控制方式通常是以某种方式从外部施加影响来保持员工的行为协调一致。组织中最常见的传统的控制方式按控制对象的不同，可分为资金（财务）控制、时间控制、数量和质量控制、安全控制、人员行为控制和信息控制。

1. 资金（财务）控制

一个组织中业务活动的开展，几乎都伴随着资金的运动，因此管理控制中最广泛运用的一种方式就是财务控制。财务控制通过对一个组织中资金运动状况的监督和分析，对组织中各个部门、人员的活动和工作实施控制。

最常见的财务控制方法有预算控制、会计稽核或审计、财务报表分析等。

预算是一种以货币和数量表示的计划，是关于为完成组织目标和计划所需资金的来源和用途的一项书面说明，包括收支预算、投资预算、现金预算、总预算等。预算控制是组织内的任何活动都离不开资金的运动，通过预算可以帮助管理者掌握全局，控制整体情况；有助于管理者合理配置资源和控制各项活动的开展，并为工作效果评价提供检验标准。

会计稽核或审计是通过对财务成本计划和财务收支计划的审查，以及对会计凭证和账表的复核，及时发现会计中存在的问题。审计可分为内部审计和外部审计。外部审计是由组织雇用的外部专家对组织会计、财务和营运系统进行独立评估，重点在于确定组织的会计程序和财务报表编制是否以客观的和可核实的方式合法进行。内部审计由组织内部的员工进行，审计目的和外部审计相同。

财务报表是用于反映组织期末财务状况和计划期内的经营成果的数字表。几乎所有的组织都会使用的最基本的财务报表是资产负债表、现金流量表和损益表。财务报表分析，就是以财务报表为依据来分析判断组织的经营状况，从中发现问题。其中，最常见的财务报表分析方法是财务比率分析法。

财务控制主要致力于资金的合理运用和增值。

💡 **即问即答**：3 种财务控制方法是否都属于预防性控制？

2. 时间控制

时间是一种重要的资源，从某种意义上来说，时间是比人、财、物等更加重要的资源。任何组织的活动都是在一定的时间内进行的，对时间进行控制的目的是使组织对其实现目标过程中的各项工作，做出合理的安排，以求按期实现组织目标。

时间控制的关键是确定各项活动的进行是否符合预定时间表的时间安排。在时间控制中，甘特图和网络图是常用的工具，它们都有助于物资、设备、人力在指定的时间到达预定的地点，使之紧密地配合以完成任务。

甘特图是管理学家亨利·甘特（Henry L. Gantt）在 20 世纪初提出的一种条状图表，如图 6-3 所示。甘特图的实质是通过对各项活动完成情况的了解，调整工作程序和时间以完成该项任务。管理者可以从图 6-3 提供的情况中了解到某项活动已落后于预定计划，然后采取一切必要行动加以纠正，以使该项活动赶上计划的安排，使计划能按时或在预期的许可范围内完成。

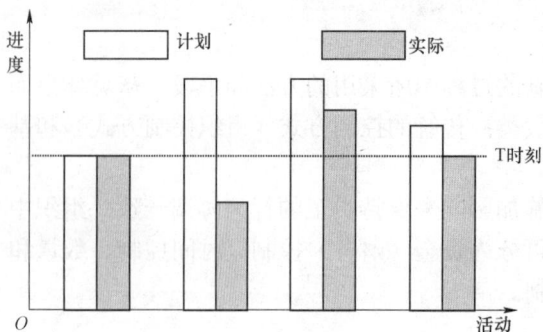

图 6-3 甘特图

甘特图的优点是形象、直观、简明、易懂、易掌握，对控制计划进度、改进管理工作有很大的帮助，至今仍在许多方面广泛运用。但甘特图也有它的局限性，从甘特图上可以清楚地看出某一时刻实际进度与计划要求之间的差距，但它无法表明产生这种差距的原因，无法确定在众多差距出现的情况下，哪些差距是管理者应当着力去解决和控制的关键点；甘特图虽然清楚地反映了各个局部的状况，但它无法表明各项活动之间的相互影响和逻辑关系，对于一些应加以控制的局部应控制到什么程度，也缺乏明确的交代。因此，甘特图难以给管理者提供全面的情况，一般只适用于小型的活动，大型的活动则要借助于网络图来控制。

网络图是从甘特图演变发展而来的。

3. 数量和质量控制

控制数量以满足生产和服务的需要，是每个管理者都十分重视的问题。管理者只有心中有"数"，才能综观全局。

控制数量和质量，关键是要事先确定控制的数量和质量标准。标准是衡量实际业绩的尺度，应合理且为大家所接受。数量控制标准的制定可通过动作分析和时间研究、过去的经验、同业的资料比较等来确定，质量标准则可从工作需要和顾客价值出发来确定。

质量和数量是一个问题的两个方面，对数量的控制很重要，但其前提是要有一定的质量水平。质量不合格的次品，是不能计入产品产量的。没有质量也就没有数量，没有质量也就没有效益，粗制滥造，必然废品成堆，造成产品积压、经济亏损。因此，数量和质量相比较，质量更为重要。

加强质量控制是一项非常费时费力的工作。随着影响质量的因素的复杂化，提高质量需要组织中每个成员、每项工作的配合，因此在质量控制过程中，必须实行全员参加的全面质量管理。努力提高全体人员的责任心和工作能力，树立认真负责、用户至上、质量第一的风气，建立质量经济分析制度，开展质量管理小组活动等，对于加强质量控制都是十分必要的。

常用的数量和质量控制方法是统计分析法。统计分析法是运用各种数量分析方法，对有关的历史数据进行统计分析，从而了解有关因素的发展情况，并据此进行趋势预测的方法。根据分析的结果，管理者就可以采取相应的措施，纠正已经发生的错误，预防可能发生的偏差。

4. 安全控制

安全控制包括人身、财产、资料等方面内容，由于直接关系到生命和财产的保障、组织的前途，因此，安全控制也是组织控制的一个重要方面。

（1）人身安全控制。人身安全控制的核心是控制各种工伤事故和职业病的发生。在社会财富中，人是最宝贵的，作为管理者有责任保证组织成员的人身安全。为此要努力营造安全的工作环境，建立定期体检制度，设置安全控制保护系统，采取措施消除可能产生不安全的各种隐患；要加强对全体人员的安全教育，使之遵守安全操作方法；对已发生的事故，应做好调查和记录工作，深入分析原因，防止重犯。

💡 **即问即答：** 定期对员工进行体检对组织有什么好处？

（2）财产安全控制。组织中的各种财产是组织各项工作得以开展的物质保证，对组织中的各种物资要进行妥善的保管。要建立适当的保管制度，根据不同物资的特性确定不同的保存要求，防止变质、丢失、火灾等事故的发生；要建立警卫制度，对保存有重要物资的部门设置安全门、警灯及其他警备设施；要建立检查制度，定期或不定期地清点各类物资，做到账物相符，并检查各种设备是否保持在正常状态，以便在需要时能及时投入使用。

（3）资料安全控制。各种文件、资料、档案、数据库，都是组织历史、商业情报和组织知识的记录，对于组织工作和各类问题的处理极为有用。有些资料在不同的时期对不同的组织成员具有一定的机密性，或因时机不成熟不宜公开，或因可能产生副作用而需加以保密，或因竞争需要而需实施封锁。因此，对于各种文件档案资料，均应建立制度，力求妥善地加以保管。由于思想麻痹、言行随便而泄露机密，会造成许多意想不到的损失。因此，组织中的各级人员都要加强资料的安全控制。

💡 **即问即答：** 客户资料的泄露会对组织带来什么后果？

5. 人员行为控制

控制工作从根本上来说是对人员行为的控制，任何组织活动的开展都有赖于员工的努力，其他几方面的控制也都要靠人来实行和推动。怎样选择员工和怎样使员工的行为更有效地趋向于组织目标，涉及对员工行为的控制问题。由于人的行为是人的价值观、性格、经验、社会背景等多种因素综合作用的结果，而这些因素本身又很难用精确的方法加以描述，这就使得对员工行为的控制成了控制中最复杂、最困难的一部分。

在人员行为控制中经常用到的控制方法是理念引导、规章约束和各种工作表现鉴定方法。

文化理念表明了一个组织对组织运作过程中所涉及的各个方面的主张和组织的共同价值观。明晰和强化企业文化理念，有助于引导员工的思想趋向于组织所希望的方向。

规章制度规定了一个组织中员工必须遵守的行为准则。无论是上班迟到还是工作不尽力，都会影响组织目标的实现。正因为如此，绝大多数组织都建有一整套的规章制度，表明组织可以接受的限度并认真考核员工遵守规章制度的情况。

对员工的工作表现定出标准，定期鉴定，并根据鉴定结果进行奖惩，是组织中最重要的控制手段之一。常用的绩效评价方法有鉴定式评价法和指标考核法。

鉴定式评价法是最简单、最常用的人员绩效评价法，其具体做法是：由评价者针对被评价者的优点和缺点写出一份鉴定，管理者根据这份鉴定给予被评价者一个初步的估计。采用这种方法的基本条件是评价者确切地知道被评价者的优缺点，对其有全面的了解，并能客观地撰写鉴定。由于在实际工作中，这一基本条件较难满足，因此这种方法只能作为一种初步的估计，完全依赖这种方法往往会造成评价的失误。

为了克服偏见和主观臆断，就必须建立比较客观的评价标准。指标考核法就是事先建立一系列评价指标，首先由管理者列出每一指标的评价标准，其次由评价者在评价标准中选择最适合被评价者的条目并打上标记，最后由管理者据此加权评分，根据得分的高低评定员工的表现。这种评价方法比较准确客观，但它只适用于从事类似或标准化工作的员工，超出这个范围，其准确性将大为下降。

💡 **即问即答**：对人的行为能否进行事前控制？

6. 信息控制

任何组织的活动在现实中一般表现为 3 种运动方式：物流、资金流和信息流。通过掌握和控制信息，可以掌握和控制物流和资金流状况，分析物流和资金流的运动规律，从而实现对物流和资金流的控制。同时，信息也是决策的基础。在传统的控制方式中，往往需要专门的数据分析人员通过对大量数据的人工处理来获得有用的信息，而现代信息技术的发展，使得数据的收集、处理、分析、存储、查询等变得格外便利，从而使基于计算机信息系统的信息控制越来越成为现代组织的重要控制方式之一。

尽管没有一个公认的关于管理信息系统的定义，但可以将管理信息系统定义为采集数据并将其转换成能够经常为管理层提供所需信息的系统。从理论上而言，这种系统可以是基于手工的，也可以是基于计算机和互联网的。

💡 **即问即答**：计算机管理信息系统和人工管理信息系统有何异同？

一个合格而实用的管理信息系统，应具备以下一些基本条件。

1）系统的建立应有助于组织目标的实现

任何管理信息系统的建立，都必须从有助于组织目标和计划的实现出发。为此，管理信息系统的设计要从识别所有的管理决策所需要的信息着手，并通过定期评审制度及时了解各级管理者的需求变化，使所建立的管理信息系统总是能够适应不同层次和职能的管理者的需要。

2）所提供的信息必须是准确和高质量的

错误的信息势必导致决策的失误。这就要求在设计管理信息系统的过程中，注意明确各种数据的合适来源和录入职责，并注意通过多渠道获取数据以资比较鉴别，及时发现差异以求及时纠偏。

3）信息处理和传递必须及时

及时提供信息能够使管理者在问题尚未扩大之前就适时予以控制。为此，管理信息系统应能实时处理各种信息，按照管理者事先设定的要求主动提供信息，并能迅速地将管理者做出的决策按设定的权限传递到应该传递的地方。例如，对于一个生产型企业的原材料采购管理者，管理信息系统应能提供各种材料逐日的库存报告，并能自动地与事先设定的应有库存量比较，一旦出现少于标准库存量的情况，就能自动对管理者发出异常报警信息，以便管理者及时采取措施，通过增加库存保障供给。

4）系统运行安全稳定可靠

随着分布式信息系统的出现，系统是否安全可靠成为检验一个管理信息系统设计是否合格的重要指标之一。在过去，当信息集中于一个单一的地方时，通过人为的控制，只有少数人能够查看到一些重要的数据库，如客户档案、技术资料、员工薪资等。但当数据库建立在互联网信息平台中时，这种数据库有可能遭到未经授权的非法闯入者的破坏，为此就必须在系统中包含有足够多的安全措施。能够安全稳定运行的系统才是合格的系统。

延伸阅读

财务机器人的出现是喜还是忧

2018年6月，金蝶公司发布了中国首款智能财务机器人。这个名为"小k"的金蝶云智能机器人，通过图像识别和语音识别技术，可对原始单据和票据进行自动识别、分类汇总、智能校验、自动付款，还可将已过账的凭证自动转换为标准电子凭证，与相关有唯一编码识别的附件一起上传到电子档案系统，实现电子化归档，并且每天都可以结算总账，形成即时的财务报表。

这款机器人架设在云端，以大数据+云端+人工智能的SaaS模式作为云服务而存在。其应用始于业务发起环节，经历自动识别发票等单据—内置机器人进行对应操作—财务单据的自动审核—会计凭证的自动生成与记账等步骤，将智能化操作贯穿于数据采集到损益结转的每个财务环节，以智能会计平台将一次业务按照多种凭证规则入账，在财务与业务之间无缝对接。

小k的出现使得管理者对于公司现金流、产品与原材料库存、应收应付、成本、负债、盈利等财务信息的了解，从过去只能在每个月的月底查询变成了如今的每天可查，财务信息的及时性大大提高。而且，小k还具有价格低廉、使用便捷和拥有强大的数据基础及计算力等优点，能对财务智能化的实现提供技术保障。

然而，财务机器人正在对企业财务岗位的工作设计提出挑战，财务人员面临被削减职权甚至职业随时被中断的威胁。

在经营全球化时代，距离的增加导致了行为控制的难度，而且事实上管理者也并不能仅仅依靠外部的控制来保持员工的工作协调有序。随着人们生活富裕后对工作的目的和态度的改变，随着信息技术的发展所带来的运营信息透明化程度的提高，以及在复杂多变的环境中员工会越来越多地得到管理者的授权，基于责任感的控制方式在现代社会得到了越来越多的重视。

基于责任感的控制方式通过员工的责任感和自我控制来保持对事务的控制。它强调的是自我控制，前提假设是员工自己想要正确地工作。管理者通常通过激励方法的使用、正确的信仰和价值观的倡导、员工责任感的建立来培养自我控制，用"自我管理团队""免检岗位""××工作室"、阿米巴经营体等方法来落实。受到高度激励的员工通常会更自觉地做好他们的工作；当员工树立了"每件事都要做到最好"的价值观时，其在工作中也一定会尽力往"做得最好"的方向努力；当员工确实感受到公司的使命就是自己的使命或拥有一个团结协作的团队时，员工也会自觉地努力工作。

小卡片：德鲁克谈自我控制

"企业所需要的，是一种能够充分发挥个人的长处与责任心、能够统一各种见解和努力、能够组建团队和集体协作、能够协调个人目标和公共利益目标的管理原则。目标管理和自我控制使得公共利益成为每个管理者的目标，它把外部控制代之以更严格的、要求更高的、更有效的内部控制。它能够激励管理者采取行动，不过原因并非别人让他做什么或者告诉他去做什么，而是由于客观的任务要求他必须采取行动。同时，他采取行动，也并非由于别人要他采取行动，而是他自己决定采取行动。换句话说，他是作为"自由人"而采取行动的。

目标管理和自我控制，"适用于各种层次和所有职能的管理者，适用于大大小小的各种组织。通过把客观需要转化为个人目标，它可以保证一定能够取得绩效，而这正是真正的自由。"

传统的控制方式与基于责任感的控制方式的比较如表 6-2 所示。

表 6-2　传统的控制方式与基于责任感的控制方式的比较

传统的控制方式	基于责任感的控制方式
依据详细的规章、程序和标准	依靠价值观、团队和成员的自我控制能力
用可衡量的标准定义最低的工作要求	强调目标和结果，鼓励创新
运用正式的权力系统进行监督检查	柔性权力、扁平结构、专家权力、人人参与
强调外部的激励方式：薪资、福利、地位	外部激励和内部激励相结合
有限的、拘于形式的员工参与，如可申诉等	员工广泛参与各项活动，从确定目标到纠偏

6.2.2　控制类型

6.2.2.1　按控制点划分

按控制点划分即将生产或服务的流程划分为几个阶段，每个阶段都有重要的控制点，从而区分管理控制的类型。按照这种划分思路，可将管理控制分为事前控制（前馈控制）、事中控制（过程控制）、事后控制（反馈控制）。

学生插画练习：事前、事中、事后控制。一个生产车间或一条生产线，对原材料的检查属于事前控制，对生产过程进行控制属于事中控制，对成品进行检验属于事后控制。

1. 事前控制（前馈控制）

事前控制是指在产品或服务开始生产之前对质量的控制过程。事前控制一方面是对质量设计与生产工艺的控制，更重要的是对原材料的质量控制。

事前控制是指一个组织在一项活动正式开始之前所进行的管理上的努力。事前控制主要是对活动最终产出的确定和对资源投入的控制，其重点是防止组织行为偏离目标，防止所使用的资源在质和量上产生偏差。因此，事前控制的基本目的是：保证某项活动有明确的绩效目标，保证各种资源要素的合理投放。市场调查和可行性分析、入学考试和体检、对投入要素的检测均属于事前控制。

2. 事中控制（过程控制）

事中控制是指产品或服务生产过程对质量的控制过程，是在某项活动或工作进行过程中控制，如管理者在现场对正在进行的活动给予指导和监督，以保证活动按规定的政策、程序和方法进行。事中控制的目的是及时处理例外情况，纠正工作中发生的偏差。由于事中控制一般在现场进行，管理者的工作作风和领导方式对控制效果有很大的影响。课堂上教师的提问检查属于事中控制。

3. 事后控制（反馈控制）

事后控制是指对已经发生的事件或已经完成的生产与服务的结果进行检验以确定质量的过程。例如，传统的质量控制往往局限于成品的检查，把次品和废品挑出来，以保证出厂的产品都符合质量标准。事后控制的主要特征是根据事先确定的控制标准对实际工作绩效进行比较、分析和评价。事后控制的最终目的是把好最后一道关，并根据对实际工作绩效的评价，为未来的事前控制和事中控制打下基础。

4. 3 类控制的效果

根据上述分析可以得出一项基本结论：事前控制效果好于事中控制，事中控制效果好于事后控制。但是，事后控制属于亡羊补牢的性质，是必不可少的。

管理者对下属的考核实际上也可以分为上述 3 个阶段。事前控制表现在对下属部门或个人工作计划、工作思路、工作目标设定方面的考查；事中控制是对下属部门或个人计划执行情况的考核，如阶段成果等；事后控制表现在对下属部门或个人的绩效考核。很多管理者喜欢采取结果考核的方式，即不问过程只问结果。这种方式存在着一定的风险：如果下属部门或个人的自我控制、自我激励能力很强，则结果考核是理想的选择，不对过程进行干涉往往能起到激励作用，使下属部门或个人感受到工作的挑战性、自我独立性与决策权，从而实现自我价值；但是如果下属的自我控制与自我激励能力较差，仅仅进行结果考核就可能会造成严重的后果。具有 200 多年历史、在全球范围内掌控 270 多亿英镑资产的巴林银行，被一位28 岁的交易员搞垮而倒闭的事件就是很好的例证。

即问即答：实行事前控制、事中控制、事后控制的前提条件各是什么？

思政园地：职业规则

修合无人见，存心有天知

以"济世养生"为宗旨的北京同仁堂创建于 1669 年（清康熙八年），由于其"配方独特、选料上乘、工艺精湛、疗效显著"，自 1723 年起，北京同仁堂正式供奉清皇宫御药房用药，历经八代皇帝，长达近 200 年。

老一辈创业者伴君如伴虎，不敢有丝毫懈怠，终于造就了北京同仁堂人在制药过程中小心谨慎、精益求精的企业精神。

在 300 多年的历史长河中，历代北京同仁堂人树立"修合无人见，存心有天知"的自律意识，确保了"同仁堂"这一金字招牌的长盛不衰。有一次某经销商在广告中擅自增加并夸大某种产品的药效，北京同仁堂郑重登报予以纠正并向消费者道歉。

同仁堂品牌作为中国的驰名商标，享誉海外。目前，同仁堂商标已经受到国际组织的保护，在世界 50 多个国家和地区办理了注册登记手续，同仁堂成为拥有境内、境外两家上市公司的国际知名企业，实现了良性循环。

6.2.2.2　按控制范围划分

组织要实现有效的控制，必须采取全面控制体系，只有对组织中的每个部分与每个工作环节全部实施有效控制，才能确保组织总体目标的实现。但是由于控制是一项非常庞大而复杂的工作，不可能由一个部门或几个人来完成，必须将控制任务分解到各个层面，实施分层的局部控制。因此，按照控制的范围来划分，控制可分为全面控制与局部控制。

1. 全面控制

建立全面控制体系通常要根据组织的总体目标而设定各个部门的分目标，根据分目标设定各个部门的总体考核指标，并在工作执行过程中进行管理监督。例如，根据全年计划设定研发目标、生产目标、营销目标、人力资源管理目标等，对每个职能部门设定考核指标，如全年研发目标是完成某几项专利技术的申报，其考核指标包括总研发投入资金、研发设备采购数量、若干研发实验的完成情况、若干研发文件的完成情况等。

在全面控制体系下，各部门之间的目标与绩效考核指标应能够相互支撑、相互协调、相互匹配，构建全面控制体系一定要从组织总体目标出发，避免部门利益之争。

在企业中，最常见的全面控制工具就是财务控制。财务控制通常贯穿全年，包括预算、执行审批、决算三大环节。预算属于事前控制，在财务年度开始之前根据企业年度运营计划制订出企业年度费用支出计划，如全年的广告费用总额及结构比例（各类媒体广告所占比例等）、全年的研发费用总额及比例结构（各研发项目所需资金比例等）等。"预算"即预先经过计算而确定的支出计划。

财务控制的执行审批环节属于事中控制，即对各部门每笔支出进行严格审批。审批的依据就是预算计划。执行审批环节在财务控制中具有非常重要的作用，企业能否严格控制成本，实现利润目标，关键在于财务的事中控制环节。如果事中控制松弛，即便年底结算后追究责任，成本超标的事实也已无法挽回。而总成本水平超标将直接降低企业的竞争力，其影响甚至可能是致命的。

财务控制的决算环节属于事后控制，即在财务年度结束之后对本财务年度已经发生的各种费用支出进行核算与总结，通过与预算进行比较得出决算结论。通过对决算结论的深入分析总结预算与执行审批的总体状况，分析不足、总结经验、奖励先进、严惩违规，为下一个财务年度的预算工作提供重要的参考依据。

财务控制之所以属于重要的全面控制工具，是因为财务部门支撑企业总体运营，支撑每个业务部门与职能部门的运营。全面质量管理方法与财务控制类似，即打破传统的观念，确保质量不再是生产部门的任务，企业中的每个人都对质量有责任与义务，全员动员起来实现质量的"零缺陷"。因此，全面质量管理也属于全面控制的重要工具。

企业、政府机构、事业单位、社会团体等各类社会组织都需要全面控制体系，由于每个组织的结构与功能均不相同，因此无法给出全面控制体系的通用模型。图6-4为常见的企业全面控制体系图。

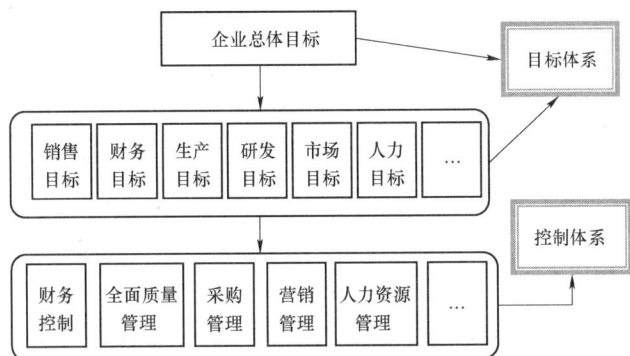

图6-4　常见的企业全面控制体系图

2. 局部控制

局部控制即在全面控制体系中每个职能部门或业务单位内部的自我控制体系。局部控制是一个相对概念。例如，生产部门属于企业全面控制体系的组成部分，因此相对于企业的全面控制而言，生产部门的内部控制属于局部控制，但是在生产部门内部，部门的控制体系就属于全面控制体系，部门内部各业务单位的控制属于局部控制。

局部控制与全面控制在控制过程与基本方法上并无本质不同，区分全面控制与局部控制最本质的意义在于强调这样一个重要的思想：**要实现控制的重要作用必须实行分层控制，分层控制的最终目标是将控制过程落实到每个最基层单元和每个人**。

6.3　控制原则与过程

实例分析

某大学某系召开系学生会干部会议，议题是今年的"圣诞+元旦"联欢晚会。学生会主席小柳是一个非常有创意的人，他认为办好联欢晚会关键在于形式新颖。于是在他的主持下，迅速确定了几种新颖的节目形式，几位学生会干部分头负责一类节目的选择与彩排，会议高效结束。

在节目准备的过程中，小柳经常与几位学生会干部进行沟通，了解准备的进度，每次得到的答复都是没问题。主持人选定的是两位系里公认的名嘴，准备用说相声的方式主持节目。曾经有学生会干部提出要听听两位名嘴的主持串词，但是小柳认为用人不疑、疑人不用，充分相信有才能的人就要充分授权，只要把节目目录交给两位主持人就没问题了。

整个准备过程大家都很忙碌，唯独小柳就是动动嘴和别人沟通一下，显得非常轻松。有些学生会干部担心准备工作过于松散，提出要彩排两次，得到了大多数干部的支持。但是小柳认为快到期末了大家都很忙，准备节目还要准备期末考试，时间上无法凑在一起，要充分相信大家的能力，不必彩排了。虽然很多人都反对，但是大家觉得小柳所说的也是客观现实，于是彩排取消了。

联欢晚会开始那天，一位名嘴因吃坏了肚子导致上吐下泻，小柳临危受命客串主持人，由于对串词很陌生，中间出了不少错，而且磕磕绊绊的，一点儿也不流畅。大多数节目比较精彩，只有少数节目排练得不好，出了很多岔子。联欢晚会场地的设备中间还出了些状况，大家甚至不知道灯光的开关在哪里……

联欢晚会邀请了学校领导和各系学生会主席参加，虽然大家嘴上不说什么，但是显然对小柳的工作能力产生了怀疑。联欢晚会与预想的效果差得很远。

思考：从管理控制的角度看，联欢晚会的问题出在哪里？如果你是小柳，你认为应该如何实施正确的控制过程？

6.3.1 控制的基本过程

虽然控制具有多种不同的形式，但有效的控制一般都按照以下基本过程进行，如图6-5所示。

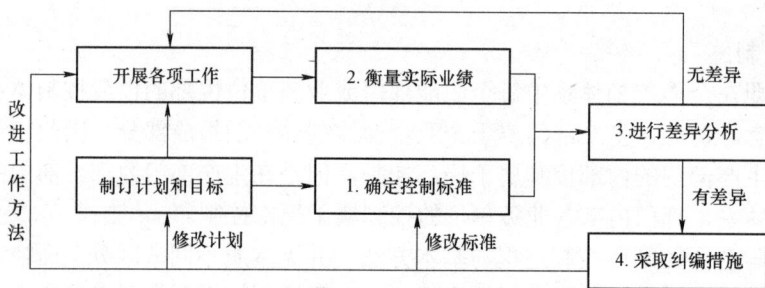

图6-5 控制的基本过程

6.3.1.1 确定控制标准

标准是组织用以衡量组织中的各项工作或行为符合组织要求的程度的标尺，表现为一些具体的衡量指标。控制主要是对组织活动加以监督和约束，以实现所期望的目标，为此必须首先确定控制标准，作为共同遵守的衡量尺度和比较的基础。因此，确定控制标准是实施控制的必要条件。没有标准，就无法对工作进行客观检查和对实际业绩进行客观评价，也无法明确是否需要采取纠偏措施；标准的错误，则往往会导致组织误入歧途，如公立医院以创收多少来衡量医生的工作业绩，就可能会导致医生过度治疗；标准的不清晰和不客观，则常常会导致组织内部的纷争、员工的不满和上下级的挫折感。

控制的目的，是保证计划的顺利进行和目标的实现，因此控制标准的制定必须以计划和目标为依据。但组织活动的计划内容和活动状况是细微和复杂的，控制工作既不可能也没必要对整个计划和活动的细枝末节都来确定标准、加以控制，而应找出关键点。只要抓住这些关键点，就可以控制组织的整体状况。

组织目标是最主要的关键点，目标偏了，其他工作做得再好也不会符合要求。除此之外，对实现目标有重大影响的因素和环节、最容易出现问题的薄弱环节和实际发生的重大例外，都是应加以控制的关键点。在任何组织活动中都存在着此类关键点，如在酿造啤酒的过程中，影响啤酒质量的因素很多，但只要抓住了水的质量、酿造温度和酿造时间，就能基本保证啤酒的质量。目标管理思想实际上也是基于这个原理。

在控制过程中，对关键点必须确定相应的控制标准。控制标准可分为定量标准和定性标准两大类。定量标准便于度量和比较，是控制标准的主要表现形式。定量标准主要分为实物标准、价值标准、时间标准。实物标准如产量等，价值标准如成本、利润、销售收入等，时间标准如工时定额、工期等。除了定量标准，还有定性标准，定性标准主要是有关服务质量、组织形象、社会责任等方面，这些方面一般难以量化。尽管如此，为了使定性标准便于掌握，有时也应尽可能地采用一些可度量的方法。例如，麦当劳餐厅在经营上奉行"质量、服务、清洁、价值"的宗旨，为体现其宗旨，公司制定的工作标准是：95%以上的顾客进餐厅后 3 min 内，服务员必须迎上前去接待顾客；事先准备好的汉堡包必须在 5 min 内加热供应顾客；服务员必须在就餐顾客离开后 5 min 内把餐桌打扫干净；等等。

通常而言，构建一个工作标准可以从 4 个维度去考虑：数量、质量、成本和时间。如营销员的工作成果：数量是销售收入，质量是销售利润和货款回收率，成本是销售费用率，时间是年度、月度等。人力资源招聘职责履行情况可以用在规定时间内所招聘人员的数量、质量、招聘的成本等来衡量。"多快好省"是对很多工作的理想追求。不管对某些控制对象制定控制标准有多困难，组织都应尽可能地建立有效的控制标准，能够量化的尽可能量化，不能量化的尽可能细化或状态化，以保证标准的客观可衡量性。

小卡片：管理大师德鲁克笔下的"管理者"

"为了能够控制自己的绩效，管理者除了要了解自己的目标，还必须了解一些其他情况。他必须能够对照目标来衡量自己的绩效和成果。在企业的所有重要领域，都应该提出一些明确而共同的衡量标准。这些衡量标准不一定是定量的，也不一定要十分精确，但必须是清楚、简单和合理的。它们必须与业务有关，并能够把人们的注意和努力引向正确的方向。它们必须是可靠的，至少其误差界限是大家所公认的，并为人所理解。同时，它们还必须是自明的，用不着复杂的解释或哲学式的讨论就能让人理解。"

6.3.1.2　衡量实际业绩

标准的制定是为了衡量实际业绩，即把实际工作情况与控制标准进行比较，找出实际业绩与控制标准之间的差异，并据此对实际工作做出评估。

即问即答：在控制中为什么要进行实际业绩的衡量？

实际业绩的确定直接关系到控制措施的采取，因此要十分重视。为了对组织的各项活动加以有效控制，管理者必须拥有信息。例如，为了依据预算标准控制开支，管理者需要掌握目前组织中各部门的资金使用情况。衡量实际绩效也就是控制过程中的信息反馈。在了解内外部环境和检查各项工作的过程中，信息的获取占据着重要的地位。在控制工作中，能否及时获得所需要的信息以及所获得的信息的准确性如何，直接影响到组织对实际绩效的评价、差异的分析和纠偏措施的采取。

为此，管理者有必要建立一个高效的管理信息系统，来帮助管理者收集、储存、综合分析、传递大量信息以满足决策和控制的需要。在一个组织中，管理者通常通过以下几种方法获取信息：现场观察、口头和书面报告、统计分析、专题分析、审计、管理信息系统。这些信息收集渠道各有长处和短处，在实际工作中将它们有机结合起来，可以大大丰富信息的来源并提高信息的准确性。管理者通过建立一定的检查制度、汇报制度，及时掌握信息；要通过在线检测、调查、核实、统计、分析，比较全面确切地了解实际的工作进展情况；要力求真实，防止文过饰非；要抓住重点，对关键之处进行重点检查，以使控制更有针对性；要将实际业绩的衡量作为一项经常性的工作，定期而持续地进行。

为了防止被控制者歪曲或隐瞒实际情况，管理者可建立专门的部门，如统计部门、审计部门、政策研究部门等来从事这项工作。不要把实际绩效简单地理解为某项工作或某个项目的最后结果，有时它可能是中间过程或状态，有时它也可能是由中间过程或状态推测出来的结果。控制的目的不是衡量绩效，而是达到预定的绩效，所以在控制过程中也要预测可能出现的偏差，以控制未来的绩效。

6.3.1.3 进行差异分析

差异分析的目的在于确定是否有必要采取纠偏措施。通过实际业绩同控制标准之间的比较，可以确定这两者之间有无差异。若无差异，工作按原计划继续进行；若有差异，则首先要了解偏差是否在标准允许的范围之内。若偏差在标准允许的范围之内，则工作继续进行，但也要分析偏差产生的原因，以便改进工作，并把问题解决在萌芽状态；若偏差超出了标准允许的范围，则应深入分析产生偏差的原因，以适时采取纠偏措施。

搞清原因是采取相应措施的前提。差异分析首先要确定偏差产生的原因的性质和类型。通常而言，导致偏差产生的原因有3类：①事先没有预计到某些因素的变化导致实际业绩偏离了预期；②在实施过程中方法不当、组织不力、领导无方导致实际业绩没有达到预期目标；③计划指标或工作标准的制定脱离实际，定得太高或太低，以至于出现偏差。必须对这3类不同性质的偏差做出准确的判断，以便采取相应的纠偏措施。

偏差分为正偏差和负偏差。正偏差是指实际业绩超过了计划要求，而负偏差是指实际业绩未达到计划要求。负偏差固然引人注目，需要分析；但正偏差也要进行原因分析。如果是环境变化导致的有益的正偏差，则要修改原有计划以适应变化了的环境。如在检查当月的销售情况时，出现了实际销售量超过预期计划的正偏差，管理者就要分析导致实际销售量超过预期计划的原因，以便采取正确的措施。

在做差异分析时，必须持冷静客观的态度，以免影响分析的准确性。应抓住重点和关键，从主观和客观两方面做实事求是的分析。

6.3.1.4 采取纠偏措施

控制的第四步是采取必要的纠偏措施来纠正已有的偏差或预防未来的偏差。采取纠偏措施实质上是一个解决问题的过程，在深入分析产生差异的原因的基础上，管理者要根据不同的偏差采取不同的措施。一般而言，纠偏措施可从以下几方面进行。

1. 改进工作方法

达不到原定的控制标准，工作方法不当是主要原因之一。在很多情况下，偏差可能来自技术上的原因，为此就要采取技术措施，及时处理由于技术问题而引起的各种偏差。例如，有些同学学习非常自律、刻苦，学习效果却总是不理想，其中很有可能是因为学习方法不当，只有当其认识到这一问题，并进行认真的探索和改进，努力才能获得相应的回报。

2. 改进组织和领导工作

控制职能与组织、领导职能是相互影响的。组织方面的问题主要有两种：一是计划制订好之后，组织实施工作没有做好；二是控制工作本身的组织体系不完善，不能对已产生的偏差加以及时跟踪与分析。在这两种情况下，都应改进组织工作。偏差也可能是执行人员能力不足或积极性不高导致的，那么就需要通过改进领导方式和提高领导艺术来矫正偏差。

3. 调整或修正原有计划或标准

偏差较大，有可能是原计划安排不当导致的；也有可能是内外环境的变化，使原计划与现实状况之间产生了较大的偏差。不论是哪一种情况，都要对原计划加以适当的调整。需要注意的是，调整计划不是任意地变动计划，这种调整不能偏离组织总的发展目标，调整计划归根结底还是为了实现组织目标。在一般情况下，不能以计划迁就控制，任意地根据需要来修改计划。只有当事实表明计划标准过低或过高，或环境发生了重大变化使原有的计划前提不复存在时，对计划或标准进行修改才是合适的。

管理者在采取纠偏行动之前，还要决定是采取应急纠偏措施还是彻底纠偏措施。所谓应急纠偏措施，是指能够马上将出现问题的工作矫正到正确的轨道上来的措施；彻底纠偏措施则是指能够从根本上消除偏差的措施。采取彻底纠偏措施首先要弄清工作中偏差产生的原因，其次从产生偏差的地方开始采取纠正行动，因此，从发现问题到解决问题需要花费一定的调查研究的时间，而且往往会遇到思想观念、人事安排、管理基础等方面的阻力。在日常管理工作中，不少管理者常以没有时间为借口或不愿变革而满足于不断救火式的应急控制。但事实证明，单纯依靠应急纠偏措施，尽管能取得一时的成效，但随着时间的推移和问题的积累，最终将酿成大问题。作为一个有效的管理者，注重对偏差的认真分析并花一定的时间以永久性地纠正这些偏差是非常有必要的。

> 💡 **即问即答**：是否所有的控制都包含这4个步骤？

📚 **案例分析**：贾跃亭离别乐视，如何一步步走向"失控"？

乐视成立于2004年，创始人是贾跃亭。乐视致力于打造基于视频产业、内容产业和智能终端的"平台+内容+终端+应用"完整生态系统，被业界称为"乐视模式"。

2017年7月6日，乐视网发布公告称，贾跃亭将辞去乐视网董事长一职，并且不再在乐视网担任任何职务。这意味着，贾跃亭对于上市公司乐视网已无决策权，而"控股股东"身份也因其名下乐视网99.06%的股份被冻结，视为虚名。坚持了4年的"乐视生态"随着贾跃亭出局乐视网而分崩离析。梦想曾指引贾跃亭越挫越勇，为了维系梦想，他也正一步步远离它。

截至2013年年底，从电视、手机、影视、体育、金融到汽车，贾跃亭提出"平台+内容+终端+应用"的产业链垂直整合的乐视生态模式。彼时，乐视版权分销和广告带来的收入已显倦态，"生态梦"的诞生令其满血再战。"99%的人反对的事情，反而意味着巨大的机会"，这是贾跃亭一度坚信的原则。

2013年，乐视决定推出第一代超级电视时，其内部曾出现过反对的声音。同样的反对声也出现在乐视汽车的项目中。

2014年，贾跃亭长期滞留海外后回国，搭建了乐视体育、汽车和手机团队。

2015年3月，乐视宣布成立音乐公司，并通过微博将"生态化反"的概念推向公众视野。

"生态化反"是生态化学反应的简称，意指各个生态业务被糅合到一起产生化学反应，释放出巨大能量，以此发挥更大的经济价值。

为了打造生态圈，乐视网也需要将资金更多地投入内容和终端。一时间，到处都在花钱。外部融资不顺时，贾跃亭就选择自己减持股份套现，并把资金无息贷款给乐视发展新业务。根据 Wind 数据显示，自 2013 年 3 月 8 日至 2014 年 7 月 8 日，贾跃芳、贾跃亭姐弟二人共完成了股权质押 33 次。贾跃亭曾公开表示，个人投的钱其实是可以调整的，有些投到乐视全球，有些投到汽车，哪边紧张就把这块的钱抽过去。

2016 年 11 月，在乐视手机传出拖欠供应商贷款一个月的消息后，贾跃亭发布公开信承认乐视资金遇到问题："几个月以来，供应链压力骤增，再加上一贯伴随 LeEco 发展的资金问题，导致供应紧张。"

过去几年，乐视通过一次次融资，建立起三大业务体系：上市公司主体乐视网，主营业务包括乐视视频、乐视云和乐视电视；非上市乐视生态（LeEco），主营业务包括乐视体育、影业、手机、金融等业务；乐视汽车则是一个独立体系。

为了夯实这一庞大帝国，贾跃亭每发展一个新业务都会挖来这个行业的一流高手，并通过股权激励为高管许以未来。随着资金危机日益凸显，好听的故事也难以留住曾经并肩的"逐梦人"。自 2016 年 11 月起，乐视移动、乐视体育、乐视汽车等子业务的高管相继离职。

2016 年 11 月中旬，贾跃亭投资的电动车初创企业法拉第未来（Faraday Future，FF）在美国内华达州的 10 亿美元电动车工厂项目被叫停。据一名内华达州官员表示，该公司数次错过向承包商 AECOM 付款的期限。FF 也曾在 2016 年 10 月末证实，过去几个月里，团队已有 6 名高管离职。

2017 年 4 月 17 日，易到周航的一纸声明和乐视被供应商集体催债事件，使乐视潜伏的资金危机复燃，将乐视推向争议的焦点。周航指出，乐视因挪用了易到的 13 亿元资金，导致易到车主提现困难。

就在 4 月 19 日晚，乐视核心子公司"现金奶牛"乐视网发布 2016 年年报，8 年来净利润首现下滑。除部分业绩数据与此前业绩预告存在大额差异外，乐视网亦因关联交易，在 2010 年上市以来首次被审计机构出具非标意见。

乐视跑得太快，以至于错估了自身的体能，一步步走向"失控"。

思考题：

1. 乐视为什么会一步步走向失控？

2. 乐视应该怎样面对这种失控的局面？

分析要点：

1. 可以从以下几点分析。①环境的动态性。作为一家企业，乐视同样面临一个动态性的环境。而且乐视把有限的资金分散投资到多个项目上，降低了乐视抵御环境变化的能力。②业务的分散。乐视的 CEO 贾跃亭一心要打造生态圈，同时运营多个项目，这大大加大了企业管理层控制风险的能力。③控制体系不完整。乐视的发展战略很大程度上是贾跃亭本人思想意志的体现，缺乏足够严密的论证和战略计划安排。

2. 可以从以下几点分析。①进行业务分析和业务重组。乐视大量的业务不仅没有形成协同反而拖累了核心业务的发展。面对这种困境，企业需要拿出勇气，将非核心业务出售，将资金集中到主线业务当中。②引入外部资本，解决资金短缺问题。③从此次危机中学习，建立更为科学的决策机制，控制企业业务扩张的节奏。

6.3.2　控制的基本原则

无论采用何种控制方式，为了保证对组织活动进行有效的控制，控制工作都必须遵循以下基本原则。

6.3.2.1　重点原则

控制不仅要注意偏差，而且要注意出现偏差的项目。你不可能控制工作中所有的项目，而只能针对关键的项目，且仅当这些项目的偏差超过了一定限度，足以影响目标的实现时才予以控制纠正。事实证明，要想完全控制工作或活动的全过程几乎是不可能的，因此应抓住活动过程中的关键和重点进行局部的和重点的控制，这就是所谓的重点原则。

由于组织和部门职能的多样化、被控制对象的多样性以及政策和计划的多变，几乎不存在有关选择关键和重点的普遍原则。但一般地，在任何组织中，目标、重要影响因素、薄弱环节和例外都是管理者控制的重点。

良好的控制必须具有明确的目的，不能为控制而控制。在一个组织中，无论什么性质的工作都能列举出许多目标，并总有一两个是最关键的，这就需要管理者在这众多的目标中，选择出关键的目标加以重点控制。

同时，在内外部环境中存在着众多影响目标实现的因素，在影响目标实现的众多环节中，有些环节由于组织力量的薄弱，在组织运行过程中特别容易出问题。对目标的实现有重大影响的因素以及特别容易出问题的薄弱环节，也是管理者需要在实施过程中特别加以关注的。

进一步地，在控制过程中，管理者应重点针对事先未能预料而实际发生了的例外情况。例外情况的出现，由于管理者缺乏事先准备而易措手不及，从而对组织造成很大的影响，因此要集中精力迅速而专门地加以应对。但单纯地注意例外情况之处是不够的，某些例外情况可能影响不大，有些则可能影响很大，因此管理者所关注的，应当是那些需要特别注意的例外情况，而把一般性的例外情况交给下属去处理。

管理者越是把控制力量集中在目标、重大影响因素、薄弱环节和例外情况上，他们的控制就越有效。

6.3.2.2　及时性原则

高效率的控制系统，要求能迅速发现问题并及时采取纠偏措施。这一方面要求及时准确地提供控制所需的信息，避免时过境迁，使控制失去应有的效果；另一方面要事先估计可能发生的变化，使采取的措施与已变化了的情况相适应，即纠偏措施的安排应有一定的预见性。

控制是通过纠偏来保证目标的实现的，因此控制信息要力求准确，要客观、准确地进行控制标准的制定、实际业绩的评估、存在差异的分析和控制措施的采取。不准确不仅会影响工作进展，导致组织走弯路，而且会挫伤人们的积极性和工作热情。

要使控制准确客观，一是要尽量建立客观的衡量方法，用定量的方法记录并评价绩效，把定性的内容具体化、客观化；二是管理者要从组织的角度来观察问题，尽量避免形而上学，避免个人的偏见和成见，特别是在绩效的衡量阶段，要以事实为依据；三是要明确这些信息不是整人的证据以确保信息的可靠性，因为谁也不愿意提供对自己不利的证据。

控制时机的选择也十分重要。实际情况千变万化，控制不仅要准确，而且要及时，一旦丧失时机，即使提供的信息再准确也是徒劳的。当然，及时不等于快速，及时是指当决策者需要时，控制系统能适时地提供必要的信息。组织环境越复杂、动荡，决策就越需要及时的控制信息。同时，要尽可能地采用前馈控制方式或预防性控制措施，一旦发生偏差，就要对以后的情况进行预测，使控制措施能够针对未来，较好地避免时滞问题。

6.3.2.3　灵活性原则

尽管人们努力探索未来、预测未来，但未来的不可预测性始终是客观存在的。人们努力追求预测的准确性以及对实际业绩评价和差异分析的准确性，但不准确性总会存在。如果控制不具有弹性，则在执行时难免被动。因此为了提高控制系统的有效性，就要使控制系统具有一定的灵活性。

控制的灵活性原则要求管理者制订多种应付变化的方案和留有一定的后备力量，并采用多种灵活的控制方式和方法来达到控制的目的。控制应保证在发生某些未能预测到的事件，如环境突变、计划疏忽、计划失败等情况下，控制仍然有效，因此要有弹性和替代方案。控制应当从实现目标出发，采用各种控制方式达到控制目的，不能过分依赖正规的控制方式，如预算、监督、检查、报告等，它们虽然都是比较有效的控制工具，但它们也都有一定的不完善之处，数据、报告、预算有时会同实际情况有很大的差别，过分依赖它们有时会导致指挥失误、控制失灵，因此也要采用一些能随机应变的控制方式和方法，如弹性预算、跟踪控制等。

思政园地：诚实守信

严格遵守诺言，严格履行合同

"一诺千金"的故事在我国流传至今。秦朝末年，楚地有一个叫季布的人，性情耿直，为人侠义好助。只要是他答应过的事情，无论有多大困难，都会设法办到，受到大家的赞扬。

楚汉相争时，季布是项羽的部下，曾几次献策，使刘邦的军队吃了败仗，刘邦当了皇帝后，想起这事就气恨不已，下令通缉季布。这时敬慕季布的人都在暗中帮助他。不久，季布经过化妆后到山东一家姓朱的人家当佣工。朱家明知他是季布，仍收留了他。后来，朱家又到洛阳去找刘邦的老朋友汝阴侯夏侯婴说情。刘邦在夏侯婴的劝说下撤销了对季布的通缉令，还封季布做了郎中，不久又改做河东太守。季布有一个同乡人叫曹邱生，专爱结交有权势的官员，借以炫耀和抬高自己，季布一向看不起他。听说季布又做了大官，曹邱生就马上去见季布。季布听说曹邱生要来，就虎着脸，准备发落几句话，让他下不了台。谁知曹邱生一进厅堂，不管季布的脸色多么阴沉、话语多么难听，立即对着季布又是打躬又是作揖，要与季布拉家常叙旧，并吹捧说："我听到楚地到处流传着'得黄金千两，不如得季布一诺'这样的话，您怎么能有这样好的名声传扬在梁楚两地的呢？我们既是同乡，我又到处宣扬你的好名声，你为什么不愿见到我呢？"季布听了曹邱生的这番话，心里顿时高兴起来，留下他住了几个月，作为贵客招待。临走，还送给他一笔厚礼。曹邱生确实也照自己说过的那样去做，每到一地，就宣扬季布如何礼贤下士，如何仗义疏财。这样，季布的名声越来越大。后人便用"一诺千金"来形容一个人很讲信用，说话算数。

严格遵守承诺、严格履行合同是个人职场成功、企业长足发展的法宝。一个人在和他人交往的过程中，应该做到"言而有信"，说到一定要做到。如果做不到，不要轻易许下诺言，否则会失信于人。当然，在现实生活中，有时为了照顾别人的感受而说了"善意的谎言"是无可厚非的。但是，如果恶意说谎就是不诚信了。

6.3.2.4　经济性原则

控制是一项需要投入大量的人力、物力和财力的活动，其耗费之大正是今天许多应予以控制的问题没有得到控制的主要原因之一。是否进行控制，控制到什么程度，都涉及费用问题，因此，必须把控制所需的费用与控制所产生的效果进行经济上的比较，只有当有利可图时才实施控制。

控制的经济性原则一是要求实行有选择的控制，全面周详的控制不仅不必要也不可能，要正确而精心地选择控制点，太多会不经济，太少会失去控制；二是要求努力降低控制的各种耗费而提高控制效果，费用的降低使人们有可能在更大的范围内实行控制。花费少而效率高的控制系统才是有效的控制系统。

控制所耗费的成本必须值得，虽然这种要求看起来很简单，实际上却很复杂。因为管理者很难知道一个特定的控制系统价值多少，或者它的成本是多少。所谓经济是相对而言的，因为效益会随着业务的重要性、工作的规模、因无控制而造成的耗费、控制系统可能做出的贡献等因素而改变。在实际工作中，控制的经济性考虑在很大程度上取决于管理者是否将控制应用于他们所认为的重要工作上。

小卡片：有效控制的特征

● 控制以战略和产出为导向。控制应该支持战略计划，并且关注给组织带来异常的重大活动。

● 控制应该易于理解。控制应该通过提供可理解的数据支持决策的制定，而不应该采用复杂的报告和模糊的统计数字。

● 控制应该鼓励自我控制。控制应该互相信任，沟通良好，使每个员工参与其中。

● 控制应该以及时和例外管理为导向。控制应及时报告偏差，了解绩效差距的内在原因，并考虑应采取的纠正措施。

● 控制在本质上应该是积极的。控制应强调对发展、变革和改善的贡献，而不应该强调罚金和斥责的作用。

● 控制应该公平和客观。控制应该被认为对每个员工都是公平和准确的，控制应该考虑一个基本的目的，即提高组织的绩效。

● 控制应该是有弹性的。控制应该为个人的评价留有余地，并且在环境变化时应该能够及时调整。

实例分析

老钱是一家公司的销售经理。一直以来老钱都被一个看似很简单的问题困扰着：如何监控销售人员的工作？老板多次对老钱说："我们是给销售人员支付'工资+提成'的，必须让他们好好工作，不能成天在外面乱跑，要不然跑出去兼职怎么办？"可是每天把销售人员召集到公司开会、坐班也不现实，销售人员觉得很烦，经常要出去拜访客户，下班的时候还必须回公司，有时候请客户吃饭就不能按时回来，还要求必须请假。很多人都在抱怨："我们干的到底是销售啊，还是办公室职员啊？"有一段时间，老钱试着不限制销售人员的时间与行为，虽然受到了销售人员欢迎，业绩也有所上升，但他也确实发现了不少"混日子"和搞兼职的人，这让老钱很恼怒。

思考： 如果你是老钱，你该怎么办？

实训项目

全班以 5 人为一小组完成以下任务。

（1）虚拟一家创业公司，如网吧、酒吧、餐馆、婚庆公司等。请注意，不要虚拟过于复杂或庞大的企业。

（2）小组讨论公司的控制体系。

（3）写出公司第一年的运营计划与控制体系要点。

目标：

这项活动帮助你将本章介绍的控制的基本概念与理论应用到实践中，体会创业的艰辛，为将来的创业做一定的准备。

要求：

（1）建议完成任务时间为 2 节课；

（2）各小组提交的"某公司全面控制体系报告"应包括三部分：公司简介、公司的控制体系简述、第一年度运营计划与控制体系要点；

（3）报告不必进行复杂的陈述与论证，力求言简意赅，但控制体系、年度运营计划与控制体系要点两部分必须明确而具体，避免泛泛而谈，要体现出公司的特点；

（4）报告不少于 1 000 字。

复习思考题

一、多选题

1. 控制的原则有（　　）。

A. 重点性原则　　　　　　　　　　B. 及时性原则

C. 经济性原则　　　　　　　　　　D. 灵活性原则

2. 控制系统的构成要素主要包括（　　）。

A. 控制对象　　　　　　　　　　　B. 控制目标

C. 控制方法和手段　　　　　　　　D. 控制主体

3. 控制类型有不同的标准，按控制点不同划分有（　　）。

A. 事前控制　　　　　　　　　　　B. 事中控制

C. 事后控制　　　　　　　　　　　D. 局部控制

4. 公司管理政策赋予管理者的权力是：每月不超过 200 元的年工资增长批准权，每笔支出不超过 1 000 元的审批权，并且年度总支出不超过 2 000 万元，如果超出上述标准则需经过上级管理部门的批准。在实施这种控制时，必须强调（　　）。

A. 控制的适时性　　　　　　　　　B. 重点控制

C. 控制的经济性　　　　　　　　　D. 例外控制

5. 控制方式有传统的控制方式和基于责任感的控制方式，其中传统的控制方式有（　　）。

A. 资金控制   B. 时间控制

C. 数量和质量控制   D. 信息控制

二、简答题

1. 一个组织的控制系统由哪几部分组成?

2. 控制过程一般由哪几个基本步骤构成?

3. 实施有效控制的基本前提是什么?

4. 常见的控制方式有哪些?

5. 综合本章所学,试着解释城市道路交通系统是如何实现控制的。

复习思考题参考答案

第 2 篇

管理技术

第7章│目标管理

思维导图

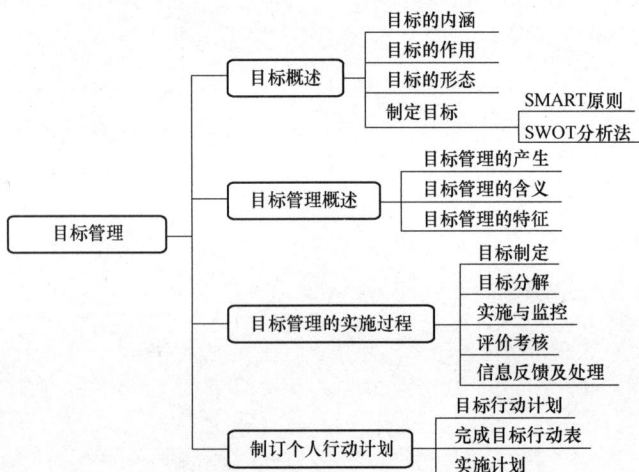

150

管理问题：

哈佛的大学生

有一年，一群意气风发的天之骄子从美国哈佛大学毕业了。他们的智力、学历、环境条件都相差无几。在临出校门前，哈佛大学对他们进行了关于人生目标的调查。结果是这样的：27%的人，没有目标；60%的人，目标模糊；10%的人，有清晰但比较短期的目标；3%的人，有清晰而长远的目标。

25 年后，哈佛大学再次对这群学生进行了跟踪调查。结果是这样的：3%的人，25 年间他们朝着一个方向不懈地努力，几乎都成为社会各界的成功人士，其中不乏社会精英和行业领袖；10%的人，他们的短期目标不断地实现，成为各个领域的专业人士，大多生活在社会的中上层；60%的人，他们安稳地生活与工作，但都没有什么突出的成绩，几乎都生活在社会的中下层；27%的人，他们生活没有目标，过得不如意，并且常常抱怨他人和社会，抱怨"不肯给他们机会"的世界。

学生插画练习：画一幅目标清晰、成才与目标不清晰、过得不如意相对比的漫画

问题：你认为明确的人生目标与个人职业生涯的成功有什么样的关系？你有什么样的人生目标？

分析要点：

1. 人生目标设定的意义和作用：有针对性、目的性的努力方向。
2. 职业生涯成功的因素：有目标与规划、有针对性的能力培养、目标明确、个人努力等
3. 环境的影响与个人抉择之间的关系。

7.1　目　标　概　述

7.1.1　目标的内涵

目标是一个组织各项管理活动所指向的终点，每个组织都应有自己的目标。企业目标是在分析企业外部环境和内部条件的基础上确定的企业各项活动的发展方向和奋斗目标，是企业经营思想或宗旨的具体化。企业目标为企业决策指明了方向，是企业计划的重要内容，也是衡量企业经营成效的标准。

企业目标如何定位，有一个发展的过程：传统的企业目标定位在"利润最大化"。现代企业由于普遍实行现代企业制度，更加注重在企业的稳定发展中寻求"长期稳定的利润""满意的利润"。第二次世界大战以后，顾客至上的企业目标日益普及。

> 💡 **即问即答：**大学生涯结束时，你想达到什么样的目标？

7.1.2　目标的作用

企业目标是企业各项活动所要达到的总体效果，对企业的存在、经营和发展起着非常重要的作用。

7.1.2.1 导向功能

目标是一个组织各种活动的出发点和归宿。企业在经营过程中，各种组织活动都是为了实现既定目标所做出的努力，是有针对性、有目的性的行为。在这些活动中，企业可以通过适当的管理和监控，以既定目标来衡量各部门和员工的业绩，对比计划要求与实际操作之间的差异，以便及时调整活动的方向、内容和方式，最终实现组织目标。

7.1.2.2 激励功能

目标是衡量绩效的标准，也是激励组织员工努力的力量源泉。目标实现本身既能体现员工的能力和个人价值，也能通过实施奖惩来实现任务完成与报酬之间的良性联系，激励各部门及员工积极参与到各项组织活动中，提高组织效益。

7.1.2.3 凝聚功能

目标是组织努力的方向，推动着组织不断发展壮大；同时，企业目标的实现也是提高员工满意度的保障。只有实现企业目标才能实现员工的个人目标。因此，企业目标体现了组织成员的共同利益，与个人利益密不可分，这也是凝聚员工协作一致为实现企业目标努力的前提条件。

7.1.2.4 考核功能

企业目标是准确衡量部门和员工绩效的基础与保障。在企业管理过程中，绩效考核是调控部门及员工行为的有力手段。设立具有一定量化标准的目标体系，能细化各项组织活动的方式和要求，结合衡量指标可对组织各部门及员工绩效做出客观、科学的评定，有助于实现绩效考核在提高管理绩效过程中的作用。

7.1.3 目标的形态

7.1.3.1 定量目标

定量目标是可以用数字明确下来的目标，是比较客观、有效的考核指标。常见的定量目标有产量、销售额、利润率、回款额等。绝对量指标可以是产能、质量、时间及其他数量，相对量指标可以是任何同单位数量的比值。例如，明年全年要在整个区域内达到某产品 400 万元的净销售额及 23 万套的销售量，在下半年内整个区域的销售额增加 15%；在上一年度的基础上，在保证其他部门正常工作的前提下，节约行政开支 20%。这些都是常见的企业定量目标形态。

💡 即问即答：你能列举哪些常用定量目标的例子？

7.1.3.2 定性目标

定性目标是指不能直接量化而需通过其他途径实现量化的评估指标，一般是用叙述性语句描述的目标，不用数字说明。例如，年内消除 A 销售区域内的"窜货"问题；年内制定新的报销制度；年内提高顾客满意度；年内制定公司各部门行政费用的支出标准。值得注意的是，不能量化不等于不能衡量。定性目标完全可以通过其他方式实现量化衡量。如"年内提高顾客满意度"这一定性目标，可以通过降低顾客投诉率与提高顾客回购率等方式从侧面衡量顾客满意度的提高。

实例分析：人力资源部经理的目标

人力资源部经理的目标是：2022 年 6 月以前制定出公司新的考核制度。那么如何进行衡量呢？之所以平时认为定性目标无法衡量，是因为事先没有确定衡量目标的标准。如果事先没有确定衡量目标的标准，就会出现：6 月份时，当人力资源部经理拿着自己拟定的公司新的考核制度向人事副总汇报时，人事副总可能会说："你怎么做成这样了？这可与我们所设想的差距太大了，重做！"人力资源部经理一听："完了，白做了！"

学生插画练习：设计一个场景，人力资源经理制定目标时，比较困惑

在此例中，正确的解决方式是：在制定一个目标时，同时制定出针对该目标的工作标准。

——分类考核原则。改变过去笼统考核的情况，针对不同的部门、不同的职位采取不同的考核办法。

——目标管理原则。改变过去公司制定统一考核表和考核要素的现象，公司不再制定统一的考核项目、考核要素和权重，由每位员工的直属上司负责为其制定工作目标和标准。

——考核的结果在于要改变过去"矮子里面挑将军"的现象，用考核结果和事先设定的目标进行比较，并进行奖惩，而不是人和人比。

通过制定以上 3 条考核目标的工作标准，这个目标虽然是定性的，但完全是可以衡量的。

7.1.4　制定目标

7.1.4.1　SMART 原则

学生插画练习：根据 SMART 原则的 5 项内容做成漫画

制定高绩效目标的"黄金准则"——SMART 原则，由其要求的 5 项英文单词首字母构成。

1. S——明确性

目标必须是具体的、明确的。具体就是与任职人的工作职责或部门的职能相对应；明确就是目标的工作量、达成日期、责任人、资源等都是一定的，或者说要"质量化"而不是"定向化"，不允许用模糊的数据或语句来描述。好的实例：我将在本月 25 日前训练全部下属掌握 OUTLOOK 中日历的使用方法，并在本月 27 日前检查训练结果。不好的实例：这个月我将训练下属 OUTLOOK 的使用。

2. M——可衡量性

可衡量性是指指标可以量化、可以衡量，用 0～9 数字量化。目标的可衡量性帮助管理者为下属指明方向，衡量最终结果，就如同一把尺子，明确地衡量目标是否达成。目标衡量的 3 个纬度：数量、质量、时间。好的实例：截至本季度末，我要把顾客的投诉数量由上一季度的 45 次降低到 30 次。不好的实例：在本季度中，我要降低顾客投诉次数。

3. A——可实现性

可实现性是指目标是能够达到的。如果追求目标的人在一开始就不太相信目标是可以达成的，那么就没有完成任务的信心，这个目标就不太可能被达到。比如，把"100%的用户满意度"作为目标，希望每个人对你的服务都满意是不可能的，这就是一种不可实现的情况。

而把"将用户满意度提高 12%"作为目标更加符合实际情况。

4. R——实际性

实际性是指下达目标要切合实际，目标应该建立在对不可控因素的充分认识基础上。出现目标在现实条件下不可行这种情况，常常是由于乐观地估计了当前的形势，一方面可能过高估计了达成目标所需要的各种条件，如技术条件、硬件设备、员工个人的工作能力等，制定了不恰当的工作目标；另一方面可能是错误地理解了更高层的企业目标，主观认为现在给下属的工作，下属能够完成，但从客观的角度来看，目标无法实现。一个无法实现的目标，从最基本的出发点就无法使目标管理进行下去。

5. T——时限性

制定一个好目标的最后一个重要因素是时间基础。时限性就是要规定一个期限，规定在什么时间之内完成任务或实现目标。明确时间计划，可以有效追踪实施进度。比如，我们不能将目标定为"将用户满意度提高 12%"，而是要为目标限定一个时间期限，如"在未来 12个月之内，将用户满意度提高 12%"。时限性是制定一个现实的、可实现的目标的最后一个环节，其本身也是目标的一部分，同时也是员工必不可少的责任。

表 7-1 是根据 SMART 原则对工作目标的评价。

表 7-1　根据 SMART 原则对工作目标的评价

所制定的目标	对目标进行的评价
今年将行政费用降低 20%	目标具体明确、可进行衡量、有时间限制，至于可达成与否，视具体情况而定。但很多情况下，制定的费用降低目标并未经过认真思考，只是心血来潮
今天是 5 月 30 日，6 月 3 日是市场策划书交与客户的最后时间，策划部人员必须到时提交报告	这里规定了很严格的时间限制，比较具体；由于达成的工作事先早已明确，这里只不过是提示准时提交市场策划书。这是通知不是目标
小王，你这个月的目标就是要把公司的车辆管好	这个工作目标非常不明确、不具体，更缺乏明确的衡量标准，究竟小王把工作做到什么程度算完成任务
质检员一定要定期检查生产情况	工作要求不具体，什么是定期，定期的标准是什么；没有时间限制，工作完成以后，没有衡量的具体指标
为了适应公司互联网业务的发展，人事部经理助理的目标是：截至 6 月 10 日之前，协助人事经理召开一次招聘会；面试应聘人员；制定出新部门的工作规范，并交公司行政会讨论	目标清晰具体，有明确的时间限制和工作要求，从所述及的内容来看，应该是人事经理助理近期能够实现的工作目标。行政部门的工作目标一般不容易量化，但工作不容易量化不等于工作不能衡量

在具体应用 SMART 原则的过程中，要充分考虑所研究问题的具体情况，制定出现实可行的工作目标，特别要注意区分一些概念。行政部门的经理可能会认为，只有销售部门才能制定出完全符合这一原则的工作目标来，因为销售部门的工作好坏本身就必须用量化的数字加以限定和考核，所以制定的工作目标就具有可衡量性；可是，对于其他部门，特别是行政部门的所有工作，用数字说明和限定起来并不是一件容易的事，而且也不太现实。应当明确，SMART 原则中可衡量的目标并不等于必须将目标量化。

课堂活动：制定并评价你的学习目标

请针对以上所讲的好目标的特征，制定你下一阶段的学习目标并进行评价。

目标评价自检表

SMART 原则	明确性	可衡量性	可实现性	实际性	时限性
目标内容	有无模糊语言	指标能否量化	目标能否达到	是否切合实际	什么时间完成
评价					

7.1.4.2　SWOT 分析法

SWOT 分析的主要目的在于对企业的综合情况进行客观公正的评价，针对企业的优势、劣势、机会和威胁进行分析，以识别各种优势、劣势、机会和威胁因素，有利于拓展思路，正确地制定企业发展目标，SWOT 分析内容见表 7-2。

海因茨·韦里克：美国旧金山大学国际管理和行为科学教授。SWOT 矩阵的创始人，该方法现在被广泛应用于战略制定领域。

学生插画练习：SWOT 分析法的优势、劣势、机会和威胁可以分别做成漫画。

表 7-2　SWOT 分析内容

优势	劣势
处于有利的竞争态势	设备老化
充足的财政来源	管理混乱
良好的企业形象	缺少关键性技术
精通技术奥秘	科研开发工作落后
达到了规模经济	产品范围太窄
成本优势	成本过高
广告攻势强	缺乏资金
…	…
机会	**威胁**
打入新市场	外国竞争者进入市场
扩大产品范围，满足顾客需要	替代品产量上升，价格下降
具有吸引力的外国市场壁垒下降	市场增长缓慢
对手自满	顾客偏好变化
市场增长速度快	经济衰退
…	…

实例分析：乔森家具公司的目标制定

乔森家具公司是乔森先生在 20 世纪中期创建的，开始时主要经营卧室和会客室家具，取得了相当的成功。随着规模的扩大，自 20 世纪 70 年代开始，公司又进一步经营餐桌和儿童家具。1975 年，乔森退休，他的儿子乔宏继承父业，不断拓展卧室家具业务，扩大市场占有率，使得公司产品深受顾客欢迎。到 2000 年，公司卧室家具方面的销售量比 1975 年增长了近两倍。但公司在餐桌和儿童家具的经营方面一直不得法，面临严重的困难。

1. 董事长提出 5 年发展目标

乔森家具公司自创建之日起便规定，每年 12 月份召开一次公司中高层管理者会议，研究讨论战略和有关的政策。会议由董事长兼总经理乔宏先生主持。乔宏先生在会上首先指出公司存在员工思想懒散、生产效率不高的问题，并对此进行了严厉的批评，要求迅速扭转这种局面。与此同时，他还为公司制定了今后 5 年的发展目标。具体包括：

（1）卧室和会客室家具销售量增长 20%；

（2）餐桌和儿童家具销售量增长 100%；

（3）总生产费用降低 10%；

（4）建立一条庭院金属桌椅生产线，争取 5 年内达到年销售额 500 万美元。

发展目标主要是增加公司收入、降低成本、获取更大的利润。但公司副总经理马涛跟随乔森先生工作多年，了解乔宏董事长制定这些目标的真实意图。尽管乔宏开始承接父业时，对家具经营还颇感兴趣，但后来，他的兴趣开始转移，试图经营房地产。为此，他努力寻找机会想以一个好价钱将公司卖掉。为了能提高公司的声望和价值，他准备在近几年狠抓一下经营，改善公司的绩效。

马涛副总经理意识到自己历来与乔宏董事长的意见不一致，因此在会议上没有发表什么意见。会议很快就结束了，大部分与会者反应冷淡。马涛有些垂头丧气，但他仍想会后找董事长就公司发展目标问题谈谈自己的看法。

2. 副总经理对公司发展目标的质疑

公司副总经理马涛觉得，董事长根本就不了解公司的具体情况，不知道他所制定的目标意味着什么。这些目标听起来很好，但马涛认为并不适合本公司的情况。他心里这样分析道：

第一项目标太容易了——这是本公司最强的业务，用不着花什么力气就可以使销售量增长 20%；

第二项目标很不现实——在这个领域，本公司产品不如竞争对手，绝不可能实现 100%的增长；

第三项目标亦难以实现——由于既要扩大生产，又要降低成本，这无疑会对工人施加更大的压力，从而也就迫使更多的工人离开公司，这样空缺的岗位就会越来越多，只能形成恶性循环。

第四项目标有些意义，可改变本公司现有产品线都是以木材为主的经营格局。但未经市场调查和预测，怎么能确定 5 年内年销售额达到 500 万美元呢？

经过这样的分析后，马涛认为他有足够的理由对董事长制定的目标提出质问。除此之外，还有一些问题使他困扰不解，一段时期以来，他发现董事长似乎对公司已失去了兴趣；他已50 多岁，快要退休了。他独身一人，也从未提起他家族中将由谁来接替他的工作。如果他退休，那该怎么办呢？马涛毫不怀疑乔宏先生会把这家公司卖掉："董事长企图通过扩大销售量，开辟新的生产线，以增加产品利润，使公司具有更大的吸引力，以便卖个好价钱。如果董事长真是这样想的话，我也无话可说了。他退休以后，公司将会变成什么样子，他是不会在乎的。他自己愿意在短期内葬送自己的公司，我有什么办法呢？"

思考题：

1. 你认为乔宏董事长为公司制定的发展目标合理吗？为什么？你能否从本案例中概括出制定目标需注意哪些基本要求？

2. 乔宏董事长的目标制定体现了何种决策和领导方式？其利弊如何？

3. 假如你是马涛，如果董事长在听取了你的意见后同意重新考虑公司目标，并责成你提出更合理的公司发展目标，你将怎么做？

分析要点：

1. 乔宏董事长制定的企业发展目标不合理，同学们可以从目标管理的特征与目标实施过程进行分析。

2. 乔宏董事长制定目标体现了传统管理中集权的方式，目标制定与目标贯彻是分离的。

3. 从目标管理的特征、目标实施过程及目标制定的 SMART 原则，考虑如何提出合理的发展目标。

7.2 目标管理概述

7.2.1 目标管理的产生

目标管理（management by objectives，MBO）于 20 世纪 50 年代中期出现于美国，是以科学管理和行为科学理论（特别是其中的参与管理）为基础形成的一套管理制度。旨在让组织的主管人员和员工共同参与到目标制定的过程中，通过在工作过程中实行"自我控制"和"自我管理"来共同完成组织的目标。

1954 年，德鲁克在他的著作《管理的实践》一书中，提出了"目标管理和自我控制的主张"，认为"企业的目的和任务必须转化为目标。企业如果没有总目标及与总目标相一致的分目标来指导职工的生产和管理活动，则企业规模越大，人员越多，发生内耗和浪费的可能性越大。"他认为，企业的目的和任务，必须化为目标，企业的各级管理者必须通过这些目标对下级进行领导，以此来达到总目标。凭借这种方法，可以使员工亲自参加目标的制定，实现"自我控制"，并努力完成目标。对于员工的工作成果，由于有明确的目标作为考核标准，从而使对员工的评价和奖励做到更客观、更合理，可以大大激发员工的积极性。

从此，目标管理不仅成为企业的管理制度和领导方式，还是企业提升绩效的重要保障，被称为"管理中的管理"。

7.2.2 目标管理的含义

目标管理是一种综合的以工作为中心和以人为中心的管理方法，是一个组织中上级管理者、中级管理者和员工共同制定的组织目标，明确规定每个人的职能范围同组织内每个人的责任和成果密切联系，用这些措施来进行管理、评价和决定每个人的贡献奖励报酬，共同制定目标以及共同执行目标的一种管理方法。

学生插画练习：根据上下级共同制定目标来画一幅漫画。

传统管理与目标管理的比较见表 7-3。

表 7-3　传统管理与目标管理的比较

	传统管理	目标管理
如何看待利润	目标就是利润最大化	利润是实现一系列目标后的间接结果
如何看待驱动	过程驱动，认为过程带来结果	目标驱动，认为目标带来结果
如何看待过程	强调规则、程序和制度，目标被放在了一边	首先是目标，其次才是过程
如何看待控制	以施加惩罚性的方法来鞭策员工	员工自我约束并注重自我发展
管理类型	听命式管理	参与式管理
管理重点	重点是关注谁是对的，容易产生冲突	重点是关注什么是对的，鼓励团队合作
适应情况	刚性企业，程序型员工	柔性企业，知识型员工

7.2.3　目标管理的特征

7.2.3.1　共同参与

在传统管理中，组织目标的制定是最高层管理者的特权，下级管理者和一般职工只有执行的义务，目标的制定和目标的贯彻是相分离的；目标管理强调目标的制定要由上下级共同参与协商，目标的制定方式是"由上而下"和"由下而上"的结合，目标的达成过程也是上下共同参加的结果。共同参与目标的制定可以使上下级之间了解相互的期望，使下级充分理解组织目标进而认同制定的目标，从而最大限度地发挥下属的工作热情和积极性。

实例分析：共同讨论制定部门目标的工作步骤

● 上司把上级和左右部门的目标及工作方针提出来，最好具体化且数量不要太多；
● 上司说明本部门的目标完成情况、未完成目标的原因及以后可能会遇到的问题；
● 下属介绍个人目标完成情况，分析未完成目标的原因，说明下一期的目标计划；
● 共同讨论找出"我们的部门目前面临的问题"；
● 认清问题后，共同考虑"什么是我们部门当前的主要任务"；
● 讨论并列出下一期的重点目标项目及完成标准；
● 拟订行动方案——完成目标的措施、方法、程序；
● 划分各自承担的任务及共同承担的任务。

7.2.3.2　明确目标

在目标管理的过程中，必须将组织的整体目标逐级分解，转换为各部门、各员工的分目标。在目标分解过程中，保证目标方向一致，相互配合，权、责、利明确，形成协调统一的目标体系。目标管理强调每个员工都必须有特定的工作目标，每个部门也要有明确的部门目标；当员工完成了自己的分目标，便可实现部门目标，最终实现组织总目标。可见，明确目标是目标管理开展的基础，也是实现组织目标的保障。

7.2.3.3　自我管理

目标管理的基本精神是以自我管理为中心。目标的实施，由对应工作的部门或员工自主开展，通过自身监督与衡量，不断修正工作行为及活动方式，以达到目标的实现。

目标体系组织实施过程中，组织成员是目标的制定者，对他们而言，目标和责任是明确的，奖惩标准也是明确的。每个人都可以通过比较实际结果和工作指标来评估自己的绩效，指导和改善自己的工作行为，这就是自我控制的过程，这种自我控制的管理方式能充分发挥组织成员工作的创造性和积极性。正如德鲁克所说，目标管理的主要贡献之一，就是它使得你能够运用自我控制式管理来代替由别人统治式管理。

7.2.3.4　注重成果

不论对于管理者自身，还是对于员工，目标管理关注的都是结果，因此目标管理也称成果管理。它由一套完善的目标考核体系组成，是评价各个部门和员工贡献大小的尺度。目标管理则强调考核要以工作实绩为依据，员工自己首先对照目标进行实绩的自我检查，然后上下级共同确定考核结果，并以此作为奖惩的依据。

思政园地：自我管理

冯仑：伟大是管理自己，而不是领导别人

万通控股董事长冯仑说："过去，我们总以为伟大是领导别人，这实际是错误的。当一个人走向伟大的时候，千万先把自己管理好，你管理好了自己，就称为自律，称为守法，很多类似的美德就有了。"

冯仑经常跟王石出去玩，去爬山。王石只用了 5 年多时间，把七大洲的最高峰都爬完了，加上南极、北极，对于当时已经四十七八岁的人来说，做到这样很不简单。那他是怎么做到的呢？答案就是，王石可以很好地管理自己。比如，他爬到珠峰 7 000 多米的时候，不管别人再怎么说风景好，他都克制自己不出帐篷，因为动一次能量就损耗一次。

因此，管理自己也就是自律，是一种重要的品质。很多企业的领导者之所以失败，大多数是因为放纵自己，放纵自己的欲望，比如，战略上多样化，组织系统和人脉也管理不好。

只有管理好自己，才能在组织中成为最好的成员，才能取得领导的资格。其他成员多少有些放纵，而你是最好的成员，所以大家会信任你，大家才敢把命运托付给你——一个能管理好自己的人。因为他具有这种美德，他承诺的事大家就会相信。所以，伟大首先在于管理自己，而不在于领导别人。

7.3　目标管理的实施过程

目标管理的实施过程一般可以分为目标制定、目标分解、实施与监控、评价考核、信息反馈及处理 5 个阶段，如图 7-1 所示。

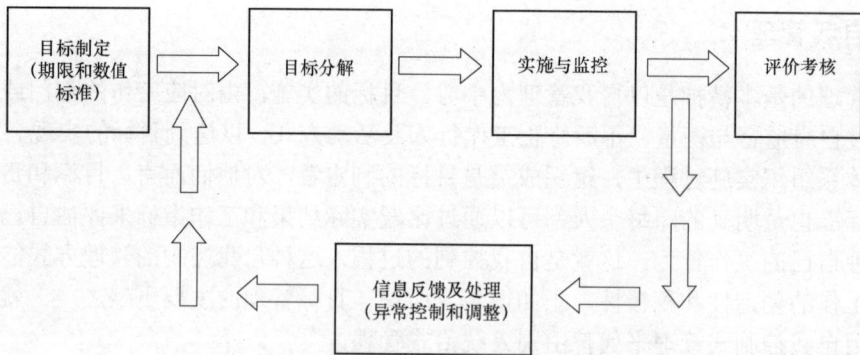

图 7-1　目标管理流程图

7.3.1　目标制定

任何一个组织都必须有明确的既定目标。目标管理的实施依赖于一套完善的目标体系，而制定明确的企业目标则是建立这套目标体系前提和基础。企业的具体情况不同，企业目标内容千差万别。即便是同一个企业在不同时期，其企业目标内容也是不断变化发展的。

一般而言，企业目标的基本内容包括：一是经营目标，常见的指标有产量、销售额、成本、利润率等；二是市场目标，常见的指标有市场占有率、市场覆盖面等；三是利润目标，常见的指标有利润总额、利润率等；四是发展目标，如规模扩张、固定资产的增加、技术革新情况、产品研发能力等。

不管制定的组织目标涉及哪些方面的内容，都必须经过一个完整而严密的决策过程，需要以科学预测为基础，采取适当的决策方法来制定高效益的组织目标。具体可参照以下目标制定流程。

7.3.1.1　信息调研

根据 SWOT 分析法收集、分析企业内外部环境信息，评估企业所面临的优势、劣势、机会和威胁，作为确定企业目标的依据。

7.3.1.2　拟订目标方案

在信息调研的基础上，结合企业宗旨和现阶段的经营方针，提出合理的目标方案。一般而言，目标方案数量至少 3 个，以便对比分析，择优选择。

7.3.1.3　评估及优选方案

根据企业发展需求，结合可利用资源进行综合效益分析，评估各目标方案的可行性和效率，选择相对最优方案。

7.3.1.4　确定组织目标

针对优选的方案开展进一步的分析、研讨和修正，最终形成企业目标。

此外，在目标建立过程中，还需要利用 SMART 原则来对照检查，确保企业目标合理高效。

7.3.2　目标分解

传统的目标制定过程是单向的，首先由上级给下级设定目标，即由企业领导者设定，其次分解成各级目标，最后落实到个人目标。目标管理则强调上下级共同参与制定目标，让员工成为目标制定者。具体流程如下。

7.3.2.1　管理者向下属说明团队和自身的工作目标

在这一过程中，要增强下属的参与感，使其避免产生被迫同意上级目标的感觉；充实下属各自应分担的工作，使每个人承担最大限度的工作量（任务具有挑战性）；对共同承担的任务也要明确每个人在其中的职责。

7.3.2.2　下属拟定自己的目标草案

下属提出个人目标草案的工作步骤如下：整理出自己职责范围内的全部工作，包括部门目标中应分担的职责、共同承担的任务中属于自己的职责、环境变化提出的新内容、过去工作有待改善的地方。如我应为完成部门目标做何贡献？尽何职责？同事对我有何希望和要求？我的工作还有没有改善的空间等。找出中心工作，简化后列成数个目标项目，并确定各项目的权重，如紧急性、重要性、效果大小、实施可能性等。决定目标的完成标准。如：我期望得到什么样的成果？什么样的成果出现时就算是完成了目标？寻找完成目标的方法。如：哪些方法可以完成目标？这个方法对成果的贡献大不大？容易实施吗？障碍大不大？以我的能力，这个方法我会用好吗？整理出完成目标的必要条件。如：写出对上级和关系部门的希望事项、希望上级了解的事项；职权及自由裁量权。把目标以外的例行管理项目整理出来。如：除了目标事项，我还有哪些日常工作要做？深思上述问题后，将目标草案记入目标卡。

7.3.2.3　管理者审核目标草案

审核下属目标草案时须注意：与上级目标的关联性、下属目标之间的横向关联性。目标间的均衡——重要次序的排列要妥当，目标项避免相互冲突。目标与能力的关系——目标是否具有挑战性？是否会超出制定者的能力范围？条件的妥当性——下属所列条件包括授权、要求事项是否完成目标所必需的？目标的数量化、具体化、简洁明了。

7.3.2.4　目标沟通

双向的目标沟通中需要倾听下属的说明，了解记录上无法获悉的情况：了解下属制定目标的心态和意愿；弄清下属特别列出那些目标的原因及排列重要次序的根据；听取其"对上级的要求及所需条件"的说明，了解下属对上级的期望等；听取未列入目标事项的安排。以亲切的态度、协助的立场创造坦诚的气氛来讨论问题；不要使用"权威"，不要使下属有压迫感；目的是通过沟通使下属自发、自动地产生干劲。在讨论中遇到不明白或有疑问时，上司应立刻提出并征求相应的说明，使上下级之间形成一致的看法。

7.3.2.5　签字确认工作目标和考核标准

在目标分解中要注意以下几点。

（1）目标体系要逻辑严密，纵横成网络，体现出由上到下目标越来越具体的特点。

（2）目标要突出重点，与企业总目标无关的其他工作不必列入各级分目标。

（3）鼓励职工积极参与，尽可能把目标分解中的"要我做"变成"我要做"。

（4）目标一旦分解完毕，要进行严格的审批。

7.3.3　实施与监控

为保证企业目标的顺利实现，管理者必须在目标实施过程中开展控制工作，随时了解目标实施情况，及时发现问题并协助解决。必要时，也可以根据环境变化对目标进行一定的修正。积极的自我控制与有利的领导控制相结合是实施目标动态控制的关键决策（见图7-2）。

在目标管理过程中，目标既定，主管人员应下放权力给下级成员，依靠作为执行者的员工开展自我控制，充分发挥职工自我控制能力，并将领导的信任与完善的自检制度相结合，保证企业具有进行自我控制的积极性与制度保障。同时，保证信息反馈渠道畅通，员工才能及时发现问题、反映问题，以便于对目标进行必要的修正。

然而，作为一个管理者，懂得制定一个详细的目标及授权实施仍然不够，还需要开展必要的监控工作，随时关注各部门或个人目标实现的情况，以便及时调整员工的工作行为和方式，保障组织目标的实现。常用过程控制方法有例会、工作总结与汇报、抽查、岗位观察等。

目标控制可以证实所付出的时间和努力正在产生所希望的结果。同样，控制行动和进展将使你能够判断哪些策略的效果最好，以及为了重新回到实现目标的正确轨道上需要做出哪些调整。

在对计划活动的进展进行阶段性检查时，行动/结果监测工作表样本是一种非常有用的工具（见表7-4）。

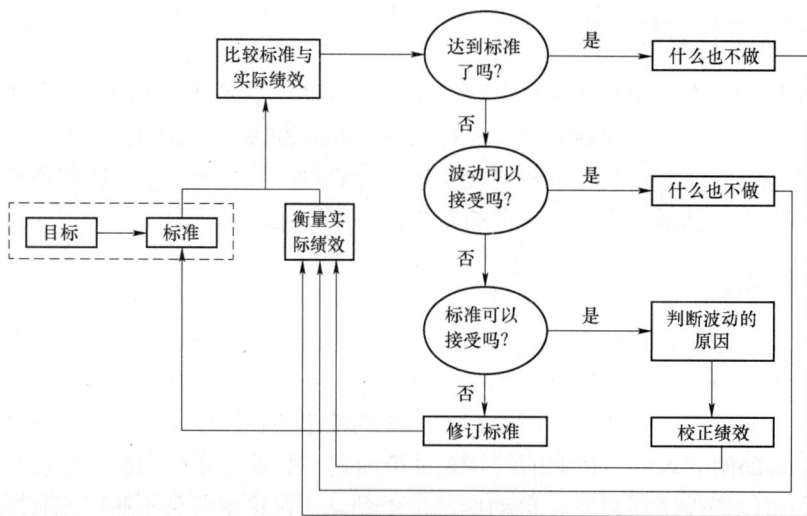

图7-2　目标实施过程中的控制决策

表 7-4 行动/结果监测工作表

日期：

目标陈述：

行动：

与目标和使命的相关性：

预期出现的结果：

截止日期：

实际实现的结果：

需要做出的修正：

备注：

（1）"行动"部分填入：计划采取的行动、最终期限和预测的结果等方面的相关信息。

（2）"与目标和使命的相关性"部分必须说明子目标、目标和使命之间存在的互补性关系。

（3）"预期出现的结果"部分填入在目标陈述和开发阶段设定的可定量化、可衡量的绩效标准。

（4）"截止日期"部分表示所设定的各日期，它们被用来检查任务完成过程中取得的实质性进展。设定这种在实际或计划好的间隔期进行监测的日期是非常重要的。它们应该是一些清楚而精确的日期，那些负责实现目标的人将在这些日期检查进展情况。

（5）"实际实现的结果"部分说明正被监测的某项活动的有关状况。这是一个非常重要的因素，因为它将揭示是否需要中途调整子目标和策略，从而确保目标的成功实现。

（6）如果调整和修改是必需的，就应该在表中"需要做出的修正"部分加以说明。然后这些修正措施将成为下一轮实现目标的实施、监测和修正循环中的新活动。

7.3.4 评价考核

目标管理需要通过评议，肯定成绩，发现问题，奖优罚劣，及时总结目标执行过程中的成绩与不足，以此完善下一个目标管理过程。

目标管理是一个全面的管理系统。它用系统的方法，使许多关键管理活动结合起来，高效率地实现个人目标和企业目标。具体而言，它是一种通过科学地制定目标、实施目标，依据目标进行考核评价来实施组织管理任务的过程。目标管理在企业管理实践中的应用，为企业带来良好的经济效益，同时也向企业提出了相应的要求。

目标管理实施后期阶段，要对各级目标的完成情况，按照给定的时限开展检查和评定工作，可根据实际情况灵活采用自主检查、互相检查、责成特定部门检查等方式。不管选择哪种评定方式，都必须以原先确定的工作目标为依据，对应最终实施结果进行衡量比较和考核，并根据考核结果进行奖惩。在此过程中，要注意以下几点：一是首先进行自我评定；二是上级评定要全面、公正；三是目标评定与人事管理相结合；四是及时反馈信息是提高目标管理水平的重要保证。

在目标考核过程中，绩效会议是一个常用的评价工具，具体操作流程如下。

（1）营造一个和谐的气氛。

（2）说明讨论的目的、步骤和时间。

（3）根据每项工作目标考核完成的情况。

（4）分析成功和失败的原因。

（5）考查员工在公司价值观的行为表现。

（6）评价员工在工作能力上的强项和有待改进的方面。

（7）讨论员工的发展计划。

（8）为下一阶段的工作设定目标。

（9）讨论需要的支持和资源。

（10）签字。

7.3.5　信息反馈及处理

目标成果的评价及经验总结是更好地开展下一轮目标管理的保障，因此，针对目标实施过程及成果评定开展信息收集和分析具有非常重要的指导性意义。

一方面，要对员工个人评价做好存档管理工作。每轮的目标评定结果都反映了员工在开展特定工作过程中工作能力、技术水平、沟通能力、组织能力、营销能力以及个人素养的具体情况，是企业了解员工，调整岗位，完善管理制度等的有力依据。

另一方面，总结经验教训。首先是从目标制定到目标分解，然后是开展目标实施，每个阶段的执行情况都会影响到最终企业目标的实现情况。针对各阶段，开展各部门和员工的工作反思和经验总结，均可为下一轮目标管理工作提供经验借鉴的作用。

课堂活动：目标沟通练习

背景：

在时间管理上，公司发现存在许多问题：员工工作效率不高，而且相互干扰现象严重，许多管理干部没有时间做规划，或者只能用晚上时间加班来思考问题，甚至影响了身体健康和家庭生活。因此，为了改变这一点，公司决策层决定在2022年推动时间管理工具的应用，以提高员工工作效率，减少加班，保证员工生活与工作的平衡。

具体要求：

截至2022年年底，公司全体员工都要掌握基于OUTLOOK的时间管理方法，使全体员工的有效工作时间由当时的20%提高到30%。以最后一个季度的时间利用率来衡量。

小组问题：

1. 关键成功要素是哪些？

2. 哪些部门需要参与该项目？

3. 这些部门的工作目标分别是什么？（注意协调各个目标的时间顺序）

7.4 制订个人行动计划

7.4.1 目标行动计划

目标必须落实在行动计划里。因为，目标只是让你的动机延续，却无法自动产生成果；如果不经过周密的计划，无论如何健全的目标也都无济于事。所以，每个目标都要有一个行动计划。行动计划清楚地表达出实现目标的每一步。实现目标，单枪匹马是不行的，行动计划通常会帮你决定怎样分派任务。同时，行动计划还会帮你确定实现目标所需的资源（人、时间、资金、设备、信息等）。所以，一旦完成最后的检查工作，同时相当确信所有（或大部分）必需的目标导向细节都已具备，那么下一步将完成目标行动表。

7.4.2 完成目标行动表

目标行动表正式记录了一个实现目标的行动计划，并起到一个进展监测检查表的作用。在做阶段性检查时，这张表还可用于衡量实际取得的进步。如表 7-5 所示。

表 7-5 目标行动表

目标：××商场家用电器部在保持现有员工总数和不降低现有服务标准的前提下，2022 年第四季度销售额将达到 200 万元，同比增长 12%	目标的合理性：为完成全年的销售计划打下一个很好的基础
计划采取的行动（步骤、程序、安排）： 1. 与各销售组商议，制定各小组的子目标； 2. 根据顾客需求，重新调整商品； 3. 分期培训员工； 4. 根据顾客需求，重新调整柜台	完成期限： 12 月 4 日 12 月 15 日 12 月 20 日 12 月 20 日
预测的结果（成功的指示器）： 短期：2022 年第二季度销售额将达到 200 万元，同比增长 12%； 长期：2022 年实现全年销售额 900 万元，同比增长 13%	
障碍/约束： 1. 商场周围又开张了 2 家电器商城，竞争更加激烈； 2. 2022 年商场所在的地区商业不景气	
成本（资金、时间、资源）： 计划采取行动的预算为 2 万元，不增加新的员工	
责任人：王刚	完成日期：12 月 20 日

目标行动表中有 8 个独立的条目。在早先的识别机会、创作目标陈述和开发目标等任务中，每条信息要素都已经得到了概括和界定，或可直接从中获得。所需要的信息如下。

7.4.2.1 目标

目标是填入在表 7-5 中所作的目标陈述。这一陈述包括各 SMART 式的目标要素：明确的，可衡量的，行动导向的，现实的和受时间、资源约束的。

7.4.2.2 目标的合理性

实现目标可以给部门带来什么收益。

7.4.2.3 计划采取的行动（步骤、程序、安排）

这里要列出必须实现的明确子目标。这是行动计划表中最重要的部分，因为它概括了实现目标所采取的明确的、可衡量的步骤，以及所采取的方式。这部分还应包括满足实现目标的必要途径。

7.4.2.4 预测的结果（成功的指示器）

这里应填入长期和短期的预期结果，它们可以揭示所取得的进展以及子目标、目标的完成情况。这些可量化的因素提供了一套可供比较的标准和衡量进步的有关阶段性目标。

7.4.2.5 障碍/约束

填表人有可能阻碍目标实现进程的各种潜在的物质、环境和心理障碍。应在一张障碍工作表中详细填写克服这些障碍所需采取的各种应急计划和策略。

7.4.2.6 成本（资金、时间、资源）

成本说明可用于实现目标的开支和能够使用的各种资源。成本和资源约束可以确保该目标有一个可接受的投资回报。

7.4.2.7 责任人

责任人区分了由谁负责目标的实现。可能会有许多人参与实现特定的子目标，但只有一个人需要对目标的实现负责。

7.4.2.8 完成日期

完成日期表明完成目标的确切日期和时间。该信息是正确、规范的目标陈述的一部分。这样所完成的目标行动表就把各种目标要素组织成一个有序的、可执行的路径图，从而可用来指导目标的实现。

7.4.3 实施计划

目标已经制定出来，然而，要达到目标就必须要付诸行动。没有行动，便一事无成。如果你已经完成了目标行动表，采取行动就更加容易，因为它起到路径图的作用，为每个目标详细地规定了应该由谁做、做什么、何时做、如何做和做多少等。

目标行动表中的所有要素概括了实现目标所需采取的各种行动。目标的实现需要采取行动和执行正确的规划、程序和方针，它们使得所希望目标的实现成为可能。

小卡片：目标管理的真谛

- 目标是自己认同的，无抵触或很少抵触；
- 目标是共同制定的，有为目标的实现负责的热情；
- 事先设定了目标，等于做出了承诺，下属会努力实现目标；
- 设定了目标后，把达成目标的种种方式、方法的选择权交给了自己，增加了工作的

挑战性;

- 上司不再天天指手画脚下指示,下属需要自己想办法,不主动不行;
- 潜力得到发挥和挖掘;
- "除非我自己完成目标,否则得不到好的评价,即使态度再好也没有用";
- 过去按上司指示办,只要按照指示一件件做对就行,现在不同了,你可能做错好几件事,但你必须达成目标,要好好动动脑子;
- "我可以不管上司赞同与否,按自己的想法去尝试,关键在于达成目标"。

实训项目

项目名称: 制定本课程"学习目标书"。

实训目的: 通过课后实训使学生掌握制定目标的方法。

实训步骤: 1. 本章学习完成后填写"学习目标书";

2. 本课程学习完成后填写"目标完成报告"。

学习目标书

姓名		班级		职位	
目标制定时间				年　月　日	
目标 1	内容:			预计完成时间:	
	预期成果				
	预期阻碍				
	需要支持				
目标 2	内容:			预计完成时间:	
	预期成果				
	预期阻碍				
	需要支持				
目标 3	内容:			预计完成时间:	
	预期成果				
	预期阻碍				
	需要支持				

目标完成报告

姓名：　　　　　　　　　班级：　　　　　　　　　时间：

目标	MBO 项目	主要内容
目标1	目标内容	
	过程简述	
	用时/天	
	协作人	
	成效	
	有待改进的方面	
	对此项工作的自我评价	
	直接领导对此项工作的评价	
目标2	目标内容	
	过程简述	
	用时/天	
	协作人	
	成效	
	有待改进的方面	
	对此项工作的自我评价	
	直接领导对此项工作的评价	
目标3	目标内容	
	过程简述	
	用时/天	
	协作人	
	成效	
	有待改进的方面	
	对此项工作的自我评价	
	直接领导对此项工作的评价	

达成等级　　□优秀　　□良好　　□一般　　□较差　　□很差

复习思考题

一、多选题

1. 目标的作用包括（　　）。

A. 导向功能　　　　　　　B. 激励功能　　　　　　C. 凝聚功能

D. 考核功能　　　　　　　E. 控制功能

2. SMART 原则包括（　　）。

A. 明确性　　　　　　　　B. 可衡量性　　　　　　C. 可实现性

D. 实际性　　　　　　　　E. 时限性

3. 目标管理的特征包括（　　）。

A. 共同参与　　　　　　　B. 明确目标

C. 注重成果　　　　　　　D. 自我管理

4. 以下属于定量目标的是（　　）。

A. 利润率　　　　　　　　B. 研发新产品

C. 销售额　　　　　　　　D. 市场占有率

5. 以下目标管理的论述，正确的是（　　）。

A. 德鲁克在 1954 年首次提出目标管理理念

B. 目标管理有一套完善的目标体系

C. 在目标管理过程中只开展自我管理，禁止上级监控

D. 目标实现成果评定是员工奖惩的依据

二、简答题

1. 如何理解企业目标？

2. 什么是定量目标？请举例说明。

3. 什么是目标管理？

4. 目标管理的实施过程包括哪些阶段？

5. 员工在目标管理中如何开展目标管理？

复习思考题参考答案

第8章 | 时间管理

通过本章的学习，领会时间的含义与特点，掌握艾森豪威尔原理，能够根据自己的精力周期，对个人时间进行科学管理。

知识目标

- 掌握时间管理的概念；
- 了解自己的精力周期；
- 理解时间管理优先顺序原则；
- 掌握艾森豪威尔原理。

能力目标

- 能够制订活动计划表；
- 能够应用阶段性成果示意图；
- 能够制订周计划、日计划；
- 能够对自己的个人时间进行科学运筹。

思政目标

- 帮助学生培养正确的时间观念；
- 培养学生诚信、严谨的职业素养；
- 树立学生爱岗敬业的道德品质。

思维导图

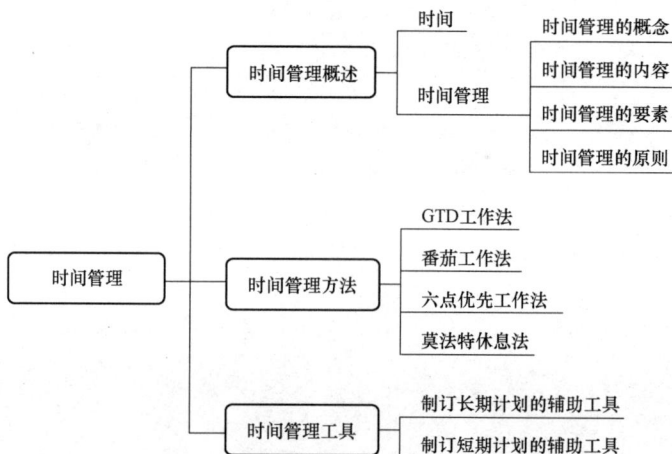

⁇ **管理问题：**

胡适先生在一次毕业典礼上的演讲

学生插画练习：胡适先生毕业典礼演讲的场景

诸位毕业同学：

　　你们现在要离开母校了，我没有什么礼物送给你们，只好送你们一句话。这一句话是：珍惜时间，不要抛弃学问。

　　以前的功课也许有一大部分是为了这张文凭，不得已而做的。从今以后，你们可以依自己的心愿去自由研究了。趁现在年富力强的时候，努力做一种专门学问。少年是一去不复返的，等到精力衰竭的时候，要做学问也来不及了。

　　有人说：出去做事之后，生活问题急需解决，哪有工夫去读书？即使要做学问，既没有图书馆，也没有实验室，哪能做学问？

　　我要对你们说：凡是要等到有了图书馆才读书的，有了图书馆也不肯读书；凡是要等到有了实验室方才做研究的，有了实验室也不肯做研究。有了决心要研究一个问题，自然会节衣缩食去买书，自然会想出法子来设置仪器。

　　至于时间，更不成问题。达尔文一生多病，不能多做工，每天只能做一个钟头的工作。你们看他的成绩！每天花一个钟头看 10 页有用的书，每年可看 3 600 多页书；30 年读 11 万页书。

胡适是现代学者、历史学家、文学家、哲学家，主要著作有《中国哲学史大纲》《胡适文存》等，他在学术上影响最大的是提倡"大胆的假设、小心的求证"的治学方法。

　　诸位，11 万页书可以使你成为一个学者了。可是每天看 3 种小报也得费你一个钟头的工夫；四圈麻将也得费你一个半钟头的光阴。看小报呢？还是打麻将呢？还是努力做一个学者呢？全靠你们自己选择！

　　易卜生说："你的最大责任就是把你这块材料铸造成器。"

　　学问就是铸器的工具。抛弃了学问便是毁了你自己。

　　再会了，你们的母校眼睁睁地要看你们 10 年之后成什么器。

　　问题： 如果你是此次毕业典礼的毕业生，听了胡适先生这一番语重心长的感言，你如何体会时间的含义？你将如何安排好你的时间？

　　分析要点：

1. 时间的意义和特点。
2. 时间管理的含义。
3. 时间管理的原则。

8.1　时间管理概述

8.1.1　时间

8.1.1.1　时间的含义

　　在物理学意义上，时空代表着事物运动的一种次序，用来表示事件发生的顺序。爱因斯坦认为时间无法脱离其他事物而独立存在，"时间和空间代表着物质的存在形式。时间指的是物质运动的延续性、间断性、顺序性，主要特点是一维性，也就是不可逆性；空间指的是物质的广延性、伸张性，标志着物质系统中的共存要素和相互作用。时间、空间和处于运动状态的物质有着密切的联系"。

从哲学意义上，时间是物质运动的存在形式，是物质运动过程的持续性和接续的秩序，它和运动着的物质不可分离，和空间也不可分离，具有客观性和无限性。

无论从哪个角度理解时间，都必须注意到：正常的实用时间是为了某一事物、实现某一目的的时间，是一种有价值的时间结构。事实是，只有当人们充实地有意义地活着的时候，才能体验到这种活着的鲜活状态的持续和绵延，这种持续与绵延才是时间。时间是一种被相等地分配给所有人的资源，每个人都拥有自己的全部时间，但任何人都没有足够的时间，这就是著名的"时间悖论"。由此可见，如何利用和把握时间比时间本身更重要。

小卡片：时间管理名言

时间是世间最短缺的资源，除非善加管理，否则一事无成。 ——P. Drucker

如果你珍惜你的生命，就应该珍惜你的时间，因为时间是构成生命的元素。——Franklin

我们每天都劝人节约，到底要节约什么？归根究底，就是要节约时间。 ——Marx

8.1.1.2 时间的特点

1. 供给毫无弹性

时间的供给量是固定不变的，在任何情况下都既不会增加也不会减少，每天只有 24 小时，因此我们无法开源。

2. 无法储蓄

时间不像人力、财力、物力和技术那样可以被积蓄、储藏。无论你愿不愿意，都必须消耗时间，所以时间无法节流。

3. 无法取代

任何一项活动都有赖于时间的推移，也就是说，时间是任何活动所不可缺少的基本资源。因此，时间是其他物品无法取代的。

4. 无法失而复得

时间无法像财物一样失而复得，它一旦失去就会永远丧失。花费了金钱还可以赚回，但假如挥霍了时间，任何人都无力挽回。

8.1.2 时间管理

8.1.2.1 时间管理的概念

要管理时间是不可能的，这是由时间的特性所决定的，因为无论如何测量或描述时间，时间总是依据固定的速率消失。所以，时间管理的对象不是"时间"，而是指针对时间所进行的"管理者的自我管理"，是在一定的时间内获得最满意的工作成果。

时间管理是指通过事先规划和运用一定的技巧、方法与工具实现对时间的灵活以及有效运用，从而实现个人或组织的既定目标的过程，旨在实现在同样的时间消耗下，通过一系列控制工作提高时间的利用率和有效性。可见，时间管理的意义在于计划时间、做好确定目标、自我管理的工作，减少那些对实现目标毫无贡献或贡献较少的时间消耗，使时间的经济效益发挥到最大。

课堂活动：你是否能很好地控制你的时间？

请如实回答以下问题：

1. 当被迫执行一项令人不快的决策时，我避免直截了当地答复。（　　　）
   A. 完全同意　　　　B. 基本同意　　　　C. 基本不同意　　　　D. 完全不同意
2. 为了避免对棘手的工作采取行动，我总是寻找各种理由和借口。（　　　）
   A. 完全同意　　　　B. 基本同意　　　　C. 基本不同意　　　　D. 完全不同意
3. 我经常遭遇足以妨碍自己完成重大任务的干扰与危机。（　　　）
   A. 完全同意　　　　B. 基本同意　　　　C. 基本不同意　　　　D. 完全不同意
4. 为使困难的工作能被执行，对执行者施加压力是必要的。（　　　）
   A. 完全同意　　　　B. 基本同意　　　　C. 基本不同意　　　　D. 完全不同意
5. 我试图请他人为领导执行不愉快的任务。（　　　）
   A. 完全同意　　　　B. 基本同意　　　　C. 基本不同意　　　　D. 完全不同意
6. 我经常将重要工作安排在下午处理或者带回家里，以便在晚上或周末处理它。（　　　）
   A. 完全同意　　　　B. 基本同意　　　　C. 基本不同意　　　　D. 完全不同意
7. 在着手处理一项艰难的任务之前，我喜欢清除桌上的每个物件。（　　　）
   A. 完全同意　　　　B. 基本同意　　　　C. 基本不同意　　　　D. 完全不同意
8. 我在过分疲劳（或过分泄气、过分紧张、太受压抑）时，往往无法处理所面对的困难任务。（　　　）
   A. 完全同意　　　　B. 基本同意　　　　C. 基本不同意　　　　D. 完全不同意
9. 我经常采取折中办法以避免或延缓不愉快的事发生。（　　　）
   A. 完全同意　　　　B. 基本同意　　　　C. 基本不同意　　　　D. 完全不同意
10. 我对重要行动计划的追踪工作一般不予理会。（　　　）
   A. 完全同意　　　　B. 基本同意　　　　C. 基本不同意　　　　D. 完全不同意

评分标准：

每个"完全同意"评 4 分，"基本同意"评 3 分，"基本不同意"评 2 分，"完全不同意"评 1 分。总分小于 20 分，表示你不是拖延症患者，你也许偶尔有拖延的习惯；总分为 21～30 分，表示你有拖延症，但不太严重；总分大于 30 分，表示你或许已患上严重的拖延症。

8.1.2.2 时间管理的内容

（1）决定时间的消耗标准，确定目标，制订相应的实施计划；
（2）采用分割与集中的方法来增加个人的自由时间，进行合理消耗；
（3）总结自己的时间消耗情况，诊断时间利用率不高的原因，找出浪费时间的活动并加以消除；
（4）运用科学的运筹方法来控制自己的时间；
（5）应用各种有效的技巧来节约自己的时间。

课堂活动：在以下浪费时间的现象中，你最常遇到的问题是什么？

学生插画练习：根据浪费时间现象来画一幅漫画。

（1）由于记忆力欠佳，需要重新阅读同一材料；

（2）对每天规定的目标只完成一半，却不知为何；

（3）每天的大量时间用于对其他事情大惊小怪上；

（4）漠视自己的行动计划越拖越长；

（5）由于东西随手乱放，不得不耗费时间四处寻找。

那么我们如何才能找到浪费时间的原因呢？不妨多问自己几个问题。

（1）我做了什么根本不需要做的事？

（2）我做了什么能够由别人并且应该由别人做的事？

（3）我是否往往对某些任务要花费更多的时间？

（4）我是否经常会忘记接下去准备做的事？

（5）我是否难以说清一天里干了些什么？

（6）我是否碰到了一个无法再拖延的问题？

（7）我是否常常越权处理？

（8）我是否难以按时赴约？

8.1.2.3 时间管理的要素

1. 明确的目标

任何一个组织都必须有明确的既定目标，管理者同样需要制定科学可行的目标才能有计划地合理安排人物财及时间等资源的投入。有了既定目标，才能分清主次，才能合理利用时间，明确不同时间的任务要求和工作内容，提高时间利用率和管理绩效。

在目标制定过程中首先需要运用 SWOT 分析法收集、分析企业内外部环境信息，评估企业所面临的优势、劣势、机会和威胁，作为确定拟定目标方案依据，其次根据企业发展需求，结合可利用资源进行综合效益分析，评估优选方案来确定目标，最后需要利用 SMART原则来对照检查，确保企业目标合理高效。有关目标制定的流程和方法，详见第 7 章"目标管理"。

2. 科学的计划

时间是有限的，工作却在不断增多。如何利用有限的时间高效完成个人工作任务，实现组织目标，依赖于一套完善而科学的工作计划。一套完整的计划包括目的、内容、负责人、时间、地点和措施等要素，其中，时间的安排显得非常重要。因为，计划是有时限性的，必须在规定时间内完成才能达到预期效果。这就要求管理者必须根据工作的有效次序、可利用的资源、员工的能力及可支配时间的多少来安排具体的工作任务，制订详细的工作计划，明确计划各阶段的时间划分、目标及负责部门或人，以及实现目标需要采取什么样的行动，遇到问题如何处理，等等，才能使计划更具可操作性，提高时间利用率。

3. 强大的执行力

对于管理者而言，执行力就是贯彻计划意图，完成预定目标的实际操作能力，是把企业战略、规划转化成为效益、成果的关键。对员工而言，执行力就是按时按质按量完成自己的工作任务，实现工作目标。在企业管理中，执行力不仅表现为执行工作任务本身，还强调什么时候执行、完成，如何执行，是否与计划、规则相符，等等。

执行力本身是一个变量，不同的执行者在执行同一个任务的时候也会得到不同的结果。实施计划过程中，必然会遇到各种困难和问题，阻碍工作开展。此时，缺乏执行力的人选择退缩，具有强大执行力的人则迎难而上。可见，强大的执行力，是计划实施的有效保障。

管理者的角色不仅仅是制定策略和下达命令，更重要的是必须具备强大的执行力。只有当管理者和员工都具备强烈的完成计划任务的意愿，有克服困难的坚韧意志及独立开展工作的能力时，才能严格执行并按时完成计划工作。

8.1.2.4 时间管理的原则

1. 精力周期原则

在安排日程表时，应该将个人的精力周期考虑在内。在实际工作中，每个人在不同时段的生产力是不一样的。一般来说，一天当中，人的生理最具活力的时段是 9:00—15:00。美国的时间管理专家拉金认为，人类就像电视节目一样，每天都有所谓的黄金时段。如果在这段时间内安排处理重要的工作，效率就高。当然，也有些人的黄金时段可能是在深夜。通常在 8:00—11:00，人的交感神经最紧张，荷尔蒙分泌较高，尤其是 8:00 前后达到高峰，然后逐渐下降，可见上午是人最适合工作的时段（如图 8-1 所示）。因此，工作最好在上午就做完。至于下午，大多数人只能延续上午剩余的精力，做些轻松的工作。如何找出自己的黄金时段，不妨采取精力周期图测试的方法，连续记录 8 周，画出效率曲线上效果"佳""极佳"的时段，那便是自己的黄金时段。

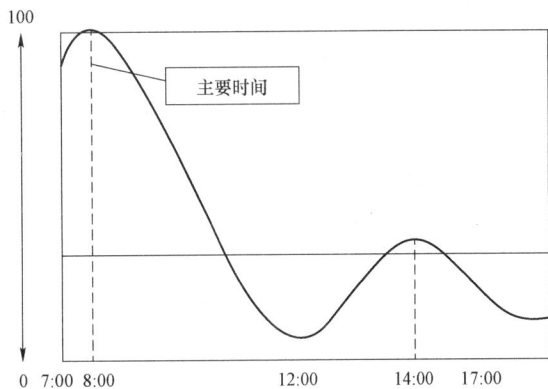

图 8-1　精力周期图

💡 即问即答：你的"黄金时段"是何时？

2. 优先顺序原则

一般来说，事物 80% 的价值集中在 20% 的组成部分中，即表现为"关键的少数，次要的多数"的规律。自觉运用这一规律，把 80% 的时间，用在 20% 的工作上，往往能用一、二分努力，获得八、九分成果。具体做法是：先依据系统原理，把自己工作组成一个有机的整体，然后分析每项工作在系统中的作用。分析时给自己提三个问题：一是能不能取消这项工作？二是能不能与别的工作合并？三是能不能用简便的东西代替？

经过处理后，再根据每项工作在系统中作用的大小，分成 A、B、C 三类，这是时间管理的最基本方法。A 级优先权：指必须做的事，是关键事务；B 级优先权：指应该做的事，是具有中等价值的事务；C 级优先权：指可以去做的事，是价值最低的一类事务。把工作划分成 A、B、C 三个等级后，便可根据优先权登记进行工作配置和时间安排了。具体如表 8-1 所示。

表 8-1　ABC 时间管理分类

分类	比例	特征	管理要点	时间分配
A 级优先权	占总工作数量的20%～30%;每天1～3件	(1)最重要:具有本质上的重要性;(2)最迫切:具有时间上的迫切性;(3)有后果	重点管理:(1)必须做好;(2)现在必须做好;(3)亲自做好	占总工作时间的60%～80%
B 级优先权	占总工作数量的30%～40%;每天5件以内	(1)重要;(2)一般迫切;(3)无大的后果	一般管理:最好自己去做,也可授权别人去办理	占总工作时间的20%～40%
C 级优先权	占总工作数量的40%～50%	(1)无关紧要;(2)不迫切;(3)影响小或无后果	不管理:可以忘掉	0

💡 **即问即答**:今天你的 A、B、C 类事务是什么?（选择某类事务说明）

　　A、B、C 各类事务的划分还取决于完成这些事务的日程。优先权可以随时间变化而进行调整,今天 B 类事务可能在明天时限接近时成为 A 类事务;同样地,今天的 A 类事务如果没有及时完成或条件发生变化,明天可能成为 C 类事务。显而易见,一方面,在一件中等价值的事务上花费大量时间是不值得的。另一方面,一个具有高度价值的项目是值得付出大量时间和精力的。

🔍 **实例分析**:张华客户管理秘诀

　　张华于 2002 年大学毕业后,在天利移动通讯公司担任推销工作。当时的月薪是 800 元,但豪情满怀的她却给自己制定了一个月薪 1 200 元的销售目标。当张华对工作逐渐感到得心应手后,她拿出客户资料以及销售图表,以确认大部分的业绩来自哪些客户。她发现,80%的业绩来自 20%的客户。同时,不管客户的购买量大小,她花在每个客户身上的时间都是一样的。于是,张华的下一步就是将其中购买量最小的 15 个客户退回公司,然后全力服务其余 20%的客户。

　　结果怎样呢? 第一年,她就实现了月薪 1 200 元的目标;第二年便轻易地超越了这个目标,而成为公司的销售经理。两年后她还独立组建了天时达通讯公司。

　　问题:请按照 ABC 法则,对张华所需处理的事务进行优先归类。

　　分析要点:

　　1. A 级优先权:这类事务为必须做的事,是关键事务,比如 20%的客户约见、送货的限期临近及接受重要培训等。

　　2. B 级优先权:指应该做的事,是具有中等价值的事务。这类事务有助于提高业绩,但不是十分重要。例如与普通客户吃饭、研究顾客心理学等。

　　3. C 级优先权:指可以去做的事,是价值最低的一类事务。无论这些事务多么有趣,它们都是被忽略的事务,如收发 E-mail、与同事聊天等,可以推迟或安排在精力的低谷时间进行。

课堂活动：优先顺序安排练习

我本周的优先顺序安排：

A 级优先权——必须做

B 级优先权——应该做

C 级优先权——可以做

3. 时间管理四象限原则

优先做最重要的事情这一点每个人都能想到，但在现实中，在确定做事顺序时，常常遇到重要性和紧迫性相互矛盾的现象，这时该如何处理呢？艾森豪威尔原理能够有效解决这个难题。它又被称为"艾森豪威尔定律"。它把要做的所有事情按照重要性、紧迫性两种属性进行排列，这样事情也就被分为四类，在坐标轴上构成了四象限，如图 8-2 所示。

从图上可以看出，工作任务有两个维度：一个是重要性维度，另一个是紧急性维度。这两个维度的地位是不同的：重要性是第一维度，紧急性是第二维度，也就是说，重要性比紧迫性重要。

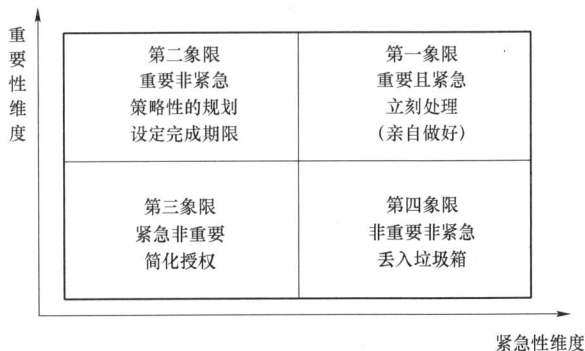

图 8-2　时间管理四象限

1）第一象限

第一象限内是重要且紧急的事，即危机任务。诸如应付难缠的客户、准时完成工作、紧急手术等。这是考验一个人的经验、判断力的时刻，也是可以用心耕耘的园地。

2）第二象限

第二象限内是重要非紧急的事，即新的机遇。诸如个人职业生涯的长期规划、问题的发掘与预防、参加培训、向上级提出问题处理的建议等。这个象限的事情不会对人们造成催促力量，所以必须主动去做，这是发挥个人领导力的领域。

3）第三象限

第三象限内是紧急非重要的事，即日常事务。表面看似第一象限，因为别人迫切的呼声会造成"这件事很重要"的错觉。电话、会议、突来的访客都属于这一类。花很多时间在这个象限，自以为是在第一象限，其实不过是在满足别人的期望与标准。

4）第四象限

第四象限内是非重要非紧急的事，即杂乱琐事，根本不值得花时间在这个象限的事情上。诸如以修整为由的随意闲聊、收看空洞无物的电视节目、阅读令人上瘾的无聊小说等，这样的休息不但不是为了更有效率地工作，反而会损害健康，因为真正有创造意义的休闲活动是很有价值的。

高效时间管理的秘密在于第二象限。忽视属于这个象限的工作将使第一象限的工作日益扩大，使人陷入更大的压力，在危机中疲于应付。反之，多投入一些时间在第二象限的工作有利于提高实践能力，缩小第一象限的范围。每天留出时间处理重要而不紧急的事情，是保持领先的方法。通过这样做，把宝贵的时间储存起来，在以后面临突发事件时，便能动用时间储蓄，在紧迫的时间压力面前应付自如。可见，把精力集中于第二象限的工作，能更好地掌握时间的主动权，减少未来可能出现的危机。

小卡片：时间管理中的 **13** 种常见错误

1. 做事没顺序；
2. 先做熟悉的事，后做不熟悉的事；
3. 先做容易做的事，后做难做的事；
4. 先做喜欢做的事，后做不喜欢做的事；
5. 先处理资料齐全的事，后处理资料不全的事；
6. 先做已排定时间的事，后做未排定时间的事；
7. 先做不费时间的事，后做需要花费大量时间的事；
8. 先做经过筹划的事，后做未经筹划的事；
9. 先做有趣的事，后做枯燥的事；
10. 先做别人的事，后做自己的事；
11. 先做已发生的事，后做未发生的事；
12. 先做大领导交代的事，后做小领导交代的事；
13. 先做自己所尊敬的人或与自己有密切利害关系的人所拜托的事，后做自己所不尊敬的人或与自己没有密切利害关系的人所拜托的事。

4. 学会合理授权

若管理者缺乏授权意识和方法，不分事务大小事必躬亲，势必整日陷入具体繁杂的事务中无法自拔，不但工作效率低下，还因此耽误了很多重要的事情。事实上，管理者可以根据工作性质和结构，结合下属的能力和特点，进行适当授权，合理分配工作，自己则集中精力做好决策，完成关键性工作。这样既能提高部门绩效，也有利于调动下属的积极性，培养高效团队。

在授权时应该注意以下几点：

（1）有一套用以监督管理的制度；
（2）授权对象务必要心甘情愿，并且有相关能力；
（3）确定他们有必要的工具和资源供给，以便顺利完成工作；
（4）鼓舞下属，促使其保持积极与热诚的态度；
（5）教育、指导下属，使他们有成长的机会；
（6）授权意味着不仅要分配不好干的事，也要分配容易做的事；
（7）不能把自己难以胜任的工作移交给别人。

8.2 时间管理方法

所谓时间管理的方法，就是运用适当的技巧、技术和工具帮助你更高效地完成工作，实现目标。时间管理方法并不只是要把所有事情做完，而是注重如何在工作过程中实现时间的高效运用。

8.2.1 GTD 工作法

8.2.1.1 GTD 工作法的概念

所谓 GTD，就是 get things done 的缩写，是美国著名时间管理大师戴维·艾伦总结出来的一套目前世界范围内最全面、最系统、最广泛使用的时间管理方法。

GTD 的核心理念在于只有将所有该做的事情写下来并且安排好下一步的计划，才能排除干扰、全神贯注、全力以赴地做好眼前的工作，提高效率。因此，GTD 工作法要求执行人将所有的工作罗列出来再进行分类，确定下一步的处理方法，把所有尚待解决的事项收集并归类到一个可控的管理体系中，以便分清楚哪些事情需要处理？哪些事情最为迫切？哪些时间该做哪些事情？哪些处理方式最为高效等。这样就无须耗费太多时间提醒你该做又没做的事情，把大脑从这种思维中解放出来，便能集中精力，按部就班地开展工作。另外，GTD 工作法强调任务和项目的具体化，也就是对什么时间做什么工作，如何做等进行详细具体的安排。这样一来，执行者在一个给定时间具体采取一个给定行动（action）的时候，才能集中精力做出最好的选择。

8.2.1.2 GTD 工作法的操作流程

GTD 工作法是非常有效的时间管理方法，其操作流程包括收集、整理、组织、回顾、执行 5 个步骤，如图 8-3 所示。

1. 收集

将能想到的所有的未尽事宜（GTD 中称为 stuff）统统罗列出来，放入工作收集箱（inbox）中，这个工作收集箱可以是用来放置各种文件的文件夹、篮子或者抽屉等，可以是用来记录各种事项的纸张、软件或 App 等。收集的关键在于把一切需要完成的工作都记录下来，释放大脑内存。

2. 整理

需要定期或不定期地对工作箱进行整理工作。将所有未尽事宜按是否需要付诸行动进行区分整理，对于不能付诸行动的内容，可以进一步分为"参考资料""备忘录""垃圾类"。对需要行动的内容，先考虑是否可在短时间内，如 2 min 内完成，如果可以则立即行动完成它，如果不行则组织下一步行动。

3. 组织

组织，主要分为针对参考资料的组织和针对下一步行动的组织工作。对参考资料的组织主要是指建立特定的文档管理系统对资料进行分类存储，以便随时可以查阅。

对下一步行动的组织则分为委托他人清单（等待清单）和延迟处理清单。委托他人清单

179

主要是记录那些委派他人去做的工作，需要等待并监督他人工作的进展程度。延迟处理清单，则又分为日程表（指定时间完成事项）和下一步行动（需要尽快完成事项）两部分。日程表记载的是需要在未来制定时间完成的工作；下一步行动则是具体的下一步工作，如果一个项目涉及多步骤的工作，就需要将工作进一步细化和做具体安排。

4. 回顾

在 GTD 工作法中，一般需要每周进行回顾与检查。回顾与检查所有清单，结合工作需要和实际情况进行更新，可以确保 GTD 系统有效运作。在回顾的同时，为了提高计划与实际工作需要的配合度，还可能需要进行未来一周的计划工作。当然，是否需要进一步规划是根据个人工作需要而决定的，并不是硬性要求。

5. 执行

执行，是指按照整理好的清单开始行动。根据工作的重要性、所处的环境、所拥有的资源、可支配的时间以及个人精力状况选择清单上的事项来付诸行动。

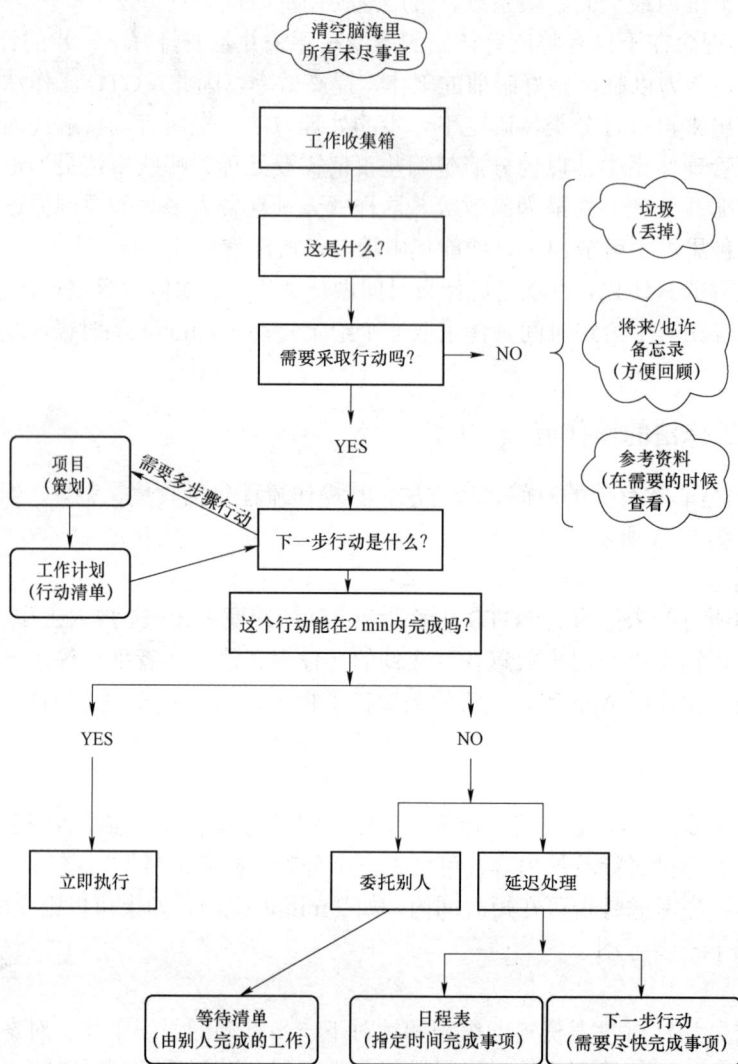

图 8-3　GTD 工作法的操作流程

💡 **即问即答**：试用 GTD 工作法列出你下一周的工作清单。

8.2.2　番茄工作法

8.2.2.1　番茄工作法的概念

番茄工作法是弗朗西斯科·西里洛于 1992 年创立的，是一种相对简单易行的时间管理方法。

番茄工作法，是指每工作 25 min（称为一个"番茄时间"），休息 5 min。每 4 个番茄时间后休息 15 min。使用番茄工作法，选择一个待完成的任务，设定一个番茄时间，在番茄时间内专注工作，中途不允许做任何与该任务无关的事，直到番茄钟响起，然后在纸上画一个记号，记录下来；然后设定一个番茄休息时间，短暂休息一下。结束一天的工作后，根据记录对当日的工作学习情况进行复盘，同时可以对第二天的时间进行规划。

番茄工作法是一套简单的工具和流程，可以提升个人和所在团队的工作效率，实现"减轻时间焦虑，提升集中力和注意力，增强决策意识，唤醒激励和持久激励，巩固达成目标的决心，完善预估流程，精确地保质保量、改进工作学习流程、强化决断力，快刀斩乱麻"等效果。

8.2.2.2　番茄工作法的使用方法

番茄工作法的实施，包括计划、执行、跟踪、记录和处理 5 方面的工作。

1. 计划

在一天开始，在活动清单中列出所有需要完成的工作，并按照工作的重要次序制作"今日待办表"（见表 8-2）。然后根据每项工作的需要和实际情况预设番茄钟（即完成该项工作所需要的时间），需要注意的是，预设的时间不能超过每天能承受的最大番茄钟数量。当然，每个人的承受能力不一样，可根据实际情况适当安排。一般而言，番茄钟数量预估在 5 个以上，可考虑拆分工作，以便实施更细化的时间安排。

表 8-2　今日待办表

今日待办表				
时间	待办事项	预设番茄钟	番茄钟完成记录	实际番茄钟数量
8:00	A 任务	3	×××（完成打×）	3
9:30	B 任务	2	×	1
	......			
计划外事项				
14:30	突发事件 A	1	×	1
16:00	紧急事件 B	2		
今日总结				

2. 执行

从今日待办表中优先级别最高的工作开始执行。每完成该工作的一个番茄钟，便在右边的表格中画一个×。如果番茄钟开始后，工作提前完成，则继续检查改进工作，直到番茄钟铃响。如预设番茄钟过去后，活动仍未完成，则进行二次预估，增加时间。若 3 次预估皆未完成，则拆分该工作活动并分析原因，及时进行调整和修正。

在工作执行过程中，每完成 1 个番茄钟进行一次短时间（5～8 min）的休息，每完成 4 个番茄钟进行长时间的（15～30 min）休息。调整好状态，以便高效地投入下一步的工作中。在执行某一番茄钟时间段内，工作任务不能更改。如要调整任务安排，可在每次休息后根据情况变化来切换。待该项工作完成后，用黑色笔将今日待办表的"待办事项"栏中对应事项划掉（见表 8-2）。

3. 跟踪

在执行工作过程中，根据实际需要，记录中断次数、完成质量的评价等。遇到计划外事件而需中断计划时，如实记录在"今日待办表"中。如果计划内番茄钟被明确地打断则视为无效，不能标记×。如果造成中断的事件需要当天处理的，则要加入计划外事项清单中，预估番茄时间，记录完成情况。

4. 记录

根据当天工作完成情况，对照今日待办表，如实记录预估与实际番茄钟数量、中断次数、重新预估次数、预估准确率、活动完成质量等，作为下一轮实施番茄钟的参考数据。

5. 处理

通过分析记录的数据，分析工作任务执行情况，结合个人能力和工作条件，找到可以改进的内容，优化流程，提高工作绩效。

💡 **即问即答**：运用番茄工作法高效工作的关键是什么？

思政园地：时间管理

古今中外名人无不珍惜时间

古书《淮南子》有云："圣人不贵尺之璧，而重寸之阴。"汉乐府《长歌行》有这样的诗句："百川东到海，何时复西归？少壮不努力，老大徒伤悲。"晋朝陶渊明也有惜时诗："盛年不重来，一日难再晨，及时当勉励，岁月不待人。"唐末王贞白《白鹿洞二首·其一》诗中更有"一寸光阴一寸金"的妙喻。

自古以来，但凡取得成就的人，他们没有一位是不珍惜时间的。

美国启蒙运动的开创者、科学家、实业家和独立运动的领导人之一富兰克林就在他编撰的《致富之路》一书中收入了两句在美国流传甚广、掷地有声的格言，即"时间就是生命""时间就是金钱"。

意大利的杰出画家达·芬奇说："勤劳一日，可得一夜安眠；勤劳一生，可得幸福长明。"曾经有人问达尔文："你怎么能做出那么多的事呢？"他回答说："我从来不认为半小时是微不足道的一小段时间。"

数学家陈景润，夜以继日，潜心于研究数学难题——哥德巴赫猜想，光是演算的草稿纸就装了几麻袋，但终于证明了这道难题，摘下了数学皇冠上的明珠。

伟大的文学家鲁迅先生有句格言：“哪里有天才，我把别人喝咖啡的时间都用在工作上了。”他为世人留下了 600 多万字的精神财富，正是由于他把别人喝咖啡的时间都用在写作上的缘故。可见，鲁迅成功的秘诀之一就是珍惜时间。

鲁迅 12 岁在绍兴城读私塾的时候，父亲正患着重病，两个弟弟年纪尚幼，鲁迅不仅经常上当铺，跑药店，还得帮助母亲做家务；为避免影响学业，他必须做好精确的时间安排。此后，鲁迅几乎每天都在挤时间。他说过：“时间，就像海绵里的水，只要你挤，总是有的。”在鲁迅的眼中，时间就如同生命。

诸多类似的时间名言和事迹都在警示人们：人生有限，必须惜时如金，才能有所作为。

8.2.3　六点优先工作法

8.2.3.1　六点优先工作法的概念

六点优先工作法是一个比较简单的方法，其最为核心的内容就是整理出 6 件最重要的事情，并且排列好顺序，并充分利用一天的时间完成这些工作。利用这个工作法，可以对每天的工作及时间安排有更为直接的了解和控制，能更好地对抗外部干扰，按部就班地开展各项工作。这些重要工作的完成也基本决定了我们的时间利用价值。

高效运用六点优先工作法，需要注意以下事项：一是把最有效的时间用在那些最重要且最有价值的事情上；二是对整个计划中需要做的事情进行划分，最紧急最重要的一定要放在前面，认真排好顺序；三是提高工作效率，确保 6 件重要的事情顺利完成，不要将问题拖到第二天；四是明确标准格式，明确标准流程，每天的任务清单一定要按照标准格式来写（见表 8-3）；五是每天要做的事情，尽量简写，节省时间；六是工作目标最好量化为具体数字，这样方便检查；七是做好工作经验总结和分析。

表 8-3　每日工作安排表

每日工作安排表		时间：
一、今日计划完成工作		
优先次序	工作清单	完成情况
1	A 工作	完成
2	B 工作	未完成
3	……	
4		
5		
6		
二、阻碍工作完成事项		
序号	遇到的问题	解决措施
1	A 问题	
2	……	
3		
……		
总结		

8.2.3.2 六点优先工作法的操作步骤

1. 工作收集

把一天内需要完成的工作整理收集，以清单的形式列举。如工作之间存在联系，做好备注，以便筛选工作过程中可以辨识分析。

2. 优先排序

根据工作的重要性和组织的发展需要评估各件工作的重要性和紧迫性，从中挑选 6 件工作，并以此为基础制定每日工作安排表。

3. 执行工作

从优先级最高的事物着手，运用适当的方法，利用手中的资源开展工作。必须严格按照每日工作安排表上的工作顺序把一件工作完成后，才能开展下一件工作，以此类推。根据既定的安排开展工作，有利于避免拖延症的影响，做到日事日毕。

4. 做好记录

利用每日安排工作表，记录每件工作的完成情况，评估工作完成的效果，并对未能完成的工作开展原因分析，以便及时调整工作内容和方式。此外，还需记录工作开展过程中遇到的问题、解决措施，最后开展当日总结，以便日后检视和借鉴。

5. 经验总结

坚持每天对工作执行情况进行总结，评价工作完成情况，分析存在的问题，思考改善措施，为提高工作效率提供经验借鉴。

> 💡 **即问即答**：试用六点优先工作法安排你一天的工作。

小卡片：六点优先工作法的由来

效率专家艾维·利曾接待了伯利恒钢铁公司总裁查尔斯·施瓦布的来访。交谈中，施瓦布告诉艾维·利，他对自己的工作效率不满意。施瓦布说："应该做什么，我们是清楚的。如果你能告诉我们如何更好地执行计划，我听你的，在合理范围内价钱由你定。"

艾维·利说："我可以在 10 min 之内给你一样东西，这样东西可以使你公司的业绩至少提高 50%。"然后他将一张白纸递给施瓦布，让他在纸上写下明天要做的最重要的 6 件事。当施瓦布写好后，他让施瓦布按事情的重要程度，分别按从"1"到"6"标号。做好这些事花掉了 5 min。

接着，艾维·利对施瓦布说："现在把这张纸放进口袋。明天早上第一件事就是把这张纸拿出来，只看第一项，全力以赴办第一件事，直至完成。然后用同样方法对待第二件事、第三件事……直到你下班为止。"

施瓦布问："如果明天我没有做完这 6 件事，该怎么办呢？"

艾维·利说："即便你只做完第一件事，那也不要紧。因为你总是做着最重要的事情。"

停顿了一会儿，艾维·利又说："每天都要这样做。若你在坚持使用后认为这个办法有效，可以将它推行至你的高层管理者，若还是有效，继续推行至每位员工。"

整个会见不到 30 min。一年后，施瓦布给艾维·利寄去了一张 2.5 万美元的支票，还有一封信。信上说那是他一生中最有价值的一堂课。5 年之后，这个当时不为人知的小钢铁公司，一跃成为世界上最大的独立钢铁公司，而其中艾维·利提出的"六点优先工作法"功不可没。

8.2.4　莫法特休息法

8.2.4.1　莫法特休息法的概念

莫法特休息法，又称连续分段时间管理法，是指避免长时间做同一种工作。其提倡每隔一段时间，就应主动改变一下工作方式和环境，避免大脑某一区域长时间兴奋而过于疲劳，让大脑不同区域轮流工作，这样就可以保持精神上的兴奋点，提高工作效率。

不管是充实脑力劳动还是体力活动，每隔一段时间就变换不同的工作内容，就会产生新的优势兴奋灶，而原来的兴奋灶则得到抑制，这样人的脑力和体力就可以得到有效的调剂和放松。通过切换不同类型的工作，可以恢复部分精力，为不停运转的大脑继续提供能量，有利于降低持续工作和管理中产生的过多压力。可以说，莫法特休息法，就是一种以主动休息来提高工作效率的方法。

8.2.4.2　莫法特休息法的工作模式

1. 按抽象与形象交替分配时间

人类的左右脑各有侧重，左脑决定人的逻辑思维，而右脑则倾向于艺术思维。研究理论问题可以和学习形象的、具体的问题交替进行，当在理论研究过程中感到疲劳时，即可切换到对形象问题的观察中，不但能让左脑得到休息，而且能充分利用右脑，提高工作效率。

2. 按不同角度分配时间

同一种工作，从不同侧面、不同角度入手，能引起更多的关注。也就是说，只改变研究角度，从不同侧面分析问题，同样会引起大脑新的兴奋，达到提高工作效率的目的。

3. 按动静交替分配时间

工作中如果始终用一个姿势坐着，时间久了容易感到疲劳。这时可以改变工作的姿态，变化工作的环境等。

4. 按脑力与体力交替分配时间

工作时感到疲倦，可以转而投入到运动中，如户外散步，慢跑等有氧运动，让大脑恢复清醒，保持活力，对于提高工作效率会有很大的帮助。

5. 按工作和娱乐休闲交替分配时间

长时间的工作容易产生疲惫的感觉，对于保持高效率的工作是非常不利的。为了放松紧张的大脑皮层，松弛神经，消除疲劳，可以按照个人喜好适当安排休闲娱乐活动，恢复精力，以便高效地投入到下一阶段的工作中。

8.3　时间管理工具

制订计划并认真执行是时间管理的有效方法。制订计划是一个复杂的过程。制订计划是减轻时间不足带来的压力的关键方法，清晰的计划能明确告诉管理者可以运用哪些资源来实现目标，可以明确工作进程和结束日程安排，而且也能更精确地进行成本估算。

一般而言，计划可以分为长期和短期两种。在本章中，长期计划是指任何一个超过一周的项目；短期计划则指在本周或当天完成的事务，包括为完成长期计划应进行的工作。

8.3.1　制订长期计划的辅助工具

计划制订辅助工具是进行有效时间管理的重要组成部分，因为人不可能记住每件事。

无论选择哪一种方法来制订计划，都应该在主管者日志上记录所有的活动，提示每步行动及项目完成的时间。如果计划的完成还需依赖他人的工作，那么还要有一个跟进项目进展的计划。当然，在日志中，还要标示出每个步骤的责任人及需完成步骤的预定日期。

8.3.1.1　活动计划表

活动计划表可以变化多端，最简单的一种只需列出完成目标所需的各个步骤，其他内容则还可以包括起始日期、目标完成日期、成本估算以及责任人等。如学校某班级计划在 5 月 18 日到北京怀柔生存岛基地进行素质拓展训练，制订的活动计划表如表 8-4 所示。

表 8-4　活动计划表

工作步骤	估计时间/d	目标日期	责任人
1. 召开筹备会	0.5	5 月 14 日	班委
2. 宣布活动计划并统计人数	0.5	5 月 15 日	班长
3. 联系车辆、住宿	0.5	5 月 16 日	生活委员
4. 预订团体票	0.5	5 月 16 日	生活委员
5. 开会提出注意事项	0.5	5 月 17 日	班长
6. 分组、任命组长	0.5	5 月 17 日	班长
7. 出发	0.5	5 月 18 日	班委
8. 拓展训练	1	5 月 19 日	全体同学
9. 返回	0.5	5 月 20 日	班委
10. 班委进行总结并上报活动信息	0.5	5 月 23 日	宣传委员

8.3.1.2　阶段性成果示意图

阶段性成果示意图以图示的方式显示出了项目内各步骤间的关系。制作示意图时，需先列出完成项目所需的各步骤以及估计的时间，然后将其在图的左侧由上至下列出，下方则列出日期时间。然后在每个步骤中从预计开始时间到预计结束时间画出一条线段。示意图全部画完后，就可以清楚地看到活动步骤的流程和先后顺序（包括哪些步骤是在同一时间内进行的）。

阶段性成果示意图还可以用于实际进程的控制，只要以不同颜色的线段在阶段中标示，就可以知道实际操作中每个步骤的起讫时间。

小卡片：节约时间 20 招

1. 对目标、任务、会议等事件分别按优先级进行排序。
2. 从优先级最高的事物着手。
3. 把大的、艰难的任务细分为小的、容易的部分。
4. 为自己创造 1 小时的宁静，哪怕这需要很强的意志力，或者有时不起作用。
5. 和拖延做斗争，如果事情重要，从现在开始做。
6. 找到一个隐蔽的地方，如图书馆或空闲的办公室。

7. 学会委派别人做事。

8. 归纳相似的事情，把它们放在一起处理。

9. 当你有重要的事情要处理时，学会对别人说"不"。

10. 避免完美主义。记住 80/20 定律。

11. 避免做出过多许诺。对你在有限时间内能完成的工作持现实态度。

12. 减少例行事务：它们不值得花费过多时间。减少低价值的事件，抛开没有价值的信件和文书工作。

13. 文书工作争取只处理一次。

14. 处理重要事情时，使用大块儿的时间。

15. 在行动以前，彻底地思索整件工作。

16. 设置时间限制。例如，做某些决定时，不应超过 3 min。

17. 迅速处理困难的事情，等待和拖延不会使它们变得更容易。

18. 不要把时间表排得满满的，为自己留下一定机动时间应付突发事件。

19. 聚精会神地做手头的事情。

20. 第一次就做好。

8.3.2 制订短期计划的辅助工具

长期计划的工作步骤必须根据其他要求加以调整和优先调序，这就构成了短期计划。短期计划可以以周为单位或以日为单位来进行操作。

8.3.2.1 周计划

周计划包括截至周末需要完成的工作及需要为此付出的努力，下一周计划可以在本周五、周末或下周一早晨制订出来（许多人则利用上下班坐车时间完成这一工作）。

周计划工作表可以十分简单，也可以比较复杂，如表 8-5 所示。

表 8-5 周计划工作表

第一周

目标：

1. 业绩达到去年同期的 120%

2. 与至少两个大客户建立稳定的联系

3. 掌握一项推销技巧

工作	优先级别	估计时间	日期安排
查询各大公司电话，致电推销	A 级	0.5 d	周一
约见重要客户	A 级	2 d	周二、周三
收发 E-mail	C 级	0.5 d	每日早上
研究顾客心理学	B 级	0.5 d	周四上午
参加业务培训	A 级	0.5 d	周五上午
与同事到 KTV 唱歌	C 级	3 h	周五晚上
学习推销技巧	B 级	0.5 d	周四下午
与普通客户吃饭	B 级	2 h	周五中午

一旦制订了周计划，就必须将其随身携带以便随时提醒自己，而每天的工作可以进一步细化为日计划，并严格按照计划内容进行工作。

8.3.2.2　日计划

计划制订中的关键在于每天能够最大限度地使用好个人的时间。编制日程安排可以保证每天大部分的活动有章可循，也为制订"每日需完成事务"的清单打下了良好基础。

每日制订一份优先排序的计划有助于你时刻关注最重要的事务，你可以按优先级从上至下完成事务。如果出现意外情况，也可以评估其优先级别后妥善处理。千万不要让一些意外事件成为干扰工作的借口。此外，每天结束工作前回顾一下哪些工作已于今日完成，哪些工作是留待以后继续努力的，然后把未完成的工作与明天需完成的工作一起，再进行优先排序。

至于罗列事务的格式并不是很重要，可以把事务标注在日历表上，或列一张表格或者任何一种你发明的新格式。许多文具店里都会提供各式各样的文本格式。表8-6列出了日计划工作表最简单的格式。

表8-6　日计划工作表

需完成的任务	需拨打的电话	需约见的人员	已完成	约会安排
转发 E-mail			√	8:00
	华西地产王经理 华夏银行崔经理		√	
参加部门例会			√	9:00
		华夏银行崔经理	√	10:00
准备客户所需产品			√	11:00
午餐、休息			√	12:00
准备新产品宣传材料				13:30
				14:00
		华西地产王经理	×	15:00
	厂商	销售部经理		
阅读新的产品目录				16:00
		办公室小王		
下班				17:00

8.3.2.3　会议安排者

你是否经常需要与供货商、顾客及其他部门的同事进行信息沟通，以便更好地完成工作？如果是这样的话，你会经常发现自己干扰了他们的正常工作。有效处理此类事情的一种方法便是使用"会议安排者"这一工具（见表8-7），尽量一次就办完所有要做的事情，以免常常打搅别人。

表 8-7　会议安排者

姓名：王伟（供货商）	姓名：孙飞（办公室职员）	姓名：崔经理（华夏银行）
需要 OPPO 50 部、小米 60 部，下周一前送到	1. 复印最新产品说明单 20 份	明天下午两点前去拜访
	2. 开具介绍信	
	3. 发送传真	
姓名：夏菲（销售部）	姓名：	姓名：
1. 索要本月产品销售排行榜单		
2. 查询本月业绩		

　　首先，输入经常致电人员的姓名，然后在其姓名下面填写需与他们进行沟通的事项。当可以与他们进行会谈时，将这一清单进行优先排序，去除那些不重要的事项和可以用其他方法处理的事项。

实例分析：24 小时的科学运筹

　　1. 起床时间

　　1）愉快醒来

　　很多人都有"起床气"，那是因为头脑还没有清醒。如果将恼人的闹铃声换成轻快的音乐，人的心情就会比较愉悦，一天的工作、学习效果也将大不相同。

　　2）统筹今日之事

　　刚醒时不宜立即起来，以免头晕，这时可以思考一下今天应该做的事及其方式，厘清头绪。

　　3）同时作业

　　在进行梳洗、装扮、吃早餐的同时可以与家人或舍友交谈，以弥补平时忙于学习、工作所欠缺的感情交流。

　　2. 回家后的时间

　　1）尽量不将工作带回家

　　家是一个休憩的港湾，安逸的环境不利于人工作和学习，并且电视、家人、电话等因素常常形成干扰，使人无法全神贯注，因此最好在单位或学校完成任务。

　　2）回家后的学习

　　有时因为回家太晚或是疲劳、烦躁，很难专心学习。这时如果勉强自己，也达不到预期的效果，反而可能适得其反。那么如何改进呢？这就要充分利用自己的黄金时间，在积极性高的日子里多储蓄"时间"，以填补情绪低潮时的空白。

　　3. 就寝时间

　　1）保证睡眠时间

　　有人习惯于熬夜，但是很难保证第二天的工作效率。与其常常犯晕，不如保持长期稳定的步调，以一种健康的状态循序渐进地达到自己的目标。

　　2）使用备忘录

　　现代社会生活节奏太快，人们的头脑常常在熄灯后还会浮现一些未完成的事情，这样就无法保证按时入眠。这时最好能整理一下思绪，将挂心之事一一列出，即使不能立即解决也可做到心中有数，从而减少忧虑的程度。

3）利用床头的音响学习

在身体或眼睛疲劳时，可以利用音响来学习外语，听一些英语节目或是外国音乐，以便舒缓身心。

问题： 分析上述案例中时间安排的优点和不足。

分析要点：

1. 结合每项工作的性质和完成的要求进行分析。

2. 根据人的特性和行为模式进行分析。

3. 对不足之处给予适当的改进建议。

实训项目

项目名称： 个人的时间管理。

实训目的： 通过课后实训使学生掌握个人时间管理的方法。

实训指导： 用一整天的时间观察你自己，尽可能详细地记录所做的事情、起止时间、效率和自己的感受。

观察自己使用时间的情况时，一定要找出并记住以下几点：

1. 你通常在哪些方面浪费了时间？

2. 你在什么情况下做事效率最高？

3. 你做事效率最佳的时间是什么时候？

要完成某个目标，需要反复地计划、实施、修订，形成循环圈，可以从圈中的任何一点进入循环。

下面是一份用于每日计划的表格，每天在固定的时段（如睡觉前）填写，第二天用这份表格提示自己。运用"计划的循环"，坚持一个星期，提高管理时间的能力。

今天要做的事

日期：_____

必须做的事情

1.

2.

3.

4.

5.

应该做的事情

1.

2.

3.

4.

5.

能够做的事情

1.

2.

3.

4.

5.

复习思考题

一、多选题

1. 时间的特点包括（　　　）。

A. 供给毫无弹性　　　　　B. 无法储蓄

C. 无法取代　　　　　　　D. 无法失而复得

2. 时间管理的要素包括（　　　）。

A. 时间理念　　　　　　　B. 科学的计划

C. 明确的目标　　　　　　D. 强大的执行力

3. 一般而言，人的黄金时间段包括（　　　）。

A. 8:00　　　　　　　　　B. 9:00

C. 10:00　　　　　　　　 D. 11:00

E. 12:00

4. 时间管理四象限原则中的两个分析维度是（　　　）。

A. 重要性　　　　　　　　B. 紧迫性

C. 时限性　　　　　　　　D. 有效性

5. 以下对时间管理的论述，正确的是（　　　）。

A. 时间是可以被管理的

B. 时间管理是指运用恰当方法提高时间利用率和工作绩效

C. 时间管理没有具体的方法和工具，只能依靠管理者的经验

D. 时间管理有利于提高团队工作效率

二、简答题

1. 什么是时间管理？

2. 什么是优先次序原则？

3. 什么是 GTD 工作法？

4. 番茄工作法包括哪些程序内容？

5. 什么是莫法特休息法？

复习思考题参考答案

第 9 章 | 职位说明书编写

学习目的

通过本章的学习，在熟悉工作分析基本知识的基础上，能够编写中层、基层岗位的职位说明书。能够运用相关知识，制作或修改班级、院系某些职位的说明书。

知识目标

- 掌握职位设置的基础知识；
- 了解工作分析的内容；
- 了解工作分析的方法；
- 了解职位说明书的作用；
- 掌握职位说明书的构成。

能力目标

- 能够进行简单的职位分类；
- 能够完成工作分析的各阶段任务；
- 能应用工作分析的五种方法解决实际问题；
- 能根据所给资料，编写职位说明书。

思政目标

- 培养知行合一的意识；
- 树立学生爱岗敬业的道德品质；
- 培养学生"工匠精神"。

思维导图

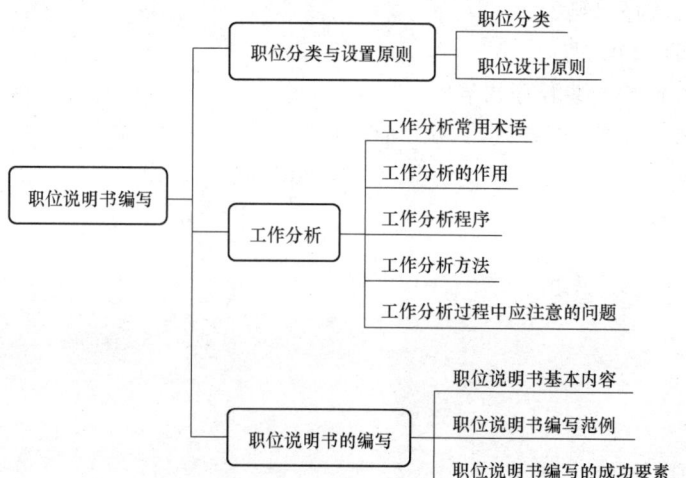

192

❓ 管理问题：

"小王，我真不知道你到底需要什么样的机械操作工？"高尔夫机械制造有限公司人力资源部经理老陈说道，"我已经送去了 4 个人给你面试，这 4 个人基本上都符合所需职位说明书的要求，可是，你却将他们全部拒之门外。"

"符合职位说明书的要求？"小王颇为惊讶地回答道，"首先我要找的是那种一经录用，就能够直接上手做事的人；而你送给我的人，都不能够胜任实际操作工作，并不是我所要找的人。再者，我根本就没看见你所说的什么职位说明书。"

闻言，老陈二话没说，为小王拿来职位说明书。当他们将职位说明书与现实所需职位逐条加以对照时，才发现问题之所在：原来这些职位说明书已经严重地脱离实际，也就是说，职位说明书没有将实际工作中的变动写进去。例如，职位说明书要求从业人员具备旧式钻探机的工作经验，而实际工作却已经采用了数控机床的新技术。因此，工人们为了更有效地使用新机器，必须具备更多的数学和计算机知识。

在听完小王描述机械操作工作所需的技能以及从业人员需要履行的职责后，老陈喜形于色地说道："我想我们现在能够写出一份准确描述该项工作的职位说明书，并且用这份职位说明书作为指导，一定能够找到你所需要的合适人选。我坚信，只要我们的工作更加紧密地配合，上述那种不愉快的事情，绝不会再发生了。"

问题：分析老陈招聘到的人才不能胜任相关职位的主要原因，提出解决这一问题的思路与方法。

分析要点：

在上述案例中，虽然职位说明书在上述案例中不能准确无误地界定招聘岗位所要求的职责与技能，但是，人力资源部经理老陈没有职位说明书的帮助，就很难确定所需职位应该具备何种专业技能。通过以上案例可以发现，进行具有普遍规律性的组织管理工作时应注意的问题，那就是职位说明书所描述的岗位及其职责要随时间的变化不断地进行修改。

9.1　职位分类与设置原则

企业的部门划分、职能分解完成后，接下来的工作就是进行职位设置。正如俗话常说的："一个萝卜一个坑"，职位设置就是"挖坑"的工作内容。

学生插画练习：漫画题字："一个萝卜一个坑""事事有人做，人人有事做"。

职位也称岗位，是指某一时间内某一主体所担负的一项或几项相互联系的职责集合。例如，办公室主任同时担负单位的人事调配、文书管理、日常行政事务处理等职责。职位一般与职员一一对应，即一个职位一个人。

职位属于组织，而不属于职位任职者。当一个员工流动时，他带走的是他的管理风格、解决问题的能力和绩效表现水平，他留下来的是他所处职位的"功能"、工作的范围和应负的职责。换句话说，他的职位仍然存在。

职位设置是在职能分解的基础上，将各部门的职能任务具体落实到每个职位，并确定职位的名称、职责、层次、数量。职位设置必须以"事"为中心，以职位的工作性质、责任轻重、难易程度和所需资格条件为依据。

9.1.1　职位分类

职位分类是以客观存在的事实为依据，将企业中所有的职位（工作岗位）按照工作性质、任务的繁简难易程度、责任大小、承担本项工作的资格和条件，加以分析比较，并根据一定的标准把每个职位都归入适当的等级档次，作为付酬和任用、考核晋升、奖惩职工的基本依据。

在企业里有很多职位。按照每个职位性质的不同，可以将其划分为以下 6 种。

（1）生产职位：比如，企业中的生产工人、基本员工。

（2）执行职位：比如，企业中的行政、服务性工作人员。

（3）专业职位：主要是指从事各类专业技术的人员，比如，工程师、会计师、经济师等。

（4）管理职位：比如，企业中的各职能科室主管、管理一个小单位的管理者。

（5）决策职位：比如，企业中的总裁、总经理、副总经理、分管各业务的总监等，他们是企业中的高层管理者，能做决策的人。

（6）监督职位：主要是执行监督工作，比如，企业中的审计、监察部门，或者是受股东、董事会委托从事监督的工作人员。

> 💡 **即问即答**：你父母的职位是哪一种？

9.1.2　职位设计原则

在进行职位设计时应当遵循以下六大原则。

9.1.2.1　明确任务目标的原则

职位的存在，是为实现特定的任务和目标服务的，不管什么行业、什么单位，都必须遵循这一原则，所以，首先要明确所属单位的总目标是什么，每个职位的目标是什么。

使职位目标具体化、明晰化、职位与任务量化，杜绝职位重叠、人浮于事、效率低下等现象的存在。

9.1.2.2　职位设置的数目符合最低数量原则

在遵循这个原则时，要让工作尽可能集中，人员承担职责合适，减少人工费用，企业代价最低。如果岗位设置不足，则组织存在先天缺陷，不大可能实现其战略目标，例如，一家企业决定从代工制造转向打造自主品牌，则应当设置的必备岗位包括市场部经理，而不是只有销售经理就可以了。同样，如果一家企业设置的岗位数量远超必需，则必然出现人浮于事、推诿扯皮的现象。

9.1.2.3　最低职务岗位原则

最低职务岗位原则也称能级层次原则。岗位设计时，应当考虑组织功能有效运转所必需的最低岗位和职务，超过必需级别的高配，可能导致资源浪费，而低于必需级别的将就，则影响岗位业绩目标的达成。例如，某制造企业拥有业内领先的优势是技术和设备，可以做出同行难以做出的高难度产品，则其销售部门只需要设置最基本的销售员岗位就足够了；反之，如果是一家贸易公司，其产品无特别的卖点和品牌影响力，则需要靠更大的销售团队来推广产品，则其销售部门需要设置的最低必需岗位应当是销售主管。

小卡片：猴子取食物的故事

美国加利福尼亚大学的学者做了这样一个实验：把 6 只猴子分别关在 3 间空房子里，每间两只猴子，房子里分别放着一定数量的食物，但放的位置高度不一样。第一间房子的食物放在地上，第二间房子的食物分别从易到难悬挂在不同高度的适当位置，第三间房子的食物悬挂在房顶。数日后，他们发现第一间房子的猴子一死一伤，受伤的猴子缺了耳朵断了腿，奄奄一息。第三间房子的猴子也死了。只有第二间房子的猴子活得好好的。

究其原因，第一间房子里的两只猴子一进房间就看到了地上的食物，于是为了争夺唾手可得的食物而大动干戈，结果伤的伤，死的死。第三间房子里的猴子虽然做了努力，但因食物放得过高，够到的难度太大，被活活饿死了。只有第二间房子里的两只猴子首先是各自凭着自己的本能蹦跳取食，其次随着悬挂食物高度的增加，难度增大，两只猴子只有协作才能取得食物，最后一只猴子托起另一只猴子跳起取食。这样，它们每天都能取得够吃的食物，很好地活了下来。这虽然是猴子取食的实验，但在一定程度上也说明了人才和岗位之间的关系。

岗位难度过低，人人能干，体现不出能力与水平，选拔不出人才，反倒会为了位子争斗甚至互相残杀，其结果无异于第一间房子里的两只猴子。岗位的难度太大，虽然它们都很努力仍不能及，甚至埋没、抹杀了人才，犹如第三间房子里的两只猴子的命运。岗位的难度要适当，循序渐进，如同第二间房子里的食物。这样，才能真正体现出能力与水平，发挥人的能动性和智慧。同时，相互间的依存关系使人才之间相互协作，共渡难关。

9.1.2.4　合理分工协作的原则

合理分工协作的原则也称整分合原则，即任何职务岗位都不能孤立地设置，必须从整体出发考虑上下左右协调配合的关系。职位不同，从事的工作不同，但很好都是相互联系在一起的。科学的劳动分工，不仅有利于员工发挥各自的技术专长，提高专业技术，还可以明确岗位的工作任务与责任，只有在合理的分工下，员工才会主动地开展工作。

9.1.2.5　责权利相对应的原则

明确每个职位的责任、权力和利益。职位责任是任职者应尽的义务，而与之对应的职位权限赋予岗位员工应有的对人、财、物的各种支配、使用、调动权；权利是保证岗位运行顺畅的工具；利益是驱使岗位（职位）员工更好完成任务的动力。

必须保证职位的责任、权利、利益相对应。不受责任制约的权利和利益，必然会导致滥用权利，利益膨胀，滋生腐败；不授予足够的权利和利益，则难以保障岗位（职位）工作任务的完成。

9.1.2.6　人事结合逐步过渡原则

大多数企业，在组织架构调整的时候，都存在各种各样的人员安置难题，有的人员不符合新岗位的任职资格，有的又超过了岗位的要求，"人"的现状很难完全与新岗位体系的"事"一一对应。如果无法按照理想状态实现一步到位的调整，比较稳妥的做法是设置部分过渡性的岗位，降低组织和岗位调整的难度，同时增强组织在用人方面的灵活性。

小卡片：某集团公司企业管理部职位设置（见表9-1）

表9-1　某集团公司企业管理部职位设置表

部门名称		企业管理部	
本部门职位设置总数/个	5	本部门总人数/人	5
职位名称	职位人数/人	主要职责分工	
部长	1	全面负责集团的发展战略研究与管理、集团规章制度管理、企业文化建设管理、合同管理、法律事务管理以及计算机网络和信息文化管理	
企划专员	1	集团发展战略研究与管理、集团刊物的编辑等	
企管专员	1	组织规章制度的编制、上报和审批，企业文化建设管理	
网络信息专员	1	网络软硬件维护、网上信息编辑发布、筹建集团信息化管理系统、办公自动化系统管理	
合同法律专员	1	处理集团、各子公司的法律纠纷和各类经济合同管理与法律咨询，参与重大合同谈判和合同起草，以及员工法治教育和其他法律实务	
备注			

9.2　工　作　分　析

工作分析（job analysis）又称职位分析、岗位分析，工作分析是通过系统全面的情报收集手段，提供相关工作的全面信息，以便组织改善管理效率。工作分析是指对工作进行整体分析，以便确定每一项工作的 6w1h，即用谁做（who）、做什么（what）、何时做（when）、在那里做（where）、如何做（how）、为什么做（why）、为谁做（whom）。工作分析的结果或直接成果是职位说明书。职位说明书是记录工作分析结果的文件，工作分析就像体检，而职位说明书就像体检报告，是体检结果的一种反映，工作分析重在过程。

9.2.1　工作分析常用术语

9.2.1.1　职位

职位是指承担一系列工作责任的某一任职者所对应的组织位置，它是组织的基本构成单位，例如，安全质保部经理。

9.2.1.2　使命

使命是指为了在某个关键领域取得成果而完成的一系列任务的集合，它常常用任职者的行动加上行动的目标来加以表达。例如，安全质保部经理的使命是组织公司质量/环境/安全/流程体系和安全生产管理工作，监督公司产品和服务质量，为公司正常运营和安全生产提供保障。

9.2.1.3　职责

职责是指组织所要求的在特定职位上需要完成的任务。例如，安全质保部经理的职责是组织公司质量/环境/安全/流程体系和安全生产管理工作，监督公司产品和服务质量，为公司正常运营和安全生产提供保障。

9.2.1.4　任务

任务是指为了达成某种目的而进行的一系列工作要素，是职位分析的基本单位，并且它常常是对工作责任的进一步分解。例如，安全质保部经理的任务：……培训、检查、事故处理、考核……

9.2.1.5　工作要素

工作要素是指工作中不能再继续分解的最小活动单位，工作要素是形成职责的信息来源和分析基础，并不直接体现于职位说明书之中。例如，安全质保部经理的工作要素：……现场查看、人员调查、制度调查、寻找证据……

9.2.1.6　任职资格

任职资格是指为了保证工作目标的实现，任职者必须具备的知识、技能与能力要求。它常常用胜任职位所需要的学历、专业、工作经验、工作技能、能力（素质）等来加以表达。

9.2.1.7　职权

职权是指为了保证职责的有效履行，任职者必须具备的、对某事项进行决策的范围和程度。它常常用"具有批准……事项的权限"来加以表达。例如，具有批准预算外 5 000 元以内的礼品费支出的权限。

9.2.1.8　衡量指标

衡量指标是指与职位的工作责任相对应的对职责完成的质量与效果进行评价的客观标准。衡量指标存在着正向与反向衡量指标两种类型。正向衡量指标是从正面的角度来考察该项职责是否完成，以及完成的效果，例如，目标达成率、计划执行质量、准确性、及时性等；正向衡量指标适用于那些从正向角度易于衡量的工作责任。反向衡量指标是指从反面的角度来考察职责的完成效果，例如，差错率、失误率等；反向衡量指标适用于那些从正面角度不易衡量工作效果和质量的工作责任。

9.2.1.9 职务

职务是指主要职责在重要性与数量上相当的一组职位的集合或统称。例如，开发工程师就是一种职务，秘书也是一种职务。职务实际上与工作是同义的。在企业中，一种职务可以有一个职位，也可以有多个职位。如企业中的法律顾问这种职务就可能只有一个职位；开发工程师这种职务可能就有多个职位。

9.2.1.10 职业

职业是指不同时间、不同组织中工作要求相似或职责平行（相近、相当）的职位集合。例如，教师职业、秘书职业等。

9.2.1.11 职业生涯

职业生涯是指一个人在其工作生活中所经历或将要经历的一系列职位、工作、职业。例如，某人刚参加工作时是学校的老师，后来去了政府机关担任公务员，最后又去公司担任经理，那么老师、公务员、经理就构成了这个人的职业生涯。再如，某人的职业和工作单位虽然没有发生过变化，但是他从办事员开始，经过主管、副经理、经理一直干到副总经理，那么办事员、主管、副经理、经理、副总经理构成了这个人的职业生涯。

9.2.2 工作分析的作用

9.2.2.1 工作分析在组织管理中的作用

1. 支持组织战略

组织战略目标的实现有赖于合理的组织结构和职位系统。通过工作分析，可以明确职位设置的目的，从而明确该职位如何为组织整体创造价值，如何支持组织的战略目标与部门目标，从而为组织战略目标的实现提供良好的平台和基本保证。

2. 优化组织结构

随着组织外部环境的不断变化，组织战略也随之不断变化，这就要求组织结构也随之改变。工作分析提供的工作相关信息有助于了解组织结构上的弊端，帮助管理者对这些不合理的地方进行改进，从而适应组织战略的变化。

3. 优化工作流程

通过工作分析，可以理顺工作与其所在的工作流程中上下游环节之间的关系，明确工作在流程中的角色与权限，消除流程上的弊端，优化工作流程，提高工作流程的效率。

4. 优化工作设计

工作分析详细说明了各个工作的内容、程序、方法、对任职者的要求，以及该工作在组织中的地位和作用，还对工作职责和工作联系做了明确的规定，有利于避免或者消除由工作职责重叠、职责空缺等职责设计问题所引起的员工之间、部门之间的相互推诿、扯皮现象；也可以剔除不必要的工作环节和动作，优化工作程序和方法。这些都为工作设计的优化奠定了基础。

5. 完善工作相关制度和规定

通过工作分析，可以明确工作流程、工作职责，以及绩效标准等内容，有利于完善工作相关制度和规定，为任职者提供工作标准和行为规范，提高企业管理的正规化和规范化程度。

6. 树立职业化意识

通过工作分析，能够建立工作标准和任职资格条件，有利于任职者明确胜任工作所应具备的知识、技能、能力，以及道德素质、行为规范等任职资格，为其在工作中不断提高和发展职业技能提供指导，也为其树立职业化意识奠定基础。工作分析与工作说明书在组织内的长期运用，能够培养造就职业的工作人员。

9.2.2.2　工作分析在人力资源管理中的作用

1. 在人力资源规划中的应用

通过工作分析，可以了解目前企业职位的设置及对于任职者的资格要求，这些有利于准确地对未来人力资源需求的类型、数量、质量进行预测，达到有效进行人力资源规划的目的。

2. 在招聘中的应用

一项招募或甄选人才的计划，目的在于找出并聘用最合适的应征者，工作分析的信息能够确定出甄选的标准。这些标准，包括能成功执行该项工作所需要的知识、技能与能力等。找到合适的人，可以让任职者发挥更大的潜能。针对不同的职种，根据工作分析，人力资源专业人员也可以设计不同的甄选工具，如面试题目，需经过哪些考试等。

3. 在培训管理中的应用

企业根据工作分析来甄选合适员工，也可以用来评估培训需求，并且用来发展或计划员工必需的或现有能力胜任的工作项目，在工作执行的过程中，再通过绩效评估，考察哪些人员未能很好地完成工作，其工作能力在哪些方面存在缺陷，是否可以经过培训来提高其工作技能。

4. 在绩效考评中的应用

工作分析就是对每项工作列出详细的工作责任、工作内容或工作行为，根据这些责任、内容或行为，可以发展出绩效考评项目或指标，使得绩效考评工作更加客观和有效。在缺乏工作分析的企业里，绩效考评缺乏适当的依据，往往是以上级主管的直觉或好恶作为判断标准，那是不可靠的。

5. 在薪酬设计中的应用

薪酬的给付，必须保证内部的公平性，需要根据工作对公司的相对价值及重要性来决定。通过工作分析可以判断该项工作对企业的价值或重要性，也可以根据执行这些工作项目所需的资格条件，以及所需的知识、技能与能力，作为核定薪酬的依据。

6. 在职业生涯规划中的应用

通过工作分析，可以根据企业需求和职位特点，进行职位分类，形成不同的职系和职组，同时能够界定不同等级职位的任职资格，这些都是进行职业生涯规划的基础，为员工的自我发展和提高指明了途径。

9.2.3　工作分析程序

工作分析是一个细致而全面的评价过程，它主要包括前期准备阶段、调查阶段、分析与汇总阶段和完成阶段。这四个阶段相互联系、相互衔接和相互影响。

9.2.3.1　前期准备阶段

这一阶段的主要任务是熟悉情况，确定工作分析的目的、确定工作分析参与者、培训工作分析人员、确定调查和分析对象的样本、编制调查问卷和调查提纲。其具体步骤如下。

1. 确定工作分析的目的

确定工作分析的目的是对新组织新岗位进行分析，提出任职说明书，或是由于战略调整、业务发展使原职务内容、工作性质发生变化而需要重新进行岗位界定，抑或是因为绩效考核、晋升、培训机制的研究需要进行职务分析。工作分析的目的在一定程度上决定了将使用哪种方法来收集资料，并会影响工作分析计划的设计。如当某项工作分析是用来为新员工开发出一个专业技术培训方案时，分析者会关注于该工作的主要活动、任务以及完成的标准和对员工在知识、技能和能力方面的要求。

2. 确定工作分析参与者

工作分析参与者的确定，一方面要考虑工作分析的目的，另一方面要考虑实际用来进行分析的方法。一般而言，工作分析的负责人通常是熟悉工作分析的人力资源管理部门的专业人士，有时候也需要外部专家的帮助，来主持或协助某些特殊分析方法的应用。一般情况下工作分析的参加者主要由分析的对象——任职者、他的直接主管上级和部门经理等构成。

3. 培训工作分析人员

工作分析人员素质的高低对于工作分析的成败起关键作用。因此，必须对工作分析人员进行有针对性的专业培训，使他们明确工作任务，掌握分析方法，具备胜任工作分析的能力。

4. 确定调查和分析对象的样本

把要进行分析的工作分解成若干元素和环节，确定履行职务的基本难度；考虑对象的代表性，确定调查和分析对象的样本。

5. 编制调查问卷和调查提纲

充分利用现有文件与资料，如岗位责任制、工作日志等进行分析总结，以便能对所要分析的岗位的主要任务、责任、流程等有一个比较深入系统的了解和认识。在此基础上，编制和准备各种调查问卷和调查提纲。

9.2.3.2　调查阶段

这一阶段的主要内容是对整个工作过程、环境、内容和人员等做全面的调查和研究，具体工作包括到工作现场观察工作流程，记录关键事件，调查工作所需要的工具与设备，对主管人员和在职人员广泛进行问卷调查，并与主管人员及有代表性的员工进行面谈，记录和收集有关工作的特征以及需要的各种信息，征求改进意见。为了获得更准确有效的信息，也可以通过实验的方法来分析和确定各种因素对工作的影响。

一般地，可分为以下几个步骤。

1. 进行第一次现场考察

进行第一次现场考察是指让工作分析人员熟悉工作现场的环境、工作条件、职责、工作状态、工具等；直接观察、认识复杂的不熟悉的设备、条件；由任职者的上司陪同考察，以便随时征询意见。

2. 谈话

谈话一般是根据事先拟定的调查问卷和调查提纲的内容来进行的。常常可以分为三个层面进行：一是与基层管理者谈话，以便了解实际的职务情况；二是与实际任职者谈话，以详尽了解其具体工作状况；三是选择同类任职者的代表人物谈话，以更准确全面地了解实际的工作状况。

3. 验证谈话所获信息

进行第二次现场考察，验证谈话所获得的信息。

9.2.3.3 分析与汇总阶段

这一阶段的主要任务是认真审核、整理在调查阶段所获得的各种信息，创造性地分析、汇总发现有关工作和人员的关键成分，归纳、总结工作分析的必需材料和要素，主要包括岗位名称、工作任务与职责、劳动强度、工作环境和任职资格等。通过深入全面的总结分析，获得对有关工作特征和人员特征的详尽的信息资料并形成分析报告。

9.2.3.4 完成阶段

这一阶段的任务就是根据分析阶段所获信息编制可供操作使用的"工作描述"与"工作规范"，并对工作分析本身进行总结评述，为今后的工作分析工作提供经验与信息基础。其具体步骤如下。

1. 草拟"工作描述"和"工作规范"

根据工作分析的内容，用经过分析处理的信息，草拟"工作描述"和"工作规范"。

2. 对比

将草拟的"工作描述"和"工作规范"与实际工作对比，根据对比结果决定是否需要进行再次调查研究。

3. 修正

修正"工作描述"和"工作规范"草稿，对特别重要的岗位，可能还需多次修正与完善。

4. 编写并完善工作说明书

将"工作描述"和"工作规范"合并，汇总形成最终的"工作说明书"，并将其应用于实际工作中，同时注意收集应用的反馈信息，不断完善。

5. 总结评述

对工作分析本身进行总结评述，为今后的工作分析工作提供经验与信息基础。

9.2.4 工作分析方法

工作分析是一个多层次、多种类，适应面广的管理技术。实际中根据工作分析的目的、工作分析对象的差异形成了许多不同的工作分析方法，下面主要介绍常用的几种。

9.2.4.1 直接观察法

1. 概述

观察法是指分析人员借用人的感觉器官、观察仪器或计算机辅助系统实地观察、描述员工的实际工作活动过程，并用文字、图表和流程图等形式记录、分析和表现有关数据。观察法主要适用于周期性、重复性较强的工作。观察法有多种分类方法。从观察方法来划分,有流程图法、运动研究法、工作样本分析法。从观察者是否兼具工作者双重身份来划分,有直接观察法、自我观察法(工作日志法)和工作参与法。根据观察对象的工作周期和工作突发性的不同,观察法可以分为直接观察法、阶段性观察法和工作表演法。由于直接观察法具有较强的代表性,这里进行主要介绍。

2. 优缺点比较

1)优点

(1)观察法为工作分析提供了最直接的第一手资料,较其他途径获取的信息更有效。

(2)能观察自然环境或工作场合中员工做什么及如何做等情况,在收集非语言行为资料方面优于其他方法。

(3)观察法可以在工作过程中建立与任职者面对面的交流,在任职者对自我工作表述有障碍时,通过形体语言给予解释,从而避免信息二次加工带来的失真现象。

2)缺点

(1)适用对象有局限,它容易观察以体力为主的工作特征,对以智力活动为主的工作特点难以观察。

(2)观察的结果难于用数量表示,大部分以文字形式表示,不利于统计分析。

(3)观察的样本数通常较少,而且观察所需要的时间较长,因此影响所收集信息资料的全面性和时效性。

9.2.4.2 访谈法

1. 概述

访谈法又称面谈法,是通过工作分析人员与有关人员或小组进行面对面的交谈,获取与职位有关的信息。此方法可以对任职者的工作态度和工作动机等深层次内容进行详细的了解,通过该方法收集的信息不仅是工作分析的基础,而且可以为其他工作分析方法提供资料。访谈法是目前在国内企业中运用最广泛、最成熟并且最有效的工作分析方法;它是唯一适用于各类工作的方法,而且是对中高层管理职位实施工作分析效果最好的方法;访谈法还能够促使任职者对工作进行系统性的思考、总结与提炼。

按照结构化程度,访谈法可分为结构化访谈和非结构化访谈。非结构化访谈可以根据实际情况灵活地收集工作信息,但信息缺乏完备性;通过结构化访谈能够收集全面的信息,但不利于被访谈者进行发散性思维。在实践中,往往两者结合使用。

2. 优缺点比较

1)优点

(1)可以结合工作者的工作态度与工作动机等较深层次的内容有比较详细的了解。

(2)运用面广,能够简单而迅速地收集多方面的工作资料。

(3)使工作分析人员了解到短期内直接观察法不容易发现的情况,有助于管理者发现问题。

(4)为任职者解释工作分析的必要性及功能。

(5)有助于与员工沟通,缓解工作压力。

2)缺点

(1)访谈法需要专门的技巧,需要受过专门训练的工作分析专业人员。

(2)比较费精力、费时间,工作成本较高。

（3）容易受到被访谈者个人因素的影响，导致收集的信息扭曲和失真。

（4）访谈法易被员工认为是其工作业绩考核或薪酬调整的依据，所以他们会故意夸大或弱化某些职责。

9.2.4.3　工作日志法

1. 概述

工作日志法是工作分析人员通过让员工利用工作日志（见表9-2）的形式将工作任务和工作过程记录下来，为工作分析提供信息和依据的一种方法。工作日志法的主要用途是作为原始工作信息搜集方法，为其他工作分析方法提供信息支持，特别是在缺乏工作文献时，日志法的优势尤为明显。

表9-2　工作日志

姓名：_____　　职位：_____　　所　属　部　门：_____

直接上级：_____　　从事本业务工龄：_____

填写期限：自　　年　　月　　日至　　年　　月　　日

说明：1. 每天工作开始前将工作日志放在手边，按工作活动发生的顺序及时填写，切勿在一天结束后一并填写。2. 要严格按照表格要求填写，不要遗漏任何细小的工作活动。3. 请您提供真实的信息，以免损害您的利益。4. 请您注意保管，防止遗失。

日期		工作开始时间		工作结束时间	
序号	工作活动名称	工作活动内容	工作活动结果	时间消耗	备注
1	复印	文件	40 页	5 min	存档
2	起草公文	代理委托书	1 200 字	1 h	报上级
3	参加会议	上级布置任务	1 次	30 min	参与
4	请示	贷款数额	1 次	20 min	报批
5	……	……	……	……	

2. 优缺点比较

1）优点

（1）信息可靠性很高，适合确定有关工作职责、工作内容、工作关系、劳动强度等方面的信息。

（2）所需费用较低。

（3）对于高水平与复杂性工作的分析，比较经济有效。

（4）对员工来说有自我提醒和反馈功能。

2）缺点

（1）注意力集中于活动过程，而不是结果。

（2）信息整理的工作量大，归纳工作烦琐。

（3）被调查者在填写时，会因为不认真而遗漏很多工作内容，从而影响分析结果，另外在一定程度上填写日志会影响正常工作。

（4）有可能在填写时间段内某些核心工作职能没有发生，而导致重要信息缺失。

9.2.4.4 问卷调查法

1. 概述

问卷调查法是工作分析中广泛运用的方法之一，它是指以书面的形式、通过任职者或其他相关人员单方面信息传递来实现的工作信息收集方式。按照结构化程度，调查问卷可以分为结构化问卷和非结构化问卷。结构化问卷是指在一定的假设前提下，采用封闭式的问题收集信息。结构化问卷具有较高的信度和效度，便于职位之间相互比较。前面提到的系统性工作分析方法多属于此类。非结构化问卷中的问题多是开放式的，可以全面、完整地收集信息，能够对不同的组织进行个性化设计，因此具有适应性强和灵活高效的优势。但与结构化问卷相比，随意性较强。本节主要介绍非结构化问卷调查法。

2. 优缺点比较

1）优点

（1）费用低，速度快，节省时间，可以在工作之余填写，不会影响正常工作。

（2）调查范围广，可用于多种目的、多样用途的工作分析。

（3）可同时分析大量员工；员工有参与感，有助于双方计划的了解。

（4）比较规范化、数量化，适合用计算机对结果进行统计分析。

2）缺点

（1）设计理想的调查问卷要花费较多时间、人力、物力，成本高。

（2）在问卷使用前，应进行测试，以了解员工对问卷中所提问题的理解程度，为避免误解，还经常需要工作分析人员亲自解释和说明，这降低了工作效率。

（3）不容易了解被调查对象的态度和动机等较深层次的信息。

（4）被调查者可能不积极配合，不认真填写，从而影响调查的质量。

9.2.4.5 典型事例法

1. 概述

典型事例法是对实际工作中具有代表性的工作者的工作行为进行描述。比如把文秘人员的打字、收发文件等一系列行为收集起来进行归纳分类，得到有关工作内容、职责方面的信息。这种方法可直接描述任职者在工作中的具体活动，因此可以揭示工作的动态性。

它首先从领导、员工或其他熟悉职务的人那里收集一系列职务行为的事件，其次描述"特别好"或"特别坏"的职务绩效。对每一事件的描述内容，包括导致事件发生的原因和背景，员工的特别有效或多余的行为，典型行为的后果，员工自己能否支配或控制上述后果。

在大量收集这些典型以后，可以对其做出分类，并总结出工作的典型特征和行为要求。

2. 优缺点比较

1）优点

研究的焦点集中在职务行为上，因为行为是可观察、可测量的，所以用这种方法获得的资料适用于大部分工作。同时，通过这种职务分析可以确定行为的任何可能的利益和作用。

2）缺点

费时，需要花大量的时间去搜集那些典型事件，并加以概括和分类；另外，根据定义，事例所描述的是具有代表性的工作者行为，这样可能会遗漏一些不显著的工作行为，难以非常完整地把握整个工作实体。

这 5 种方法，各有其优缺点，如表 9-3 所示。

表 9-3　各种工作分析方法的优缺点

方　法	优　点	缺　点
直接观察法	能较多、较深刻地了解工作要求	不适用于高层领导、研究工作、耗时长或技术复杂的工作、不确定性工作
访谈法	效率较高	面谈对象可能持怀疑、保留态度；对提问要求高；易失真
工作日志法	短期内可掌握的工作	不适用于需要进行大量训练或危险的工作
问卷调查法	费用低；速度快，调查面广；可在业余进行；易于量化；可对调查结果进行多方式、多用途的分析	对问卷设计要求高；可能产生理解上的不一致
典型事例法	可揭示工作的动态性，生动具体	费时；难以形成对一般性工作行为的总的概念

即问即答：哪种方法比直接观察法、问卷调查法获得的信息更为准确？

9.2.5　工作分析过程中应注意的问题

（1）分析的是职位而不是具体的某个人。
（2）认清任职者与其直接主管的不同角色。
（3）要注意任职者的参与。
（4）要注意职位分析中的法律因素。

实例分析：一份职位说明书引发的出走事件

当今社会，企业发展越迅猛，或者说企业求发展的野心越大，对人才的需求越强烈，这种求贤若渴的心情固然可以理解，但这种状态也同样造成了企业招人用人的偏颇和失误，很多时候在新增人员到岗后，企业会发现入职者不胜任此职位，或者此职位的工作内容和人才预期存在很大不同，给入职者造成了较大落差，从而造成了企业辞退员工或员工主动离职的情况，究其原因，一定是在招聘环节出了问题。总结并概括目前的大多数情况，无外乎企业和人选双方对对方预期和现实的想法存在很大差异。

从事人力资源工作的 R 小姐虽然还没有做到 HRM 级别，但其所任职的是一家知名的大型上市公司，公司对 HR 工作极为重视，使得 R 小姐在此公司任职的三年中积累了较丰富的 HR 经验，同时也具有一定的行政管理经验，深得领导好评。不久前，因经济环境影响公司大面积裁员，R 小姐不幸身列其中，于是开始寻求职业生涯第二次发展之机会。

很快，一位朋友推荐一个小公司给她，声称此公司在寻找人力资源经理，并把职位描述发送给她，职位描述中明确列出了四条 HRM 通用的任职资格和工作描述，另外加注有一定的行政经验者优先。由此 R 小姐得出，此职位相当于人力行政经理，重点在人力资源各个模块的运用，和自己之前的经历相符，同时其本人也期望得到一个全面掌控 HR 工作的机会，由此看来，此机会很适合自己的发展。

不出所料，面谈进展很顺利，薪水 5 K，虽然低于之前的 5.5 K，但 R 小姐并不介意，一周后正式入职。

在入职 10 天后，R 小姐却主动提出离职，义无反顾地离开了这家公司。

短短 10 天时间，是什么让 R 小姐的态度瞬时转变呢？经友人了解，R 小姐很胜任此工作，并在一周内将全公司的绩效考核体系搭建起来，马上就要实施，此时却得到了减薪的通知，令她十分费解，找到投资方大老板沟通。

这次沟通直接导致她对工作及公司失去了信任。原来，大老板不但对其所做工作不认可，同时明确表示自己所需要的只是一个行政人员，相应的薪水并不能给到之前谈好的 5 K，需要减薪至 3 k 左右。当时，R 小姐很愤怒。

用 R 小姐的话说，行政的工作和人力资源的工作在老板眼里原来是一回事，这是对她的工作专业度的一种侮辱，这种看低 HR 工作的老板和公司是不值得一起共事的。

同时，R 小姐对公司出尔反尔的态度很费解，"说实话，如果刚开始谈 3 K，我也不会完全拒绝，毕竟工作内容对我以后的发展有很大帮助，对我也是一种挑战，现在突然宣布减薪，我不能接受。"

抛开薪水不谈，相信作为 HR 从业者会很理解 R 小姐的遭遇，这种理解可能更多的是在同行之中。换言之，如果这种遭遇放在其他岗位从业者身上，我们是否也会报之以同样的心情和态度呢？毕竟，这种问题的出现不仅仅是因为老板，还有负责招聘的 HR，都或多或少存在某些招聘和用人上的分歧或失误。

当然，R 小姐的遭遇同样不可避免有 HR 的责任。我们可以说 HR 不专业，但不专业可以慢慢变得专业，这是小问题，关键是 HR 需要完全去明白老板脑子里对这个职位怎么看，怎么想。我认为这并不完全属于专业范畴的问题，这是几乎所有公司 HR 每天都要应对的重要问题。

追根溯源，R 小姐的遭遇，从企业方招聘角度讲，是职位说明书设计的失败。但是隐藏在一行行任职资格和职位描述背后的诸多因素，才是导致招聘失败的关键因素。

职位说明书，相信专业的 HR 是可以把它写得很漂亮，但这种漂亮在某种意义上可以和"不实际"概念偷换。

这种不实际在真正工作中会有很多表现，如："公司的财务人员同样肩负着行政的职责""以绩效和培训见长的 HR 在 80% 的时间里忙于处理员工关系问题""拥有丰富的医药领域客户资源的销售总监长时间带领团队维护 FMCG（fast moving consumer goods，快速消费品）客户"……归纳一下，招聘的失败往往体现在企业对人选的不满意，或者人选对职位设置的不理解。要么大材小用，要么小材大用，要么边用边看。

对于出现过这种问题的企业及 HR，试问一下：

① 对于老板的想法你是否真正领悟？

② 对于职位对公司的重要性你是否真正理解？

老板的意图你不清楚，怎么能去写职位说明？公司需要这个职位是为解决什么问题，你不清楚，怎么能去写职位说明？

如果你想很轻松地完成职位说明的设计，那么以上两点必须要搞清楚。同时，切忌从网站上或者大纲里随便摘抄或组合一些条条框框组成一个职位描述，这是最平常又是最忌讳的做法。

如何省时省力做出一个有效的职位说明呢？在回答并实践这个工作前，切记抛弃一些传统的思维方法和习惯。

1. 抛开"超人"理念

做 HR 的人都明白"人职匹配"，这和"超人"是两个相反的论调，老板总在想，如果这个人能帮我解决 ABCDE 这些问题那我就轻省了。这种想法固然可以理解，但 HR 千万不要跟着老板的想法走，找一个真正能解决企业某个问题的牛人就足够了。老板和你的考虑角度不同，但是殊途同归——最有效地配置人力资源。只不过，HR 相对于老板，不能过于理想化，世界上本不存在"超人"。

2. 抛开"优秀"，回归"适合"

世界上优秀的人很多，但是你的公司人员有限。夸张地说，如果为了一个优秀的人而倾家荡产，血本无归，最后只能让自己债上加债，人是有底线的，企业同样如此。相信有不少 HR 都有这样的经历，招进来一个优秀的人，落实到工作上却只是发挥他的一小部分才能，有时效果适得其反。小庙供不了这尊大佛，问题是，如果佛稍微大一点，很多人可能就觉得自己占了便宜，欢欢喜喜抱回家了。

所以说，优秀并不代表适合。只要明确哪些人适合公司发展需求，就是一种成功。

另外，请不要跨阶段用人，先解决眼前的问题，或者说 3 年之内的问题。3 年之后，企业发展到什么阶段，有什么需求，再选择相应的人来依靠。

眼光太超前，未必是好事。

3. 抛开"漂亮"，注重实用

如前所述，在职位描述的设计及撰写过程中，漂亮的东西大家都喜欢，但这种不合理的漂亮有时候更像是一颗重磅炸弹。

老板看着很漂亮，应聘者看着也觉得漂亮，不经意间双方对于职位的预期会攀高。老板会说"这么优秀的人，真不错！"应聘者会说"这么好的机会，真不错！"结果可想而知，双方都觉得很冤。为什么会是这样的结果？

故，抛开"漂亮"字眼，注重实用、真实，才有可能找到适合自己的人才。

4. 禁止"刨坑"，实事求是

"刨坑"的目的在于有更多的应聘者，普遍认为，基数大了，就离招聘成功不远了。这种方式对于中低端职位应聘者有较强的引诱力，但对于高端人才，这无异于让这个机会脱离他们的视线。

试问一下，一个销售副总裁的职位描述上需求人数一栏写着 5，是否会有很好的招聘效果呢？这无异于传达给应聘者一个信号——弱化了工作内容及职责权限，薪水也不会很高。

高端人才对于新机会的选择在于价值体现，而这种"刨坑"的方式明显是在告诉他们："你的要求，我们没有。"他们会认为，这样的机会很难体现出自身的价值，而这样的人往往也不缺少机会，起码从这种方式看来，他们实在没有选择这个机会的理由。

所以在招聘高端职位时，为了体现你们对人才的重视，也为了展现自己公司的实力，请务必不要"刨坑"，实事求是地写明需求人数（大多数情况下不会超过 2 人），反而会起到事半功倍的招聘效果。

工作分析小故事

一位非常成功的商人来到一个偏僻的山村度假，遇到一个敦厚的少年。商人看到少年非常的淳朴，也许是一个可造之才，于是决心带他出去闯闯。

商人问少年想不想将来当大老板，少年说不想，因为他不知道什么是老板。

商人耐心解释什么是老板，并循循善诱，说了许多当老板的好处：可以坐在明亮的大办公室里工作，还可以坐高级轿车去餐厅吃饭。

少年心动，随商人离开了小山村。

少年来到了城市，刚开始只是打打短工，他看到了灯红酒绿，也看到了城市中劳动人民的日常与艰辛。

一年之后，少年找到了商人，说自己想当老板了。商人问他知不知道老板要做什么。少年回答："在大办公室里签字，还可以坐高级轿车去餐厅吃饭。"商人听完之后，觉得自己很失败，认为是自己教导不够，把一个淳朴的少年变得如此贪图享受，也让少年误解了老板的工作。

从此，商人让少年跟随自己，亲眼见识老板要做些什么。

又过了一年，少年再次提出想自己当老板，商人又问他同样的问题。少年朗朗而答："老板就是BOSS，要分析信息、进行决策、制订计划、组织资源、领导员工、监督执行、协调内部、联系外界、处理突发事件……"少年足足说了半个小时。商人认为少年已经很清楚一个老板的工作内容，便将一个子公司交给少年经营治理。

然而不到一年，子公司不得不公布停业整顿。商人质问少年，你不是知道应该做些什么吗？少年吞吞吐吐地说："我只知道要做什么，但我并不知道如何去做呀！"商人顿时醒悟，要将一个无知少年变成一个成功的老板，必须让他知道老板是什么、要做什么以及如何去做。

由这个小故事，可以联想到人力资源管理的基础性工作——工作分析。工作分析的主要作用就是告诉人们企业中所包含的这项工作是什么，工作内容有哪些，以及应该如何去完成这项工作。只有这样，员工才能明白自己的工作岗位在整个企业中的地位和关系，明确自己工作的目的、任务、职责和晋升方向，以便尽职尽责地工作。

9.3 职位说明书的编写

9.3.1 职位说明书基本内容

职位说明书的编制，是对工作分析的结果加以整合以形成具有企业法规效果的正式文本的过程。职位说明书不存在标准格式，所以每个企业的职位说明和内容都不相同，但是都应说明清楚职位所执行的工作、职位的目的和范围、员工为什么做工作以及如何工作。多数岗位描述有三个主要内容：职位识别部分、职位功能部分和职位说明部分。具体内容如下。

9.3.1.1　职位识别部分

这部分位于职位说明书的首部，有识别和确定某项职位的作用。主要内容有职务头衔、职务所在的部门、职位分析者及其向谁报告、最近修改职位说明书的时间和编号等。其中职务头衔是其主要内容。

职务头衔是指对一组职位的称呼，如软件技术员、助理会计师等。设定头衔有几个作用，①头衔名称归纳职务活动的特点，对职务提示出一个整体概念以及职务的责任，如"销售员"会暗示该职务有销售特征和责任；②它对员工有心理上的暗示作用，如将"垃圾清扫工"称为"清洁工程师"，能提高这一职务在人们心中的地位；③头衔也可反映该职务与其他职务的关系、处于何种级别水平等，如"助理工程师""初级工程师""高级工程师"的头衔可说明职务的不同等级。

9.3.1.2　职位功能部分

功能部分是描述职位应完成的工作、任务和责任，说明工作本身的特性和进行工作的环境特性等。这部分首先是确定组成职务的责任和任务。任务是指员工要完成的工作，或是制造产品或是提供服务的行为。责任则是一系列主要任务的集合，岗位的责任依据完成任务所花费的时间和重要性的优先次序排列。因此，有关岗位责任的说明通常按其重要的程度编写。

此外，功能部分还应说明劳动手段和工作环境。劳动手段即工人用来执行岗位活动的机器、工具、设备和辅助装置。工作环境是指完成工作的环境状态，提供员工工作环境方面的信息。如在室内（外），温度、湿度，或是需站立、久坐，受电磁、噪声污染，在有害气体、传染病环境中，在焦虑状态下完成工作。

9.3.1.3　职位说明部分

这部分反映为取得成功的岗位绩效所需的岗位特性。通常是描述从事该岗位工作的员工应该具备的经验、教育和培训等条件以及特殊的知识、能力和技能等。

小卡片：职位说明书的故事

有一回，德鲁克全程参与了一次通用汽车公司的高层主管会议。他对这次会议单为一名高级机械工制定职位说明书就花了那么长的时间感到非常不可思议。

德鲁克找到斯隆，问他："请问斯隆先生，你们怎能容许主管人员浪费那么多时间在那样微不足道的事情上面呢？"

斯隆答道："这家公司付我很高的薪水，要我制定重要的决策，而且是正确的决策。如果我们挑选了不胜任的人到俄亥俄州代顿厂负责高级机械工的职务，那么我们在这里做的决策就等于白费工夫。将决策转变为成果的，就是在那个岗位上工作的人。"

他告诉德鲁克道："如果我们未事先花 4 个小时制订职位说明书，把对的人安排在对的位置，我们就必须花 400 个小时去清理善后，以弥补我们所犯的错误。"

9.3.2 职位说明书编写范例

范例一 　　　　　　　　　　**××工作说明书**

职位名称：	所在部门：
职位编码：	编制日期：
职位概要：	

工作职责
1. 职责（一）
1.1
1.2
2. 职责（二）
2.1
2.2

关键绩效指标（KPI）

任职资格		
项目	必备要求	期望要求
学历及专业要求		
所需资格证书		
工作经验		
知识要求		
技能要求		
能力要求		
个性要求		

主要关系	
关系性质	关系对象
直接上级	
直接下级	
内部沟通	
外部沟通	

工作环境和条件	
工作场所	
工作设备	
工作条件	
工作时间	

备注：

范例二   **人力资源总监工作说明书**

职位名称	人力资源总监	职位代码		所属部门	
职系		职等职级		直属上级	总经理
薪金标准		填写日期		核准人	

职位概要：

规划、指导、协调公司的人力资源管理与组织建设，最大限度地开发人力资源，促进公司经营目标的实现和长远发展。

工作内容：

一全面统筹地规划公司的人力资源发展战略；

一建立并完善人力资源管理体系，研究、设计人力资源管理模式（包含招聘、绩效、培训、薪酬及员工发展体系的全面建设），制定和完善人力资源管理制度；

一向公司高层决策者提供有关人力资源战略、组织建设等方面的建议，并致力于提高公司的综合管理水平；

一塑造、维护、发展和传播企业文化；

一组织制定公司人力资源发展的各种规划，并监督各项计划的实施；

一为公司主管以上的管理者进行职业生涯规划设计；

一及时处理公司管理过程中的重大人力资源问题；

一完成总经理临时交办的各项工作任务。

任职资格：

教育背景：

一人力资源、管理或相关专业本科以上学历。

培训经历：

一受过战略管理、战略人力资源管理、组织变革管理、管理能力开发等方面的培训。

经　　验：

一8年以上相关工作经验，3年以上人力资源总监或人力资源部经理工作经验。

技能技巧：

一对现代企业人力资源管理模式有系统的了解和实践经验积累，对人力资源管理各职能模块均有较深入的认识，能够指导各职能模块的工作；

一具备现代人力资源管理理念和扎实的理论基础；

一熟悉国家、地区及企业关于合同管理、薪金制度、用人机制、保险福利待遇、培训等方面的法律法规及政策；

一熟悉办公软件及相关的人事管理软件；

一较好的英文听、读、说、写能力。

态　　度：

一具有战略、策略化思维，有能力建立、整合不同的工作团队；

一具有解决复杂问题的能力；

一具有很强的计划性和实施执行的能力；

一具有很强的激励、沟通、协调、团队领导能力，责任心、事业心强。

工作条件：

工作场所：办公室。

环境状况：舒适。

危险性：基本无危险，无职业病危险。

直接下属＿＿＿＿＿＿＿＿＿＿　间接下属＿＿＿＿＿＿＿＿

晋升方向＿＿＿＿＿＿＿＿＿＿　轮转岗位＿＿＿＿＿＿＿＿

范例三   **某机场要客接待室主任工作说明书**

（一）基本资料

岗位名称：要客接待室主任　　　岗位等级：科级

岗位编码：160201　　　　　　　定员标准：1人

直接上级：要客部经理　　　　　分析日期：2000年1月

（二）工作职责

1. 概述

在要客部经理的领导下，全权负责进出港重要客人及股份公司领导和要客部领导交办的要客在候机楼内的接待工作；贵宾休息室的预订、调配和结算。

2. 工作职责

（1）根据要客部门战略目标和经营管理体制，制定要客部门的各项规章制度并监督实施。

（2）全权负责进出港要客在候机楼内的接待工作。

（3）协调海关、边防、公安分局和各大防空公司等部门的关系，保证要客顺利进出港，树立要客部最佳服务形象。

（4）负责要客信息的搜集整理和报道，贵宾休息室的预订、调配和结算。

（5）拓展包机及商务飞机的服务领域，协调有关部门，确保商务活动的顺利进行。

（6）制订本部门的工作计划、业务学习计划及考核办法，抓好本部门工作纪律，定期监督检查下属员工的工作。

（7）全面负责本部门员工的思想政治工作，对党、团、工会和女工等党群工作进行指导监督。

（8）定期向要客部领导汇报本部门工作业务开展情况及员工的思想政治状况，充当上下级之间的桥梁和纽带。

（三）额外职责

完成领导交办的其他临时工作。

（四）监督及岗位关系

1. 所受监督与所施监督

要客接待室主任直接受要客部经理的监督指导。

要客接待室主任对下属的主任助理、商务中心工作人员、接待人员、专包机业务员等进行直接监督指导。

2. 与其他岗位关系

（1）本岗位与贵宾休息室有业务上的协调和配合关系、与综合办公室有指导和协调关系。

（2）本岗位与全国各大航空公司、海关、边防、卫生检疫、护卫中心和公安警卫等部门有业务上的合作关系。

3. 本岗位职务晋升阶梯

要客接待室主任—要客部经理助理—要客部副经理。

4. 本岗位横向平移情况

本岗位可向其他职能部门室主任岗位平移。

（五）工作要求

（1）规章制度的制定应根据本部门的实际，切实可行，确保有效实施、监督有力。

（2）协助办理要客登机免检手续和 VIP 证件，做好贵宾停车场管理工作，确保要客满意率达到 100%。

（3）确保与有关部门关系畅通。

（4）信息准确，服务到位，收费合理。

（5）积极拓展专包机业务，培育新的经济增长点。

（6）计划应包含年度计划和中期规划，业务学习应每月不少于 2 次，对员工的考核有据，纪律严格、奖勤罚懒，确保公平、公正。

（7）每周组织一次政治学习，确保员工思想稳定。

（8）每月应向要客部领导汇报本部门工作 2～3 次，做到上情下达，下情上达。

（六）工作权限

（1）对要客接待室的业务和行政管理工作有指导和监督权。

（2）有权对下属员工的奖惩提出建议。

（3）有对上级部门提出合理化建议和意见的权利。

（4）根据股份有限公司的规定，有权对员工假期的审批提出建议。

（5）有权根据本部门的规划，向上级领导申报设备更新改造和拓展新的经营领域的权利。

（七）工作环境和条件

本岗位属于手工工作，室内坐姿结合室外走动进行，具较轻体力即可，工作环境湿度适中，无噪声、粉尘污染，照明条件良好。

（八）工作时间

本岗位实行每周 40 小时的标准工时制。

范例四： **质量安全技工工作说明书**

职位名称	质量安全技工	职位代码		所属部门	生产部
职系		职等职级		直属上级	
薪金标准		填写日期		核准人	

职位概要：

　对零部件或产品进行测试、分析，以确保质量标准的执行。

工作内容：

　—对零部件或产品进行测试，以确保严格符合标准；

　—检查并分析测试样本或新部件；

　—记录测试程序结果。

任职资格：

　教育背景：

　—相关专业职高以上学历。

　培训经历：

　—受过产品质量管理、产品知识等方面的培训。

　经　　验：

　—1 年以上工作经验。

　技能技巧：

　—熟悉测试工具及程序；

　—熟悉产品标准及规范；

　—熟练操作办公软件。

　态　　度：

　—较强的团队协作精神；

　—善于发现问题，解决问题。

工作条件：

　工作场所：办公室以及生产场所。

　环境状况：基本舒适。

　危险性：基本无危险，无职业病危险。

　　直接下属＿＿＿＿＿＿＿＿＿＿＿间接下属＿＿＿＿＿＿＿＿＿＿

　　晋升方向＿＿＿＿＿＿＿＿＿＿＿轮转岗位＿＿＿＿＿＿＿＿＿＿

9.3.3　职位说明书编写的成功要素

9.3.3.1　把重点放在"职责描述"和"任职资格"上

千万不要陷入追求尽善尽美的误区！要始终牢记编写职位说明书的目的，编写的最主要目的在于明确职责和关键工作任务，同时确定每个职位的基本任职资格条件，对于职位说明书中的一些不是非常必要的内容完全可以精简掉，不要照搬其他企业的职位说明书。

在对工作职责进行描述时，尽可能地将属于同一工作职责的若干工作任务描述清楚，以工作职责作为职位的基本构成单元，将职责变成一个由若干项重要任务组成的类似于计算机上的那种可以"插拔"的独立组件。一旦组织需要将某项工作职责分配给另一个职位，就只需要将这一职责连同其所属的关键工作任务整体"插拔"到另一个职位上即可，这样一方面可以适应企业的职责频繁调整的需要，另一方面至少还可以做到同一职责内部的关键工作任务不至于因为职责的转移而被分拆得七零八落，从而导致重要工作任务出现缺失。在描述职位所承担的工作职责时要基于现实，不要将在成熟企业中本来应当由某一职位来做，但是现在却做不到的事情也写进去，尽管适当地增加对任职者的职责要求是可以的，但是这种增加必须适度，具有可操作性。

在描述任职者所需具备的任职资格时，也要基于组织的现实，不能好高骛远，根据企业的发展阶段和所能够雇用到的人员水平来确定。比如，公司目前所能够雇用到的部门一级的文员也就只能是中专毕业生，那就不要非将文员职位的任职资格条件设定为大专甚至本科。等到公司发展到一定的阶段，有实力同时也有可能雇用到大专或本科毕业生来从事文员工作时，再调整任职资格条件要求也不迟。

9.3.3.2　有条件的企业，可考虑借助外部咨询公司

知识经济时代，企业尤其要学会整合外部资源，以提升企业竞争力。目前，我国已经有很多专门从事人力资源管理咨询和服务的管理顾问公司，这些公司在很多不同的行业和企业中从事过职位分析工作与《职位说明书》的编写，积累了大量的经验和与各类职位有关的较为详细的信息，对企业的一般性通用职位设置情况也比较了解。借助外部专业机构的帮助是一种可以帮助企业快速完成职位分析的便捷途径。但需要注意的是，由于中小企业的职位经常变化，因此，在求助咨询公司时，企业必须要求咨询公司将职位分析的方法和技术传授给公司内部的人，以便将来可以由内部人来做好职位的再分析工作，以及在新的职位出现以后，公司内部的人有能力独立完成对新职位的分析工作。

9.3.3.3　坚持简洁、实用的原则，尽量减轻管理者和企业领导者的负担

结合目前我国大多数中小企业的实际情况，职位说明书编写工作恐怕主要还是应当由人力资源部门或人力资源管理专职人员来承担，首先由他们来负责完成职位说明书的编写工作，各级管理者以及员工本人提供一些基本的信息，其次通过逐一访谈来将职位说明书中的各项内容用规范的文字描述清楚。

9.3.3.4　处理好一人身兼多职的情况

在一些企业，普遍存在员工同时兼任多种职能甚至兼任多种不是很相关的职能的现象。

如有些公司的财务会计可能同时要负责审核公司所签订的一些合同，一些文秘人员同时还要兼做公司的出纳。这种情况并不影响对这些人占据的职位所应当承担的工作职责范围的描述，只不过要将职责条理清楚地加以总结和归纳，只要将各项职责都清楚地列举出来，同时对每一项职责中所包括的关键工作任务也能够一一加以描述和说明，同样可以完成一份逻辑清楚同时便于根据形势发展随时加以调整的职位说明书的编号。

9.3.3.5　处理好工作流程的情况

在职责描述的过程中，要求对工作的流程有一个清楚的交代。在进行职位分析时，应当尽可能地将已经明文确定的流程，或者尽管没有文字描述但是已经成为事实的流程交代清楚，同时通过职位分析过程来发现不清楚的流程，推动企业流程的逐渐规范和明确，力争在经过多次职位分析之后，企业的各项工作流程都能够得到不断梳理和清晰化。

9.3.3.6　职位说明书内容应根据企业发展变化而不断调整

在国家宏观经济政策与国际经济环境的影响下，企业只有紧密结合外部环境的变化而不断变化才能长期生存与发展，企业的目标与职能也会不断调整。因此，可以考虑在半年或一个季度的时候对职位说明书进行一次系统的审核，或者是在工作职责发生明显变动的时候，随时注意对职位说明书内容加以修订，以确保职位说明书能够及时、准确地反映组织中的各个职位所承担的具体职责和工作任务。

管理虽有方法，但无定式，管理的方法与工具适合为好！要从本企业的实际情况出发，既遵循职位分析的一些基本原则，同时又要注意企业自身的特点，按照实用、简洁的原则来做好职位分析与职位说明书的编写工作。

实例分析：机床操作工的职位说明书

一个机床操作工把大量的机油洒在机床周围的地面上。车间主任令操作工把洒落的机油清扫干净，操作工拒绝执行，理由是职位说明书里并没有包括清扫的条文。车间主任顾不上去查职位说明书上的原文，就找来一名服务工做清扫。但服务工同样拒绝，他的理由是职位说明书里也没有包括这一类工作。车间主任威胁说要把他解雇。服务工勉强同意，但是干完之后立即向公司投诉。

有关人员看了投诉后，审阅这两类人员的职位说明书。机床操作工的职位说明书规定，操作工有责任保持机床清洁，使之处于可操作状态，但并未提及清扫地面。服务工的职位说明书规定，服务工有责任以各种方式协助操作工工作，如领取原材料和工具，随叫随到，即时服务，但也没有明确写明包括清扫地面工作。

对于服务工的投诉，你认为该如何解决？如何防止类似意见分歧再次发生？

根据公司的实际情况，相关人员应进行管理分工、重新定位，对职位说明书进行修订，保证工作的顺利进行。公司在管理上，可以让一些有丰富管理经验的基层管理者参与到岗位职责的规划工作中来，因为这些基层管理者熟悉第一线的工作情况，比较清楚工作中存在的问题。这样，相关人员就能够根据实际情况制定较为科学合理的职位说明书。

实训项目

项目名称：编制职位说明书。

实训目的： 通过课后实训让学生掌握编写职位说明书的程序、内容。

实训器材： 互联网、计算机、纸、笔。

实训步骤： 请调查某一企业部门某一职位，编制该职位的职位说明书，并和企业原来的职位说明书进行比较，看看有何不同，还需如何修订。

1. 以 5～6 人为一小组深入企业完成调研和编写结果。

2. 说明与原有职位说明书的不同之处，原因为何。

3. 撰写实训报告并制作 PPT 文件。

4. 为全班同学展示，时间不超过 15 min。

复习思考题

一、多选题

1. 进行工作分析的基本程序是（　　　）。

A. 前期准备阶段　　　　　　　B. 调查阶段

C. 分析汇总阶段　　　　　　　D. 完成阶段

2. 工作日志法的优点包括（　　　）。

A. 所需费用较低

B. 对员工来说有自我提醒和反馈功能

C. 对于高水平与复杂性工作的分析，比较经济有效

D. 信息可靠性很高，适于确定有关工作职责、工作内容、工作关系、劳动强度等方面的信息

3. 根据观察对象的工作周期和工作突发性的不同，观察法可以分为（　　　）。

A. 直接观察法　　　　　　　　B. 阶段性观察法

C. 工作表演法　　　　　　　　D. 工作日志法

4. 按照结构化程度，调查问卷可以分为（　　　）。

A. 结构化问卷　　　　　　　　B. 非结构化问卷

C. 自填问卷　　　　　　　　　D. 访问问卷

5. 职位说明书基本内容包括（　　　）。

A. 职务的识别部分　　　　　　B. 功能部分

C. 岗位说明部分　　　　　　　D. 职位问卷

6. 使用问卷调查法进行工作分析的优点包括（　　　）。

A. 调查范围广，可用于多种目的、多样用途的工作分析

B. 比较规范化、数量化，适合于用电脑对结果进行统计分析

C. 可同时分析大量员工；员工有参与感

D. 费用低，速度快，节省时间，可以在工作之余填写，不会影响正常工作

二、简答题

1. 在进行职位设计时应当遵循哪些原则？

2. 工作分析在组织管理中有哪些作用？

3. 常用的工作分析的方法有哪些？

4. 典型事例法的优缺点有哪些？

5. 职位说明书编写的成功要素有哪些？

复习思考题参考答案

第 10 章 | 团队管理

学习目的

通过本章的学习，领会团队的定义与团队管理的重要意义特征，重视团队的构成要素和类型；掌握团队组建的具体方法，特别是重视团队文化的建设，能够识别高效团队特征，并运用头脑风暴法、鱼骨图法、甘特图法提高团队工作效率，打造高效团队。

知识目标

- 了解团队的定义与团队管理的意义；
- 掌握团队的构成要素和类型；
- 理解团队纲领的内容与结构；
- 掌握组建团队的具体方法；
- 掌握高效团队特征；
- 学会高效团队打造方法；
- 掌握高效团队工作方法。

能力目标

- 能够写出团队纲领；
- 能够解释团队合作的技巧；
- 能够应用头脑风暴法；
- 能够应用鱼骨图法；
- 能够应用甘特图法。

思政目标

- 运用实践工具增强学生大局意识，提升学生道德品质、品性修养；
- 培养学生集体观念，引导学生正确认识个人业绩与团队成果的关系；
- 树立学生爱岗敬业、个人利益服从集体利益的道德品质；
- 培养学生"团队意识"和"团队精神"。

思维导图

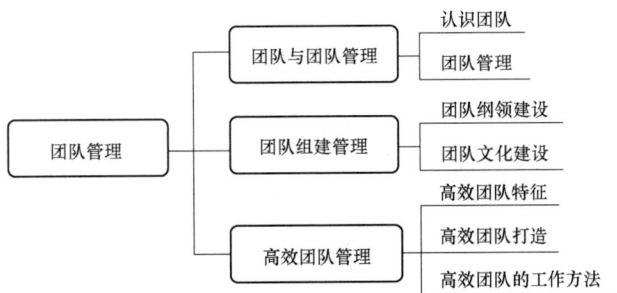

217

❓ 管理问题：

波特公司的 CEO 李明正在物色营销副总人选，是选择个人业绩突出的吴科，还是选择团队业绩突出的王昊呢？他们的业绩对比见下表。

业绩对比表

2020—2021 年销售业绩统计	
1. 北方区	销售额：2.64 亿元，经理吴科 1.1 亿元，另外 7 人平均每人 2 200 万元
2. 南方区	销售额：2.6 亿元，经理王昊 6 000 万元，另外 5 人平均每人 4 000 万元

从个人业绩排名上看，吴科 1.1 亿元，排名第一，而王昊只有 6 000 万元，几乎是吴科的一半。

"真是一个好业务人员"，看到吴科的销售业绩，李明想。对于销售团队，有这样一个销售标杆，无疑对销售人员有良好的示范带动作用，但是，李明清醒地认识到：我现在是在物色营销副总，而不是业务人员，吴科的业绩虽然比王昊高出许多，但他的团队成员业绩比王昊带领的成员业绩差了一半，答案应该有了，我需要的是职业经理人，而不是业务精英。他拨通了秘书的电话："请通知南方部经理王昊来我办公室吧。"

问题：李明为什么选择王昊做营销副总呢？如果让你选择，你会如何选择？为什么？

分析要点：

1. 团队管理具有时代意义，需要发挥团队每个成员的优势，形成一个优势互补、共同进步的高效组织。

2. 在高效团队内，团队的管理者非常重要，他既是团队的一分子，又要有能力带领团队取得更好的业绩。

3. 团队管理者最重要的任务是带领团队成员共同成长。

10.1　团队与团队管理

10.1.1　认识团队

10.1.1.1　团队的定义

所谓团队，就是指多个具有共同愿景和奋斗目标的个人所组成的工作团体，这些团队成员往往性格类型不同，专业特长、技能互补，彼此相互依靠、有机组合，成员间能够形成良好的协调与沟通，从而实现共同目标并一起承担成败的责任。团队具有以下五个特点。

（1）团队以目标为导向。

（2）团队以协作为基础。

（3）团队需要共同的规范和方法。

（4）团队成员在技术或技能上形成互补。

（5）团队成员共同承担责任。

10.1.1.2　团队构成要素

1. 目标

团队应该有一个既定的目标（purpose），为团队成员导航，让团队成员知道要向何处去，没有目标这个团队就没有存在的价值。团队的目标必须跟组织的目标一致，此外，还可以把大目标分解成小目标，具体分解到各个团队成员身上，大家合力实现这个共同的目标。同时，目标还应该有效地向大众传播，让团队内外的成员都知道这些目标，有时甚至可以把目标贴在团队成员的办公桌上、会议室里，以此激励所有的人为这个目标去工作，团队行为曲线，如图 10-1 所示。

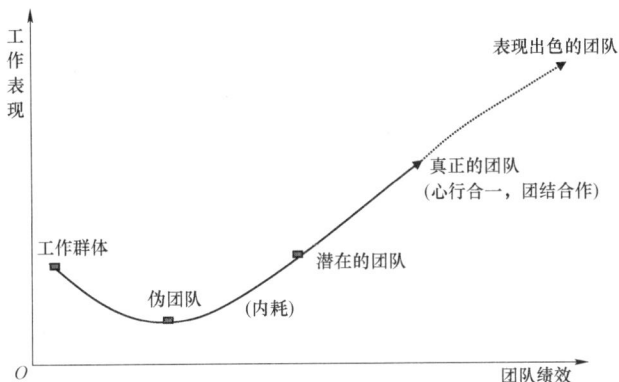

图 10-1　团队行为曲线

小卡片：团队目标的生物测试

自然界中有一种昆虫很喜欢吃三叶草（也叫鸡公叶），这种昆虫在吃食物的时候都是成群结队的，第一个趴在第二个的身上，第二个趴在第三个的身上，由一只昆虫带队去寻找食物，这些昆虫连接起来就像一节一节的火车车厢。管理学家做过一个实验，把这些像火车车厢一样的昆虫连在一起，组成一个圆圈，然后在圆圈中放了它们喜欢吃的三叶草。结果它们爬得精疲力竭也吃不到这些草。这个例子说明在团队中失去目标后，团队成员就不知道向何处去，最后的结果可能是饿死，这个团队存在的价值可能就要打折扣。

2. 人

人是构成团队最核心的力量，2 个（包含 2 个）以上的人就可以构成团队。目标是通过人员具体实现的，所以人员的选择是团队中非常重要的一个部分。在一个团队中，可能需要有人出主意，有人制订计划，有人实施，有人协调不同的人一起去工作，还有人去监督团队工作的进展，评价团队最终的贡献。不同的人通过分工来共同完成团队的目标，在人员选择方面要考虑人员的能力如何，技能是否互补，人员的经验如何。

3. 定位

团队的定位包含以下两层意思。

一是团队的定位，团队在企业中处于什么位置，由谁选择和决定团队的成员，团队最终应对谁负责，团队采取什么方式激励下属？二是个体的定位，作为成员在团队中扮演什么角色？是制订计划还是具体实施或评估？

4. 权限

权限就是权力大小。团队当中领导人的权力大小跟团队的发展阶段相关，一般来说，团队越成熟领导者所拥有的权力相应越小，在团队发展的初期阶段领导权是相对集中的。团队权限关系有以下两个方面。

（1）整个团队在组织中拥有什么样的决定权？比方说财务决定权、人事决定权、信息决定权。

（2）组织的基本特征，比方说组织的规模多大，团队的数量是否足够多，组织对于团队的授权有多大，它的业务是什么类型。

5. 计划

（1）计划可以理解成是目标的具体工作的程序。目标最终的实现，需要一系列具体的行动方案。

（2）按计划进行可以保证团队的顺利发展。只有在计划的引领下团队才会一步一步地贴近目标，从而最终实现目标。

实例分析：湘军团队的打造

曾国藩打造了湘军这样一支优秀的团队，使其从个体走向团队，把个人的能力变成团队的能力。那么他是如何打造团队的，曾国藩除了用高尚的人格感化人，他还用了哪些方法？

1. 用共同的价值观凝聚人

曾国藩组建湘军，首先树立了部队的价值观体系"呼吸相顾，痛痒相关，赴火同行，蹈汤同往，胜则举杯酒以让功，败则出死力为相救"，并打出"卫道"的旗号，把湘军和太平军的战争，从军事政治的层面拉到了价值观对决的层面，吸引了一大批仇恨太平天国的读书人纷纷加入湘军。

2. 用合理的制度规范人

价值观很重要，但是打仗是要死人的，光靠价值观还不够，还需要有合理的制度来规范人。当时正规军的制度是世兵制，老爹退休后，儿子接班上任，士兵统一由国家出钱供养，属于国家资源，有需要时，国家可随意抽调派遣。这就造成了一个问题：将不识兵，兵不认将，大家彼此没有感情，但都明白一个道理：危险时，没人会来救自己。所以一开战，大家首先想做的都是自保。

曾国藩将湘军的制度改为招募制，走"市场招聘"，他把这套制度叫作"层层招募"，即大帅招选自己的统领，统领招选自己的分统，分统招选自己的营官，营官招选自己的哨官，哨官招选自己的使长，使长招选自己的士兵……这个制度有两个好处：

第一，上下级之间一定认识，而且感情不错，上级才会把下级招选进来；

第二，湘军工资待遇特别高，上级招选下级进来，下级对上级会抱着感激的心情。平时恩益相济，一上战场就更加互相照顾。

曾国藩还规定，在作战过程中，任何一级的军官战死，他手下的队伍就立刻解散。比如营官战死了，那这个营就就地解散。在这个规定之下，产生了什么结果呢？所有人都拼死保护自己的长官。原来，保护自己的长官只是一种道德的要求，但在曾国藩这套制度设计之下，这变成了最符合自己利益的事情。

问题：请分析湘军这个优秀团队的构成要素。

分析要点：

1. 团队目标就是团队努力的方向和存在的价值。湘军有自己军队的价值观和"打败"太平军的重大职责，让湘军得以成为优秀的团队。

2. 湘军团队因为招募制度使每个成员都有准确定位和存在的价值，加之领导的英明和一定的放权，较好地调动了"中层管理者"的积极性。

3. 湘军目标明确，具有准确的行动方案。

💡 **即问即答**：描述一下团队 5 项构成要素间的关系？

10.1.1.3　团队的类型

1. 按功能分类

（1）高层团队——确定总体目标，指导下属团队。

（2）流程团队——承担跨部门的职责，负责特定流程的有效实施。

（3）行动团队——具体行动的贯彻执行。

2. 按发展阶段分类

（1）组建阶段团队——讨论团队所能成就的愿景，确定团队成员及其角色分工，进行交流，建立初步信任。

（2）发展阶段团队——团队发展的成长时期，其主要任务是使成员认识到相互的依赖性，开始与内部和外部的伙伴积极配合，克服各种困难，完成业绩目标。

（3）成熟阶段团队——团队成员能够很好地合作，并能使业绩保持在一个稳定的水平。这个阶段的主要任务是保持团队的活力，迎接新的挑战。

3. 按团队表现分类

（1）梦幻团队——具备以下 7 个要素：对相互理解的共识、共同的梦想、创造性的气氛、独特的见解、承受挫折的能力、网络的激活剂（即相互合作、相互支持）、吸取经验教训的能力。

（2）常规团队——有明确的目标，团队成员可以较好地合作，并且能力互补，可以解决常规工作中出现的问题。

（3）地狱团队——没有清晰的目标，团队成员不能很好地合作，甚至导致团队解体。

10.1.2　团队管理

10.1.2.1　团队管理的定义

所谓团队管理指在一个组织中，根据成员工作性质、能力组成各种小组，参与组织各项决定和解决问题等事务，以提高组织生产力和达成组织目标。团队管理基础在于团队，其成员可为 2～25 人，理想上少于 10 人。而团队建立适当与否，直接影响团队管理成效。

10.1.2.2　团队管理的意义

团队管理乃是运用成员专长，鼓励成员参与及相互合作，致力于组织发展，是合作式管理，亦是一种参与式管理。随着组织工作的复杂性日益增多，很多工作实难靠个人独立完成，必须有赖于团队合作才能凝聚力量，所以团队管理有时代需求性。组织若能善用团队管理，对于激发成员潜能、协助问题解决、增进成员组织认同、提升组织效率与效能，具有一定的帮助。

为发挥团队管理的效果，每位成员首先须了解团队目标与使命及个人角色和责任；其次亦须了解如何完成团队任务；最后要能积极促进团队目标的达成。由于沟通在团队管理中扮演着相当重要的角色，如能事先举办讲习会，建立成员有效沟通渠道，更可使团队管理取得良好效果。

团队管理是未来管理的新趋势，唯不能陷入团队管理的迷思，不能认为所有的团队都是好的，成员在一起就是一种团队。只有在一个开放、沟通顺畅的环境下，才能发挥团队管理的功能。

1. 团队能发挥"1+1>2"的协同效用

团队能把互补的技能和经验带到一起，这些技能和经验超过了团队中任何个人的技能和经验，使得团队能够在更大范围内能应付多方面的挑战。

2. 和个人相比，团队能够获得更多、更有效的信息

环境变化越来越快，需要组织掌握更多有效的信息以做出应对决策。在团队形成自身目标和目的过程中，团队运作可以建立起解决问题和提出倡议的交流方式。团队对待变化中的事物和需求是灵活而敏感的。

3. 团队运作方式为管理工作效益的提高和业绩的取得提供了新的途径

在加入团队的人们努力工作克服阻碍之前，真正的团队是得不到发展的。通过共同克服这些障碍，团队中的人们对相互的能力建立起了信任和信心，也相互加强了共同追求高于和超乎个人和职能工作之上的团队目的的愿望。克服障碍，取得业绩，这就是使分组的人们成为团队的原因。工作的意义和努力都使团队深化，直至团队的业绩最终成为对团队自身的奖励。

4. 在团队中工作具有更大的乐趣

团队工作中的乐趣往往与团队的业绩是一致的。例如，人们常常看到在那些有最佳业绩表现的优秀团队中有高度发展的工作幽默感，因为幽默感能帮助人们对付最佳业绩表现中的压力和紧张。人们也总能听到这样的说法，最大的也是最让人感到满意的乐事，就是"成为比我个人更重要的某种事物的一部分"。

5. 在团队运作下，人们对变化的出现也较有准备

首先，团队中的人们都要对集体负责，变化对团队的威胁并不像个人对付变化时那么大。其次，团队中的人们有灵活性，他们有扩大解决问题范围的意愿，团队为人们提供了比那些工作面窄又受层级制限制的小组所能提供的大得多的增长和变化余地。最后，团队也重视业绩、团队成果、挑战和奖励等因素，并且支持试图改变以往做事方法的那些人。

☞ **扩展学习**：团队管理要有效平衡 5 个矛盾

1. 容纳个人的不同。
2. 鼓励团队成员之间的支持和对抗。
3. 注意业绩、学习和发展的关系。
4. 在管理者权威和团队成员的判断力和自治之间取得平衡。
5. 维护管理者、个体、团队关系。

10.2　团队组建管理

10.2.1　团队纲领建设

团队纲领是一份清楚的、团队成员一致认可的书面文字，它描述了团队的使命以及团队与企业的目标具有怎样的联系性。团队纲领包括权利、资源以及完成任务所需要的关键机制。它的作用就是成为团队成员之间以及团队和其主办者之间的一份契约。

一个良好的团队纲领应该包括使所有成员具有同样清楚的方向感；团队工作怎样与企业的其他部门相协调；团队的目标是什么；团队的活动领域及受到的限制与约束。

10.2.1.1　团队纲领的内容

团队纲领是一个团队的总体计划，包括工作流程图、里程碑（目标）、总体时间表和行动计划四部分（见图 10-2）。

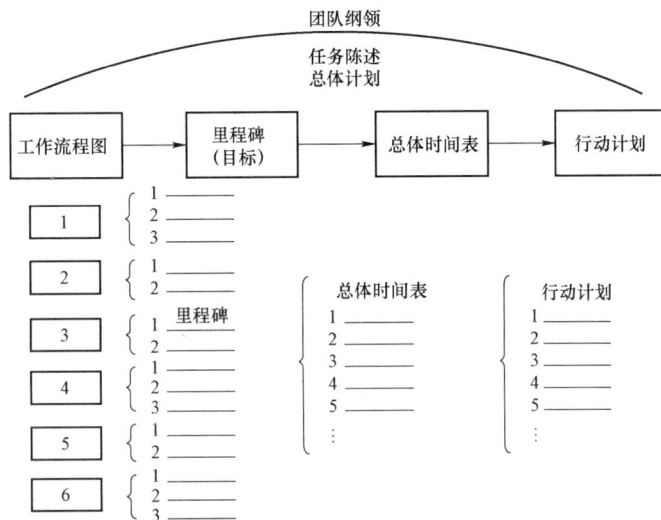

图 10-2　团队纲领明晰图

（1）总体计划是对你的团队将要完成的最重要任务的概述。

（2）工作流程图描绘出你的团队将要执行的每一步的行动路线。

（3）里程碑是你的团队将要达到的具体的、可预期的目标，以其作为工作过程中的考核点。

（4）总体时间表是为每个里程碑和每一步工作流程提供一个目标开始和完成的日期。

（5）行动计划是你和你的队友采取的个人工作的步骤，借助行动计划你们将达到每个里程碑。

10.2.1.2　制订总体计划的步骤

（1）制定最适合你们团队使命和任务的工作流程图。

（2）集体讨论在每个工作流程阶段应该达到的目标。

（3）评价开列的清单，按优先顺序排列应执行的任务，为每个工作流程阶段选择 1～3 个

223

具体的目标（里程碑）。

（4）以团队纲领执行为背景来平衡里程碑所构成的时间框架，把计划重新写成一份清楚的文件，并画出一个项目跟踪图表，以此来制定一个总体时间表。

10.2.1.3　制订行动计划

行动计划确定了团队的策略。它是达到一个里程碑所必需的完整有序的一系列步骤。

当团队开始准备一个工作流程或者迈向一个重大里程碑时，可召开一次会议决定应该采取什么行动，由谁来负责。最佳的行动方案包括谁做什么、什么时候做以及按什么样的顺序做，有时还要加上资源、标准、衡量手段或报告等。

10.2.2　团队文化建设

团队文化是指团队成员在相互合作的过程中，为实现各自的人生价值，并为完成团队共同目标而形成的一种潜意识文化。团队文化是社会文化与团队长期磨合形成的文化观念的产物，包含价值观、最高目标、行为准则、管理制度、道德风尚等内容。它以全体员工为工作对象，通过宣传、教育、培训和文化娱乐、交心联谊等方式，以最大限度地统一员工意志，规范员工行为，凝聚员工力量，为团队总目标服务。

实例分析：企业文化需要"实质校准"

2021 年 8 月，"阿里女员工被侵害"事件引发舆论关注。对此，人民日报评论称，企业越是扩张发展，企业文化越需"实质校准"。

人民日报称，有文化的企业才有生命力。这是无数企业认同的基本共识，也是基本常识。正像有人说的，"思想是力量，观念是财富，企业文化是核心竞争力"。关键是，企业倡导并建立了何种文化观？是丛林竞争的"狼性文化"，还是权益优先的"人文关怀"？是企业利益先于国家利益、个人利益，还是企业利益服从国家利益并与个人利益共赢共享？企业是执行适者生存式淘汰机制，还是企业员工同舟共济，团结一致地拼搏？做何选择，彰显出企业格局，折射出公共责任，代表企业价值方向，任何伟大的企业都会做出正确选择。

人民日报认为，时至今日，人们理解并思考企业文化，早已不局限于"有没有"，而更看重标定得"对不对"、践行得"好不好"。企业文化从来不只是写在纸面上的名词，而是内化于员工之心、践行于制度之中的举措；从来不只是漂亮的口号，而是落实在发展过程中的有力的行动。从这个意义上说，企业遇到危机时，与其震惊、气愤、羞愧，不如省思、查漏、行动，给企业来一次"制度升级"，更给企业文化来一次"实质校准"。

企业发展，没有什么危机比价值观危机所付出的代价更沉痛、教训更沉重。每个企业的初立、成长与壮大，都会遇到各种危机，或产品质量，或管理水平，或公共关系，或社会形象，但价值观危机是最根本的危机。审视无数企业发展过程中的商业价值观和文化价值观，可以得出一个结论，越是扩张发展快的企业，隐含的风险越高，越需要强化价值观引导；越是专注核心竞争力的企业，抗风险能力越强，越能保持价值观的有效稳定。遭遇价值观危机，能够坦诚面对，并快速修复、重塑、提升价值观，是一个企业的能力所在，更是得以化危为机的基础。重要的是，企业价值观的文化力与内驱力，再也不能是笼而统之的倡导，而应在公序良俗、法律规范的框架内产生执行力、具有约束力。对企业来说，促进文化观的成熟、价值观的成长，需要做的还有很多很多。

人民日报表示，企业文化不是嘴上功夫，而是用真正的价值力量、文化力量赢得员工信任、公众信任的行动力量。有人说，除了赚钱没有其他价值的事业，是空洞的事业。这也提醒企业负责人，当把位于价值中心的"人"拿掉，"企"字就成了"止"。任何漠视人的企业，很难说其事业拥有长久的价值。

问题：企业文化建设的重要意义体现在哪些方面？如何做好企业文化建设？

分析要点：

1. 有文化的企业才有生命力。

2. 企业越是扩张发展，隐含的风险越高，越需要强化价值观引导。

3. 企业越是专注核心竞争力，抗风险能力越强，越能保持价值观的有效稳定。

4. 企业文化建设需要树立正确的价值观、企业文化观。

5. 企业文化需要不断强化，内化为员工的行为准则。

6. 企业文化需要在实践中不断"实质校准"。

10.2.2.1　团队文化构成要素

1. 团队精神

团队精神就是团队成员共同认可的一种集体意识，是显现的团队成员的工作心理状态和士气，是团队成员共同价值观和理想信念的体现，是凝聚团队、推动团队发展的精神力量。团队精神是员工思想与心态的高度整合，是员工在行动上的默契与互补，是"小我"与"大我"的同步发展，是员工之间的互相宽容与理解。团队精神的实质是一种力量，这种力量是通过共同的信仰、一致的行动、相似的工作作风、共有的价值观念、标准的行为规范而凝聚起来的一种合力。

团队精神对团队成员的集体共同意识具有一种强化作用，可以推动团队的有效运作和发展，提高组织的整体效能。一个具有团队精神的团队，往往显示出高涨的士气。团队成员对团队具有强烈的归属感、一体感，衷心地把自己的前途与团队的命运联系在一起，愿意为团队的利益与目标尽心尽力。

思政园地：品德修养

国乒队：以优秀团队精神打造冠军队伍

乒乓球是国球，国家乒乓球队似乎从没让国人失望过，人们理所当然地认为国乒队一定能拿冠军。2021 年东京奥运会后，一段刘国梁训话的视频刷爆朋友圈，让人们看到冠军和冠军团队是怎样练成的，体会到国乒队的内部团队建设和精神传承。

刘国梁的讲话从老队员的实际案例开始，正反两方面举例，强调国乒精神，鼓励年轻队员向老队员学习。刘国梁首先表扬了陈玘在大赛中能善始善终，碰到任何对手都不放弃，不受情绪影响，充分展现了国乒精神的第一条即责任心，又用王励勤来举例，他们都是全队责任心的榜样。

国乒精神的第二条即付出，超常付出。例如，王浩的超常投入和专注，即使不拿冠军，也是国人的榜样，也能给社会上很多人启示，这个作用比拿冠军还重要。

国乒精神的第三条即不计名利，为集体付出。马琳、陈玘、邱贻可在伦敦比赛期间做全队的后勤服务工作，马琳天天坐着地铁去买菜，吃饭时甘居人后，让年轻主力队员先吃。这就是球队取胜的根本。

国乒精神的第四条即进取。刘国梁说，冠军保是保不住的，只有通过进取才可以持续进步。

在讲话的最后，刘国梁对新队员提出要求，他强调"团队的传承"，希望张继科、马龙等新队员要向王励勤、马琳、陈玘等老队员学习，学习他们的优点，能扛起国家乒乓球队的大旗并传承下去。

2. 团队氛围

团队民主的管理作风、自主的工作环境和富有挑战性的工作，使成员之间相互信任，实现坦诚、开放、平等地沟通与交流，人际关系和谐，成员身心愉快，参与愿望强烈，工作中充满了热情与活力。团队发展过程中经常碰到困难与挫折，但高级团队能够使团队成员愉悦相处并享受作为团队一员的乐趣，团队里不乏幽默的氛围。团队内部士气高昂，团队成员不畏艰难，不畏挫折，时刻保持旺盛的斗志。团队在文化氛围上既强调团队精神，又鼓励个人自我完善与发展，杜绝过于强调团队精神而压倒个性的文化倾向，由此激发个人的积极性、主动性、创造性。

3. 团队效率

团队成员不断提高自己的能力、素质与觉悟，整个团队弥漫着终身学习的氛围。团队成员目标统一，分工明确，权责分明；团队成员办事积极果断，不墨守成规，经常能创造性地解决问题。团队有着很好的对变化实行检测的预警系统与习惯，能对技术的变迁做出迅速反应，对价值观的扭曲做出调整。团队民主、平等的氛围使团队成员可以畅所欲言，能够从不同角度提出不同的意见和方案，进而使团队决策科学、合理、高效。团队内部以及团队与组织其他部门之间建立密切的联系，信息沟通畅快，决策效率提高。

> 💡 **即问即答**：试述团队文化构成的三要素间的关系。

10.2.2.2 团队文化建设内容

1. 价值观建设

团队价值观是团队成员的价值取向，是团队在追求经营成功过程中所推崇的基本信念和奉行的目标。在达成共识的价值观指引下，团队成员才能心里相容，行为一致，相互扶持，实现知识与信息的共享，团队效率最高。

1）精神支柱

团队价值观为企业的生存与发展确立了精神支柱。团队价值观是团队领导者与员工据以判断事物的标准，一经确立并成为全体成员的共识，就会产生长期的稳定性，甚至成为几代人共同信奉的信念，对企业具有持久的精神支撑力。当个体的价值观与团队价值观一致时，员工就会把为团队工作看作为自己的理想而奋斗。

2）导向规范

团队价值观对团队及员工行为起到导向和规范作用。团队价值观是企业中占主导地位的管理意识，能够规范企业领导者及员工的行为，使企业员工很容易在具体问题上达成共识。从而大大节省团队运营成本，提高企业的经营效率。团队价值观对企业和员工行为的导向和规范作用，不是通过制度、规章等硬性管理手段实现的，而是通过群体氛围和共同意识来引导实现的。

3）产生凝聚力

团队价值观能产生凝聚力，激励员工释放潜能。企业的活力是企业合力作用的结果。企业合力越强，所引发的活力越强。

员工的团队价值观并非天生，需要企业的灌输与宣传，经过潜移默化后，员工的价值观才能内化为团队价值观。在这个过程中，以团队领导人的言传身教来树立统一的价值观，需要团队领导人的倡导与宣传。团队价值观渗透到企业日常经营管理过程中的每个环节，需要健全配套的机制。

扩展学习：企业文化的 4 种类型

哈佛教授泰伦斯·狄尔与麦肯锡咨询公司咨询顾问艾伦·肯尼迪是最早一批致力于企业文化研究的学者，1982 年他们在其著作《企业文化：企业生活中的礼仪与仪式》中将组织文化分为 4 种类型。

（1）硬汉文化。风险高、决策结果反馈最快的企业。这种文化鼓励内部竞争和创新，鼓励冒险，是竞争性较强、产品更新快的企业文化。

（2）苦干型文化。即努力工作，尽情享受型文化，它将工作与娱乐并重，鼓励职工完成风险较小的工作，是竞争性不强、产品比较稳定的企业文化。

（3）赌徒型文化。鼓励员工冒险，鼓励员工创新，它强调用充分的信心来诱导自己的行为。这种文化放眼于未来，不拘于一时一事的得失，十分看重对未来的投资。

（4）过程型文化。这种文化着眼于如何做，基本没有工作的反馈，职工难以衡量他们所做的工作，具有低风险、慢反馈的特征。

2. 思维方式建设

共通的思维方式是基于共通的价值观而对事物产生统一的认识。如果说价值观是灯塔，为人们的航行指明方向，是进行方向选择时的基本判断，那么共通的思维方式，就是一个团队关于如何组织实施到达目的地的默契。

思维方式的培养有两种途径。

1）告知决策依据

作为执行工作任务的团队成员，很多时候并不知道工作任务背后的意义，以及决策的依据是什么。而这个决策依据往往是人们的思维方式。要将这些决策依据告知所有员工。在内部员工的通告中，不仅要告知员工决策的结果，也要告知员工决策的依据，这样员工就能逐渐以决策者的思维方式去看待工作中出现的问题，就可以很快做出正确反馈。在实际工作当中，很多领导者直接告知员工结果，并不喜欢告知其决策过程，这就丧失了培养员工共通思维方式的宝贵机会。

2）指挥棒引导

在对员工进行考核和评估时，可以将企业的思维方式融入其中，也可以在平日工作中设置一些小的奖励措施，鼓励大家能够从某个维度和视角去思考和推进工作。比如，每当员工搜集到一个有价值的用户建议时，可以对其进行一定的奖金奖励。当有员工改进了公司的一个业务流程，从而大大降低了公司成本时，领导应给予其适当奖励。一个团队的思考方式如果进行了确定，那就会大大减少分歧和纷争。

3. 行为方式建设

团队文化最终不是靠贴在墙上的口号来实现的，而是通过员工的行为和最终的成果来实现。真正的团队文化的形成是从理念到实际的过程。所以团队文化的建设，需要实现共通的行为方式。团队行为文化体现在团队生产经营、团队人际活动、文娱体育活动等行为中，包括团队行为的规范、团队人际关系的规范和公共关系的规范等。

1）流程与规范

工作中的流程和规范，为员工的日常工作行为制定了一个参考标准。重视团队文化建设，从员工着装到语言行为规范，都要有团队特色，以提升企业的识别度。

2）礼仪和仪式

一些特殊的礼仪和仪式会凸显企业文化与众不同的调性，让客户和员工产生亲切感和归属感。

团队文化的3项建设内容间彼此既关联又有一定的前后逻辑。共同的价值观影响了思维方式的形成，共通的思维方式又影响了行为方式。

课堂活动：团队文化建设

目标：这项活动帮助你考虑团队的目标和特征，通过文化建设规范员工行为，树立团队使命感，使团队更具凝聚力，较好地实现组织目标。

背景：团队经过一段时间的运营，已经走向正规。但团队成员还未形成共同的价值观和行为规范，团队成员凝聚力较差。

任务：把学生分成若干小组，每小组5～6人，开一次团队会议，与团队成员讨论以下几个问题。

（1）团队的目标——为什么团队会存在？要达到什么目标；团队文化建设不能脱离团队使命和服务宗旨。

（2）团队内的角色，各角色如何共同达到团队的整体目标。

（3）团队的使命和价值观，包括团队的社会价值和社会责任。

（4）团队文化建设，重点包括团队价值观、团队精神的建设。

（5）团队制度建设，制度也是文化建设的组成部分，通过制度约束员工行为，是组织精神文化建设的保证。

要求：团队成员充分发表意见，经过充分讨论，团队达成共识，构建具备一定层次和内容的团队文化。

10.3　高效团队管理

10.3.1　高效团队特征

高效团队是指团队发展目标清晰、完成任务前后对比效果显著增加，工作效率相对于一般团队更高，如图10-3所示。高效团队成员在有效的领导下相互信任、沟通良好、积极协同工作。

10.3.1.1　清晰的目标

团队成员清楚地了解所要达到的目标以及此目标所包含的重大现实意义，并坚信目标一定能实现。这种目标能激励团队成员把个人目标升华到团队目标中去。

10.3.1.2　相关的技能

高效率团队是由一群有能力的成员组成的，他们具备实现目标所需要的基本技能，并能够实现良好合作，从而能出色地完成任务。有精湛技术的人并不一定就有合作技巧，高绩效团队的成员往往必须兼而有之。

10.3.1.3　相互间信任

通过共通的组织文化和管理层行为塑造，对形成相互信任的群体氛围有影响。每个人对团队内其他人的品行和能力都给予充分信任，有助于团队效益的提升。

10.3.1.4　一致的承诺

这是团队成员对完成目标的奉献精神，团队成员对组织忠诚。

10.3.1.5　良好的沟通

团队成员间拥有真诚而畅通的信息交流，管理层和团队成员间有健康的信息反馈机制，并经常进行以获取超过个人水平的见解为目的的深度会谈，鼓励成员表达各自的观点，彼此真诚相对。

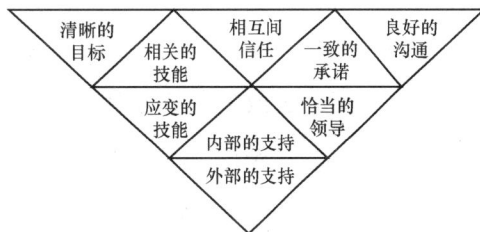

图 10-3　高效团队特征

10.3.1.6　应变的技能

高效团队内部成员间角色是经常发生变化的，环境也会影响团队的作业，这要求团队成员具有一定的应变技能。

10.3.1.7　恰当的领导

高效团队的领导往往体现的是教练或后盾的作用，他们对团队提供指导和支持，而不是试图去控制下属。

10.3.1.8　内部与外部的支持

这既包括内部合理的基础结构，也包括外部给予必要的资源条件；团队的整体目标与团队成员的个体目标高度相关。

☞ **扩展学习：2021 亚洲区公司最佳管理团队评奖揭晓**

2021 年 6 月 30 日，由《机构投资者》杂志评选的"2021 亚洲区公司最佳管理团队"的多项奖项已经揭晓。共有来自 18 个行业的 1 438 家上市公司参与"2021 亚洲区公司最佳管理团队"评选。

《机构投资者》是全球投资机构最具权威的杂志之一，创刊 50 余年。杂志每年针对全球各地区上市公司开展管理团队评选，只有经过认证的金融行业人士才拥有投票权，这使得《机构投资者》的票选排名在全球资本市场享有极高的权威性及美誉度。排名结果已经成为业内公认的全球投资风向标，备受买方投资者及卖方机构的认可。

今年，共有 3 503 位买方投资者及 581 位卖方分析师参与了"2021 亚洲区公司最佳管理团队"的意见调查。获提名的上市公司分别就以下 8 项核心领域接受评分。

- 路演、反向路演和投资人会议质量。
- 能代表公司及时发布消息的 IR 团队。
- 管理层触达与互动。
- 快速响应速度。
- 回应查询的及时性。
- 一致及细致的信息沟通。
- 对业务及市场的深刻理解。
- 疫情下的策略及风险管理沟通。

10.3.2　高效团队打造

10.3.2.1　建立高效价值目标

团队中不同角色由于地位和看问题的角度不同，对项目的目标和期望值，会有很大的区别，这是一点也不是奇怪的事情。好的团队负责人善于捕捉成员间不同的心态，理解他们的需求，帮助他们树立共同的奋斗目标。劲往一处使，使得团队的努力形成合力。

10.3.2.2　营造进取的工作氛围

假如项目缺乏积极进取团结向上的工作氛围，项目成员的力量就很难合在一起，大家相互扯皮推诿指责，项目也就不可能成功。对于公司而言，也许历史尚短，还没有形成成熟的企业文化和企业精神，从而造成公司的不良风气。但是在项目组内部，通过大家的一致努力，完全可能营造出一个积极进取团结向上的工作氛围。团队主管奖罚公正、民主平等、不搞一言堂，充分调动每个成员的积极性。在生活中，团队主管需要多关心、多照顾项目组成员，让大家都能感受到团队的温暖。

10.3.2.3　清晰每个成员定位和职责

这样可以避免团队成员之间职能混乱、工作交叉干预、重复建设的事情出现。定位和职责最好量化到点，具体到单项工作，这样虽然有些费功夫，但效果一定会看得到。特别是一些组织架构复杂的企业，职责和职能定位模糊，很容易出现踢皮球和工作重复等现象。企业管理者如果不明确好职责和职能，那么就有可能出现团队成员工作积极性不高、工作方向盲目等。

10.3.2.4　制定一套管理制度和工作流程

俗话说，不成规矩无以成方圆，一个团队也应有一个大家都应该遵循的规章制度。很多企业管理者比较讨厌管理制度建设，觉得有些冗余，其实则不然。企业管理制度是一个附属的判断标准和工作有序进行的保障体系。智能化的机器没有人去操作会自行处理，这是因为植入了固定程序操作的指引系统，有了制度的团队也是一样的。

10.3.2.5　要设置合适的绩效激励体系

每个企业的管理模式都不同，但是得有动力驱动每个团队成员前进。值得注意的是，绩效激励体系是个性化的。用市场的角度看待，就是将每个团队成员当成企业管理者的消费者，实际中每个消费者的需要是不一样的，因此，激励体系也应该是根据成员需要而制定的。

💡 **即问即答**：你认为哪个因素对"高效团队"打造更为重要？

10.3.3　高效团队的工作方法

10.3.3.1　头脑风暴法

头脑风暴法从 20 世纪 50 年代开始流行，常用在决策的初级阶段，以解决组织中的新问题或重大问题（见图 10-4）。头脑风暴法一般只用来产生方案，而不是进行决策。它是指在一定的情况下，让参与"会议"的人完全放开思维、群策群力、集思广益、随心所欲地发表看法。在这一过程中，鼓励一切的思维，包括看起来不可能的想法，而且暂时不允许对任何想法做出评论。

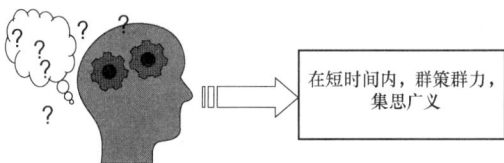

图 10-4　头脑风暴法

头脑风暴法会让大家从不同的角度看待问题。由于鼓励想法的自由发挥，可能在短时间内集中大家的智慧，并且会碰撞出不可思议的想法和创意，让团队找到满意的答案。

🤖 **小卡片**：头脑风暴的释义

头脑风暴法出自"头脑风暴"一词。所谓头脑风暴最早是精神病理学上的用语，指精神病患者的精神错乱状态，如今用来指无限制的自由联想和讨论，其目的在于产生新观念或激发创新设想。

为了提供一个良好的创造性思维环境，采用头脑风暴法应该先确定会议的最佳人数和会议进行的时间。经验证明，规模以 10～15 人为宜，会议时间一般在 20～60 min 内效果最佳。在开始前主持者要以明确的方式向所有参与者阐明问题，说明会议的规则，尽力创造融洽轻松的会议气氛。通常，在头脑风暴开始时，领导者必须采取强制询问的做法。一旦参与者被鼓动起来，新的设想就会源源不断地涌现，这时，领导者只需根据头脑风暴的原则进行适当引导即可。

1. 头脑风暴法的原则

（1）严格限制讨论对象的范围，使参加者把注意力集中于所涉及的问题，对各种意见、方案的评判必须放到最后阶段。

（2）认真对待任何一种设想，而不管其是否适当和可行。

（3）欢迎各抒己见，百家争鸣。创造一种自由的气氛，激发参加者提出各种想法。

（4）追求数量。意见越多，产生好建议的可能性越大。

（5）探索取长补短和改进办法。除提出自己的意见外，鼓励参与者对他人已经提出的设想进行补充、改进和综合。

（6）发言简单，不需详细论述。

（7）不允许参加者宣读事先准备好的建设性发言稿。

2. 头脑风暴法的适用性

（1）头脑风暴法适合"寻找问题的可能原因"，当工作中出现的问题找不出原因或者不能确定主要原因时，可以设身处地地讨论问题可能出现的各种原因。这样可能发现没有想到的问题。

（2）头脑风暴法适合提供"需要画龙点睛的小创意"，这些小创意新颖、有想法，往往出其不意，通过头脑风暴法的互相激发，最容易产生这样的创意。

（3）用头脑风暴法"确定新的工作流程"时，可能需要先听听大家对新流程建设的意见，他们可能会对将来业务的新流程提出好的想法和意见。

10.3.3.2 鱼骨图法

鱼骨图，又称特性—要因图，是用图来表示决定达到目的、目标的方法。它是由一个问题的特性（结果）与造成该特性的重要原因（要因）归纳整理而成的。由于其外形类似鱼骨，因此一般俗称为鱼骨图。该图形是由日本品管专家石川馨博士所发明的，故又名石川图。

鱼骨图法简洁实用，深入直观。问题或缺陷（即后果）标在"鱼头"处。在鱼骨上长出鱼刺，上面按出现机会多寡列出产生问题的可能原因，有助于说明各个原因是如何影响后果的。问题的特性总是受到一些因素的影响，通过头脑风暴法找出这些因素，并将它们与特性值一起，按相互关联性整理而成的层次分明、条理清楚，并标出重要因素的图形就是鱼骨图。

鱼骨图法是一种透过现象看本质的分析方法。

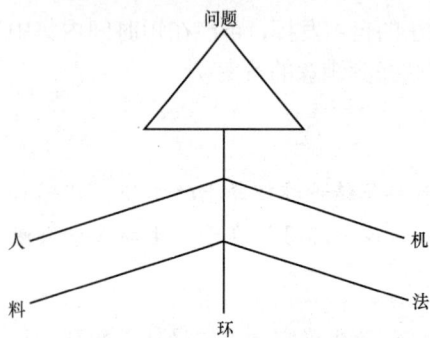

图 10-5 鱼骨图

1. 图形结构

鱼头向右者为原因寻求型，而鱼头向左者为对策拟定型。鱼头右侧代表问题之特性；鱼骨左侧代表造成该特性之重要原因，包括鱼脊、大骨、中骨、小骨等，分别代表制程、大要因、中要因、小要因等，要因齐全才能成为完整的鱼骨图，如图 10-5 所示。

2. 绘制步骤

在绘制鱼骨图的时候，首先应定义问题的特性，然后画出主要图形。接着，在画出大原因之后再画小原因，找出主要原因，以它为问题特性，重复上述步骤，直至原因非常明确，解决方案就比较容易形成了。

圈选重要原因：原则上为 4~6 个。

评估重要原因的影响度。

借助图形，从 5 个方面来寻找问题出现的原因。这 5 个方面是：人、机、料、法和环。

"人"指的是造成问题产生的人为因素。

"机"形象地讲就像战斗的武器，通常指软、硬件条件对于事件的影响。

"料"就像武器所用的子弹，指基础的准备以及物料。

"法"指与事件相关的方式与方法是否正确有效。

"环"指的是内外部环境因素的影响。

3. 分析要点

（1）确定大要因（大骨）时，现场作业一般从"人、机、料、法、环"着手，管理类问题一般从"人、事、时、地、物"层别着手，视具体情况决定。

（2）"大要因"必须用中性词描述（不说明好坏），"中、小要因"必须使用价值判断（如……不良）。

（3）头脑风暴时，应尽可能多而全地找出所有可能的原因，而不仅限于自己能完全掌控或正在执行的内容。对人的原因，宜从行动而非思想态度方面着手分析。

（4）"中要因"与"特性值"、"小要因"与"中要因"间有直接的原因—问题关系，"小要因"应分析至可以直接下对策。

（5）如果某种原因可同时归属于两种或两种以上因素，请以关联性最强者为准。

（6）选取重要原因时，不要超过 7 项，且应标识最末端原因。

4. 使用要领

（1）分析要因时，应采用头脑风暴法，并配合专业知识和经验进行。

（2）鱼骨图可以与层别法一起运用，绘制成层别鱼骨图。

（3）鱼骨图除了用作结果和原因间的分析，还可用作目的和手段间的分析以及全体和要素间的分析。

（4）分析要因时，若发现不同要因间彼此互相关联（有因果关系），则要改用关联图进行分析。

小卡片：层别法的释义

层别法是品管七大手法之一。在质量管理中，常用层别法来分析质量问题的规律和原因，从而有目的地采取纠正措施，解决质量问题。层别法是一种将数据按照某些共同特征加以分类整理的分析方法，通常把分类整理中划分的组称为层，分层就是分组，就是分门别类，所以层别法又名分组法、分层法、分类法。

课堂活动：班级"一二·九"接力跑成绩下滑原因分析

目标：通过活动实践鱼骨图法，提高鱼骨图法的应用效果。

背景：掌握鱼骨图法的分析要点和使用要领。

任务：把学生分成若干小组，每小组 5～6 人，展开一次团队合作，与团队成员完成以下任务。针对本年度"一二·九"接力跑成绩下滑，找出 4～6 条主要原因，从"人、机、料、法、环"5 个方面分析。团队成员先用头脑风暴法找出可能的影响因素，定制问题特性，再集中分析大要因、中要因和小要因等，绘制鱼骨图。

要求：以小组为单位，按照鱼骨图法分析要点，完成原因分析，画出鱼骨图。

10.3.3.3 甘特图法

甘特图因在 20 世纪初出一名叫亨利·甘特的工程师首先使用而得名。它基本上是一种线条图，横轴表示时间，纵轴表示要安排的活动，线条表示在整个期间计划与实际的活动完成情况，如图 10-6 所示。甘特图直观地表明任务计划在什么时候进行以及实际进展与计划要求的对比情况。

1. 图形结构

在甘特图中水平线条表示一个项目每一重要阶段的起点和终点，首先把图表的左上角作为最早的行动，把下面的图表作为以后的行动，把底端的时间线标上日期。其次靠近每一阶段画上线条，根据时间线从开始时间开画，在结束时间画完。最后得到的图表形象地展示了行动的流程，并且可以同时表现行动的阶段。

2. 使用要领

甘特图法的优点是图形化概要，通用技术，易于理解。但甘特图事实上仅仅部分地反映了项目管理的三重约束（时间、成本和范围），因为它主要关注进程管理（时间）。在现代的项目管理里，甘特图法被广泛应用。它可以用来预测时间、成本、数量及质量的结果。也可以用来分析人力、资源、日期、项目中重复的要素和关键的部分，还可以把多张各方面的甘特图集成一张总图。以甘特图的方式，可以直观地看到任务的进展情况，资源的利用率，等等。

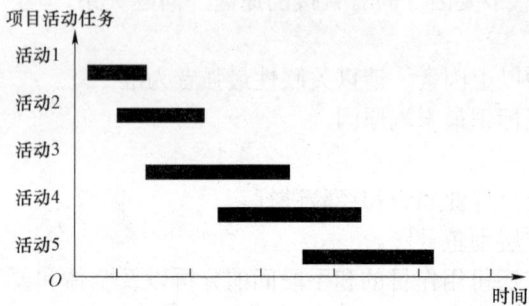

图 10-6　简明甘特图

单纯的甘特图显示，可以用 Excel 软件做出。如果需要进行图形转换、项目跟踪等，则可选用 Microsoft 公司的 Project 软件——Windows 操作系统环境下的项目管理软件工具。Project 提供给知识性工作者更有弹性的协同计划与项目追踪的能力，并将项目的所有信息有效地传递给与项目有关的人员，是组织中最需要的单一性计划管理工具。

实例分析

学校某班 5 月 18 日到北京怀柔生存岛基地进行素质拓展训练，相关准备工作所需时间如下所示。

1. 召开筹备会	0.5 d	2. 宣布活动计划并统计人数	0.5 d
3. 联系车辆、住宿	0.5 d	4. 预订团体票	0.5 d
5. 开会提出注意事项	0.5 d	6. 分组、任命组长	0.5 d
7. 出发	0.5 d	8. 拓展训练	1 d
9. 返回	0.5 d	10. 班委总结并上报信息	0.5 d

问题：请以上述资料为依据，应用甘特图法制定出甘特图。

分析要点：用甘特图法绘制表格的基本步骤如下。

1. 明确项目涉及的各项活动、任务。内容包括项目名称（包括顺序）、开始时间、工期、任务类型（依赖/决定性）和依赖于哪一项任务。

2. 创建甘特图草图。将所有的项目按照开始时间、工期标注到甘特图上。

3. 确定项目活动依赖关系及时序进度。使用草图，按照项目的类型将项目联系起来，并安排项目进度。

4. 计算单项活动任务的工时量。

5. 确定活动任务的执行人员及适时按需调整工时。

6. 计算整个项目时间。

7. 甘特图表参考下表。

甘特图表

序号	各阶段工作内容		时间							
	任务	责任人	日期	日期	日期	日期	日期	日期	日期	日期
1										
2										
3										
4										
5										
6						...				
7										

实训项目

项目名称：组建模拟咨询公司团队。

实训目的：通过模拟实训，使学生掌握制定团队纲领的方法，可以熟练应用头脑风暴法、鱼骨图法，结合团队优势，为首期开展的咨询项目制定解决方案，并用甘特图法规范团队初期咨询工作。

实训器材：白板、白板笔，互联网、计算机、纸、笔。

实训步骤：

1. 团队组建模拟咨询公司，团队成员在公司中要有明确分工。

2. 确定公司名称、理念和目标。

3. 深入企业进行实际调研，帮助一家企业寻找、分析、解决问题，要求团队成员讨论，要应用头脑风暴法、鱼骨图法、甘特图法 3 种方法。

4. 撰写实训报告并制作 PPT 汇报文件。

5. 为全班同学展示，时间不超过 15 min。

实训报告：每个团队成员都应积极发挥优势，成为团队的一分子，为团队组建和项目开展献言献策，总结团队组建中可能遇到的困难，对高效团队工作方法予以实践并总结，书写 500 字的心得体会。

复习思考题

一、多选题

1. 通常团队具有 5 个特点，包括（   ）。

A. 团队成员技术或技能互补　　B. 以协作为基础

C. 以目标为导向　　D. 团队成员共同承担责任

E. 团队需要共同的规范和方法

2. 团队的构成要素主要包括（   ）。

A. 目标　　B. 人　　C. 定位　　D. 权限　　E. 计划

3. 团队按功能分类，主要有（　　　）几种类型。

A. 高层团队　　　　B. 流程团队　　　　C. 行动团队　　　　D. 发展团队

4. 团队纲领的内容有（　　　）。

A. 总体时间表　　　B. 里程碑　　　　C. 工作流程图　　　D. 行动计划

5. 适合使用头脑风暴法的情况有（　　　）。

A. 寻找工作问题的可能原因　　　　　　B. 需要画龙点睛的小创意

C. 做出新产品开发的决策　　　　　　　D. 确定新的工作流程

6. 鱼骨图法分析要点包括（　　　）。

A. 大要因必须用中性词描述

B. 中要因与特性值

C. 小要因与中要因间有直接的原因—问题关系

D. 应尽可能多而全地找出所有可能原因

7. 高效团队具备的显著特征有（　　　）。

A. 目标清晰　　　　B. 相互信任　　　　C. 积极协同　　　　D. 良好的沟通

E. 恰当的领导

8. 团队文化建设的内容是（　　　）。

A. 价值观建设　　　B. 思维方式建设　　　C. 行为方式建设　　　D. 工作方式建设

二、简答题

1. 什么是团队管理的意义？

2. 如何发挥团队管理的效果？

3. 如何打造高效团队？从哪些方面入手？

4. 简述鱼骨图法的使用要领。

5. 团队纲领是团队的总体工作计划，其制订的步骤有哪些？

复习思考题参考答案

第11章 | 合理授权

学习目的

通过本章的学习，理解成功授权所具备的条件和原则，包括合适的人及事等，明确任务目标和界限，能根据所处环境进行合理授权。能掌握开展授权的技术，加强授权监督与评估，把有限的时间与精力投入到重要的事情中。同时学会从工业时代的"控制"转为数智时代的"赋能"，激励管理者与员工共同成长。

知识目标

- 了解授权的障碍；
- 理解授权的意义；
- 掌握授权开展的基础；
- 理解授权监督与跟踪的重要性；
- 熟悉授权开展的注意事项。

能力目标

- 能够帮助下属做好合理授权的准备；
- 能够明确合理授权的流程；
- 能够区分哪些工作适合开展授权；
- 能够做好授权后的有效监督与评估。

思政目标

- 能够培养团队合作意识和工作责任感；
- 能够培养全局观和大局观；
- 能够培养良好沟通能力。

思维导图

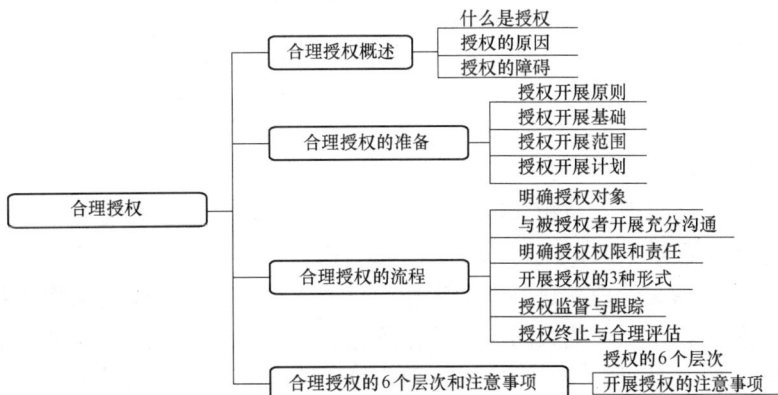

管理问题：

华南某连锁便利店老总田林任命有着 5 年运营管理经验的陈洋为运营部片区经理。一天，经历台风暴雨天气后，片区内两家门店突然遭遇雨水涌入，深至脚踝，门店冰箱冰柜等设备因被水浸泡而断电。此时正是夏季业务繁忙时节，冰箱冰柜等设备损坏对业绩造成较大影响。陈洋通知设备维修部门立刻赶赴现场，人手显然不够，陈洋还请求总部给予支援，总部回复所有门店都经历暴雨袭击，设备维修部门人员已经全部派出去了，无法支援。陈洋只好自己找来电器维修师傅解决问题。维修师傅发现部分零部件已经磨损，严重变形，加上水泡，已经无法正常运作。陈洋向财务部申请经费购买新设备。财务部经理说：主管财务的副总出差了，等他回来批复后再拨款。陈洋心急如焚，却又无可奈何。

问题：田林是一个合格的授权人吗？为什么？

11.1　合理授权概述

陈平是刘邦手下的重要谋士，在刘邦、吕后去世后，陈平迎刘邦庶子代王刘恒至长安，立为天子，即汉文帝。周勃、陈平分别任右、左丞相。刘恒当皇帝后，一日问右丞相周勃，全国一年审判多少案件，周勃不知；刘恒又问，全国一年财政收支有多少，周勃依然不知，急得汗流浃背，惶恐不已。刘恒同样问陈平，陈平从容回答："这些事自然有人主管。"刘恒问："谁主管？"陈平回答："陛下要知道司法问题，可以问廷尉；要知道财政收支，可以问治粟内史。"皇帝咄咄逼人："那他们都做了，你负责做什么？"陈平不慌不忙地回答："宰相者，上佐天子理阴阳，顺四时，下遂万物之宜；外镇抚四夷诸侯；内亲附百姓，使卿大夫各得任其职焉。"刘恒点头赞同。

对比诸葛亮的故事而言，《三国志》："蜀国正事无巨细，亮皆独志之。"诸葛亮运筹帷幄，决胜千里，事必躬亲，鞠躬尽瘁，一生劳顿却功名难成。难道是蜀国没有可用的人才，非也。当时，刘备手下人才济济，只是诸葛亮未能合理授权，才导致积劳成疾，过早仙逝。陈平和诸葛亮作为高层领导者，其领导艺术不同，善于授权和不懂授权带来的结果完全不同。

学生插画练习：2 张图

第一张图表现管理者忙忙碌碌，效率不一定高；

第二张图表现管理者怡然自得，一切井井有条。

题字：亲力亲为不如授权予人

11.1.1　什么是授权

授权是指上级让渡给下属一定的权力，使下属在一定监督之下，有足够的工作自主权，授权者对被授权者拥有指挥和监督的权利，被授权者对授权者负有及时报告和完成任务的责任。通过授权可以减轻自己的负担，同时通过培训、给予信任和情感支持，能给下属更大的权力和责任，既可以锻炼下属，又可以发挥下属的积极性、主动性和创造性。有些管理学家认为，尽可能授权是高级管理者进行有效工作的首要条件。因为对于高级管理者而言，只有尽可能授权才能使自己从烦琐的日常工作中摆脱出来，集中精力处理更重要的事务。首先，了解形势和发展趋势。高级管理者要审时度势，针对产业和行业发展做出精准判断，以全局观看待问题，做出正确决策，带领企业走向发展之路。其次，授权后，可以更好地组织协调各部门正常开展工作，组织机构运转顺畅，围绕组织目标各自分工。最后，授权可以更好地培养人才梯队，做好人才储备，为下一步企业发展及时输送新鲜血液。

课堂活动：你的授权如何？

　　把自己想象成拥有数个下属的管理者，检查自己在授权方面是否合格。下面的测评将帮助你了解自己的授权工作情况，识别自己的优势，判断需改进的地方。得分为 1～7 分，数字越大，表明你的实际情况与陈述越符合。请给每句陈述打分，完成后请加总分数。

序号	问　题	得分
1	下属都知道我对他的期望是什么？	
2	我让下属参与设定目标、解决问题等活动	
3	我把工作的重心放在计划、组织、激励和控制等方面，而不是放在其他人也能做好的事情上面	
4	在分配任务时，我会精心挑选人选	
5	当已经授权的项目出现问题时，我会给被授权人一个机会，让他自己去设法解决问题	
6	我会将我熟悉的细节问题向被授权人简明扼要地说明	
7	我认为授权是能够帮助下属改进工作并提高技能的途径	
8	即便在紧急情况下，我也不允许他们把工作留给我去做，但我会支持并帮助下属	
9	在我授权工作时，我不会告诉下属如何去完成工作，但我会强调所期望的结果	
10	当我授权一个项目时，我会确保使每个人都知道谁是负责人	
11	在授权工作时，我会根据需要和经验平衡权利	
12	我坚持被授权人必须对结果负责	
合　计		

测评标准：

72～84 分：你的授权工作做得非常出色。

48～71 分：你通过了测评，但尚需改进。

低于 48 分：你需要做出重大改变。

11.1.2　授权的原因

　　（1）每个人的时间、精力和能力都是有限的，管理者也不例外。阿尔伯特·爱因斯坦说过："我们不能用制造问题时的同一思维水平来解决问题。"转型所带来的诸多挑战不可能由一个人解决，尤其是居于最高地位的那个人。树立团队合作意识，加强团队沟通，有利于更好更快地完成工作目标。同时能对团队产生正面激励，形成良性循环，增强组织的灵活性和凝聚力，从而推动团队持续前进。

实例分析：刘邦成功的秘诀

《史记》中记载着这样一个故事：在一次酒会上，刘邦问手下，我与项羽争霸天下，最后我为什么胜利了呢？大家七嘴八舌地谈了自己的看法。刘邦说："你们讲的都有一定的道理，但说得不到位。在制定战略方针、遥控远方战场并取得胜利方面，我不如张良；治理国家、安抚百姓、奖励做贡献的士兵、后勤保障方面，我不如萧何；统帅百万大军，战无不胜、攻无不克方面，我不如韩信。这3个人都是人中豪杰，我能发挥这3个人的长处，这是我能够夺取天下的原因。"

分析：刘邦是一个有自知之明的人，清楚自己在谋略、管理国家、带兵打仗方面不擅长，因此，大胆授权有能力之人。在授权的过程中，能够"用人不疑"，绝对信任被授权者。

（2）企业需要做大做强，就需要高级管理者学会授权、愿意授权和懂得授权。学会授权，是对企业管理者最大的挑战。如果一个企业管理者每天把自己置于烦琐的日常事务中，如何抽身思考企业发展战略乃至企业生死存亡的问题？授权管理还与人才培养有密切联系。正常企业管理是不会因为失去某个管理者而动荡不安的，这就要求企业管理者在日常工作中注意通过授权来培养合适的人才储备，打造人才流量池，重视发挥团队作用。

思政园地

毛主席善于授权的故事

在井冈山时期，一次研究作战方案后，毛泽东主席拉着陈毅同志往外走，陈毅有些莫名其妙，毛主席解释说："战斗马上就要打响。我们走，让他们指挥去！我们在那里，指挥员很难下决心，丧失了战斗的最好时机！应该相信他们，避免多头指挥。"毛主席这种谦逊的作风，敢于授权的用人方法，使陈毅深为折服。

分析：实际工作中，因为毛主席有"苟利社稷，将军裁之"的胸怀和气度，相信指战员的思想觉悟和创造能力，充分发挥指战员的智慧去战胜敌人，敢于授权，善于授权，才能获得战斗胜利。

（3）授权能够锻炼下属，充分挖掘其潜力，使其更快地成长。能够增加管理者的时间，缓解管理者工作压力和激励员工。激发员工主观能动性，活跃团队气氛，在实际业务中锻炼和提升员工工作水平。

（4）不授权的代价巨大。管理者无法聚焦主要工作，往往在次要工作上耗费大量时间，毫无头绪。最后演变成管理者在加班加点挑灯夜战，而员工无事可干，积极性消耗殆尽。更甚者，影响工作进度，工作质量低下，工作期限被拖延。

思政园地

团队合作共筑抗疫战线

下面是央视新闻频道人物专访栏目《面对面》专访的系列战"疫"人物故事。

《面对面》专访武汉金银潭医院院长张定宇。他身患"渐冻"症，妻子被新型冠状病毒性肺炎感染隔离，仍率领600多名白衣卫士冲锋在前，与病魔争抢时间。荣获"全国卫生健康系统新冠肺炎疫情防控工作先进个人"称号。

　　《面对面》专访的武汉志愿者汪勇，从大年三十接送金银潭医院医护人员上下班，带领其他志愿者共同保障金银潭医院职工就餐、出行问题。疫情难关时刻，汪勇挺身而出的奉献精神带给无数网友感动，被国家邮政总局授予"最美快递员"称号。抗击疫情，人人有责。在面临新型冠状病毒性肺炎疫情之际，无论是医生，还是志愿者等，他们都利用自己的专业和资源优势，冲锋在抗疫第一线，用实际行动团结协作，筑造抗疫战线，书写了保家卫国的战"疫"史诗。

11.1.3　授权的障碍

　　授权是上级向下级委派权力，下级在一定的监督下完成任务的过程中有相当的主动权和行动权。因此上级有指挥和监督之权，下级有报告和完成任务的责任，有效的授权应该建立在管理者与下属的良好沟通基础之上。

　　在实际工作中，授权意味着权力的再分配，管理者害怕授权之后，别人会怀疑他的能力，也担心会动摇他的地位。许多管理者总是以各种借口为自己辩护。下面从管理者、下属两方面来分析授权的障碍。

11.1.3.1　来自管理者的障碍

1. 过分强调个人能力

　　有些企业过分强调个人能力，忽视团队作用，导致个人主义、能人经济等现象出现，会造成"企业文化就是老板文化，老板能力就是企业竞争力"的误区。

实例分析：医生的困惑

　　康心医院有两个实习生，一男一女。男实习生小冬总是神清气爽、白大褂上一尘不染。女实习生小美总是疲于奔命，从一个病房赶到另一个病房，白大褂上经常沾满药水和各种污渍。小冬严格遵守医院要求，准时上下班，能不加班尽量不加班；小美每天清晨走进病房，经常加班到深夜，疲惫不堪。年底评优小美落选，其他人为她打抱不平。评委康心医生则有更深刻的解释，他认为小美落选是因为她负责过头了，她把救死扶伤作为她一个人的职责，事无巨细地自己全部包揽。但是由于负责过头，导致缺乏足够休息，频频出错、情绪波动。小冬则知道医生只是治疗的一个环节，病人需要在医生、护士、营养师、药剂师等共同努力下才能更快康复。他严格遵守职责要求，不越雷池半步，聚焦精力在职责内工作，因此每天精神饱满、很少出错。

　　分析：没日没夜、亲力亲为，让小美疲惫不堪，影响正常工作。究其原因，在于对团队伙伴不放心，认为只有自己才行。

2. 不知道如何进行授权

　　面对这一问题，管理者可以虚心向有经验的人请教。在实践中逐步摸索门道，一次成功的授权会激励管理者进一步放权。

3. 不知道应向谁授权

　　首先，管理者想要授权，却不够深入地了解下属的特长和工作特点，不知道哪些人该授权或者哪些事该授权，担心失控。这时需要分析授权活动所需要的知识和技能；其次，细心观察下属的性格特征、优劣势；再次，挑选一个与活动相匹配的授权对象；最后，要经常与授权对象沟通，在必要时，给予指导和帮助。

4. 认为自己亲自做，更容易、更快

持有这样心态的管理者，可能有三方面的原因。① 有些管理者害怕下属会拒绝交给他的任务。管理者很可能有多次被拒绝的经历，因此怕给下属布置工作。作为管理者，首先要调查下属为什么拒绝，针对原因，做好思想工作，多鼓励下属。② 有些管理者害怕员工干不好，交上来的工作还需要自己返工。对下属缺乏信心的管理者应从自己身上寻找答案，毕竟他们是控制局面的人。如果下属不能完成授权的工作，管理者要么是雇用了没有能力的下属，要么是没有为他们提供适当的培训，或者是没有努力去发掘他们的潜能。解决问题的办法是：识别下属的优劣势，并培训，或者替换那些仍然达不到标准的下属。③ 有些管理者不愿花时间培训下属，不花时间去教别人完成工作的结果是永远只能靠自己去完成。这会耗费管理者宝贵的时间和精力。

学生插画练习：漫画能够体现"亲自做，更容易、更快"，不愿意授权给他人的现象。

5. 担心下属讨厌自己

大多数管理者对此有所担忧，尽管很少有管理者公开这么讲。他们认为如果给下属分配的任务比较多，下属很可能暗地里讨厌甚至憎恨自己。因此，很多管理者宁愿起早贪黑、没日没夜地干工作，直至搞得筋疲力尽，甚至病倒，也不想给下属添麻烦。

但实际情况是，下属对那些能够充分利用授权的管理者的评价很高，而对那些不授权的管理者的评价很低。

从管理者的角度看，还有其他一些授权的障碍，如"我的上级希望我能亲自处理一些非常重要的工作""我们部门人手严重不足，我找不到任何可以授权的人"。

实例分析：国王与猴子

有个国王很喜欢刚买回来的猴子，因为猴子天性聪明，很快得到国王的宠爱。国王除了赏赐它很多好吃的，还把自己的宝剑给猴子拿着玩耍。

有一天国王带着猴子去王宫花园游玩，国王把所有随从都留在花园外面，只留下猴子陪伴。国王有点儿玩累了，对猴子说："我想在这睡会儿，如果有什么人要伤害我，你记得全力保护我。"于是国王放心睡着了。正巧蜜蜂闻着花香飞过来，停在国王头上。猴子一看不禁大怒："蜜蜂竟然敢叮咬我的主人！"于是它抽出宝剑照着蜜蜂砍下去，结果却把国王头颅给砍了。

分析："国王"作为管理者，犯了两个致命错误：一是没有合理评估"猴子"是否能承担保护自己的工作任务；二是对"猴子"授权以后没有进行有效的监督和约束，将随从支开。正是不合理的授权，才导致这样的悲剧发生。

11.1.3.2 来自下属的障碍

1. 下属缺乏经验和能力

无论你多么想轻松一下，多么想栽培下属，也没有合适的人选完成你想授权的工作。如果你因此而放弃向下属授权，则可能更完不成任务。刚开始时，你可以授权一些程序性的任务。在授权的过程中，要鼓励下属学习相关的知识，帮助下属提高相关技能。在边干边学中，

下属获得了经验，锻炼了能力，很可能很快就能胜任其他工作，成为独当一面的能手。

2. 下属超负荷工作

这种情况也许是管理者自己的猜测，也许是下属再也不愿意多承担工作的借口。建议管理者深入员工中，了解情况。也许事情并不是自己所猜测的，也许员工叫苦喊累是有原因的。通过调查，管理者一定可以想出对策，既能够把工作分派下去，为自己排忧解难，又能够适当减轻下属的压力。

3. 下属缺乏自我驱动

不少下属做事的动机是避免犯错，他们只关注达到低水平标准而忽略更高目标，他们喜欢被动接受任务、等待他人安排，缺乏自我驱动。管理者要分析下属为什么逃避责任。只有对症下药，才能让下属乐意担负责任。也许是他的孩子生病了，需要他的照顾，因此，他再也无力分身去承担其他工作；也许你是新来的领导，本来能力强的他，害怕由于失误而导致被你排斥。你可以帮他解决后顾之忧；你可以多与他进行沟通，帮他解除思想上的障碍。

4. 下属害怕受到批评

也许他曾经因为没有做好被授权的任务，而遭到你或他前任上司的呵斥；也许是他曾经经历过别人由于没有完成任务而被狠批的事情。如果是这样的话，下属不愿意接受工作，在情理之中。这时的你，应该反思，改变原先的做法，鼓励他，并承诺他的担心是多余的。

> 💡 **即问即答**：你有过这样的经历吗？应该交给别人去做的事，你却亲力亲为。如果有，为什么不把事情交给他人去做呢？

小卡片：班级团队没有授权的现象

请你在大学里调查数个班级，看看下面的现象在班级团队中是否存在，并分析为什么会出现这些情况，你有好的解决办法吗？

1. 某些班长经常抱怨班级事务烦琐，自己疲惫不堪，感觉班级事务特别多。
2. 学院、系部布置的任务经常拖延上交。
3. 班长常常忙得没有时间和室友、朋友、家人沟通或参与其他有兴趣的社团。
4. 除班长外的其他班委不清楚自己的责任与权限。
5. 有才华的班委觉得在班级事务里无法施展才华，自己无所事事。

11.2　合理授权的准备

11.2.1　授权开展原则

11.2.1.1　必须了解下属

通过有效的沟通，管理者可以掌握下属的知识储备、能力特点和工作方法。假设需要开展授权，管理者能快速辨别下属是否能够独立完成或是需要在适当指导下开展工作。一般而言，只有下属具备一定工作能力，又有工作意愿时，才是实施授权的最好时机。

11.2.1.2 学会换位思考

管理者应能够让下属对于授权不抗拒，而且充分调动下属的主观能动性，按照管理者意图完成工作任务。

11.2.1.3 清晰界定授权内容和目标

授权前，明确预期目标，详细划分目标和责任范围，协助下属顺利完成指定工作任务，便于日后开展绩效考核。

11.2.1.4 强化团队意识和组织合作分工力量

授权的目的在于强化组织的存在，而不是为了个人利益。良性发展的组织里，适当授权可以很好地培养人才，不断提高企业核心竞争力，为企业未来不断扩张夯实基础。

11.2.2 授权开展基础

11.2.2.1 工作任务分析

授权是一个精心策划、周密考虑的过程。授权前的准备工作是否充分，对授权是否有效影响极大。

分析授权的工作包括分析工作任务关系、工作职责、对授权对象的要求、工作的条件与环境等。例如，分析工作职责时，要弄清楚工作的内容是什么？其重要性如何？识别哪些是需要你亲自做的？哪些可以授权给下属去完成？决定工作成败的因素是什么？哪些地方必须取得结果？这些结果是什么？等等。分析工作对授权对象的要求时，要对工作所需的教育背景、工作经历、知识、技能、态度、身体条件有一个较为细致的调查。

11.2.2.2 授权对象调研

授权开始前需要充分了解被授权对象的工作意愿和工作能力，确保双方做好对未来工作挑战的心理建设，能建立共同愿景，上司与下属共同围绕授权工作建立互信和默契。

11.2.2.3 授权目标顺序划分

管理者还要留心自己的责任、义务和权利是否发生变化？如果发生变化，就要考虑需要学习哪些新知识才能够适应新工作内容的要求。这些变化对你的部门有什么影响？新的挑战是什么？这时，还需要再次确认自己部门的首要目标，重新排列目标的先后顺序。思考哪些因素影响到目标的优先顺序，需不需要与下属交流沟通发生的新变化。

11.2.3 授权开展范围

11.2.3.1 明确授权开展的工作任务范围

明确授权开展的工作任务范围是授权开展的第一步，也是最基础和最重要的一个工作环节。首先，要根据实际工作开展任务划分，确定哪些工作任务可以开展授权。"管理学之父"泰勒提出过"例外原则"，即高级管理者只从事与已定标准背离程度非常大的例外事项，其余一般日常事务交给下属去处理即可。其次，除一般日常事务外，不能被授权的工作也都需要被明确，例如，公司内部士气问题，组织内维护纪律和规章制度问题，解决组织内冲突问题，制定公司未来发展大计等问题。分清授权主次后，才能更有效开展工作。下面列举适合授权的工作类型。

1. 程序化的工作

管理者一天中的大部分时间都在处理较次要决策和重复的例行事务。这些决策中的大多数可以通过教会下属有关程序、方法和技巧，进而授权给他们去做。例如，连锁企业中，不少门店店长具备丰富的面对顾客的销售经验和门店工作的管理经验；但是企业管理者或其他职能部门员工未必如店长般有经验，管理者可以放心授权给店长开展门店管理工作。

2. 操作层面的工作

日常工作和活动可以授权下属完成，担任的管理职位越高，中层管理者花在操作层面工作的时间越少。成功授权可以节省管理者亲自做操作层面工作的时间，聚焦在更重要的其他事务上，为组织贡献更大的力量。简单来说，计划层面的工作任务可以由管理者负责，执行层面和操作层面的工作任务可以授权下属来完成。

3. 某些特定领域的工作

人无完人，作为组织管理者，未必能掌握组织机构内每一部分的工作任务，尤其是某些技术类或者特定领域的工作，应该授权给具备专业能力的下属开展，并充分信任他们。例如，熟悉运营管理的管理者未必熟悉互联网技术，熟悉人事工作的管理者未必熟悉财务审计流程，所以应该信任下属，积极开展授权，以目标为导向，协同完成组织任务。

4. 能够为下属提供经验和做好人才储备的工作

适当和充分的授权可以减少管理者与下属之间的接触次数和密度，有效地提高下属工作能力和工作积极性。因此，管理者为下属授权的工作应该是能够为团队培养人才储备和建设人才梯队做准备，通过授权积极锻炼下属，为培养接班人做准备。

5. 能给工作增加活力和挑战的任务

适当给予下属工作挑战，是增强团队活力的好机会。当下属的工作越来越得心应手，他们会有更多的空闲时间。这时可适当增加一些补充性任务和锻炼创造性才能的任务，以使他们的岗位拥有更多的挑战，激励他们创造出更好的产品和服务，并且对这些创造性的工作给予奖励，激发员工斗志。

6. 提供与其他部门中的相关职能直接接触机会的工作

鼓励下属多与相关部门沟通，并尽可能地提供这种沟通的机会。在与相关职能部门接触的过程中，下属通常乐于学习新知识、新技能，并能提出完成工作任务的更好办法。

7. 能给拥有较大潜力的下属创造更多的与高层管理者直接接触机会的工作任务

出色管理者的重要标志之一是使下属变得更优秀。对于有潜力的下属而言，能与高层管理者接触，是一次学习、提高的极好机会，也是管理者对下属负责任的一种体现。对于高层管理者来说，这是一种对那些正在组织内部加以培养的合格员工进行鉴别的积极方式。

11.2.3.2　明确授权开展的责任范围

责任划分是伴随明确任务而开展的。没有责任的授权不是真正的授权，毕竟责任划分是为了让被授权者明确本次授权的工作目标和明确该次授权涉及的广度与深度，同时也是授权方检验授权是否合理的量化标准。

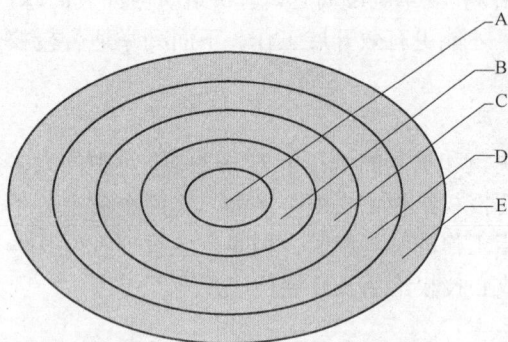

图 11-1　授权工作的选择领域

图 11-1 总结了以上授权工作的知识，它能帮助管理者寻找可以授权更多工作的选择领域。

领域 A 表示只有你才能做的工作；领域 B 表示你应该做的工作，但其他人可以提供帮助；领域 C 表示你能够做的工作，但如果给予机会，其他人也能够做到你能够做的工作；领域 D 表示其他人应该做的工作，但在需要时你可以帮助他们；领域 E 表示其他人必须做的工作。随着圆圈的扩大，可供授权的工作越来越可以放手让下属去干。除了领域 A，其他领域的工作或多或少都可以授权给下属去做。特别是领域 E 的工作，绝对要交给下属去做。

11.2.4　授权开展计划

确定哪些工作需要授权后，就要制订授权工作计划，成功的授权源自充分的计划。这个授权对于简单的工作只需要几分钟时间，而对于复杂任务则需要几个月时间。

一个周密的计划应包括以下几个方面。

（1）应考虑为什么要把这项工作交给下属做，即应实现的目标是什么？是锻炼他的能力？还是解放自己？抑或是为了使单一乏味的工作变得更有趣？

（2）完成任务的截止日期是哪一天？如果不规定期限，多数工作会被延迟提交，多数下属更乐意有一个时间限制。

（3）需要达到什么样的标准？没有质量的工作等于授权无效。有了标准，下属可以检验自己是否完成了工作，质量如何？一旦达到或超出标准，下属一定会以最快的速度、自信地向你汇报工作情况。

（4）必须要做出哪些决策？

（5）能够授予下属多少权力？分析授权工作所需要的条件，授予下属多少权力，才能完成授权工作。

（6）将授予多少职权？实际授予的权力有可能比需要授予的权力大，也可能小。这受管理者先前的授权经历、授权工作的难度、授权对象性格特征等因素影响。

（7）受托人被授权发布哪些指示或命令？

（8）需要制定新预算或遵守已有的预算吗？预算的多少决定授权工作成本的大小。授权的目的在于更好地完成工作，最大限度地使收益最大化。因此，有必要制定或让下属遵守预算。

（9）部门内，受托人与谁联系？在其他部门呢？为授权对象打通人际关系，能够帮助受托人更好地完成任务。

（10）你能够提供哪些信息？信息也是一种资源，信息的多少在某种程度上对工作质量的好坏有重要影响。如果领导能够提供与授权工作相关的信息，被授权人肯定会深受鼓舞，工作的热情更高涨。

（11）你希望参与哪些工作？有些工作如果没有管理者的参与，也许进展会非常缓慢。管理者应该参加一些对下属来说非常困难的工作。

（12）你需要得到哪些反馈信息，什么时候得到最有效？对影响工作质量至关重要的环节，管理者要求授权对象及时予以反馈。如果出现问题，管理者能够迅速采取补救措施，尽可能地使工作回到正轨上来。

（13）你需要让谁跟踪了解授权工作的有关进展情况吗？首先，确认要不要有人监督工作的进展情况，其次，如果需要跟踪，派谁担当这一角色合适？

（14）你需要告诉其他人由谁在负责吗？需不需要公布监督者姓名，要根据实际情况做出决策。有时候还是不公开的好，因为公开这一信息，让受托人感到压力和沮丧。

（15）谁是合适的授权对象？这是一个非常重要的问题。受托人选择正确会大大减轻管理者的负担，提高整个团队的战斗力。

11.3　合理授权的流程

11.3.1　明确授权对象

因事设人，视能授权，选择合适的人进行授权，一切以被授权者的才能大小和知识水平高低为依据。疑人不用，用人不疑，充分发挥下属长处，才能够让授权发挥最大效用。

授权前，应该仔细研究授权任务并分析下属工作情况，确保职权授予最合适的人选，一旦授予下属职权而下属不能承担职责时，要及时收回职权。

11.3.2　与被授权者开展充分沟通

1. 沟通任务内容

管理者尽可能详尽地描述该项目或任务及其预期结果。向下属传递授权工作所需要的全部信息，或者让下属知道从什么地方、什么时候获得这些信息。向下属介绍其他参与人员，并说明他们各自承担的角色。

2. 沟通时间期限

就绩效标准和时间达成一致，虽然工作内容已经确定，但是你希望该下属能够按照标准和一个合理的时间表开展工作。因此，在分配任务的同时，给一个工作质量标准和时间期限是必要的。

3. 沟通培训帮助

确定需要培训哪些内容或提供哪些帮助，以及提供这些培训或帮助的合适时间是什么？

4. 沟通财务帮助

让下属清楚可获得的各种参数和资源，包括预算。

5. 沟通任务复杂性

明确交代所授权职权的大小。这应该根据任务的复杂性、管理者对下属的信任程度以及向其他人通报的必要性等进行权衡。

11.3.3　明确授权权限和责任

首先，授权要以责任为前提，授权的同时要明确其职责，具体根据哪些工作开展授权，什么情况下能行使，有没有授权期限，有没有授权范围，等等，均需要事前明确。否则授权会变成让权，甚至专权、滥权，违背了授权的初衷。

其次，权责一致。明确授权范围和权限有利于推动下属完成任务，避免下属推卸责任。有权无责，权力会被滥用；有责无权，责任又难以落实，下属消极怠工，还会增加对上司的不信任感。

11.3.4　开展授权的 3 种形式

11.3.4.1　因职授权

这是一种基于岗位职责的授权形式。根据岗位授予经理、主管或者助理的角色，不同的工作岗位职责有所不同。

11.3.4.2　因事授权

这是一种基于具体工作任务的授权形式。通常具有临时性和紧急性。例如，开发部门接到某个任务，临时成立一个研发小组，抽调相关部门骨干参加其中，任务研发结束，小组解散，回到各自岗位。

11.3.4.3　因人授权

这是一种基于个人品格和能力的授权。不拘一格降人才说的正是这个道理。只要这个人才能够具备足够能力，应该给予充分信任和授权。

11.3.5　授权监督与跟踪

尽管大多数企业能够做好责任分解，赋予权力，但是却忽略了授权监督的重要性。因为企业授权是一个闭环系统，合理授权和监督会带来良性循环，反之亦然。通过授权，开展项目监督与跟踪，可以有效避免事后调整，及时解决授权执行中发生的问题，做好纠偏工作，保障授权效果。

11.3.6　授权终止与合理评估

授权对于被授予方（下属）一般是具有时效性的，如果一种授权缺乏时效性，就成为该下属的工作职责。所以在完成授权以后，会出现授权终止的环节。无论授权执行效果如何，授予方（上司）应该对被授予方（下属）进行合理评估，这种评估必须以结果和业绩为导向，才能公平公正地给予被授予方（下属）明确考核依据，同时阶段性地分析下属的工作绩效，形成有关下属能力的工作档案记录，在需要授权的时候，能够马上找到合适的授权之人，也为建立组织内良好的工作氛围打下基础。

11.4　合理授权的 6 个层次和注意事项

管理者授权小故事

某连锁门店的店长是校企合作订单班培养的储备店长，大专学历，工作态度端正，尽职尽责，管理有思路，学习能力强。但是门店店员始终不认可他，与他格格不入，甚至对他有意见，使得门店管理工作受到阻碍。通过调查了解，虽然这位店长尽心尽力，但是店员最不满意就是他事必躬亲，凡事自己干，唯恐出差错。导致门店店员手足无措，形成了"店长干，店员看"的局面，造成员工抵制情绪。

分析：传统观念中，不少管理者会觉得下属能力永远不如自己，授权给他们怕把工作搞砸了，所以大事小事都亲力亲为，忙得不亦乐乎，却成效甚微，甚至不得人心。

11.4.1　授权的 6 个层次

管理者经常犯的一种管理错误是不能根据工作性质、内部环境、外部环境和下属能力、下属的个性特征来授予下属适当的权力。一些管理者完全自己来做所有的事情，因而不授予下属任何权力；也有极少数的管理者希望摆脱该项工作，因而向下属授予了更多的权力。大多数时候，需要授予权力的大小介于这两个极端之间。当授权时，不妨先看看表 11-1 描述的授权的 6 个层次再做出选择。

表 11-1　授权的 6 个层次

层次	授权内容	授权理由
1	要求下属调查情况，收集所有的情报并向你汇报；由你来决定做什么	下属刚刚接触工作，经验和能力相对缺乏，因此，管理者希望保留对结果的控制权
2	要求下属识别问题，考虑可选择的解决办法以及每种办法的优缺点，推荐其中一个报给你批准	下属正在接受培训，管理者希望了解并考验他如何处理问题并做出决策
3	要求下属检查各种问题，让你知道他打算做什么，但是在与你商量之前不要采取行动	管理者已经开始信任下属，但是不希望下属在没有得到你的许可前采取任何行动。这可能是因为来自你顶头上司的限制，或者在行动前需要与其他人进行交流
4	要求下属解决问题，让你知道他打算做什么，然后就去做，除非你说不要做	管理者尊重下属的能力和判断力，只是希望下属能在采取行动前，再最后检查一次
5	要求下属就这个问题采取必要的行动，并让你知道他做了什么	管理者已充分信任下属，不再需要下属在采取行动前进行磋商。你只希望知道结果
6	要求下属采取行动，没有必要再与你进一步地联系	管理者已完全信任下属。下属拥有充分的行动权力，也不需要向管理者汇报结果

11.4.2　开展授权的注意事项

11.4.2.1　注重授权过程中的沟通，培养授权信任和默契

在企业内部，通过双方交流来明确目标和工作责任，不要因为对目标的模糊理解导致浪

费时间，降低效率。一般情况下，只有在下属有一定的工作能力，又有工作意愿时，才是实施授权的最佳机会。授权并不仅仅是下放工作权力。在管理者授权工作的时候，其实也是在磋商和安排工作。因此，管理者要多与下属进行交流。避免模糊工作目标，面对面的双向讨论一方面能使管理者及时了解工作的进展情况，另一方面下属如果遇到困难，可以寻求指导和帮助。它应该以下属做出承诺和授权者确信能够实现所需要的结果而结束。

改变说话措辞，可以显著改善工作积极性。评估管理者和员工的工作积极性，找到沟通问题的关键，优化团队沟通氛围，鼓励团队成员积极勇敢地表达想法，鼓励员工不再沉默。交流的过程应该是开诚布公的，工作的成功主要取决于管理者和下属之间的交流技巧，以及彼此合作中的融洽程度。当管理者和下属彼此缺乏信任或缺乏交流时，很可能导致误解，更不可能有鼓励的话语。

加强外部协同。借助第三方外部监管机构，最大限度地发挥外部监管作用，以免坐井观天，这样能帮助组织更快地找到问题所在。

> 💡 **即问即答**：假设你生病了，需要你的同事为你完成某项工作，你与同事如何沟通此事？

11.4.2.2 避免授权常见误区

1. 授权不等于授责

授权只是把一部分权力让渡给下属，而不是把责任推卸给下属。这意味着高级管理者把某几种决策权授权给下属时，下属虽然因此获得决策权，但高级管理者仍然需要负有相同责任。

2. 授权不等于职务代理

代理职务等于平级关系，而不等于上级授权给他。授权更多的是自上而下的，激发下属的主观能动性。

3. 授权不等于分工

分工是指一个组织内，各个成员各司其职，彼此没有隶属关系；授权则是在授权者与被授权者之间有上下监督关系和跟踪管理关系。

4. 授权不等于零风险

授权者要将授权视为工作常态，要有发生错误的准备，具备风险意识，勇于面对风险，承担责任。

11.4.2.3 加强授权后的监督和控制

除了将权力授予能够胜任工作的下属是授权工作成功的基础，加强授权后的监督和控制是授权工作成功的保障。缺乏制约的权力会引发无法估量的后果，因此，实际工作中应避免只有授权却不实施反馈控制，否则将出现下属滥用他所获得的授权权限。为了进一步确保授权工作顺利开展，在开展任务授权同时就要明确控制的范围。

（1）授权授予方和被授予方需要共同确认任务完成的具体情况，对任务分解和进度日期都需要双方确认。

（2）要求授权的被授予方（下属）定期汇报工作进展和困难情况，杜绝下属自作主张，导致管理失去控制或下属滥用权力。

（3）注意控制适度。如果对下属管控过多，可能带来反面效果，导致授权失败。

实例分析：吴燕为什么这么忙？

吴燕是一位充满热情且精明能干的专业人员，她被提拔为部门经理，管理一个由 5 位专业人士组成的处室，这些专业人员的工作与吴燕过去的工作非常相似。

刚开始时，吴燕这样认识自己的新职位："我被提拔当部门领导，是因为我在过去工作中的优秀表现。因此，我的专业技能必须超过所有下属，并且能够比他们更好、更快地完成多数工作。有时间我会培训他们，但是目前我最好是集中精力完成工作。"

吴燕没有给其下属分配任何一项重要工作，而是由她自己亲自去做这些工作。随着时间的推移，她的工作时间直线上升，导致她与同事的接触越来越少，与上司之间的沟通时间也越来越少，甚至最重要的协调工作也顾及不了。她的手下只被授予最平常的工作，没有得到任何锻炼，而且实际上对于正在进行的重大工作，下属也知之甚少。其中一人因工作缺乏挑战性和缺少个人成长的机会而辞职。相反，吴燕整天忙得不可开交，最后导致所有的重要工作只有她才能做好，谁也替代不了她。吴燕的想法和做法对吗？

分析：首先，吴燕的想法是错误的。作为一名管理者，她的重要任务是"管"人，而不是"做"事。因此，她不必有超强的"做"事能力，不用事必躬亲，只要能把队伍带好就行。队伍带好的标志是人人都有事做，人人都乐于做事，人人都从做事中锻炼了自己。其次，想法指引行动。因为想法错误，做法当然也就错了。

实例分析：掌握 20% 的策略，授权 80% 的细节

36 岁的陈宁是某大企业资深主管，曾在该司业务部门工作 12 年。只是从业务员身份转换为业务主管后，角色变化带来一系列的问题。

陈宁的上司以前有个习惯，周五晚上开始发邮件提出要求，周一需要收到工作进度报告。陈宁只好花费周末时间挨个打电话询问下属收集情况再整理汇报。陈宁心里郁闷，觉得自己因为贡献 60% 的业务，而变成被紧紧盯着的 20% 的经理，他向同期上任的新手主管吐苦水，得到一个解答：挤牙膏理论。"怎样挤牙膏最省力？"新手主管问陈宁，陈宁思考片刻答道："当然是从前面开始。"主管既要做好长期计划，又要做好短期成果汇报，如何迅速省力完成？他思考可以选择一两个默契的同事一起完成这件事，其他员工会发现，原来只有主管一个人做事，现在有 3 个人一起完成，很快就有越来越多的人加入。

因此，陈宁开始花时间观察，找出一两个关键员工，他们不仅资深、绩效好，经验丰富和有担当，也可以分享工作技巧，能够帮忙他协助和安抚其他同事。陈宁开始请他们负责一些细节工作，这让自己有更多时间完成长期计划，同时又培养了接班人，一石二鸟。

问题：在这个案例里，陈宁通过授权得到什么好处？

分析：陈宁通过寻找关键员工开展授权，分担细节工作，既能培养团队工作能力，又能形成正面宣传，带来积极效应。在减轻自己的工作量之余，还能打造人才梯队。

实训项目

项目名称：谁的授权方式最好？

实训目的：通过搭积木活动，让学生理解适度授权既能够发挥下属的积极性和创造性，又能够提高工作效率，还可以使管理者的关注点转向战术和战略层面的事务。

实训器材：1 个城堡模型，3 张管理者的角色说明，3 套积木。

实训指导：

① 从志愿者中选出 6 位学生，把这些学生分成 3 组，每组 2 人，要求每个小组自主分配角色：管理者和下属。

② 把 3 位管理者带到教室外面，拿出城堡模型给他们看 5 min。接着分发 3 张管理者的角色说明：要求第一位管理者事无巨细地指导他的下属，有时还可以帮助下属做工作；第二位管理者在开始时，说明需要下属做些什么，在搭积木的过程中，口头指导下属，鼓励他独立思考，必要的时候给予反馈；第三位管理者只是简单描述要干什么，然后不管不问，任由下属去做。

③ 当 1 组同学在活动时，还没有活动的小组暂时回避。

④ 优胜者的标准是既能够保持所搭建的物体与城堡模型相似，又能够在原有模型的基础上有所创新。

实训报告： 要求每位同学书写 500 字的报告，谈谈自己对授权方式的认识。

复习思考题

一、多选题

1. 授权常见误区有（　　）。

A. 授权不等于授责　　　　　　　　B. 授权不等于职务代理

C. 授权不等于分工　　　　　　　　D. 授权不等于 0 风险

2. 开展授权的 3 种形式（　　）。

A. 因职授权　　　B. 因事授权　　　C. 因人授权　　　D. 因特殊情况授权

3. 常见的授权障碍主要来自（　　）。

A. 主管方面　　　B. 下属方面　　　C. 外界因素　　　D. 企业压力

4. 以下工作不适宜开展授权的有（　　）。

A. 公司未来发展规划　　　　　　　B. 财务总经理的聘请

C. 公司重大投资决策　　　　　　　D. 基层的兼职人员聘请

5. 合理开展授权应该避免（　　）。

A. 因人设事　　　B. 以功授权　　　C. 职以授能　　　D. 爵以赏功

6. 以下工作适合开展授权的是（　　）。

A. 程序化的工作　　　　　　　　　B. 操作层面的工作

C. 某些特定领域的工作　　　　　　D. 能给工作增加活力和挑战的任务

二、简答题

1. 试述授权的原因。

2. 简述授权开展的基础。

3. 授权应该掌握哪些原则？

4. 试述授权需要加强监督管理的原因。

5. 试分析授权的 6 个层次。

6. 如何培养良好的团队合作意识？

复习思考题参考答案

第 12 章 ｜ 沟通技巧

学习目的

通过本章的学习，能够根据环境要求，选择合适的沟通类型。在克服沟通障碍的过程中，在运用沟通技巧的过程中，不断增强自己的沟通能力，提高工作效率和生活质量。

知识目标

- 了解沟通的含义、各阶段的沟通障碍；
- 理解沟通的类型、非语言沟通的形式；
- 掌握沟通网络类型；
- 学会根据沟通障碍的类型，提出解决办法；
- 学会倾听技巧以及书面沟通技巧。

能力目标

- 能识别沟通的障碍；
- 能应用沟通技巧吸引听众。

思政目标

- 运用实践工具增强学生自我管理能力，提升学生道德品质、品性修养；
- 树立学生尊重文化差异，提高学生包容、和而不同的职业精神；
- 培养学生团结友爱沟通合作的职业道德。

思维导图

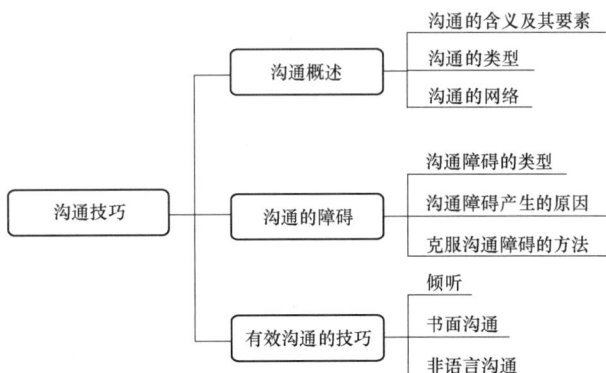

管理问题：

销售经理 A 拿着订单对总经理肖菡说："肖总，我的这位客户快断货了，帮个忙，给插个单，先生产吧。"肖总指着桌上一堆单子说："都是急单子。"销售经理 A 生气地说："不插就不插吧。你不在乎，我还着什么急。"说完便走了。

过了不久，销售经理 B 也来了，也是想插单。他说："肖总，这个订单是我千辛万苦拿到的，我知道您这里有很多订单。但我已经询问生产经理，在两条生产线周五、周日之间有半天的闲置，我这张单子半天就可以完工。而且我还可以先给你预付生产费用。"肖总沉默了一会儿，便点头答应了。

问题：分析销售经理 B 为什么成功了？

分析要点：

1. 企业是一个系统，工作的开展需要协作，而有效协作离不开沟通。
2. 沟通并不一定都是顺利的，沟通中存在一定的障碍。
3. 克服沟通障碍，一是要明确沟通目标，二是要运用一定的沟通技巧。

12.1 沟 通 概 述

作为一名管理者，你所取得的许多工作业绩都源于同他人的合作，因此，发展并保持同团队成员良好的工作关系尤为重要。成功的工作关系建立在良好的沟通之上。管理者要清楚沟通的重要作用，要保持开放的心胸，要自尊自重，同时又要尊重他人，要不断运用沟通技巧，以保持与团队成员的良好工作关系，并提升总体工作绩效。

12.1.1 沟通的含义及其要素

12.1.1.1 沟通的含义

沟通是传递思想、情感、信息的过程，以实现设定的目标。

沟通至少涉及两方当事人。沟通过程由一系列活动构成，包括有意传递信息的发送者、信号传递的媒介或渠道及信号的接收者。

☞**扩展学习**：沟通的重要性

管理者70%的时间用在沟通上，沟通的方式包括开会、谈判、做报告、接待来访等。组织中70%的问题是由于沟通障碍引起的。例如，领导常常指责下属不努力，导致年初目标没完成。下属却抱怨领导事先没有说清楚目的或期望，当然无法使上级满意。无论是领导表达的问题，还是员工倾听的问题，总之，都是沟通造成的问题。"两个70%"说明沟通在工作中何等重要。

美国卡内基梅隆大学曾进行的一项研究表明：个人"智慧""经验""专业技能"对成功的影响只有15%，其余85%取决于良好的人际关系，而良好人际关系的建立有赖于高水平的沟通。可见，沟通能力对人的一生影响巨大，每个人都应当是良好的沟通者，并能很好地理解沟通过程，这一点至关重要。

12.1.1.2 沟通的要素

（1）发送者。信息源的初始行动者。

（2）沟通媒介。广播、企业报告、电子邮件、研讨会、简报、电话、传真、录像、信函、传闻、谈判、新闻发布会、集体会晤等。

（3）沟通形式。单项沟通和双向沟通；言语沟通和非言语沟通；面对面沟通和非面对面沟通。非面对面沟通包括电话沟通、信函沟通等。

（4）接收者。即听众。沟通对象的背景知识、对沟通内容的熟悉程度以及沟通习惯会影响沟通效果。一旦确定了沟通对象，就应该从他们的立足点出发，使发出的信息更为有效。

（5）沟通目标。即要解决的问题。沟通必须明确目的，这是沟通获得成功的基础。在沟通之前，需明确通过这次沟通你要达到什么效果？你希望对方做出怎样的回应？你希望他们怎样去行动或者怎样去思考？

（6）沟通环境。包括内部环境和外部环境。

（7）沟通信息。听众需要信息的数量，他们可能会有什么疑问？你的建议对他们有何益处？适量的信息最有利于达成沟通目标，信息超载让接收者无所适从，从而很可能会忽视重要信息，导致严重后果。

（8）反馈。沟通不是一个行动，而是一个过程。

课堂活动：沟通要素分析

目标：根据沟通目标，完成沟通过程，分析沟通中的要素。

背景：传达大学生暑期社会实践活动要求，鼓励全班学生积极参加，结合专业特色，本着锻炼技能、增长才干、服务社会的宗旨，力争活动形式多样。

任务：选出 5 个学生，分别就背景资料，在班级内进行沟通，根据全班同学的反馈，对 5 个学生的沟通效果打分，并写出本次沟通的 8 项沟通要素。

要求：保证沟通要素的完整性，锻炼每个学生的沟通能力。

12.1.2　沟通的类型

12.1.2.1　按照沟通载体划分

按照沟通载体的不同，可分为语言沟通和非语言沟通。

语言沟通是指在沟通时说出或写下的语言。语言沟通包括口头沟通（通过说和听）与书面沟通（通过写和读）。管理者每天都花很多时间在听、说、读、写上。口头沟通的优点是快速传递，即时反馈；缺点是信息存在一定失真的可能性。书面沟通的优点是可以使沟通内容长时间保留，能让沟通对象了解大量的细节；缺点是传递速度较慢。

非语言沟通是指不通过语言，而是通过语调、语气、面部表情、眼神、手势、姿势等"身体语言"来传递信息，也包括穿着、空间距离和方位、自身状况和地位等因素。篮球明星乔丹与皮蓬的话语证明非语言沟通的重要性，他们说："我们两个人在场上的沟通相当重要，我们相互从对方眼神、手势、表情中获取对方的意图，于是我们传、切、突破、得分；但是，如果我们失去彼此间的沟通，那么公牛的末日就来临了。"

即问即答：请分别用语言沟通和非语言沟通表达你对学习这门课程的感受。

非言语沟通是语言沟通的重要辅助工具，使语言表达得更准确、有力、生动、具体，有助于加深语言沟通的印象；非语言沟通在某些沟通环境中可以替代语言，借助非言语符号来表示交流沟通中不同阶段的意向，传递沟通意向变化的信息；在许多场合非语言沟通要比语言沟通更具有雄辩力，表达出超越语言的意义。例如，高兴的时候开怀大笑，悲伤的时候失声痛哭，当认同对方的时候深深地点头，都要比语言沟通更能表达当事人的心情。

小卡片："身体距离"的文化差异

两种不同的文化可能对沟通时双方保持距离的喜好不同。英国人在谈话时喜欢两个人之间保持一定的距离，即手伸直后的指尖不要碰到对方。因此，与英国人面对面地沟通，不要靠得太近。你靠近一点儿，他就会退后一点儿。地中海国家和穆斯林世界的人则倾向于在谈话时与对方紧密无间。例如，穆斯林世界的人认为将口中的气哈到对方脖子上，感觉到对方的呼吸声，才是好兄弟。东方人的身体距离刚好处于前两种距离的中间。

12.1.2.2 按沟通途径划分

按沟通途径不同，可分为正式沟通和非正式沟通。

正式沟通是指在组织结构各个层次中所进行的沟通，包括与领导、团队成员、同事等你需要沟通的人进行的沟通，其形式有报告、信函、备忘录、布告栏、期刊或杂志、员工手册以及员工会议等。

非正式沟通是指在组织正式信息渠道之外进行的信息交流，它是非正式组织的副产品，它一方面满足了员工的需求，另一方面也补充了正式沟通系统的不足。非正式是正式沟通的有机补充。当正式沟通渠道不畅通时，非正式沟通就会起到十分关键的作用。与正式沟通相比，非正式沟通的信息传递速度更快、范围更广，但准确性比较低。在许多组织中，决策时利用的情报大部分是由非正式信息系统传递的，但如果未利用好非正式沟通渠道，有时候会对正式沟通产生很大的负面影响。

学生插画练习：漫画能够体现非正式沟通的场景。例如，传递从非正式渠道得来的信息。

实例分析：李开复的"午餐会"沟通法

李开复在 2000 年被调回微软总部，出任全球副总裁，为了倾听和理解员工的心声，他每周选出十名员工，与他们共进午餐。在进餐时，他详细了解每位员工的姓名、履历、工作情况以及他们对工作的建议。进餐时，他一般会先跟对方谈一谈自己最兴奋和最苦恼的事，鼓励对方发言。然后，他还会引导大家探讨所有部门员工近来普遍感到苦恼或普遍比较关心的事情是什么，一起寻找最好的解决方案。使用这样的方法，在不长的时间里，李开复就认识并了解了部门中的每位员工。最重要的是，他能够在此基础上，尽量从员工的角度出发，合理地安排工作。

问题：李开复"午餐会"沟通法的优势？

分析要点：

1. 组织中的沟通有正式沟通和非正式沟通两种，二者共同发挥作用，缺一不可。

2. 善于利用非正式沟通的方式，不但能够克服非正式沟通的缺陷，而且能够获得意想不到的效果——了解员工，取得员工的理解与支持，使公司上下一心。这也正是许多企业成功的秘诀之一。

3. 非正式沟通因为沟通氛围不紧张，很容易取得沟通效果。

4. 非正式沟通方法灵活，形式多样，能在短时间内完成沟通目标。

12.1.2.3 按沟通方向划分

按沟通方向不同，可分为上行沟通、下行沟通、横向沟通和斜向沟通。

上行沟通是指下级向上级报告工作情况，提出建议、意见，或表达自己的意愿等。上行沟通是领导者了解和掌握组织和团体全面情况的重要途径，集体决策实际上要以上行沟通的信息为依据。良好的上行沟通可使领导掌握真实的情况从而做出符合实际的决策。上行沟通的信息内容可包括成员自己的工作表现和问题，有关其他成员的工作表现和问题，有关组织或团体的决策与工作活动的信息，成员个人的需求等。上行沟通的渠道有意见箱、建议奖励制度、座谈会、家访谈心、定期汇报等。

下行沟通是指资讯的流动由组织层次的较高处流向较低处，通常下行沟通的目的是控制、指示、激励及评估，其形式包括管理政策宣示、备忘录、任务指派、下达指示等。有效的下行沟通并不只是传送命令而已，应能让员工了解公司政策、计划内容，并获得员工的信赖、支持，有助于组织决策和计划的控制，达成组织的目标。在组织中，当信息下行沟通经过许多组织层级时，许多资讯会遗失，最后接收者真正能收到的只是一小部分而已。因此精简组织，减少沟通层次，能使下行沟通有效执行。

横向沟通指的是流动于组织机构中具有相对同等职权地位的人之间的沟通，由于横向沟通大多是发生在工作上的交流，交流的效率更高。横向沟通对于加强公司凝聚力有很大的帮助。横向沟通是企业实现团队精神的必要环境和保证；部门会议、协调会议、员工面谈、备忘录、主题报告、例行的培训等是横向沟通的主要形式。横向沟通会因为本位主义、短视现象、对组织结构认识中存在贵贱或等级偏见、员工性格差异或知识水平差异、对某些政策的认识存在猜忌、恐惧、感到威胁等因素导致沟通的障碍。

斜向沟通是一种特殊形式的沟通，包括群体内部非同一组织层次上的单位或个人之间的信息沟通和不同群体的非同一组织层次之间的沟通。斜向沟通与横向沟通有助于缩短沟通距离，节省沟通时间、促进协调合作。

12.1.3　沟通的网络

沟通网络是由沟通渠道组成的格式，是根据人际沟通中信息传递方向而形成的路线形态。各组织的内部情况和外部环境差异很大，组织领导人要相应建立具有本组织特色的沟通网络。

12.1.3.1　链式沟通

链式沟通又称直线型沟通，是指若干沟通参与者，从最初的发信者到最终的受信者，环环衔接，形成信息沟通的链条。链式沟通的特点是机制比较简单、速度较快、有明确领导人、适合等级结构、满意度低、失真度高。

链式沟通网络中，两个端点成员分别只能与他们的一个邻居交谈，从沟通信息的有效性上来说，处于链型两端是不利的。其他处于沟通链上的成员沟通地位平等，可以同两个邻居直接交流。在一个组织系统中，链式沟通网络是一个纵向的沟通网络，代表一个企业中各个等级的上下级组织，彼此交流信息，采取上情下达和下情上传的形式。如图 12-1 所示。

在这种组织沟通网络中，上下级信息交流中，主管领导和底层员工无直接联系，通过中间层进行信息传递。如果一个组织系统过于庞大，是需要实行分层授权管理的正式组织，链式沟通是一种行之有效的沟通方法。

图 12-1　链式沟通

链式沟通的优点如下。

（1）传递信息的速度最快。

（2）解决简单问题的时效最高。

链式沟通的缺点如下。

（1）信息经过层层筛选，容易出现失真的现象，使上级无法直接了解下级的真实情况，下级不能真实了解上级的意图。

（2）各个信息传递者接受信息差异很大，平均满意程度有很大的差距。

（3）处于最低层次的沟通只能作上行沟通，或接收失真度较大的信息，造成心理压力大，容易产生不满情绪。

（4）成员的沟通面狭窄，彼此沟通的内容分散，不易形成群体共同意见，最低层次的沟通者与最高层次的沟通者难以通气，不利于培养群体凝聚力。

12.1.3.2 环式沟通

环式沟通网络也称圆周式沟通，类似链式沟通，但信息链首尾相连形成封闭的信息沟通环。这种组织内部的信息沟通方式是指不同成员之间依次联络沟通，如图 12-2 所示。

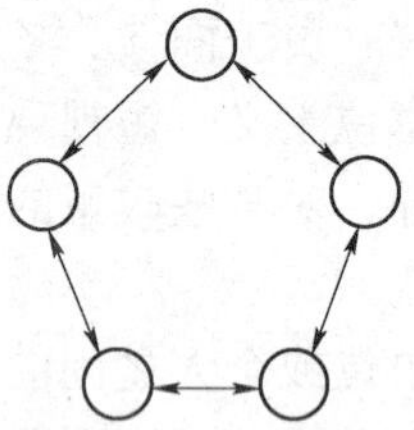

图 12-2 环式沟通

这种沟通结构可能产生于一个多层次的组织系统之中。第一级主管人员对第二级建立纵向联系。第二级主管人员与底层建立联系，基层工作人员与基层主管人员之间建立横向联系，每个人都可同时与两侧的人沟通信息。该种沟通网络能提高团队成员的士气，即大家都感到满意。环式沟通方式，沟通成员相互处于平等的沟通地位，与周边的成员互动与沟通，且沟通过程中没有任何一方主控信息的传送与回馈。

环式沟通网络的优点是，组织内民主气氛较浓，团体成员具有一定的满意度，横向沟通一般使团体士气高昂。而在环式沟通网络下，组织的集中化程度和领导人的预测程度较低，沟通速度较慢，信息易于分散，往往难以形成中心。如果在组织中需要创造一种高昂士气来实现组织目标，同时追求创新和协作，组织中的决策机构、咨询机构、科研开发机构以及小规模独立工作群体，采用环式沟通是一种行之有效的措施。

12.1.3.3 轮式沟通

轮式沟通是指最初发信者直接将信息同步辐射式发送到最终受信者。轮式沟通过程中有一个明显的主导者，凡信息的传送与回馈均需经过此主导者，且成员之间也需通过此主导者才能相互沟通。

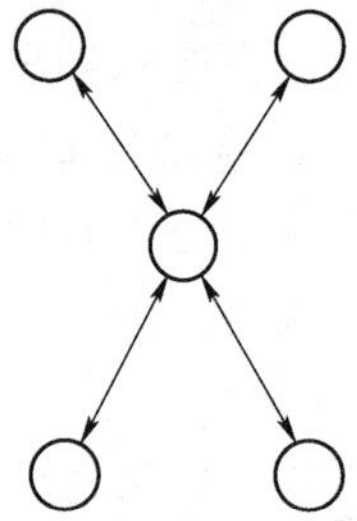

轮式沟通网络用于控制型网络。轮式沟通网络的沟通是通过中间人进行的，其中只有一个成员能够与其他人交流，所有其他人也只能与中间人交流，中间人是各种信息的汇集点与传递中心，他起着一种领导、支配与协调的作用，如图 12-3 所示。这种网络代表一个领导人与他的各个下级只进行双向的信息交流。在这种情况下，只有处于中心地位的领导人了解全面情况，并向下发出指示，下级主管分别了解本部门的情况并向领导人汇报，各个下级之间无沟通联系。

图 12-3 轮式沟通

在企业中，这种网络大体类似于一个主管领导直接管理几个部门的权威控制系统。轮式沟通网络是加强组织控制、争时间、抢速度的一个有效方法。一般生产机构多采用这种沟通模式以便于管理，如某一组织在接受了紧急攻关任务，要求进行严格控制时，可采用这种沟通网络。

轮式沟通网络的优点如下。

（1）集中化程度高，解决问题的速度快。

（2）解决问题的精确度高。

（3）对领导人物的预测能力要求很高。

（4）处于中心地位的领导人的满足程度较高，他是信息沟通的核心，一切信息都得经过这个核心进行传递，所以可以接收所有的信息，有利于了解、掌握、汇总全面情况并迅速把自己的意见反馈出去。

轮式沟通网络的缺点如下。

（1）沟通渠道少。

（2）除了处于核心地位的领导了解全面情况，其他成员之间互不通气，平行沟通不足，不利于提高士气。

（3）组织成员心理压力大，成员平均满足程度低，影响组织的工作效率，将这种沟通网络引入组织机构中，容易滋长专制型交流网络。

12.1.3.4　Y 式沟通

Y 式沟通是指链式沟通的途中变换为环式沟通，是链式沟通与环式沟通的结合。其速度、满意度、失真度等也介于链式沟通与环式沟通之间，适用于主管人员工作任务十分繁重的情况，需要有人选择信息，提供决策依据，节省时间，而又要对组织实行有效的控制。

如图 12-4 所示，Y 式沟通是一个纵向沟通网络，表示各个层次的信息逐级传递。第二级主管是一个节点与两个上级联系，其中只有节点处于沟通的中心，成为沟通的中间媒介。

在企业组织中，这一沟通网络大体相当于从企业上层领导到中层机构，再到基层主管部门，最后到基层工作单位之间的纵向系统，它适用于企业规模较大而管理水平不高的大中型企业。

Y 式沟通的优点是集中化程度高，较有组织性，信息传递和解决问题的速度较快，组织控制比较严格。但是，由于组织成员之间缺少直接和横向沟通，不能越级沟通。除节点外，全体成员的满意程度比较低，组织内

图 12-4　Y 式沟通

气氛大都不和谐。Y 式沟通模式其成员之间交流信息，是采用上情下达和下情上传的逐级传达的形式，虽然信息传递快，但由于信息经过层层筛选，中间环节过多，可能使上级不能了解下级的真实情况，信息被过多的中间环节所控制。这样，信息传递中间环节的操纵可能会造成信息失真，给企业工作带来不良影响。

12.1.3.5　全通道式沟通

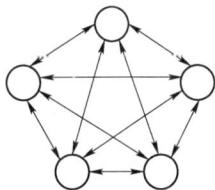

图 12-5　全通道式沟通

全通道式沟通是指所有沟通参与者之间穷尽所有沟通渠道的全方位沟通，如图 12-5 所示。这是一种非等级式沟通，满意度高、失真度低，但规模受限、速度低。

全通道式沟通网络并不依靠中心人物来集中和传递信息，每个成员之间都有一定的联系，是一个开放式系统。这种网络表示一个民主气氛很浓的领导集体或部门，其成员之间总是互相交流情况，通过协商进行决策。

这是一个开放式的网络系统，其中每个成员之间都有一定的联系，彼此了解。此网络中组织的集中化程度及主管人的预测程度均很低。由于沟通渠道很多，组织成员的平均满意程度高且差异小，所以士气高昂，合作气氛浓厚。这对于解决复杂问题，增强组织合作精神，提高士气均有很大作用。但是，由于这种网络沟通渠道太多，易造成混乱，且又费时，影响工作效率。

全通道式沟通网络的优点如下。

（1）这种网络是高度分散的，组织内的每个成员都能同其他任何人进行直接交流，没有限制。

（2）所有成员是平等的，人们能够比较自由地发表意见，提出解决问题的方案。

（3）各个沟通者之间全面开放，彼此十分了解，组织成员的平均满足程度很高，各个成员之间满足程度的差距很小。

（4）组织内士气高昂，合作气氛浓厚，个体有主动性，可充分发挥组织成员的创新精神。

（5）相比环式沟通的沟通渠道开阔，弥补了环式沟通难于迅速集中各方面信息的缺陷。

全通道式沟通网络的缺点如下：

（1）沟通渠道太多，易于造成混乱。

（2）对较大的组织不适用，在一个较大的企业组织中，各成员不可能都有彼此面对面的接触机会。

（3）沟通路线的数目会限制信息的接收和传出的能力。

12.2　沟通的障碍

有时沟通的目的难以实现，因为要传递的信息可能会被扭曲。这属于正常现象，由于信息传递渠道不同，不同人对信息碎片的理解不同，信息传递过程中也会出现错误。此时就要检查沟通过程各环节，排除障碍，努力改进。

课堂活动：向后传递

目标：通过沟通训练，理解沟通障碍的普遍性和产生原因。

背景：

① 教师在上课前，准备一份"道具"的复印件，然后将每条消息剪开。

② 将全班同学分成若干小组，确定每组传递消息的第一人和最后一人。

③ 把纸片发给每小组的第一人，给第一人 3～4 min 时间，看完后，将纸片交给老师。

任务：

消息由每小组的第一人依次向小组其他成员传递，直至最后一个传递者。轻轻地将自己理解的消息告诉旁边的人，并依次传递下去，只有当轮到小组某个成员时，他（她）才可以听。每次传递时只允许将消息说一遍，完全按照自己的理解告诉下一位成员。

最后一人将听到的消息写在纸上交给老师。如果只有 2～3 个小组，可以首先让每个小组最后一个人在黑板上写所听到的内容，其次让小组其他 1～2 位小组成员在黑板上写自己听到的消息，最后让每组第一人修改距他位置最近的小组成员所写的消息。

如果是纸条，则老师先念完纸条的内容，再念正确的答案；如果是写在黑板上，可以大声说出每个小组相同消息的不同版本。

在规定时间内传递消息最准确者获胜。时间依人数的多少自定。

道具：

消息一：王二将于 5 月 3 日到 6 月 7 日外出度假，因此，他希望这段时间能够停送报纸。因为邮局可以在周六晚上送出周日的报纸，所以王二要求提早投递周日的报纸。

消息二：李四想将她的私人账户转为两人共有，她还想知道银行对小额商业贷款的新规定。此外，少于 10 000 元的短期商业贷款的利率是多少？

消息三：张三将于 8 月 5 日带队参观动物园，成员包括 10 名儿童、5 位老人和 3 个年龄超过 18 岁的成年人，这 3 个成年人中有 1 个人是学生。请问分别买票享受老年人和学生折扣与购买团体票相比较，哪种方法更划算呢？

消息四：于一想订购两束玫瑰，分别送往两个地方。一束送给居住在哈尔滨的母亲；另一束送给居住在牡丹江的姐姐。玫瑰一定要新鲜，粉色玫瑰送给她的母亲，火红色玫瑰送给她的姐姐。

要求：总结沟通的过程，分析哪些沟通障碍影响沟通的有效性。

12.2.1 沟通障碍的类型

沟通是一个信息传递的过程，在这个过程中，发送者根据沟通目标将要传递的信息进行编码，选择一定的沟通渠道，即沟通媒介传递给接收者，接收者接收信息的过程就是解码的过程，接收者根据自己对信息的理解，再次编码反馈，形成一个完整的沟通过程，如图 12-6 所示。

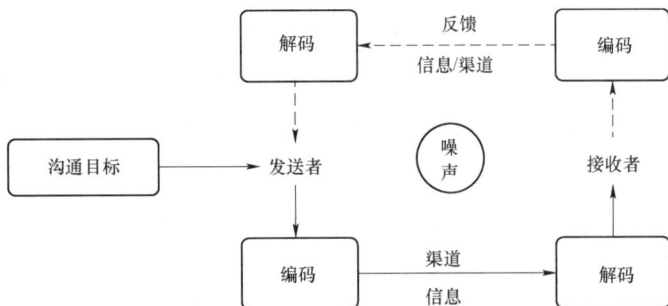

图 12-6 完整的信息沟通过程

信息发送的过程就是发送者编码的过程。编码过程的关键部分，即发送者必须选定接收者能够理解的语言和措辞，而且也可以借用其他诸如身体语言等手段。信息接收过程是对信息进行解码的过程，也就是翻译和理解信息的含义。

在信息沟通的过程中，任何环节出现问题，都可能带来信息失真，即发生沟通障碍。

12.2.1.1 发送者的错误

发送者的头脑中可能还没有对该信息形成一个明确的认识。例如，你要参加一个会议，你知道自己要在会上提出一项反对议案，但你却不能确定它究竟是什么。

发送者在对信息进行编码时可能会使用不准确的表达。例如，你想不出表达自己感受的最佳措辞，或者在报告中使用了结构复杂、不易理解的语句。还有可能是发送者心不在焉，张口就来，没有经过大脑的思考。

12.2.1.2　传递错误

沟通过程未选择正确的沟通渠道，所使用的沟通媒介可能会对信息做出修改。例如，打电话传达信息就会排除信息本身包含的身体语言。环境也会扭曲信息。例如，电话中的杂音会使人听错对方所说的话。

实例分析：如何应对突如其来的重要电话

小梅正在某服装市场购物，突然接到应聘单位的电话面试。此时周围的背景音乐和嘈杂的声音使她听不清对方的话语，小梅马上道歉并说明原因，许诺 5 min 后回电话。

问题：小梅对面试电话的处理方式是否合适？

分析要点：

1. 沟通的目的是要正确理解信息，需要有效的沟通过程。

2. 沟通过程的噪声很容易造成信息未被准确理解，带来沟通障碍，失去沟通的意义。

3. 妥善调整沟通方式和时间，有助于提升沟通效果，也表明对此次沟通的重视。

12.2.1.3　接收者的错误

解码时也可能会扭曲信息。例如，接收者会把"预算很'高'"错听成"预算很'糟'"。接收者的感受也会扭曲信息。例如，对于一项提议，如果接收者是一名会计，他会认为不可行，而如果发送者是农业发展官员，他会认为这项提议带来的社会福利超过为之付出的财政成本。

还有一种主要障碍是未能征询或是提供反馈。在与他人交谈时，你要定期检查一下自己的理解是否正确，以免沟通中出现误解，因为即使双方都认为彼此沟通良好，也难免出现误解。相对书面沟通而言，你在口头沟通中有更多时间征询对方的反馈，以确信对方正确地理解了你的意思。

即问即答：你曾经因为沟通障碍与他人发生过误解吗？如果有，请举例并说明障碍来自何处。

12.2.2　沟通障碍产生的原因

沟通中的错误并不仅仅来源于沟通过程的特定阶段。例如，发送者和接收者都可能对某一问题有不同的感受和假定。所以，理解沟通障碍的方法是了解可能妨碍信息接收与理解的主要类型。

12.2.2.1　环境噪声

在进行沟通的环境中会存在客观及主观的噪声，带来沟通障碍。

学生插画练习：漫画能够体现"环境对沟通有影响"（此处主要体现负面影响）的情况。

客观障碍主要发生在信息传递的过程中。其中包括干扰。例如，在开放式办公室开会时会受到外面公路噪声的干扰。

主观障碍也会影响气氛并扭曲信息。例如，一个人非常焦虑，或者在开会时情绪过于激烈（比如愤怒）。表 12-1 表明不同的环境产生了不同的障碍源。

表 12-1　环境与障碍源

环境类型	封闭性	氛围	对应关系	主要障碍源
办公室	封闭	严肃 认真	一对一 一对多	不平等造成的心理负担，紧张，他人或电话打扰
会议室	一般	严肃 认真	一对多	对在场他人的顾忌，时间障碍
现场	开放	可松可紧、 较认真	一对多	外界干扰，事前准备不足
谈判	封闭	紧张 投入	多对多	对抗心理，说服对方的愿望太强烈
讨论会	封闭	轻松友好 积极投入	多对多 一对多	缺乏从大量散乱信息中发现闪光点的洞察力
非正式场合	开放	轻松 舒适 散漫	一对一 一对多	外界干扰，易走题

12.2.2.2　语义误差

语言是编码及解码过程的核心所在。如果沟通的一方不熟悉所使用的语言，误解由此产生。以下是南方和北方人的对话。

南方人："我的钥匙掉了（丢了）。"

北方人："钥匙掉了，就捡起来。我把手机丢了。"

南方人："'掉'了怎么捡起来？你为什么要丢手机啊？丢哪了，快去捡回来。"

两个人都是"丢"了东西，表达方式不一样，彼此都没理解。这就是沟通障碍。常见的语义误差障碍还有行话和缩略语。

实例分析：教书先生买柴

高林挑着一担柴经过教书先生孙茂的门口，孙先生喊了一声："荷薪者过来。"高林听不懂"荷薪者"是什么意思，但知道大概是叫他把柴挑过去。孙先生问："其价如何？"，高林不太明白这句话，但里面有"价"字，可能是问他一斤多少钱，于是就说二钱一斤。孙先生一边仔细查看柴火，一边说："外实而内虚，烟多而焰少，请损之。"意思是"柴火外表看起来很结实，而里面却是空的；燃烧起来，烟很多，但火焰很小，便宜一点儿吧！"高林听不懂，还以为孙先生不买了，因此，担着柴走了。

问题：孙先生的沟通有什么问题？

分析要点：

1. 沟通要保证语义被正确理解。孙先生由于使用卖柴人听不懂的"行话"与之沟通，错失了一次买柴的机会。

2. 无论是管理者，还是员工，如果使用难理解的语言与下属、与客户交流，势必会让下属无所适从，使客户不知所云，结果导致下属不能很好地完成任务，使客户不再光顾。

3. 不论与谁沟通，一定要使用通俗易懂的语言表达自己的意图。

12.2.2.3 文化差异

了解文化差异对于着眼全球市场的国际化管理者来说非常有必要。与来自不同文化背景的人共事时，你必须对文化的差异有深入的了解，还要对人们不同的工作方式有清醒的认识。如果你知道不同国家、民族的风格特征，做生意就可能比你想象的要顺利得多。

一个国家内部也会有文化差异。例如，在私营企业和政府部门工作过的管理者会发现这两种形式的组织在工作方式上存在很大的差异。

思政园地：文化自信

习近平：文化交流促合作发展

中华民族拥有 5 000 多年连绵不断的文明历史，创造了博大精深的中华文化，为人类文明进步做出了不可磨灭的贡献。中华文化崇尚和谐，中国"和"文化源远流长，蕴涵着天人合一的宇宙观、协和万邦的国际观、和而不同的社会观、人心和善的道德观。在 5 000 多年的文明发展中，中华民族一直追求和传承着和平、和睦、和谐的坚定理念。以和为贵，与人为善，己所不欲、勿施于人等理念在中国代代相传，深深植根于中国人的精神中，深深体现在中国人的行为上。

文化就像一个绵延不断的河流，源头来自远古，又由许多支流、干流汇合而成。文化交流是民心工程、未来工程，潜移默化、润物无声。文化的繁荣是发展的最高目标，文化的创造是人类进步的源泉，文化的多样性是人类共同的财富。文化交流有利于民族文化的发展，有利于世界文化的繁荣。文化交流源远流长，一部世界文化史，就是一部各民族文化的交流史。文化是人类所共有的财富，世界各国的文化在相互交流中不断发展繁荣。国与国之间、政府之间、企业之间和民间的合作，也都离不开文化上的认同和交流。只有建立在深厚文化底蕴上的经贸合作，才是真正意义上的、长远的战略合作。

小卡片：文化差异

- 美国人崇尚直线逻辑，说话直来直去，而日本人却喜欢迂回逻辑，讲话爱绕弯子。
- 亚洲人比欧洲人更愿意保持沉默。
- 英国人和美国人比其他文化的人需要更多的个人空间。
- 初次相见，在西班牙、法国、意大利和拉美各国，男性相互拥抱，而在日本是鞠躬并送上自我介绍的名片。
- 在中国，摇头是说"不"，而在印度，则表示同意。

12.2.2.4 感受分歧

沟通双方的不同感受会造成沟通的主要障碍。在很多情况下，人的感受会出现分歧。由于感受是"无形的"、潜意识的，所以很容易被人忽略。有时候，人们有意引导对方的感受。

沟通是一个使双方实现相互理解或者表达自己思想的过程。清楚地了解自己的感受，并明白他人的感受有助于双方实现相互理解。

12.2.3　克服沟通障碍的方法

每一个人作为信息发送者或者接收者，都应当确保沟通环境尽可能开放，以便尽可能减少沟通障碍，因此需要注意下列几点。

12.2.3.1　确定沟通的目的

如果沟通一方不了解沟通目的，则在沟通的过程中，总是要猜测对方的想法，可能会因为地位、环境等障碍，造成无效沟通。如果双方都不知道沟通的目的，很可能导致沟通漫无目的，浪费时间。

12.2.3.2　选择正确的媒介，并加以正确运用

例如，对于重要通知，最好的沟通媒介是打电话或面对面交谈。如果选择用手机发短信息或发电子邮件，由于物理障碍造成没有及时收到信息，会贻误大事。

12.2.3.3　使用一种以上沟通方式

例如，在培训员工时，主讲人除了用言语表达，还可以借助肢体语言、视频等沟通方式，活跃气氛，更好地传达培训内容。

12.2.3.4　鼓励双向而非单向沟通

双向沟通会使沟通双方更好地理解对方，获得对方的认同、支持与帮助，在和谐的沟通氛围中达到沟通的目的。

学生插画练习：漫画能够体现双向沟通的效果好于单向沟通。

12.2.3.5　尽量减少沟通环节

据调查，如果董事会内部传递信息的真实性是 100%，那么到达总经理、部门主管、工厂经理、车间主任的信息真实性分别是 63%、56%、40%、30%，职位从上至下传递信息的真实性逐层递减。可见，增加的沟通环节给信息筛选制造机会，每多一个环节，就删减了一部分信息。所以，尽量减少不必要的沟通环节。

💡 **即问即答**：试列举提高沟通效率的 3 种方法。

12.3　有效沟通的技巧

12.3.1　倾听

据统计，一个人每天大约花费 80%的时间用于交流。所有时间中，45%用于倾听，30%用于讲话，16%用于阅读，9%用于写作。由此可见，倾听非常重要。

12.3.1.1 听

"力求首先理解，然后再被理解"。这里强调"听"，以便了解他人来自何处，以及他们的观点和意见。"听"绝不只是坐在椅子上听他人的话。它还包括向他人表明你正在听，力求理解对方的话，并不时向对方做出反应，求证你的理解是否正确。

12.3.1.2 如何听

☞**扩展学习**：繁体"聽"教你如何"听"

如何更好地倾听？"听"字的繁体字很好地说明了"倾听"技巧，即用耳朵听，用眼睛看，用心琢磨。

繁体的"听"写作"聽"，为耳德，即耳朵所得。将"聽"字拆分开，左侧为：耳听为王，右侧的"十""目""一""心"：意味着在听的过程中要"一心一意地关注对方"。所以繁体字更能体现"听"的真正境界。

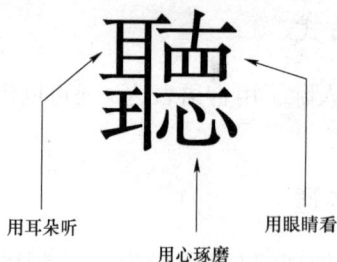

用耳朵听　　用心琢磨　　用眼睛看

真正的倾听，应该做到以下几点。

（1）停止讲话。包括对别人说和自言自语，学会悄然无声。

（2）设想你正处在对方的位置，做着他的工作，面对他的问题，使用他的语言并从他的价值观着眼，猜测他的想法。

（3）停止干其他事，用眼睛看着对方，全神贯注地听。

🔍**实例分析**：小李为什么不说话？

小李走进店长林澜的办公室，林店长正在忙于撰写一份工作总结报告。小李询问能否和他谈一谈，林店长没有抬头就回答"可以"。林店长写了几分钟后才意识到小李没有说话，于是，低着头又说了一句："你讲吧，我在听着。"小李说："我还是等你写完吧。"林店长不好意思，只好放下手中的工作，看着小李说："现在总该说了吧。"

问题：小李为什么不说话？

分析要点：

1. 倾听需要足够的尊重和重视，首先要专注，即不能一边做其他事，一边听。

2. 为了提高"听"的效果，还要在"听"的过程中，有眼神的交流和表情的互动。

3. 倾听过程中，可以随时通过对方的反馈，调整沟通内容和方式。

（4）观察对方的非言语行为，如眼神、面部表情、肢体语言等，揣摩对方没说出的含义。

（5）不要打断对方的话。这样的行为让说话者很恼火，也容易打断其思路。

（6）听出对方没说到或未加解释的内容。有些事情不能明白地讲出来，许多人就采取旁敲侧击或者隐晦的词语表达。沟通的效果取决于接收者对讲话者语言风格的熟悉程度,对谈话背景的了解程度以及接收者的悟性,等等。

(7)只采用肯定语气说话,在听的过程中不做判断和批评。在传递者没有讲完之前,就急于表达自己的观点,大多数情况下会犯错误。

(8)不时对信息传递者所说的内容做出反应。一方面,确保自己没有听错,而且理解也正确;另一方面,也可以检验传递者是否说错了。

仔细地倾听有助于你站在对方的立场,从而最大限度地消除由于各种原因造成的障碍,为达到沟通目标打下基础。

12.3.1.3 总结

当交谈告一段落时,双方有必要对所沟通的内容进行总结。总结时,用自己的语言对对方的意见进行复述,包括对对方观点的理解及对对方主张及其原因的评价。例如,在会议进行过程中,会议主持人可以定期地进行总结:到目前为止,说了些什么,哪些已达成共识,哪些可以立即拍板决定,等等。

12.3.1.4 提问

提问是在倾听的过程中产生的,目的在于进一步了解他人的想法。学会在交谈过程中,在适当时候提出适当的问题是人际沟通的重要技能。在提问的过程中,应抱着以下想法:为了弄清事实;确认自己是否正确理解对方的谈话;帮助他人加深对自己谈话的理解;希望你的想法得到别人的评判;要求对提议采取某种行动。提问应避免出现负面效果。例如,使对方显得很愚蠢,使自己显得很聪明,或引起争论等。提问的类型示例如表 12-2 所示。

表 12-2　提问的类型示例

提问类型	描　述	实　例	用　途
闭合型	用"是"或"否"回答	你们部门进行年终考核了吗?	对集中讨论有益
开放型	不能用"是"或"否"回答	我们怎样战胜这一挑战?	有助于扩大讨论范围,促使别人发言
引导型	提出答案	连续 3 个月减少我们的产量是最好的办法吗?	施加影响
控制型	实施控制	让我们花 10 min 看看选项,然后转到解决方案上,怎么样?	成为交谈或讨论的领头人
探询型	进一步讨论更细节的问题	能和我多讲讲这个产品吗?	发掘更多的信息
反问型	将原问题返回给提问者	小王,你问得很好。对于这件棘手的事情,你有什么好的解决办法?	鼓励提问者自行回答问题
转向型	将问题转给另一个人	小王提出的问题以前也出现过,小李,你原先是怎么解决这个问题的?	在小组讨论中,引导可能有建设性意见的人发言
居高临下型	将问题重述给整个小组	小王提出的问题具有普遍性,我想问问大家,你们认为最好的解决办法是什么?	在小组讨论中,让每一个人都回应,以消除讨论中一个人一言堂的情况
假设问题型	确定什么地方限制了大家的思维,提出"假如……会怎样?"的问题	假如这个问题发生在你们身上,你们会怎样想?	解放大家的思想

12.3.1.5 回应

以什么方式对沟通的另一方所陈述的观点做出回应，决定了沟通的成败。回应类型有以下 5 种。

（1）评价性。表述某一判断。例如："她真不应该这样讲话，太伤人感情了。"

（2）诠释性。解释字里行间的弦外之音。例如："哦，我明白了，他其实在帮助我，不愿意我过多地陷入琐碎的事务性工作里。"

（3）支持性。赞同，支持。例如："对，你讲得有道理。"

（4）探询性。征询更多的信息。例如："是呀，他这样做不对。那他明知道这样做不好，为什么还要这么做呢？"

（5）理解性。确保自己没有理解错误。例如："你是不是说，让我明天把螺丝刀带来？"

针对某一具体情况，要使用相应的回应方式，并且要避免总是采用第（1）、（2）种回应方式带来的弊端。

12.3.1.6 反馈

一般来说，在沟通的过程中，时不时地进行反馈。反馈可以是对某人的想法或工作的口头反馈意见，也可以是对一项性能评价的正式书面意见。重要的是需要牢记，要给出肯定性反馈意见；而给出的否定性反馈意见也应当总是建设性的。

只有你受到对方信任，你的反馈才能得到理解和接受，从而与对方建立不断发展的关系。

12.3.2 书面沟通

书面沟通有以下 6 个方面技巧。

（1）与人沟通时，不要仅仅考虑你为对方做了什么，而且要思考接收者从中能获得什么或者能做什么。例如：

① 不正确的表述：明天上午我公司会把贵公司 10 月 15 日的订货装车发送。

② 正确的表述：贵公司订购的两个集装箱玩具将于今天下午装船，预计在 9 月 30 日抵达贵处。

（2）忌讳书面语言表达含混不清，应具体列明。例如：

① 不正确的表述：你的订单即将于 5 月 9 日装船发运。

② 正确的表述：你订购的仿羊毛女式长衫即将于 5 月 9 日装船发运。

（3）除非你有把握接收者会感兴趣，否则尽量少谈自己的感受。例如：

① 不正确的表述：我们很高兴授予你 5 000 元的信用额度。

② 正确的表述：你的牡丹卡有 5 000 元的信用额度。

（4）不要告诉接收者他们将会如何感受或反应。例如：

① 不正确的表述：你会很高兴听到你被公司录用的消息。

② 正确的表述：你通过了公司的全部考核，你被录用了。

（5）涉及褒奖内容时，多用"你"而少用"我"。例如：

① 不正确的表述：我们为所有的员工提供健康保险。

② 正确的表述：作为公司的一员，你会享受到健康保险。

（6）涉及贬义的内容时，避免使用"你"为主语，以保护接收者的自我意识。例如：

① 不正确的表述：你在发表任何以该机构工作经历为背景的文章时，必须要得到主任的同意。

② 正确的表述：本机构的工作人员在发表以在此工作经历为背景的文章时，必须要得到主任的同意。

12.3.3 非语言沟通

据说，交流的手段 7% 依靠语言，38% 依靠音调变化，55% 依靠生理或肢体语言。非语言沟通手段占 93%，其重要性可见一斑。

学生插画练习：漫画能够体现非语言很重要。

12.3.3.1 语速和音量

语速过快往往影响接收者对语义的理解，较低的音量可能会导致"听不清"。所以沟通中，语速、音量和节奏的把握能有效提高沟通的效果。同时，说话的速度、音量和节奏能显示出情绪。如，愤怒和兴奋时说话速度快，声音变大，节奏急促。沟通的情绪具有传染性，平和、友好、真诚的情绪表达，更利于信息的接收、信任和支持。

12.3.3.2 眼神

耳朵与大脑是语言的接收器，眼睛则是接收后的反应器，所以沟通中要始终保持眼神的交流，这对增进理解、增加信任、提升沟通效果有至关重要的作用。沟通中如果听到别人的信息也置若罔闻、呆若木鸡，谈话的双方就无法沟通下去，所以应该及时接收、及时反应。理解了对方的意思时，要表现出领会的眼神；渴望得到对方的理解时，要表现出诚恳的眼神；对方说到幽默处，要表现出喜悦的眼神；对方表现悲伤时，要表现出同情的眼神。

12.3.3.3 面部表情

面部表情是指通过眼部肌肉、颜面肌肉和口部肌肉的变化来表现各种情绪状态。面部表情是一种十分重要的非语言交往手段。微笑、皱眉、撅唇等均能表达出情绪，而且通常与眼神相配合。在人际沟通中，有时有些话用嘴说似乎难以启齿，用笔写又觉得难以达意，于是常常借助面部表情来传达。面部表情所能传达的意思，远非言语所能替代。例如，当看到一个人"喜上眉梢""笑逐颜开"的时候，就知道他的心情很好；而看到一个人面色铁青，就知道他很愤怒……面部表情具有灵敏的特点，它能反映人的内心复杂的变化，并且是最迅速、最敏捷、最充分地反映出来，所以提升沟通技巧，不可忽略面部表情的辅助作用。

扩展学习：面部表情与情绪表达

愉快时，面部肌肉横向伸展，面孔显得较短；不愉快时，面部肌肉纵向伸展，面孔显得较长，所以当一个人生气时，我们会形容他"拉长了脸"；脸部肌肉松弛表明心情愉快、轻松、舒畅，脸部肌肉紧张表明痛苦、严峻、严肃；柳眉倒竖表示愤怒，横眉冷对表示敌意，挤眉弄眼表示戏谑，低眉顺眼表示顺从，扬眉吐气表示畅快，眉头舒展表示宽慰，喜上眉梢表示愉悦；伤心时嘴角下撇，欢快时嘴角提升，委屈时撅起嘴巴，惊讶时张口咋舌，愤恨时咬牙切齿，忍耐痛苦时咬住下唇；厌恶时耸起鼻子，轻蔑时嗤之以鼻，愤怒时鼻孔张大，鼻翼翕动，紧张时鼻腔收缩，屏息敛气。

12.3.3.4 姿势

身体姿势是交流过程中一个重要的信息源，据统计，一个能够灵活运用各种身体语言的人比一个不用身体语言的人更容易传达信息，要达到同样的交流效果，运用身体姿势可以帮助你减少10%的语言。更重要的是，身体语言可以提高你的说服力，增加你获得成功的可能性。例如，可以通过轻快的脚步或身体挺直来表达自信，手抵住下巴表示正在思考中；而跷着二郎腿则表示不耐烦，手臂抱在胸前防御意识很强，如果把手总放在口袋里，则表明"不要过来，我不想和你沟通"。职场沟通人，应该掌握一定的"身体语言"，防止沟通中不正确的表达，影响沟通的效果。

12.3.3.5 手势

手势，是人际沟通不可缺少的体态语，手势除了在人际沟通时能辅助语言表达一定的思想内容，还能表达出发言者的高雅气质与风度。在有意使用手势语言时，需要注意手势运用中的规范要求，以求给别人留下好的印象。例如，借助手势谈到自己时，应该用手掌轻按自己的左胸，这样显得端庄、大方、可信。与人交流，手势不要太多，动作不要太大；不可用拇指指自己的鼻尖或用手指指点他人，用手指指人含有教训别人的意思，是极不礼貌的行为；运用手势时，一定要考虑地域差别，同一种手势在不同国家、不同地域有不同的含义，切忌乱用，以防造成不良的后果；在岗位工作或社交活动中，应尽量避免与手势有关的不雅习惯，如，掏鼻孔、剔牙、摆弄随身的小物件、摸头、搔痒等。

💡 **即问即答**：请用眼神、面部表情、手势等表示"同意"。

🐞 **课堂活动**：倾听技能测试表（见表12-3）

目标：通过这个测试表，自测"倾听"的能力，以提高倾听技巧。

背景：利用比较成熟的测试表，公正客观地进行评价。

任务：根据"倾听测试题"，按测试评分标准打分，计算总分。

表12-3 倾听技能测试卷

分类	测　试　题	得分
态度	（1）你喜欢听别人说话吗？	
	（2）你会鼓励别人说话吗？	
	（3）你不喜欢的人在说话时，你也会注意听吗？	
	（4）无论说话人是男是女、年长年幼，你都会注意听吗？	
	（5）朋友、熟人、陌生人说话时，你都会注意听吗？	

续表

分类	测 试 题	得分
	（6）你是否会目中无人或心不在焉？	
	（7）你是否注视听话者？	
	（8）你是否忽略了足以使你分心的事物？	
	（9）你是否微笑、点头以及使用不同的方法鼓励他人说话？	
	（10）你是否深入考虑说话者所说的话？	
	（11）你是否试着指出说话者所说的意思？	
	（12）你是否试着指出他为何说那些话？	
行为	（13）你是否让说话者说完他的话？	
	（14）当说话者在犹豫时，你是否鼓励他继续下去？	
	（15）你是否重述他的话，弄清楚后再发问？	
	（16）在说话者讲完之前，你是否避免批评他？	
	（17）无论说话者的态度与用词如何，你都会注意听吗？	
	（18）若你预先知道说话者要说什么，你也会注意听吗？	
	（19）你是否询问说话者有关他所用字词的意思？	
	（20）为了请他更完整解释他的意见，你是否询问？	

注：几乎都是—5 分　　　常常—4 分　　　偶尔—3 分
很少—2 分　　　几乎从不—1 分

要求：根据自己的客观情况打分，而不是根据"应该表现"进行测试。测试结果与"评分标准"比较，确定自己的"倾听能力"。

评分标准：

分　数	说　明
90～100 分	你是一个优秀的倾听者
80～89 分	你是一个很好的倾听者
65～79 分	你是一个勇于改进、尚算良好的倾听者
50～64 分	在有效倾听方面，你确实需要再训练
50 分以下	你注意倾听了吗？

实训项目

项目名称：画图中的沟通。
实训目的：识别沟通障碍，理解不同沟通方式的差异性。
实训器材：黑板、粉笔、两个眼罩。

实训指导：

① 请3位男生和3位女生上台。两位男生和两位女生分别面对黑板左右两侧，准备画图；另一位女生和另一位男生分别站在两位男生和两位女生的后面。

② 把一幅图给站在后面的两位学生看。3 min后，请其他同学用眼罩蒙住看图的男生和女生的眼睛，然后让他们背对着黑板。

③ 蒙上眼睛的同学陈述所看到的图片，面对黑板的同学根据后面同学所说的，画出图形。画图的同学可以提问，但陈述的同学只能用"点头"或"摇头"作答。

④ 陈述的同学摘下丝巾，背对着画图者，对画图者的提问，画图者可以用语言回答。陈述的同学不能回头看黑板。

⑤ 陈述的同学面对黑板，回答画图者的提问。陈述的同学不可以走到黑板前指着图形讲解应如何修改。

⑥ 请6位同学回到座位上，没看过这幅画的同学展示应画的图形。

实训报告：要求学生结合实训活动，书写体会：沟通的障碍是什么？如何进行有效的沟通？字数为600字。

复习思考题

一、多选题

1. 完整的沟通活动至少应包括哪些要素，包括（　　）。

A. 发送者　　　　　　　　　　B. 沟通媒介

C. 接收者　　　　　　　　　　D. 沟通目标

E. 沟通形式

2. 语言沟通与非语言沟通的关系包括（　　）。

A. 非言语沟通是语言沟通的辅助工具　　B. 二者此消彼长

C. 非言语沟通有时可以替代语言沟通　　D. 语言沟通不可替代

3. 非正式沟通的特点包括（　　）。

A. 传递速度快　　　　　　　　B. 传播范围广

C. 准确度低　　　　　　　　　D. 是正式沟通的补充

4. 以下是下行沟通的主要方式（　　）。

A. 任务指派　　　　　　　　　B. 下达命令

C. 汇报工作　　　　　　　　　D. 部门交流会

5. 以下属于链式沟通缺点的是（　　）。

A. 信息层层沟通筛选容易失真　　B. 成员满意度高

C. 信息传递速度快　　　　　　D. 成员的沟通面较窄

6. 以下是环式沟通（　　）。

A. 指示型领导方式　　　　　　B. 参与型领导方式

C. 成就导向型领导方式　　　　D. 支持型领导方式

7. Y型沟通网络适用于（　　）。

A. 主管较繁忙　　　　　　　　B. 需要有人选择信息

C. 节省沟通时间　　　　　　　D. 需要加强沟通控制

8. 以下原因会导致沟通障碍（　　）。

A. 语义误差　　　　　　　　　B. 文化差异

C. 感受分歧　　　　　　　　　D. 环境噪声

9. 在倾听中，除了认真听，以下方法可以提高"听"的效果（　　）。

A. 总结　　　　　B. 提问　　　　C. 回应　　　　D. 反馈

10. 以下是非语言沟通的形式（　　）。

A. 眼神　　　　　B. 面部表情　　　C. 姿势　　　　D. 手势

二、简答题

1. 简单介绍一下上行沟通、下行沟通和横向沟通。

2. 为什么轮式沟通适合紧急公关任务的管理？

3. 画图描述沟通的过程。

4. 如何克服沟通障碍？

5. 如何更好地"倾听"？

复习思考题参考答案

第13章 | 绩效管理

思维导图

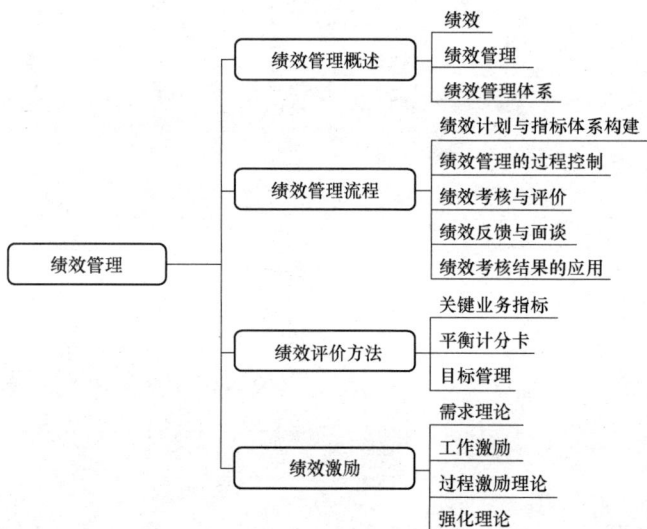

管理问题：

某企业是一家生产制造型企业集团。甲在 A 部门工作，工作成绩在部门内部非常优异；乙在 B 部门工作，工作成绩一般。一个年度下来，由于 A 部门整体绩效水平偏低（只有 70 分），因此甲的绩效得分上限是 70 分；而由于 B 部门整体绩效水平很高（100 分），乙的绩效得分上限是 100 分。因此产生的问题是，从个人绩效而言，甲远远优于乙，但由于受到部门绩效的"连累"，最终的考评结果乃至收入水平是甲不如乙。甲愤愤不平，觉得乙是"搭便车"。

不但如此，在这家企业的绩效考评中，A 部门和 C 部门之间也出现了不平衡。甲和丙分别在 A 部门和 C 部门工作，成绩都很优异。一个年度下来，两个部门绩效得分都是 100 分。但由于 A 部门的负责人要求严格，部门内个人绩效得分普遍偏低；C 部门负责人要求相对较松，部门内个人绩效得分普遍偏高。最终，虽然甲和丙个人及部门一样优秀，甲的总考评结果却不如丙。

问题： 是什么原因导致工作表现与绩效评价之间的差异？

分析要点：

1. 除个人表现外，绩效目标的设定与评价标准等因素也是造成绩效评价差异的主要原因。

2. 绩效评价体系应综合体现并平衡组织绩效与个人绩效之间的关系，做到公正、公平。

3. 绩效评价以客观量化指标为主，降低主观因素的影响。

13.1　绩效管理概述

绩效是企业经营管理状况的直观体现，绩效管理是企业管理的重要组成部分，有效运用绩效管理工具，有利于检视企业管理过程中存在的问题，并加以改进。

13.1.1　绩效

绩效是指组织、团队或个人，在一定的资源、条件和环境下，完成任务的出色程度，是对目标实现程度及达成效率的衡量与反馈。

从管理学的角度看，绩效包括组织绩效和个人绩效两个方面。

小卡片：绩效的英文释义

1993 年 4 月第一版《朗文现代英汉双解词典》对 performance（绩效）给出 5 种解释，即（1）表现；（2）表演；（3）动作；（4）性能、能力；（5）烦人的准备或活动。

13.1.1.1　组织绩效

组织绩效是指组织在某一时期内，组织任务完成的数量、质量、效率及盈利情况。

组织绩效实现应在个人绩效实现的基础上，但是个人绩效的实现并不一定保证组织是有绩效的。如果组织的绩效按一定的逻辑关系被层层分解到每一个工作岗位以及每个人的时候，只要每个人达到组织的要求，组织的绩效就实现了。

1. 影响组织绩效的因素

1）组织战略

"战略是一个企业成败的关键"。战略是关于企业总体发展方向和对实现这一发展方向的途径的规划。组织的战略取向决定了组织的经营范围、所服务的顾客群体及所采用的竞争战略，这些将在宏观层面上影响组织的绩效，而组织的战略取向变化又会影响微观层面上的组织结构。

2）高层管理

高层管理者的心智及领导方式也对组织绩效具有重要的影响。企业的成功在于领导的成功，那么一个领导的成功则不仅取决于领导的能力，更多时候取决于领导的魅力。一个具有魅力的领导人，能够凝聚和整合企业的各种力量，在企业中形成一种很强的凝聚力，而这种凝聚力又会转化成企业发展的巨大推动力。领导有两类：交易型领导和变革型领导。所谓交易型领导，是指领导与下属的关系以一系列的交易和隐含的契约为基础。该类型的领导以奖赏的方式领导下属，当下属完成特定的任务后，便给予承诺和奖赏，整个过程就像一项交易。所谓变革型领导，是指领导者通过改变下属的动机与价值观，如提升需要层次、超越自我兴趣等，来促进绩效的提高和整个组织的变革；变革型领导涉及 4 个维度：领袖魅力、鼓舞动机、个别体贴和智力刺激。

3）组织变革

任何一个组织，无论过去如何成功，都必须随着环境的变化而不断调整自我并与之相适应。变革的目标就是提高组织的效能和环境适应能力。组织的权变理论认为组织结构必须进行变革以保证组织获得高的绩效水平。当组织绩效水平比较低时，组织会陷入危机，使企业的价值降低，从而导致组织变革。组织绩效的变化可以作为组织变革的动力，当组织出现不适应时，组织绩效就会下降，低于满意水平，这样就会引发组织变革，使组织由不适应转变为适应。只有不断地进行组织变革和改善组织适应力，组织才会保持高的绩效水平，并获得持续成长。

4）组织内部的信任关系

组织内部的长期有效的信任关系直接影响组织成员"履约"的愿望，信任与组织绩效密切相关。当组织实行充分授权后，会导致员工的决策并不能支持企业的整体目标和方向，结果会导致授权过程中相互信任的降低，增加组织内部的协调成本和工作的被动性，并降低组织的工作效率和绩效。所以，必须对授权实施适当的控制。对员工的结构性授权能带来明显的益处，但对于组织也会有道德困境和剩余索取权的潜在风险。组织制度和信任可以有利于对个体的授权，并应结合标准化的过程和信任机制来实现组织的目标。

2. 提高组织绩效的方法

1）加强组织管理

组织管理是建立健全管理机制，合理地配备人员，制定各种规章等，具体地说就是有效地配置企业内部的有限资源，为了实现一定的共同目标而按照一定的规则和程序构成各种责权安排和人事安排，其终极目的就是实现组织的共同目标。管理者是一个组织的核心，因为他需要制定组织的战略方向，需要带领团队，只有一个合格的管理者才能够带出优秀的团队。

2）推行组织改革

组织必然要进行变革，因为组织是一个不断与外界环境发生作用的开放系统。在动荡不安的环境条件下，要想使组织顺利地成长和发展，就必须自觉地研究组织变革的内容、阻力及其一般规律，研究有效管理变革的具体措施和方法，以积极引导和实施组织的变革。

3）正确选择领导方式，改善群体的决策机制

领导方式是领导过程中领导者、被领导者及其作用对象相结合的具体形式。组织管理的成效如何，取决于领导者的领导方式是否得当。领导方式是直接影响领导效能的重要因素。了解和认识领导方式，并且善于随着时代的变化转变领导方式，是实现领导目标、做好领导工作的重要条件。

4）加强组织沟通

企业应根据企业发展需求有目的地健全组织的沟通渠道。它对组织沟通效率的提高具有重要的决定意义。所以作为一个组织，要充分考虑组织的行业特点和人员的心理结构，结合正式沟通渠道和非正式沟通渠道的优缺点，设计一套包含正式沟通和非正式沟通的沟通渠道，以使组织内各种需求的沟通都能够准确及时而有效地实现。

实例分析：为什么设定目标反而导致矛盾加剧和利润下降？

一家制药公司，决定在整个公司内实施目标管理。事实上它们之前在为销售部门制定奖金系统时已经用了这种方法。公司通过对比实际销售额与目标销售额，支付给销售人员相应的奖金。这样销售人员的实际薪资就包括基本工资和一定比例的个人销售奖金两部分。虽然销售额大幅度提升，但是苦了生产部门，他们很难完成交货计划。销售部抱怨生产部不能按时交货。总经理和高级管理层决定为所有部门和个人经理以及关键员工建立一个目标设定流程。为了实施这个新的方法，他们需要用到绩效评估系统。生产部门的目标包括按时交货和库存成本两个部分。

他们请了一家咨询公司指导管理者设计新的绩效评估系统，并就现有的薪资结构提出改变的建议。他们付给咨询顾问高昂的费用修改基本薪资结构，包括岗位分析和工作描述。还请咨询顾问参与制定奖金系统，该系统与年度目标的实现程度密切相关。他们指导经理们如何组织目标设定的讨论和绩效回顾流程。总经理期待着很快能够提高业绩。然而不幸的是，业绩不但没有上升，反而下滑了。部门间的矛盾加剧，尤其是销售部和生产部。生产部埋怨销售部销售预测准确性太差，而销售部埋怨生产部无法按时交货。每个部门都指责其他部门的问题。客户满意度下降，利润也在下滑。

问题：这个案例的问题出在哪里呢？为什么设定目标（并与工资挂钩）反而导致矛盾加剧和利润下降？

分析要点：

经过仔细分析总结出几个基本问题。

1. 设定的目标不全面。每个部门只专注于对自己来说非常重要的几个目标。

2. 因为这家公司的传统是一年进行一次绩效评估，目标一旦定下来就不能再改变。所以即使他们发觉有些目标有问题，也不会及时进行修改。

3. 各部门的目标互相没有联系，只是和组织内上下级有联系。

4. 修改后的系统仍然存在定性或主观评估。这就意味着私人关系对绩效评估流程有很重要的影响。经理在考核绩效时仍然存在主观因素，经理和下属的关系亲密与否导致系统的不平等性。

5. 这也可能是最重要的一点，目标不符合公司扩大市场份额的特定战略。原来的目标只关注销售额和按时交货，但是战略最重要的几个关键点没有得到特别体现。

13.1.1.2　个人绩效

组织的工作任务需要组织内的每位员工把一件件的事情实际执行落地。组织目标需要所有员工共同去执行，组织绩效也需要员工共同去达成。同理，员工完成个人工作的同时又是在完成个人目标，也是在完成个人绩效，同时还是在完成组织绩效的一部分。

在绩效管理中，个人绩效具有基础地位。这是因为，企业绩效最终要通过员工来实现，但企业绩效和员工绩效之间不能简单理解为整体和部分的关系，不能仅仅通过整体目标的分解来完成，而是两种密切相关又有本质差异的不同绩效类型，二者处于复杂的互动之中。进行员工个人绩效管理，必须从企业绩效和员工绩效之间的关系出发，把握其中的特殊规律。

1. 个人绩效的含义

所谓个人绩效，是指员工个人业绩指标的完成状况，对此需要从两个角度来解释。

一是对于企业而言的工作业绩。从这个角度看，员工作为企业内部分工协作体系的一员，承担着企业交付的工作任务，为实现企业目标做出贡献。因此这个意义上的员工绩效，是指员工对于企业的贡献。提高员工绩效的目的，是促使员工为实现企业目标而努力。

二是对于员工而言的工作业绩。从这个角度看，员工作为企业内部分工协作体系的一员，具有对于工作回报的要求，为实现自身的发展做出成绩。因此这个意义上的员工绩效，是指员工为自己做出的成绩。提高员工绩效的目的，是促使员工为实现自身发展而努力。

两种不同含义的绩效在一定条件下互相转化。如果企业要求员工完成的任务，与员工对于自身发展的要求相一致，两种绩效目标就会统一。这种统一是可能实现的。当员工通过完成任务获得的工作回报，与自己所期望的工作待遇一致时，就实现了这种统一。

💡 **即问即答**：从个人角度，员工为什么需要绩效管理？

2. 员工个人绩效的特点

理解员工个人绩效的二重性及其内在关系，是进行员工个人绩效管理的出发点。

与员工个人绩效的二重性相关，员工个人绩效具有与工作激励相联系的特点。强调员工个人绩效的二重性，是因为企业的组织活力归根结底来自组织成员的工作努力，而组织成员的工作努力来自对组织期望的实现，即期望通过组织能够更好地实现自己的利益。也就是说，企业是一种利益协作体，企业成员为了更好地实现自身利益而走到一起。如果人们不能从中得到期望的收益，企业组织就会瓦解。因此，进行企业绩效管理，不能脱离企业成员的利益要求，否则将成为无本之木。

就员工个人而言，由于员工进入企业的目的，是通过劳动力转让获取工作回报，因此，什么样的转让方式能够获得什么样的工作回报，是员工个人与企业共同关心的基本点。如果这一点发生偏差，二者之间的联系就难以维持。另外，员工个人绩效的界定与业绩指标相关，这一指标对劳动力转让状况给出了测评依据，使工作回报具有制度化依托。这是引导员工进行工作努力的杠杆。

理解员工个人绩效与工作激励的联系，能够把握员工个人绩效管理的本质特点。

3. 影响个人绩效的因素

1）能力因素

无须质疑的是能力的大小对绩效的提高的确起到关键作用。将合适的人放在合适的位置上，让合适的人去做合适的事。在一些企业，有一些业绩表现较为突出的员工，频频被放到许多不同的岗位上去锻炼，结果在新的岗位一旦绩效存在问题，就马上被否定，一些素质好、潜力好的人在不断受挫后被扼杀了。这是对能力认识的一种悲哀。

2）动机因素

行为的产生是需要诱因的，个体绩效=能力+动机，可见动机在个体绩效提高方面的作用。

3）态度因素

"态度决定一切"。只有员工的满意，才有客户的满意，同时也才有组织的满意。增加员工对企业的归属认同、忠诚和投入，是企业的一笔宝贵财富。

4）工作条件和工作环境

让员工满意是管理工作的目的之一，所以考虑员工面临的条件与环境也是体现为员工服务的一种理念。比如，能否有足够公平的报酬；能否有安全健康的环境；能否激发员工的潜力开发；能否使员工得到成长与保障；能否确保工作机会的均等，没有偏见、歧视；能否有足够的法律保护；能否提供工作与生活适当平衡的体系。

加里·斯坦利·贝克尔（Gary Stanley Becker），美国经济学家和社会学家。贝克尔把经济理论扩展到对人类行为的研究，获得巨大成就而荣膺诺贝尔经济学奖。

📖扩展学习：组织承诺

美国社会学家贝克尔（H. S. Becker）于 1960 年首先提出组织承诺的概念。组织承诺是个人对所属组织的目标和价值观的认同和信任，以及由此带来的积极情感体验。组织承诺是一种重要的员工态度变量，会对工作绩效产生重要的影响。梅耶（J. P. Meyer）和阿伦（N. J. Allen）于 1991 年提出三成分模型，将其分为情感承诺、持续承诺和规范承诺。

● 感情承诺，指员工对组织的感情依赖、认同和投入，员工对组织所表现出来的忠诚和努力工作，主要是由于对组织有深厚的感情，而非物质利益。

● 持续承诺，指员工对离开组织所带来的损失的认知，是员工为了不失去多年投入所换来的待遇而不得不继续留在该组织内的一种承诺。

● 规范承诺，指员工对继续留在组织的义务感，它是员工由于受到长期社会影响形成的社会责任而留组织内的承诺。

4. 提高个人绩效的方法

1）选拔聘请与职位相匹配的人才

人们常讲，思想决定行动，行动决定习惯，习惯决定性格，性格决定命运。可见性格已不仅仅是影响绩效的因素，它更可以直接影响每个人的命运。所以了解员工的性格，根据其性格的优缺点合理安排工作；根据性格特质选择良好的合作者，这些都会使得个体及组织绩效得到提高。

2）激发员工的工作动机

人们追求的需要层次越高，目标越明确，动机越强烈，其行为的内在动力也就越大，因而其工作积极性也就越高涨、越持久。因此，要善于在满足员工基本需要的基础上，去激发他们产生高层次的需要。启发他们树立成就目标，从而实现"为工作而激励，用工作去激励"的构想，这是最重要的调动积极性的办法。

3）改变员工的工作态度，提高满意度

首先，为员工提供成长、成功的机会和平台，安排符合他自身期望的工作，提高他对工作本身的满意度。其次，领导对员工所做工作的认可度如何，员工的薪酬与所付出的劳动是否成正比，是员工对其工作回报满意度的关键影响因素。最后，要为员工创造一个优美、舒适的工作环境，增强员工对工作环境的满意度。在企业管理中，管理者应该考虑个体影响组织绩效的因素，综合利用各种激励理论，提高个体的积极性，进而提高其工作绩效，使其达到最佳工作状态！

💡 **即问即答：**你能再举出几个提升个人绩效的例子吗？

✒️ **思政园地：**工匠精神

周东红：用生命赓续传统

常年与水打交道，即使是在最寒冷的冬天，为了保持手感也要把一双赤裸的手伸入冰冷的山泉水中；每天弯腰、转身、跨步，把一套动作重复上千遍，这就是周东红的工作状态。

周东红是中国宣纸股份有限公司职工、高级技师。周东红保持着一个令人敬畏的纪录：30年来年均完成生产任务145.54%。这个数字意味着每天至少需要在纸槽边站12个小时以上，意味着常年需要在4:00就进入工作岗位，到17:00才能离开。他的手由于经年累月浸泡在水里，烂了又烂。30年来，他到底加了多少班，只有周东红自己知道，只有他的手知道。

周东红的另一个纪录同样令人敬畏：30年来，他保持着成品率100%、产品对路率97%的突出纪录，两项指标分别超出国家标准8个和5个百分点。作为技术骨干，周东红参与了宣纸邮票纸的生产试制，为我国成功发行宣纸材质邮票奠定了基础，填补了邮票史的一项空白。宣纸生产中，带徒弟是个费心费力的活儿，所以一般的捞纸师傅一辈子最多带五六个徒弟，而30年来，周东红先后带了20多个徒弟。2015年，周东红获得全国劳动模范称号。

对宣纸事业的热爱，让周东红在创新的路上不停歇，用自己的努力让传统得以赓续，他觉得这是比自己生命还重要的东西。

13.1.2 绩效管理

13.1.2.1 绩效管理的定义

所谓绩效管理，是指围绕工作目标的制定与落实、工作效果的测评和改进所进行的管理，是各级管理者和员工为了达到组织目标共同参与的绩效计划制订、绩效辅导沟通、绩效考核评价、绩效结果应用、绩效目标提升的持续循环过程。绩效管理的目的是持续提升个人、部门和组织的绩效。

绩效管理是对于工作成效的管理，强调结果导向和业绩比较，其意义在于通过工作成效的检查和评估，肯定取得的成绩、找出存在的缺陷、明确努力的方向，为工作改进提供依据。

13.1.2.2 绩效管理的目的

绩效管理的根本目的是持续改善组织和个人的绩效，最终实现企业战略目标。

绩效管理的目标是企业战略目标的辅助，通过有效的目标分解和逐步逐层落实，帮助企业实现预定的战略。在此基础上，理顺企业的管理流程，规范管理手段，提升管理者的管理水平，提高员工的自我管理能力，使管理者从繁忙的管理活动中摆脱出来，更多地做好规划与发展的工作，并提高员工的满意程度和成就感。

绩效管理实际上是一种控制体系，作为管理的工具寻找企业经营的短板并在不断改进。其实现了两个层面的控制，即监测和纠偏。监测就是看被考评者是不是在朝着既定目标前进；纠偏，就是一旦被考评者在工作的过程中出现方向性或者技术性错误，企业应该通过绩效管理这个体系来帮助其进行纠正，从而使其达到原来既定的目标。

13.1.2.3　绩效管理的特征

绩效管理的特点在于注重工作结果的比较与评价，通过分析工作差距产生的原因，有针对性地进行工作绩效的改进。把握绩效管理的特征，需要理解以下几点。

1. 以成果为导向

绩效管理关注的是工作成果，体现成果导向的理念。不管是根据企业要求设定绩效标准、按照绩效标准评估工作业绩，还是对照工作业绩采取改进措施，都强调为改进工作结果而努力。

绩效管理的成果导向特点，来自企业经营管理的本质要求。归根结底，企业靠为市场提供合格的产品服务来谋求自己的生存与发展。只有把产品服务产生出来，投入市场，企业的价值才能实现，因此不能离开工作结果谈管理问题。与此相应，企业的各项工作也要通过工作成果来检验，包括最终成果和中间成果。在实际工作中，表现为关注分工协作的实际情况，关注这种分工协作会导致什么样的生产经营成果。

因此绩效管理具有成果导向的特点，强调由于工作产生的客观事实。

2. 以过程为核心

目前企业中存在的主要问题是将绩效管理简单理解为绩效考核。主管人员认为绩效管理就是在季度末或者年度末填写的那几张表格。但事实上，绩效考核绝不等于绩效管理，绩效考核只是绩效管理循环中的一个环节。绩效管理是一个循环过程，在这个过程中，它不仅强调达成绩效结果，更要通过目标、辅导、评价、反馈等环节，重视达成结果的过程。

企业必须建立一个用以提高管理者人力资源管理责任的绩效管理循环体系。人力资源管理不只是人事部门的事情，而是全体管理者的责任，与员工确定绩效计划，绩效标准，对员工进行过程辅导以及对员工进行激励都是作为直接管理者的一线经理的人力资源管理者的责任，一线经理要承担起对人的管理的责任。

学生插画练习：漫画能够体现"绩效既关注行为，又关注结果"。

3. 以考评为中心

绩效管理对于工作成果的关注方式，是以一定的工作标准为依据，对实际工作状况进行测量评价，考察工作标准的实现水平并找出存在的差距。因此绩效管理与工作考核相关。从不同的考核标准出发，会对同样的工作成果做出不同的评价。

绩效管理的业绩考评特点，与企业管理的特点直接相关。企业作为一个有计划的分工协作体系，不同工作环节承担着不同的工作任务，发挥着不可缺少的功能和作用。对于这些环节的作用要从分工协作的体系结构来理解，根据结构设计中对每一工作环节的要求来把握。也就是说，企业生产经营的最终结果，是通过分工协作体系各环节发挥作用实现的，任何一个环节的作用状况，都会影响企业经营的最终成效。因此，必须从分工协作的要求出发，对不同环节的工作状况进行考察和测评，以符合计划的程度作为工作成绩的体现。

与此相应，绩效管理强调工作考评，注重业绩指标。

4. 以改进为目的

绩效管理注重考评指标的原因，是力图由此入手找出改进工作状况的办法。也就是说，进行绩效管理的落脚点，是对考评结果进行因果分析，寻找主要的影响因素及其关联方式，从而采取有针对性的业绩改进措施。

绩效管理的工作改进特点，是生产经营活动的要求。影响生产经营绩效的因素很多，既涉及资源要素的获取与配置，又涉及企业成员的分工协作方式。前者覆盖经营管理的各个方面，后者主要考虑企业成员的工作效率问题。绩效管理是企业管理的一个方面，力图从分工协作的角度改进绩效，因此以发现工作缺陷并进行改进为主要线索。

通过改进工作方式提高工作效率，是绩效管理的落脚点。

实例分析：企业的绩效考核

企业实施绩效管理的难点与解决办法

首先，我们来对案例涉及的 B 企业背景做一个简单介绍。该企业是一家中型企业，下设人事部、财务部、投资部、工程部、销售部、预算管理部六大部门，目前有员工 60 多人。该企业通常在年终对员工进行民主测评，测评结果和员工奖金挂钩。由于测评工具比较简单，实际上并未起到区别优劣的作用，年终奖分配时只能由管理层在企业内部进行"平衡"，企业中的平均主义气氛十分浓厚。

该企业高层充分认识到以往的管理模式已经严重制约了企业的发展，遂决定配合公司的战略转型，开始在企业中推行全新的管理模式，其中很关键的一项就是绩效管理。然而，随着新的管理模式在企业中的推广，该企业的高层和人力资源管理人士发现围绕绩效管理出现了以下棘手问题。

1. 难以设定规范的考核项目

以该企业的部门绩效管理而言，考核项目虽然包括考核目标、衡量标准、权重等重要内容，但实际应用效果往往并不理想。就考核目标而言，出现的问题主要表现在考核目标内容单一、只是和该部门的眼前工作任务有关，忽视了确定部门目标的其他重要来源，没有进行全方位的有效沟通，企业目标体系缺乏整体性。在确定考核衡量标准时，无法体现出原则性。在确定各考核目标的重要性时，未能通过内部沟通来设定部门的各项目标的权重，部门目标的权重设定随意性很强。

2. 绩效考核环节差强人意

绩效管理的关键环节就是要通过考核区分优劣，但是该企业实际操作的结果并非如此。在考核中，有的部门出现几乎所有员工考核结果为优的情况。而在对员工素质进行同事评价时也出现"互相拔高""你好我也好"的情形，真正认真对待考核的员工评价结果反而较差。

3. 绩效管理体系很难发挥整体效果

从该企业的绩效管理体系运行情况来看，出现了比较典型的"四大脱节"，即部门考核和员工考核脱节，员工的考核并不是在部门考核基础上进行的，部门绩效的好坏未能对其所属员工的考核产生直接影响；目标考核和素质评价脱节，对员工的考核偏重于结果性的目标考核，忽视了对员工工作行为的全面客观评价；季度或年度考核与日常考评脱节，在考核时没有或者很少借助日常的工作计划和汇报记录，认为增加了考核误差；绩效考核和绩效反馈脱节，考核结果未能对员工未来工作行为和业绩产生导向作用。

问题： 出现这些问题的原因是什么？应该采取哪些解决措施？

分析要点：

企业可以考虑依次从以下几点入手。

1. 完善企业的绩效管理体系

结合企业的组织结构和业务流程，建立立体的绩效管理体系。也就是绩效管理体系既要和企业自上而下的目标体系和组织结构体系相一致，又要考虑到从企业选择价值，到提供价值、再到沟通价值的这样一个独特的业务流程，确保绩效管理能够为业务流程的改善服务；同时还必须考虑到体系本身在过去的绩效确认、未来的绩效提高之间的动态结合。

2. 建立真正有效的目标管理体系

企业需要注意的关键是尽快建立一个规范的目标管理流程。这一流程通常要明确企业的不同管理层级如股东大会、董事会、总经理、部门经理等在提出目标草案、质询目标草案、确认目标过程中的职责和相互关系。只有建立起规范的目标管理流程，才有望在企业内部形成动态而高效的目标管理体系。目前企业在目标管理中暴露出的最大问题就是对目标草案的质询极不充分、对目标草案的确认很不严肃，这样经常出现"计划经不起变化"的现象，严重削弱甚至消解了目标管理的力量。

课堂活动：为上述案例 B 企业建立绩效考核体系

目标： 这项活动帮助你掌握绩效考核体系的具体运用。

背景： 掌握绩效考核体系的构建方法及注意事项。

任务： 把学生分成若干小组，每小组 5～6 人，展开一次团队合作，与团队成员完成如下任务：B 企业为一家建筑工程施工企业，根据 B 企业在绩效管理中出现的问题，为各部门重新建立绩效考核体系。团队成员人人参与，互相补充意见。

要求： 以小组为单位完成设计工作，并说明原因。其他条件可自己假设。

13.1.2.4 绩效管理与传统绩效考核的差异

绩效考核和绩效管理是具有紧密联系的两个概念。绩效管理概念的提出本身就是源自绩效考核的片面性和孤立性，从一种孤立的手段发展到系统的管理过程。因此，绩效考核始终是绩效管理过程中的一个十分重要的环节，也是代表着绩效管理水平的核心技术。当然，绩效考核的成功与否不仅取决于评估本身，在很大程度上还依赖于与评估相关的整个绩效管理过程。因此，二者是相互依存、相辅相成的关系。

绩效管理与传统绩效考核相比，其区别主要体现在以下 4 个方面（见表 13-1）。

1. 两个过程的人性观不同

传统绩效考核的出发点是把人单纯地当作实现企业目标的一种手段，其基本的人性又见假设是性恶论，认为只有通过不断地考核才能鞭策和防止员工的懒惰与懈怠。而绩效管理的人性观是现代的以人为本的人性理念。而所谓的以人为本就是相信每个人都有自我完善和自我实现的潜能。只要给予足够的信任与激励，每位员工都能够自觉地发挥积极性与创造性。

2. 两个过程的侧重点不同

绩效考核侧重于考核过程的执行和考核结果的判断，考核过程往往是单向命令式。而现代绩效管理侧重于持续的沟通与结果信息的反馈，尤其强调双向互动沟通。一方面，管理者需要了解员工的工作进展情况，并及时沟通实施过程中的问题，获取反馈信息；另一方面，员工也需要不断了解绩效信息，以便更好地提高工作效率。

表 13-1 绩效管理与传统绩效考核的区别

绩效管理	传统绩效考核
绩效管理是一个完整的系统	传统绩效考核只是绩效管理系统中的一部分
绩效管理是一个过程，注重过程的管理	传统绩效考核是一个阶段性的总结
绩效管理具有前瞻性，能帮助企业前瞻性地看待问题，有效规划企业和员工的未来发展	传统绩效考核则是回顾过去一个阶段的成果，不具备前瞻性
绩效管理有着完善的计划、监督和控制的手段和方法	传统绩效考核只是提取绩效信息的一个手段
绩效管理注重能力的培养	传统绩效考核只注重成绩的大小
绩效管理能建立经理与员工之间的绩效合作伙伴的关系	传统绩效考核使经理与员工站到了对立的两面，距离越来越远，甚至会制造紧张气氛和关系

3. 两个过程的参与方式不同

传统绩效考核中，员工认为考核只是人力资源管理部门的工作，自己仅是一个该流程中的被动参与者——员工不对设定的目标承担任何责任，对主管部门的期望不了解，不清楚自己的工作过程和工作结果如何被考核。而在现代绩效管理的过程中，员工可以亲自参与绩效管理的各个过程——制定指标、绩效沟通和信息反馈等，充分体现了员工的主动性，对员工的近期和长远发展都具有主要意义。

4. 两个过程的主要目的不同

绩效考核的目的就是通过考核得到一个关于员工工作情况和工作效果的结论，主要用于对员工薪资水平上的奖励与惩罚。在现代绩效管理中考核的主要目的不是奖励与惩罚，其最重要的用途是用于员工的绩效改进计划。

💡 即问即答：绩效管理相较于传统绩效考核有哪些好处？

13.1.3 绩效管理体系

13.1.3.1 企业经营价值链与绩效管理体系的关系

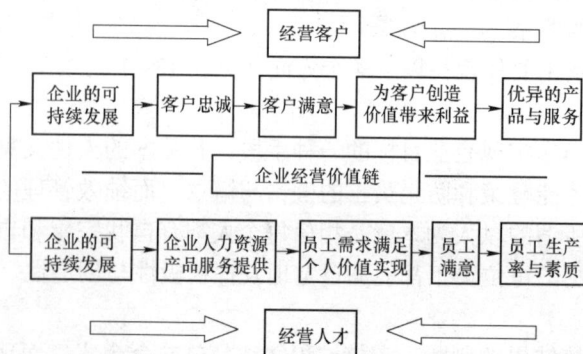

图 13-1 企业经营价值链

在当今崇尚知识与人才的知识经济时代，获得客户的满意与忠诚已经成为企业获得可持续发展的关键环节，企业经营价值链（见图 13-1），企业的战略目标转化为以客户和市场为依据的具体目标，进而成为组织未来绩效的来源与动因。

要研究企业的绩效管理，首先应从企业整体的价值链角度来思考。企业的价值链管理是人力资源管理的核心，它包含 3 个最基本的部分，即价值创造、价值评价和价值分配（见图 13-2）。价值创造是研究企业价值的来源，要解决的是谁创造了企业价值的问题。关于这一点，在不同的经济发展时期有着不同的认识。在农业经济时代，人们认为土地和劳动创造了企业价值，而到了知识经济时代，人们则认为企业家的才能、知识、资本和劳动共同创造了企业的价值。企业的价值创造出来以后，如何在众多的价值创造要素之间进行价值的客观分配成为关键问题。一套完善的价值分配体系包括多种分配形式、分配结构等，但这些都必须是建立在评价准确的基础上，要客观地分配价值，必须对价值创造者的贡献度进行准确的评价。从现代人力资源管理的角度来说，是要建立一个按照业绩、能力分配的机制，因此，必须建立一个科学的评价系统。

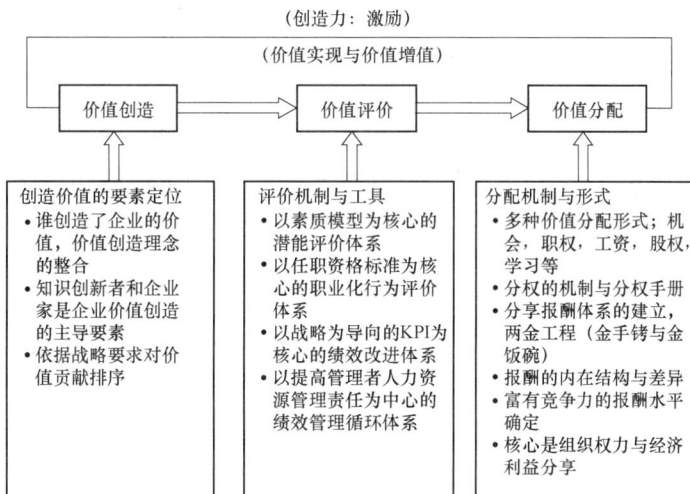

图 13-2 企业价值链管理

13.1.3.2 绩效管理的核心思想在于不断提升组织和员工绩效

绩效管理的第一要求就是不断提升组织和员工的绩效。完整的绩效管理由绩效计划、绩效辅导、绩效诊断、绩效评价、绩效反馈几部分构成，是一个闭循环的过程。从组织层面来看，表现为绩效管理循环，即通过计划、实施、辅导、检查、报酬来引导员工实现绩效目标和提升组织绩效水平；从个人层面来看，表现为不断提升的绩效改进循环，通过员工和主管的共同参与，通过绩效辅导，检查等，实现员工技能的不断提高和绩效的不断提升。

13.1.3.3 绩效管理是一个持续沟通的过程

绩效管理是管理者和员工双方就目标及如何达到目标而达成的共识，以及协助员工成功地达到目标的管理方法。绩效管理不是简单的任务管理，也绝不能将绩效评价等同于绩效管理。绩效评价仅仅是绩效管理中的一个部分，它特别强调沟通、辅导及员工能力的提高，而且沟通应该是贯穿始终的，在不同的阶段沟通的重点也有所区别。

13.1.3.4 完善的绩效管理机制应当是个性化的绩效管理方式

企业对员工的管理方式是由对于员工的认识决定的。在传统经济体制下，企业对所有的员工采取的都是同样的评价办法，依据的是按劳动付出进行分配的思想。进入知识经济时代后，随着工作中知识含量的提高和知识型劳动者的增加，工作形式也逐渐趋向多样化。知识性劳动的特殊工作方式、知识型员工的工作过程难以直接监控、知识劳动成果难以衡量等特征都使得价值评价体系的建立变得复杂而不确定。企业必须以新的思维来对待员工，即企业是站在员工需求的角度，通过提供令顾客满意的人力资源产品与服务来吸纳、留住、激励、开发企业所需要的人才。所以，企业的绩效管理体系必须能够适应这种多元化、个性化的工作形式，应当能够针对不同工作性质的员工提供不同的绩效管理形式。

13.2　绩效管理流程

绩效管理的过程通常被看作一个循环，这个循环分为 5 步：绩效计划与指标体系构建、绩效管理的过程控制、绩效考核与评价、绩效反馈与面谈以及绩效考核结果的应用。

绩效管理的一般流程可以用图 13-3 表示。

学生插画练习：漫画能够体现"绩效考核从设定目标开始"。

13.2.1　绩效计划与指标体系构建

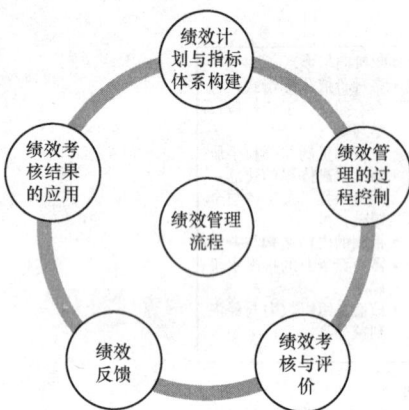

图 13-3　绩效管理的一般流程图

绩效计划作为绩效管理流程的第一个环节，是绩效管理实施的关键和基础所在。绩效计划制订得科学合理与否，直接影响着绩效管理整体的实施效果。在这个阶段，管理者和员工的共同投入与参与是进行绩效管理的基础，如果是管理者单方面的布置任务、员工单纯接受要求，就变成了传统的管理活动，失去了协作性的意义。

绩效计划是由管理者与员工根据既定的绩效标准，共同制定并修正绩效目标以及实现目标的过程，是主管和员工共同沟通，对员工的工作标准和目标达到一致意见，并形成协议的过程。绩效计划是关于工作目标和工作标准的契约，是绩效双方在充分沟通的基础上就绩效目标和绩效标准达成的一致认识，是对企业战略目标的细化和分解，已经成为企业控制其战略目标落地，并得以实现的主要手段。可以说，绩效计划就是企业战略目标的分解体系，其主要功能是支持和监控企业战略目标的实现。

从表现形式上看，绩效计划主要包括工作计划和绩效指标两种形式。但在企业管理实践中，绩效指标成为绩效计划的主要表现形式和主要内容，可以说绩效计划制订的关键和重点就是绩效指标体系的构建。就企业整体而言，其绩效指标不是孤立、零散的，而是具有层次性内在逻辑关系的指标体系。完整意义上的绩效指标体系不仅包括绩效指标，而且还包括指标的考核、评价标准，即绩效标准。

有了明确的绩效计划之后，便要根据计划来构建指标体系。指标体系的构建是员工了解企业目前经营的重点，为员工日后工作提供指引。指标体系包括绩效指标和与之相对应的标准。绩效指标是指企业对工作产出进行衡量或评估的那些方面，而绩效标准是指在各个指标上应该分别达到什么样的水平。换句话说，指标解决的是企业需要关注"什么"，才能实现其战略目标，而标准着重的是被评价的对象需要在各个指标上做得"怎样"或完成"多少"。绩效指标与绩效标准是相互对应的。

13.2.2 绩效管理的过程控制

制订了绩效计划，构建了指标体系之后，被评估者就开始按照计划开展工作。绩效管理不仅关注最终任务完成情况、目标完成情况、结果或产出，同时，还要关注绩效形成过程。因为，过分强调结果或产出，会使得企业管理者无法准确获得个体活动信息，从而不能很好地对员工进行指导与帮助，而且更多时候会导致企业的短期行为。绩效形成过程中，管理者要对被评估者的工作进行指导和监督，对发现的问题及时予以解决，并随时根据实际情况对绩效计划进行调整。

对绩效形成的过程进行有效控制需要做好以下几方面工作。

13.2.2.1 持续的绩效沟通

在整个绩效期间内，都需要管理者不断地对员工进行指导和反馈，即进行持续的绩效沟通。这种沟通是一个双方追踪进展情况、找到影响绩效的障碍以及得到使双方成功所需信息的过程。持续的绩效沟通能保证管理者和员工共同努力，及时处理出现的问题，修订工作职责，上下级在平等的交往中相互获取信息、增进了解、联络感情，从而保证员工的工作能正常地开展，使绩效实施的过程顺利进行。

13.2.2.2 绩效信息的收集和分析

绩效信息的收集和分析是一种有组织地、系统地收集有关员工工作活动和组织绩效的方法。所有的决策都需要信息，绩效管理也不例外。没有充足、有效的信息，就无法掌握员工工作的进度和所遇到的问题；没有有据可查的信息，就无法对员工工作结果进行评价，并提供反馈；没有准确、必要的信息，就无法使整个绩效管理的循环不断进行下去，并对组织产生良好影响。

13.2.2.3 提供绩效目标实现过程中的反馈

很多企业在绩效管理过程中缺乏反馈，导致从高层到员工对绩效管理的有效性产生怀疑，进而导致继续推行绩效管理有诸多障碍。在绩效控制中，有效的反馈对员工发展很有必要，它既反馈员工工作中的不足及错误行为和习惯，也反馈员工积极的工作行为和习惯。因此，绩效反馈既能改变员工的不足，又能强化员工的优点。向员工提供定期、持续的反馈，规划员工发展与训练活动的方法，让员工具有更强烈的工作动机，也能为员工提供有关升迁、员工发展策略与训练方面的相关信息。

13.2.2.4 提供指导和支持

指导是管理者为鼓励员工努力工作、克服困难和问题，以及推进员工职业发展所采取的行为。主管的成功在很大程度上取决于对下属指导和管理的成功。根据需要，与员工进行绩效改进的讨论。当员工出现不令人满意的绩效或消极的工作行为（如旷工、迟到、磨洋工等）时，管理者需要与员工进行绩效改进讨论，并予以必要的指导。向员工指导和讨论的主要内容如下。

（1）与员工沟通，让员工认识到所存在的问题，并正视所存在的问题。

（2）与员工讨论问题解决的方法和途径。

（3）共同选择合适的方法和途径，以最好地解决问题。

（4）制订解决问题的行动计划。

在对员工的工作进行绩效考核记录的同时，可以对员工工作中的不足提出建议，这对于公司绩效的有效提高和员工能力的快速成长都是大有裨益的。而且，从另一个角度来讲，对于管理者本身，履行这项绩效管理职能也有助于改良其工作方式，使公司的工作氛围更加融洽。

如果员工的绩效问题不能通过指导和讨论来解决，管理者需要考虑采用组织正式的行为矫正措施和制度来解决存在的问题。

13.2.2.5 根据需要调整绩效目标

为了应对变化的市场、及时抓住机会、满足客户需求，有时需要在年度内调整公司的业务战略，由此影响部门和员工业务绩效目标的变化。绩效促进本身是一个动态的过程。当公司业务战略变化时，随之有必要适当改变员工的绩效目标，以确保绩效计划的可获得性和现实相关性。

思政园地：工匠精神

不断追求手艺的进步

窦铁成是中铁一局电务公司的高级技师，虽然他只有初中学历，但他有积极进取的精神。靠着自学掌握了大量的电力学知识，记下了 60 余本百万余字的学习工作日记。在工作的 28 年间，他提出并实施设计变更 6 次，解决技术难题 52 个，排除送电运行故障 310 次，为企业节约成本及挽回经济损失 1 380 万元，被称为"电力专家"。

1979 年，23 岁的窦铁成实现了他的一个梦想：正式成为中铁一局电务公司的电力工人。当时，他暗自发誓：一定要做一名优秀的电工。第二年，他以优异的成绩考取了中铁局电力技术培训班，仅用了一年时间，他就成了一名技术娴熟的电力工人。但他并未停下进取的脚步，而是朝着更高的目标前进，他要的不仅是合格，还要知识渊博、技能高超。后来，窦铁成又自学了钣金工艺、机械制图、钳工技术、电磁学、电子技术、电机学、高等数学等。

窦铁成只是一名普通的电力工人，可他凭着高超的技能和丰富的经验，在 28 年间负责安装了 38 个铁路变配电所，且全部都是一次性通过验收，一次性送电成功。他还对某些进口设备的合理性大胆地提出了质疑，并成功排除了变压器的故障，这让法国的专家都倍感意外，不禁赞叹："中国工人了不起！"

窦铁成不只是个人优秀，他带出的徒弟在陕西省电力工技能大赛上，包揽了全省的前三名，获得团体冠军。工作期间，他为企业培训 180 人，把自身的知识和技能毫无保留地传授给工友；他教出的徒弟中有 35 人成为技师，5 人成为高级技师，他也因此被大家尊称为"工人教授"。

13.2.3 绩效考核与评价

如何就员工的绩效表现进行评价，依然是绩效管理的重点和关键。绩效考核在整个绩效管理循环中发挥着重要作用，没有绩效考核，也就没有考核结果，也无法对员工过去的绩效表现进行总结，发现过去工作中存在的问题，以及找到改善绩效的方法。

明确绩效考核的重要性，有助于员工和管理者正视绩效考核，并以积极的态度参与这项工作。另外，绩效考核是与组织的战略相联系的，它的有效实施将有利于把员工的行为统摄和导向到战略目标上来。整个绩效考核体系的有效性，还对组织整合人力资源、协调控制员工关系具有重要意义。不准确或不符合实际的绩效考核可能不会起到真正的、积极的激励效果，反而会给组织人力资源管理带来重重障碍，使员工关系紧张、团队精神遭到损害。因此，不论是管理者还是员工，都应该看到绩效考核的意义所在。绩效考核可以：

（1）确认员工以往的工作为什么是有效的或是无效的；

（2）确认应如何对以往的工作方法加以改善以提高绩效；

（3）确认员工工作执行能力和行为存在哪些不足；

（4）确认如何改善员工的行为和能力；

（5）确认管理者和管理方法的有效性；

（6）确认和选择更为有效的管理方式和方法。

考核不仅仅是对员工有意义，更重要的是对管理者的意义，体现在以下几方面：

（1）考核是直线管理者不可推卸的责任，员工的绩效就是管理者的绩效；

（2）认真组织考核不仅体现了管理者对员工、自身和组织的负责精神，而且反映了管理者自己的工作态度。

工作绩效考核可以根据具体情况和实际需要进行月考核、季考核、半年考核和年度考核。工作绩效考核是一个按事先确定的工作目标及其衡量标准，考察员工实际完成的绩效情况的过程。考核期开始时，签订的绩效合同或协议一般都规定了绩效目标和绩效测量标准。绩效合同一般包括：工作目的描述、员工认可的工作目标及其衡量标准等。绩效合同是进行绩效考核的依据，绩效考核包括工作结果考核和工作行为评估两个方面。其中，工作结果考核是对考核期内员工工作目标实现程度的测量和评价，一般由员工的直接上级按照绩效合同中的标准，对员工的每一个工作目标完成情况进行等级评定；而工作行为考核，则是针对员工在绩效周期内表现出来的具体的行为态度进行评估。同时，在绩效实施过程中，所收集到的能够说明被评估者绩效表现的数据和事实，可以作为判断被评估者是否达到关键绩效指标要求的证据。

绩效评估表（见表13-2）是主管与员工之间建立绩效合同的终结或延续。在绩效合同中，是否实现目标是用绩效等级来评定的。员工和主管记录他们的评论，使绩效评估一目了然。绩效评估的评语常被用来确立下一次绩效合同的新目标。

表13-2　绩效评估表

员工姓名：　　　　　　　　　　　　　　　　　　日期：

绩　效　等　级	主　管　评　语	员　工　评　语

绩效等级

总是超过预期目标　　5分　　　　主管

有时超过预期目标　　4分　　　　签名

实现预期目标　　　　3分

有时未达到预期目标　2分　　　　员工

一直未实现预期目标　1分　　　　签名

如何正确利用考核结果，应该做到以下几点。①用绩效考核的结果指导员工工作业绩和工作技能的提高，通过发现员工在完成工作过程中遇到的困难和工作技能上的差距，制订有针对性的员工发展培训计划。②通过绩效考核的结果公平地显示员工对公司做出的贡献大小，据此决定对员工的奖惩和报酬的调整。③根据绩效考核的结果决定相应的人事变动，使员工能够选择更适合自己的职位。总之，就是要把绩效考核结果与人事管理的其他环节挂钩，为正确的人事决策提供信息。

13.2.4　绩效反馈与面谈

绩效管理的过程并不是为绩效考核打出一个分数就结束了，主管人员还需要与员工进行一次甚至多次面对面的交谈。通过绩效反馈面谈，使员工了解主管对自己的期望、了解自己的绩效、认识自己有待改进的方面，并且，员工也可以提出自己在完成绩效目标中遇到的困难，请求上级的指导。

绩效反馈是绩效管理过程中的一个重要环节。它主要通过考核者与被考核者之间的沟通，就被考核者在考核周期内的绩效情况进行反馈，在肯定成绩的同时，找出工作中的不足并加以改进。被考核者可以在绩效反馈过程中，对考核者的考评结果予以认同，有异议的可以向公司高层提出申述，最终使绩效考核结果得到认可。

绩效面谈以一对一沟通的形式展开，为了使绩效面谈真正发挥其应有的作用，达到绩效反馈预期的结果，在面谈中应根据面谈内容制定相应的步骤策略。在绩效反馈面谈中，管理者应针对不同类型的员工选择不同的面谈策略，做到有的放矢，取得良好的反馈效果。一般来讲，员工可以依据工作业绩和工作态度分为以下 4 种类型。

13.2.4.1　贡献型员工（工作业绩好 + 工作态度好）

贡献型员工是直线经理创造良好团队业绩的主力军，是最需要维护和保留的。面谈策略：在了解企业激励政策的前提下予以奖励，提出更高的目标和要求。

13.2.4.2　冲锋型员工（好的工作业绩 + 差的工作态度）

冲锋型员工的不足之处在于工作态度忽冷忽热，时好时坏。分析其原因，多缘于两方面：一是性格使然，这种类型的员工喜欢用批判的眼光看待周围事物，人虽然很聪明，但总是带着情绪工作；二是沟通不畅所致。对这种类型的员工，切忌两种倾向：一是放纵（工作离不开冲锋型的人，工作态度不好就不好，只要干出成绩就行）；二是管死（只是业绩好有什么用，这种人给自己添的麻烦比做的事多，非要治治不可）。对于冲锋型的员工，采取的面谈策略包括：一是沟通，既然冲锋型员工的工作态度不好，只能通过良好的沟通建立信任、了解原因，改善其工作态度；二是辅导，通过日常工作中的辅导改善其工作态度，不要将问题都留到下一次绩效面谈。

13.2.4.3　安分型员工（差的工作业绩 + 好的工作态度）

安分型员工工作态度不错，工作兢兢业业、认认真真，对上司、公司有很高的认同度，可是工作业绩就是上不去。对这种类型的员工采取的面谈策略应该是：以制订明确的、严格的绩效改进计划作为绩效面谈的重点；严格按照绩效考核办法予以考核，不能用态度好代替工作业绩不好，更不能用工作态度掩盖工作业绩。

13.2.4.4　堕落型员工（工作业绩差 + 工作态度差）

堕落型员工会想尽一切办法来替自己辩解，或找外部原因，或自觉承认工作没做好。对这种类型的员工，采取的面谈策略应该是：重申工作目标，澄清员工对工作成果的看法。

实例分析：4 种绩效评估

情形一：员工赞成绩效评估，并愿意改善自己。虽然暴露出某些真实的分歧意见，但员工没有为自己辩护，而是竭力去澄清问题。

分析：对于员工的积极参与表示感谢。大多数员工为了改善自身，极想得到有关他们自身的强项和弱项。

情形二：员工不愿意对自己低水平的工作业绩承担责任，辩解称这是因为公司政策和其他员工所致。

分析：虚心倾听意见。不要打断员工的发言或与之争论，要找出他们批评别人的原因，然后把这场讨论引向与员工共同讨论可行的解决方法。每当员工努力向承担责任的方向迈进一步，就要及时表扬。

情形三：员工不同意你的评语，并提出反驳你结论的确凿证据。

分析：首先仔细倾听员工心声，然后指明你愿意重新查核你的资料。如果员工资料比你的更真实有效，你就要调整立场。但如果你是正确的，就一定要坚定自己的立场，并阐明你的观点。

情形四：虽然员工一声不吭地全盘接受评估结果，但准备在下一次绩效合同讨论前离职。

分析：员工可能被绩效评估吓住了，这时得用提问的形式鼓励他们与你沟通，确保他们参与新的绩效合同的讨论。

13.2.5　绩效考核结果的应用

当绩效考核完成以后，不能将评估结果束之高阁、置之不理，而是要与相应的其他管理环节相衔接。主要有以下几个接口。

13.2.5.1　制订绩效改进计划

绩效改进是绩效管理过程中的一个重要环节。传统绩效考核的目的是通过对员工的工作业绩进行评估，将评估结果作为确定员工薪酬、奖惩、晋升或降级的标准。而现代绩效管理的目的不限于此，员工能力的不断提高以及绩效的持续改进和发展才是其根本目的。绩效考核结果反馈给员工后，有利于他们认识自己的工作成效，发现自己工作过程中的短板所在。绩效沟通给员工带来的这种信息会使可能一直蒙在鼓里的员工真正认识到自己的缺点和优点，从而积极主动地改进工作。所以，绩效改进工作的成功与否，是绩效管理过程是否发挥效用的关键。

13.2.5.2　组织培训

这是指根据绩效考核的结果分析来对员工进行量身定制的培训。对于难以靠自学或规范自身行为态度就能改进绩效的员工来说，可能真的在知识、技能或能力方面出现了"瓶颈"。因此，企业必须及时认识到这种需求，有针对性地安排一些培训项目，组织员工参加培训或接受再教育，及时弥补员工能力的短板。这样带来的结果是既满足了完成工作任务的需要，又可以使员工享受免费的学习机会，对企业、对员工都是有利的。而培训和再教育也越来越成为吸引优秀员工加盟企业的一项福利。

13.2.5.3 薪酬奖金的分配

企业除基本工资外，一般都有业绩工资，它是直接与员工个人业绩挂钩的。这种工资形式在业界很流行，它被形容为"个人奖励与业绩相关的系统，建立在使用各种投入或产出指标来对个体进行某种形式的评估或评价"。一般来说，绩效评价越高，所得工资越多，这其实是对员工追求高业绩的一种鼓励与肯定。

13.2.5.4 职务调整

经过多次绩效考核后，员工的业绩始终不见有所改善，如果确实是员工本身能力不足，不能胜任工作，则管理者将考虑为其调整工作岗位；如果是员工本身态度不端正的问题，经过多次提醒与警告都无济于事，则管理者会考虑将其解雇。这种职务调整在很大程度上是以绩效考核结果为依据的。

13.2.5.5 员工职业发展开发

根据绩效评价的结果，分别拟定员工在培养和发展方面的特定需要，以便最大限度地发挥他们的优点，使缺点最小化。从而实现提高培训效率，降低培训成本；实现适才适所；在实现组织目标的同时，帮助员工发展和执行他们的职业生涯规划。

13.2.5.6 人力资源规划

为组织提供总体人力资源质量优劣程度的确切情况，获得所有人员晋升和发展潜力的数据，以便为组织的未来发展制定人力资源规划。

13.2.5.7 正确处理内部员工关系

坦率公平的绩效评价，为员工在提薪、奖惩、晋升、降级、调动、辞退等重要人力资源管理环节提供公平客观的数据，减少人为不确定因素对管理的影响，因而能够保持组织内部员工的相互关系建立在可靠的基础之上。

13.3 绩效评价方法

13.3.1 关键业务指标

1897年，意大利经济学家帕累托在研究中发现一件奇怪的事情：进入19世纪英国人的财富分配呈现一种不平衡的模式，大部分的社会财富，都流向了少数人的手里。后人对他的这项发现有不同的命名，二八法则是其中的一个说法，还有帕累托法则、帕累托定律、最省力法则等说法。尽管帕累托首先发现了二八法则，但是直到第二次世界大战后，一位罗马尼亚裔的美国工程师朱伦才开始引介它。朱伦将二八法则应用于日本企业实践，受到日本企业的大力欢迎，并对第二次世界大战后日本工业的崛起找到很大的推动作用。美国经济受到威胁，二八法则才受到西方的尊重。

劳伦斯·彼得在研究美日两国知名企业成功运用二八法则的经营实践中，得到两点收益：其一，明确自己企业中 20%的经营要务是哪些？其二，明确应该采取什么样的措施，以确保 20%的重点经营要务取得重大突破？那么，二八法则对管理者而言意味着什么？这就要求经营管理者，在平常的经营管理上，不应事无巨细，而要抓住管理的重点，包括关键的人、关键的环节、关键的岗位、关键的项目等。

KPI 的理论基础是二八法则。二八法则运用到绩效管理中，具体体现在 KPI 上，即一个企业在价值创造过程中，每个部门和每位员工的 80%的工作任务是由 20%的关键行为完成的，抓住 20%的关键，就抓住了主体。

13.3.1.1　KPI 的概念

KPI（key performance indicators）中文翻译为"关键绩效指标"，是通过对组织内部某一流程的输入端、输出端的关键参数进行设置、取样、计算、分析，衡量流程绩效的一种目标式量化管理指标，是一种把企业的战略目标分解为可运作的远景目标的工具，是企业绩效管理的基础。KPI 考核可以使各级主管明确各级部门的主要责任，并以此为基础，明确各部门人员的业绩衡量指标。

关键绩效指标是基于企业经营管理绩效的系统考核体系，可以从以下 3 个方面来理解关键绩效指标的深刻含义。

（1）关键绩效指标是用于评估和考核被评价者绩效的可量化或可行为化的系统考核体系。也就是说，关键绩效指标是一个指标体系，它必须是可量化的，如果难以量化，那么也必须是可行为化的。如果可量化或可行为化这两个特征都无法满足，那么就不符合关键绩效指标的要求。

（2）关键绩效指标体现绩效中对组织战略目标起增值作用的绩效指标。这就是说，关键绩效指标是连接个体绩效和部门绩效与组织战略目标的一个桥梁。关键绩效指标是针对组织战略目标起到增值作用的工作产出来设定的，基于这样的关键绩效指标对绩效进行评价，就可以保证真正使得对组织有贡献的行为受到鼓励。

（3）通过在关键绩效指标上达成的承诺，基层员工与中高层管理者都可以进行工作期望、工作表现和未来发展等方面的沟通。关键绩效指标是进行绩效沟通的基石，是组织中关于绩效沟通的共同辞典。有了这样一个辞典，管理者和员工在沟通中就可以有共同的语言，共同为实现组织战略目标而努力。

13.3.1.2　KPI 设计的基本思路

建立关键绩效指标体系，其基本思路如下。

（1）企业的战略是什么？首先要明确企业的愿景和战略，并且形成企业的战略方针。而且，它还必须回答"如何去实现愿景与战略？"这一问题。

（2）根据岗位业务标准，哪些是重要的导致企业成功的因素？关键成功因素是指公司擅长的、对成功起决定作用的某个战略要素。同时，找到"我们如何去抓住它？"的答案。

（3）确定关键绩效指标、绩效标准与实际因素的关系。在提取 KPI 的过程中，不仅要包含财务 KPI，还应该包含非财务 KPI。所以说，既要有"销售额""利润率"等财务性 KPI，也要有"客户满意度"等非财务性 KPI。

（4）关键绩效指标的分解。通常，企业关键绩效指标由以下几个层级构成：一是企业级关键绩效指标，是由企业的战略目标演化而来的；二是部门级关键绩效指标，是根据企业级和部门职责来确定的；三是由部门关键绩效指标落实到工作岗位的业绩衡量指标。

13.3.1.3　关键绩效指标类型

在确定了工作产出之后，需要确定对各项工作产出分别从什么角度去衡量，从哪些方面评价各项工作产出。通常来说，关键绩效指标主要有 4 种类型：数量、质量、成本和时限。表 13-3 列出了常用的关键绩效指标的类型、一些典型的例子，以及从哪里可以获得验证这些指标的证据来源。

表 13-3　关键绩效指标类型示例

指标类型	举例	证据来源	指标类型	举例	证据来源
数量	产量 销售额 利润	业绩记录 财务数据	成本	单位产品的成本	财务数据
质量	破损率 独特性 准确性	生产记录 上级考核 客户考核	时限	及时性 到市场时间 供货周期	上级考核 客户考核

在制定具体的绩效评估指标时，一般从两方面进行考虑：对结果的关注和对过程行为的关注。但是对处于不同层级的人员，由于他们各自承担的责任不同，结果指标和行为指标所占的权重也是不同的。处于企业高层的管理者，往往更多的是对结果承担责任，工作内容更多的是决策和管理，需要灵活性和艺术性，对其在达成结果的过程中的行为很难进行严格规范，因此，绩效指标也应该是以结果指标为主。而基层员工往往能直接对结果承担责任，或者说基层员工对结果的影响主要是通过其完成任务过程中表现出来的行为规范性来决定的，因此，对基层员工来说过程控制就显得非常重要。在设计绩效指标时对基层员工来说往往行为指标占了较大权重，而结果指标占的权重则较小。并且，越是高层管理者的 KPI 数目越少，结果性越强，量化性越高；越是基层管理者的 KPI 数目越多，过程性越强，数量与质量性皆有，指标一般应当比较稳定。即如果业务流程基本未变，则关键绩效指标的项目也不应有较大的变动。

13.3.1.4　KPI 指标体系的建立流程

应用于员工考核的 KPI 指标体系，其建立过程可分为两大部分。

第一部分：进行总体性指标分解。首先，要明确企业的战略目标，利用头脑风暴法和鱼骨图分析法找出企业的业务重点，找出关键业务领域的关键绩效指标（KPI），即企业级 KPI；其次，依据企业级 KPI 建立部门级 KPI，并对相应部门的 KPI 进行分解，确定相关的要素目标，分析绩效驱动因素（技术、组织、人员等），确定实现目标的工作流程；最后，将部门级 KPI 分解到各个岗位和个人，从而建立完整的企业 KPI 指标体系。

第二部分：进行个别性指标分解。要根据各岗位的关键业务活动，建立员工具体考核指标。

确立关键绩效指标体系的程序主要包括以下 5 个步骤。

（1）确定绩效指标，即明确所辖部门和个人在一定时期内应该完成的职责和任务。绩效指标的确定应保证与组织目标相一致，并以客户需求为导向；绩效指标应尽量体现某项活动的结果或关键行为。

（2）审核关键绩效指标，即确定所选指标是否属于 KPI 指标，KPI 指标是否能全面、客观地反映被考核者的工作绩效，以及是否适用于实际的绩效管理与考核操作。

（3）建立评价标准。KPI 指标的建立既可以企业战略规划、业务计划或任务协议书为依据，也可以工作分析、职位说明书为基础，但是无论来源于何处，均应选择最能反映被考核者应该完成的工作绩效的评价指标。这些指标应该有比较客观、可靠、全面的评价标准和依据。建立评价标准应同时考虑基本要求与卓越指标，以区分员工的不同绩效表现。

（4）分配指标权重。指标权重的分配一般有两种方法：一种是首先将指标按照重要性原则进行排序，然后依据排序确定其相应的权重；另一种是采用权值因子法，即运用权值因子判断表对设计的各个指标进行两两比较并评估分值，以此来确定相应指标的权重。无论采用何种方法，指标权重的确定都必须符合下列原则：所有关键绩效指标的权重之和为 100%；单个指标的权重最小不能小于 5%；各指标的权重应呈现一定的差异性，避免出现平均分配权重的状况。

（5）确定评价主体。根据 360 度绩效考核反馈法和责权对等原则，应该对不同的绩效指标安排相应的评价主体。如果没有合适、可靠的评价主体，再好的绩效指标设计也将无法得到公正的执行。

13.3.2　平衡计分卡

1990 年，哈佛大学商学院的卡普兰（R. S. Kaplan）教授和波士顿咨询公司的咨询顾问诺顿（D. P. Norton）带领一个研究小组，对 12 家公司进行研究，以寻求一种新的绩效管理方法。这项研究的起因是，人们越来越认识到仅仅依靠财务指标监控公司的绩效体系是不够的。同时，这 12 家公司以及卡普兰和诺顿还认为，过分依靠财务指标会影响公司的创造力。他们讨论了多种可能替代的方法，最后决定通过评价相互之间存在逻辑关系的 4 种组织活动（财务、顾客、内部流程、学习和发展）的绩效指标的组合，来全面监控组织的绩效表现。这个绩效指标的组合就是平衡计分卡。1992 年，卡普兰和诺顿将他们的研究结果——《平衡计分卡：驱动绩效的评价指标体系》发表在《哈佛商业评论》上，正式提出平衡计分卡的概念。

13.3.2.1　平衡计分卡的结构

平衡计分卡以企业战略为基础，将各种衡量方法整合为一个有机的整体，它既包含财务角度的指标，又包含顾客角度、内部业务流程角度、学习与成长角度的非财务指标，使得组织能够一方面追踪财务结果，另一方面又密切关注能使企业提高能力并获得未来增长潜力的无形资产等方面的进展，这样就使企业既具有反映"硬件"的财务指标，又具备能在竞争中取胜的"软件"指标。

平衡计分卡是使企业战略落地的工具。它最突出的特点就是将企业的愿景、使命和发展战略与企业的业绩评价体系联系起来，把企业的使命和战略转变为具体的目标和测评指标，以实现战略和绩效的有机结合。

平衡计分卡的基本结构如图 13-4 所示。

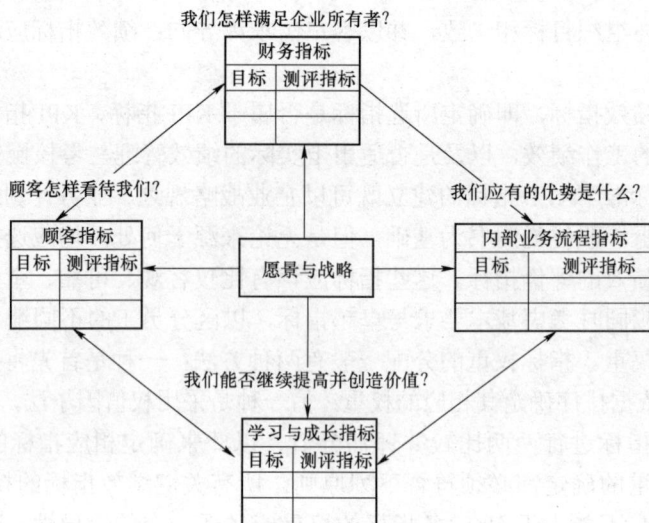

图 13-4　平衡计分卡的基本结构

1. 顾客角度——顾客怎样看待我们?

企业要获得长远的财务业绩,就必须创造出令客户满意的产品和服务。平衡计分卡给出了两个层次的绩效评估指标:一是企业在客户服务方面期望达到绩效而必须完成的各项指标,主要包括市场份额、客户保有率、客户获得率、客户满意度等;二是针对第一层次各项指标进行逐层细分,选定具体的评价指标,形成具体的绩效评估量表。

2. 内部业务流程角度——我们应有的优势是什么?

这是平衡计分卡突破传统绩效评价的显著特征之一。传统绩效评价虽然加入了生产提前期、产品质量回报率等评价,但是往往停留在单一部门绩效上,仅靠改造这些指标,只有助于组织生存,而不能形成组织独特的竞争优势。平衡计分卡从满足投资者和客户需要的角度出发,从价值链上针对内部的业务流程进行分析,提出了 4 种绩效属性:质量导向的评价、基于时间的评价、柔性导向评价和成本指标评价。

3. 学习与成长角度——我们能否继续提高并创造价值?

这个方面的观点为其他领域的绩效突破提供手段。平衡计分卡实施的目的和特点之一就是避免短期行为,强调投资未来的重要性,同时并不局限于传统的设备改造升级,更注重员工系统和业务流程的投资,注重分析满足需求的能力和现有能力的差距,将注意力集中在内部技能和能力上,这些差距将通过员工培训、技术改造、产品服务加以弥补。相关指标包括新产品开发循环期、新产品销售比率、流程改进效率等。

4. 财务角度——我们怎样满足企业所有者?

作为市场主体,企业必须把盈利作为生存和发展的基础。企业各个方面的改善只是实现目标的手段,而不是目标本身。企业所有的改善都应该最终归于财务目标的达成。平衡计分卡将财务方面作为所有目标评价的焦点。如果说每项评价方法是综合绩效评价制度这条纽带的一部分,那么因果链上的结果还是归于"提高财务绩效"。

经理们可以通过把企业的战略和使命转化为具体的目标和测评指标,建立平衡计分卡。比如,为了建立平衡计分卡中侧重于顾客满意度的那一部分,电子线路公司的经理确立了顾客绩效的总体目标:使标准产品早日上市,为顾客缩短产品上市时间,通过与顾客建立伙伴关系,向其提供多种选择,同时开发能够满足顾客需要的新产品。经理们把战略的这些组成因素转化成 4 个具体指标（即财务指标、顾客指标、内部业务流程指标、学习与成长指标），并为其一一确定了测评指标。

13.3.2.2　平衡计分卡的实施步骤与操作要点

平衡计分卡不仅仅是一种绩效考核工具，更是一种战略管理工具，因此应该在高层管理者的承诺和支持以及强有力的领导之下，将平衡计分卡提升到战略管理高度实施。通过绩效考核 4 个指标之间的因果驱动关系共同描绘组织战略的实施轨迹，并且通过绩效考核的计划—实施—管理过程契合组织战略的制订—实施—修正过程，使绩效考核与战略管理实现统一。

平衡计分卡中每一项指标都是一系列因果关系中的一环，通过它们把相关部门的目标同组织的战略联系在一起；而"驱动关系"则反映了各方面指标所代表的业绩结果与业绩驱动因素的双重含义，也就是通过指标之间的前馈指导与后馈控制关系，实施战略管理。

1. 平衡计分卡的实施步骤

实施平衡计分卡的步骤，主要有以下几条。

（1）要明确企业的使命、愿景和战略。明确企业的愿景，有助于管理者就企业的使命和战略达成共识，确定企业的平衡计分卡（包括顾客、财务、内部业务流程学习与成长 4 个角度）。

（2）要进行战略目标沟通，使各级经理能在组织中就战略要求进行上下沟通，并把企业战略目标与各部门及个人的目标联系起来，即将企业的基于战略分解的平衡计分卡目标落实到各部门的计分卡中，再落实到关键经理人和关键员工这一层面。

（3）要进行基于战略的业务规划。经理们利用平衡计分卡所制定的雄心勃勃的目标作为分配资源和确定先后顺序的依据，采取那些能推动企业实现长期战略发展目标的措施，并注意协调。

（4）要在企业、部门和个人层面建立反馈机制、绩效考核和能力发展模型，赋予企业战略性的学习能力。

（5）要建立浮动薪酬的绩效激励系统，与企业、部门和个人层面挂钩，激发员工发挥积极主动性，使自己的目标与企业战略保持一致，更好地执行企业战略，获得长期发展。

2. 平衡计分卡的操作要点

归纳起来，要想成功实施平衡计分卡，其决定性因素有以下几个。

（1）最重要的一条是最高管理层的决心、支持和推动。平衡计分卡是一个战略管理系统，不只是一个人力资源项目。

（2）人力资源管理部门需要被提升到战略高度，使之成为企业高层管理者的合作伙伴。

（3）要设定与企业战略相联系的合适的目标、指标、行动计划和任务，特别是关键要素和行为流程。

（4）要整合并理顺相关的组织机构和流程，强化跨部门团队合作，实施有效的信息技术系统，减少行政性干扰。

13.3.3　目标管理

一般认为，目标管理法源自彼得·德鲁克。彼得·德鲁克于 1954 年在《管理实践》一书中最先提出"目标管理"的概念，他认为："凡是工作状况和结果直接、严重地影响企业的生存和发展的部门，目标管理都是必需的。"其后又提出"目标管理和自我控制"的主张。

彼得·德鲁克认为，并不是有了工作才有了目标，相反，有了目标才能确定每个人的工作。所以，"企业的使命和任务，必须转化为目标"，如果一个领域没有目标，这个领域的工作必然被忽视。因此，管理者应该通过目标对下级进行管理，当组织最高层管理者确定了组织目标后，必须对其进行有效分解，转变成各个部门以及个人的分目标，管理者根据分目标的完成情况对下级进行考核和奖惩。

彼得·德鲁克还认为，目标管理就是先由企业制定、提出在一定时期内期望达到的理想总目标，然后由各部门和全体员工根据总目标确定各自的分目标，并积极主动设法使之实现的一种方法。

13.3.3.1　目标管理法概述

1. 目标管理法的内容

目标管理不仅仅是关注组织中员工个人绩效的管理过程的一个通用名词，通常，它是一个目标设定的过程，可以通过这个过程为组织、部门、部门经理及员工建立目标。MBO 不是一个员工行为的衡量工具，它只是试图衡量员工行为的有效性或对组织成功和目标实现的贡献。目标管理法只不过是一门技术，该技术有助于管理者与员工针对企业目标进行交流和沟通，可以设定个人及企业的目标，同时也可以通过它建立一个有效的薪酬和激励系统及监督反馈系统。

目标管理法的定义有很多种。在回顾主要目标管理法专家的著作后，McConkie 认为目标管理法一般可被定义为：它是一个管理过程，即为了追求相互认可的目的和目标，由上司和下属参加的协商和确立组织目标的过程；这些目的和目标是明确的、可衡量的、有时间限制的，并且要融入行动计划中；进步和目标的实现在绩效考核阶段是可衡量和可监控的，这个阶段的工作应集中于共同确定的目标的绩效标准上。Richard Steers 在他的《组织行为导论》中将目标管理法定义为：目标管理法是一个过程，在这个过程中，综合性组织的员工协力工作，确立共同的目标并互相协调以实现这些目标。

具体而言，所谓目标管理是一种程序或过程，它使组织中的上司和下级一起协商，根据组织的使命确定一定时期内组织的总目标，由此决定上、下级的责任和分目标，并把这些目标作为考核组织绩效、衡量部门和个人绩效对组织的贡献的标准。

2. 目标管理法的特点

彼得·德鲁克认为，任何组织的目标和部门以及个人的目标必须步调一致。虽然企业中每个成员所做的贡献各不相同，但是，他们的努力必须全都朝着同一个方向，他们的贡献必须融为一体，以产生一种整体的业绩。与其他管理模式相比，目标管理具有以下特征。

1）目标管理是参与管理与自我控制相结合的管理形式

在目标管理过程中，目标的实现者，即目标的制定者，通过上下协商，制定出企业各个部门乃至每个员工的分目标；员工参与目标制定过程，而且在承诺目标的同时被授予相应的权利，这无疑调动了员工的自我控制性和工作主动性。

2）从目标管理的整个实施过程来看，它注重统一

一方面，它强调工作和人的统一。管理者不断地挖掘员工本身所具有的自我实现的欲望，让员工从工作中获得生存的价值，更好地达到目标。另一方面，它强调个人目标和组织目标的统一。

3）注重成果第一的方针

目标管理以制定目标为起点，并且以目标实施的最终考核为终结。由于目标管理在起初就制定了一套完善的目标考核体系，从而能够按照员工的工作成果如实地评价一个人。

13.3.3.2　目标管理法的原则和操作流程

彼得·德鲁克在 1954 年出版的《管理的实践》一书中提出，"目标管理和自我控制的主张"，认为"企业的目的和任务必须转化为目标。企业如果无总目标及与总目标相一致的分目标来指导员工的生产和管理活动，则企业规模越大，人员越多，发生内耗和浪费的可能性越大"。概括地说，目标管理就是让企业的管理者和一般员工亲自参与工作目标的制定，在工作过程中实行自我控制，并努力完成工作目标的一种管理机制与制度。

1. 目标管理法的原则

目标管理法的主要原则如下。

（1）企业的目的和任务必须转化为现实操作的目标，并且要由单一目标评价变为多目标评价。

（2）必须为企业各级各类人员和部门制定目标。如果一项工作没有特定的目标，这项工作就做不好。

（3）目标管理的对象包括从领导者到员工的所有人员，大家都要受到"目标"的控制与管理。

（4）实现目标与考核标准一体化，即按实现目标的程度实施考核，由此决定职务的升降和工资的高低。

（5）强调充分发挥各类人员的创造性和积极性。每个人都要积极参与目标的制定、展开和实施。领导者应允许下级根据自己参与制定的企业总目标设立自己的目标，以满足"自我成就"的需要。

（6）任何分目标都不能离开企业总目标自行其是。在企业规模扩大和进行部门重组时，不同部门有可能片面追求各自的目标，而这些目标未必有助于实现用户需要的总目标。企业总目标往往是摆好各种目标的位置、实现综合平衡的结果。

从本质上来说，目标管理法要求管理者与每位员工共同制定一套便于衡量的具体工作目标，并定期与员工审查他们目标的完成情况。要想建立一套实用的目标管理计划，上司要与下属员工一起来制定目标，并定期向他们提供反馈。不过目标管理法通常是指一种复杂的、涵盖整个组织的目标设立和评价体系。

2. 目标管理法的操作流程

要想实施目标管理法，必须执行以下流程。

1）制定组织目标

为整个组织制订一年的工作计划，确定相应的目标。

2）制定部门目标

各部门负责人在了解组织目标（比如，将利润率提高 20%）之后，还要与他们的上司共同制定本部门的工作目标。

3）讨论部门目标

部门负责人就本部门的目标与下属员工展开讨论（一般是在全部门的会议上），并要求员工初步订立自己的个人目标。换言之，部门中的每位员工都要考虑，自己如何才能为本部门目标的实现做出贡献。

4）界定预期成果（制定个人目标）

部门负责人与他们的下属员工共同制定短期的个人绩效目标。

5）绩效审查

部门负责人对每位员工的实际工作绩效与员工事前定的个人工作目标进行比较。这一步骤能让考核者找到原因，即为什么未能达到既定的绩效目标，或为什么实际达到的绩效水平远远超出了预先设定的绩效目标。这一步骤不仅有助于决定员工对于培训的需求，还有助于确定下一绩效考核周期的各级绩效指标。

6）提供反馈

部门负责人与下属员工一起讨论和评价在目标实现方面所取得的成就，并制定新的绩效目标，以及为达到新的绩效目标而可能采取的新战略。凡是已成功实现其绩效目标的被考核者都可以被允许参与下一考核周期的新的绩效目标的设置过程。而那些没有达到既定绩效目标的被考核者，在与其直接上级进行沟通，判明困难的出现是不是偶然现象，只有找出妨碍目标达成的原因并制定相应的解决办法和行为矫正方案后，才可以参与新一轮考核周期绩效目标的设置。

以上第1）～4）步，实际上是上下级共同确定各个层级所要达到的绩效目标。在实施目标管理的组织中，通常是上级考核者与被考核者共同制定目标。目标主要指期望达到的结果，以及为达到这一结果所采取的方式、方法。目标管理法的操作流程如图13-5所示。

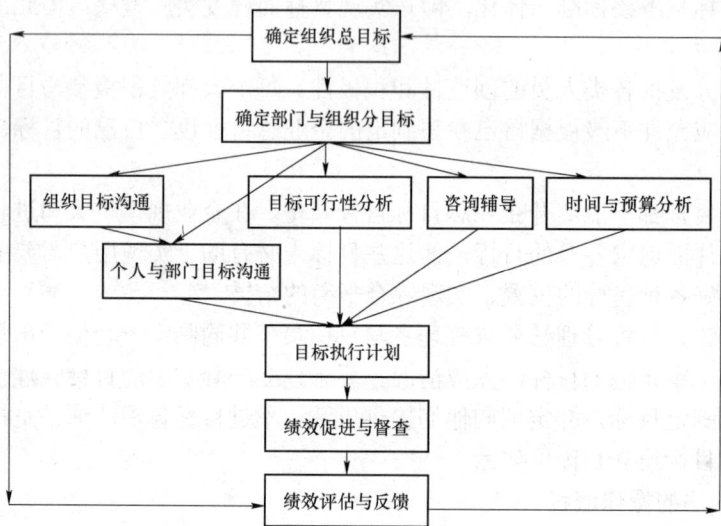

图13-5　目标管理法的操作流程

实例分析：惠普公司的目标管理

虽然目标管理的实施原理是相通的，但是具体到每个公司却有着质的区别。惠普公司目标管理的特点是"知易行难"，主要是指在工作过程中培养员工的领导力，其具体内容如下。

（1）了解并信任每位员工，这是实行目标管理的必要前提。基于这一企业文化，惠普公司要求每位经理都要信任、尊重每位员工，并根据员工的胜任力与他们共同设定适当的目标，以最终实现企业目标。通过信任每位员工，给予他们实现个人目标的适当权利，真正激发员工的主动性、积极性和创造性。

（2）用 SMART 法则设定企业和员工目标。设定目标本身是一件充满挑战的工作，在惠普公司，正确、有效的目标是采用 SMART 法则设定的，即明晰（specific）、可评测（measurable）、可实现（attainable）、与工作相关（relevant）、有时间限制（time-bound）。SMART 法则仅仅是设定目标的出发点，惠普公司在目标设定的过程中，还会考虑到以下因素。

首先，一个好的目标要具有关联性。在一个企业内部，每个目标都要具备上下关联性，从而为企业的整体目标服务。

其次，一个终期的目标由几个阶段性目标组成。通过这种方式，可以及时发现问题，进而解决问题。

最后，不能只有结果目标，还要有过程目标。对企业来说，同样重要的还包括销售平均定额、效率衡量、员工满意度、客户满意度、企业公民行为等在内的过程目标。

（3）实践目标管理的三要素。数据、GAP 分析和激励。任何目标的实现，都需要配套的、有效的数据采集系统，用于说明过程目标的完成情况、评价阶段性目标和过程目标。定期的 GAP 分析与检查是实现目标管理的利剑。所谓 GAP 分析就是站在未来某一时间点上，通过分析现状和预期之间的差距，及时发现目标可能无法按时实现的风险，进而做出中肯的分析，重新找到达到目标的方法。要根据 GAP 分析与检查的结果，在每个过程目标实现后，激发员工的脑力及主动思考能力，对表现出色的员工要给予奖励，对没有完成任务的员工应帮助其分析原因，激励员工克服困难，迈开脚步更好地完成工作。

惠普公司目标管理的主要步骤有以下 4 个。

（1）设定目标。目标的内容要兼顾结果与过程，根据岗位职责和公司整体目标，由主管者和团队成员一起讨论确定。

（2）制订计划。在此过程中，主管者只是对团队成员进行鼓励，不会越俎代庖，而团队成员将充分发挥创造力和想象力，对终极目标进行阶段性分解，选择最佳的工作方法，并征得主管者的认同。

（3）进展总结。由主管者、员工和相关团队一起，定期分析现状、现状与预期的差距，找到弥补差距、完成目标的具体措施。

（4）绩效评估。在目标任务终止期进行总体性的绩效评估。如果没有达到目标，则要检讨原因；如果超出预期，或者达成当初看上去难以实现的目标，则要分析成功的原因，并与团队分享经验。

惠普公司在实施目标管理的过程中，要求主管领导始终努力创造一种氛围和机会，调动员工的主动性和潜力，激发员工追求卓越和创新的精神。主管人员不仅要具有足够的勇气给员工尝试的机会、创新的机会，同时也要有敢于承担失误、承受风险的勇气，更重要的是，还必须了解每个员工的特点，具备对时机、风险、分寸的把握和判断能力。

惠普公司的目标管理在公司以及每个员工的发展过程中起到了十分重要的作用。

首先，惠普公司的目标管理有效地提高了公司的执行力。惠普公司目标管理的过程以及每位主管在整个过程中精心考虑问题，使得其可以更为准确地了解公司和自己的目标，而且员工即使在目标实现的阶段出现偏差，也可以得到最快的矫正，双方在愉悦的气氛中完成自己的使命，确保每项目标的顺利实现。这样，不管是公司主管还是普通员工，都能保证沿着公司制定的战略目标得到自我提升，同时也能保证公司每项决策的执行力度。

其次，目标管理增强了企业的凝聚力和亲和力。惠普公司目标管理的过程正好与"惠普之道"密切相关，尊重员工，信任员工，使员工可以参与到企业的日常管理中，更大程度地激励员工紧密关注公司的发展，同时也缩小了领导与员工的距离。

再次，惠普的目标管理有效培养了员工的领导力。惠普公司给员工提供的是一个宽松和谐的工作环境，即使是一名普通员工，也必须和主管领导一起制定自己的目标，提出自己实现目标的方法，与团队和经理实时沟通，分析现状与预期的差距，找出解决方案，这样在不知不觉中就不断地为企业培养了源源不断的生力军。

最后，惠普的目标管理在其平时的实践中可以真正做到不流于形式，而且正是由于这种管理模式使每位员工都充分发挥了工作主动性，在一次次解决问题的过程中培养起独立判断、自主解决问题的能力，在无形之中提升了员工的领导力，进而也增强了企业的核心竞争力，实现了企业的可持续发展。

13.4　绩效激励

自 20 世纪初以来，学者们提出了许多激励理论。

13.4.1　需要理论

需要理论中最有影响的是马斯洛的需要层次理论和赫茨伯格的双因素理论。

13.4.1.1　马斯洛的需要层次理论

美国心理学教授马斯洛（Maslow）在 1943 年提出需要层次理论，他将人的需要分为以下 5 个层次。

1. 生理需要

生理需要包括人体生理上的主要需要，即衣食住行等生存方面的基本需要，这是最低层次的需要。

2. 安全需要

安全需要包括人身的安全、财产的安全和职业的稳定等方面的需要。

3. 社交需要

社交的需要指人对于情感和归属的需要。马斯洛认为，当生理需要和安全需要得到满足之后，人们便希望得到友谊和爱情，希望得到集体的接纳和帮助，产生与人广泛交往的欲望。

4. 尊重需要

尊重的需要包括受人尊重的需要和自尊的需要两方面，一方面人希望通过得到名誉、地位和声望等，获得他人的尊重和承认；另一方面人希望自己具有实力、自主性、独立性等，感觉自己存在的价值，获得自尊心和自信心。这类需要很难得到完全的满足，然而它一旦成为人内心的渴望，便会成为持久的推动力。

5. 自我价值实现需要

自我价值实现需要指成长、发挥潜能、追求事业成就、实现理想、成为自己向往已久的人物等方面的需要。自我实现是马斯洛需要层次理论中最高层次的需要。

马斯洛认为：

（1）只有尚未满足的需要才具有激励的力量。

（2）人的需要具有层次性。上述各种需要是按其优势程度或重要程度由最低的生理需要向最高的自我价值实现需要逐级形成的。人满足需要的行为是由低层次的需要向高层次的需要逐级推移的，当低层次的需要得到满足时，其优势程度或重要程度就会随之减弱，而下一层次需要的优势程度或重要程度就会随之增强，从而产生新的满足需要的行为。

（3）人在每个时期都可能存在多种需要，但其中必有一种需要占支配地位或主导地位。而人的行为是由其当时的主导需要决定的。

马斯洛的需要层次理论尽管缺乏足够的验证支持，但因为其内在的逻辑性和通俗易懂而得到了普遍的认可。

应用马斯洛的需要层次理论来激励员工要注意以下两点：在满足员工低层次需要之前，不要奢谈如何满足高层次需要；根据员工的不同主导需要，采取如表 13-4 所示的不同的激励措施。

表 13-4　马斯洛的需要层次理论的应用

需要层次	组织能采用的激励措施
自我价值实现需要	培训，创造成功条件，提供富有挑战性的工作，工作的自主权，决策权，晋升
尊重需要	提供认可、地位、职衔、优越的办公条件，当众称赞，荣誉奖励
社交需要	加入工作群体，人文关怀，同事友善，联谊小组，集体体育娱乐活动，解决户口或者绿卡，组织相亲
安全需要	劳动保护，就业保险，终身职位，健康和医疗待遇，退休福利保障，避免暴力
生理需要	保障性工资，舒适的工作环境，适度的工作时间，提供工作餐，住房或住房补贴

13.4.1.2　赫茨伯格的双因素理论

1959 年，赫茨伯格（Herzberg）与他的同事莫纳斯和斯奈德曼根据一次调查所得的资料合作发表了《工作的激励因素》一书。在这本书里，他们提出了激励的双因素理论，即保健和激励因素理论，以员工既没有满意又没有不满意为界来区分这两种因素，使员工感到不满的叫保健因素，是低层次需要；使员工感到满意的叫激励因素，是高层次需要。

保健因素是指防止人们产生不满的因素，多与工作环境和工作条件相关，包括公司政策、上司监督、工资、人际关系、工作条件、个人生活等，这类因素若不改善，就会导致员工不满。保健因素不会对员工起激励作用，不会激起员工的工作主动性和创造性，因而不会导致生产效率的提高，即满足了员工这方面的需要，只会消除不满。

激励因素是使员工感到满意的因素，指与工作本身的性质有关，多与工作内容和结果联系在一起的因素，包括成就、赞赏、工作本身、责任、晋升、进步等。激励因素的改善，往往能给员工以很大程度的激励。

尽管被批评过于简单，但赫茨伯格的双因素理论还是流传很广。

应用赫茨伯格的双因素理论时，首先要消除不满意因素；其次在不满意因素被消除后，重点是满足激励因素方面的需要，否则花再多的钱也没有用；如果一个因素既可能是保健因素又可能是激励因素，如薪酬，那么关键是设计使之与工作结果挂钩，否则不论干多干少，或干好干坏，薪酬都一样，那么就没有激励效果了。

💡 **即问即答**：奖金是激励因素还是保健因素？为什么？

13.4.2　工作激励

如果工作也成为一个好的激励手段，零成本激励就很好地完成了工作，那该多好啊！事实是确实可以如此。工作激励的思路包括工作扩大化、工作丰富化、工作特征模型、工作轮换、弹性工作、在家工作等。其中工作特征模型是比较系统化的理论。

工作特征模型，也称作五因子工作特征理论，是美国哈德曼（Hackman）和奥德汉姆（Oldham）提出的，它是工作丰富化理论的演变（见图13-6）。

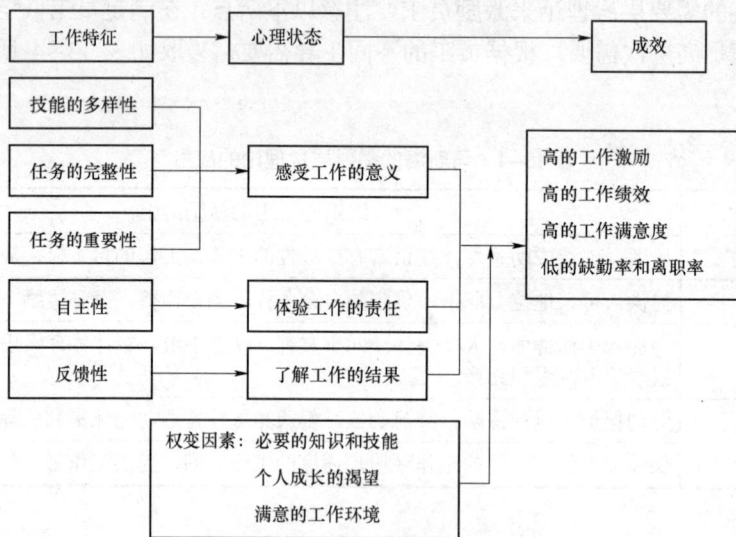

图13-6　工作特征模型

哈德曼和奥德汉姆认为，任何工作都可以通过下列5个核心维度来描述。

（1）技能的多样性。完成一项工作要求员工具备的技术和能力的范围。

（2）任务的完整性或任务同一性。一项工作需要多大程度上作为一个整体来完成和工作具有同一性的程度。

（3）任务的重要性。自己的工作影响其他人的工作或生活的程度。

（4）主动性。在工作安排和工作执行方面允许自由和独立的程度。

（5）反馈性。员工获得其工作绩效信息的直接、及时和明确程度。

根据这一模型，一个工作岗位可以让员工产生3种心理状态，即感受到工作的意义，感受到工作的责任和了解到工作的结果。这些心理状态又可以影响到个人和工作的4个方面，即内在工作动力、绩效水平、工作满足感、缺勤率和离职率，从而给员工内在的激励，实现自我激励的积极循环。

并不是每个人都对工作丰富化感兴趣。工作是否能够产生激励的效果还依赖于员工是否具备下列3个特点：必要的知识和技能、个人成长的渴望、满意的工作环境。这3个特点属于影响工作激励效果的权变因素。

应用工作特征模型，应该遵循下列3个步骤。

（1）诊断工作，看是否存在问题。

（2）确定工作设计是否合适，重点考察权变因素。

（3）重新设计工作。可能的建议包括：合并任务，形成自然的工作小组，与顾客建立联系，纵向扩展工作，加强工作反馈，等等。

13.4.3 过程激励理论

需要理论只是说明激励员工要先理解员工的需要，而过程激励理论进一步研究：为什么员工有不同的需要？为什么需要能产生激励作用？员工选择什么行为来实现组织目标并满足个人需要？有哪些因素影响他们的选择等。在此部分，将探讨目标设定理论、期望理论两种激励理论。

13.4.3.1 目标设定理论

目标设定理论是美国马里兰大学教授洛克（Locke）在 1967 年提出的。他认为目标本身就具有激励作用，目标能把人的需要转变为动机，使人的行为朝着一定的方向努力，并将自己的行为结果与既定的目标相对照，及时进行调整和修正，从而能实现目标。这种使需要先转化为动机，再由动机支配行动以达成目标的过程就是目标激励。目标的激励作用体现在以下 3 个方面：①目标引导活动指向与目标有关的行为，而不是与目标无关的行为。②目标会引导人们根据难度的大小来调整努力的程度。③目标会影响行为的持久性，使人们在遇到挫折时也不放弃，直到实现目标。

目标设定理论要求目标必须具体明确和有挑战难度。在实际工作中，目标内容可以是模糊的，如"你要竭尽全力销售产品"；目标也可以是具体明确的，如"今年你的销售量要增加25%"。明确的目标可使人们更清楚要怎么做，付出多大的努力才能实现目标。从难度来看，目标的实现可以是容易的或者很难，甚至是不可能完成的。难度是相对的，与执行者的能力和经验有关。一般认为，绩效与目标难度水平之间存在着线性关系，是因为人们可以根据不同的任务难度来调整自己的努力程度。如果完成任务的人有足够的能力、对实现目标又有高度的承诺，则通常任务越难，绩效越好。当然如果目标难度达到不可能完成的程度，则目标很可能不再产生激励作用。

在目标设定与绩效之间还有其他一些重要的因素产生影响。这些因素包括目标实现承诺、反馈、自我效能感、任务策略、员工满意感等。

1. 目标实现承诺

如果员工公开承诺实现目标，将有助于目标的实现。参与目标制定有助于员工承诺实现目标。研究发现，激励物对产生承诺的作用很复杂。一般来说，对于无法达到的目标提供奖金只能降低承诺，对于中等难度的任务给予奖金最能提高承诺。

2. 反馈

目标与反馈结合在一起更能提高绩效。目标是个体评价自己绩效的标准，而反馈则告诉人们这些标准完成得怎么样，哪些地方做得好，哪些地方尚待改进。反馈是组织里常用的激励策略和行为矫正手段。

3. 自我效能感

自我效能感就是个体在处理某种问题时能做得多好的一种自我判断，它是以对个体全部资源的评估为基础的，包括能力、经验、训练、过去的绩效、关于任务的信息等。研究发现：当一个人对某个任务的自我效能感强的时候，对这个目标的承诺就会提高。这是因为高的自我效能感有助于人长期坚持某一个活动，尤其是当这种活动需要克服困难、消除阻碍时。目标设定的高度会影响自我效能感。当目标太高或者一再失败时，就会削弱一个人的自我效能感。

4. 任务策略

任务策略是指个体在面对复杂问题时使用的有效的解决方法。当面临困难任务时，仅有努力、注意力和持久性是不够的，还需要有适当的任务策略。

5. 员工满意感

当个体经过种种努力终于达到目标后，如果能得到他所需要的报酬和奖赏，就会感到满意；如果没有得到预料中的奖赏，个体就会感到不满意。同时，满意感还受到个体对他所得报酬是否公平的理解。个体对自我效能的感知过程见图13-7。

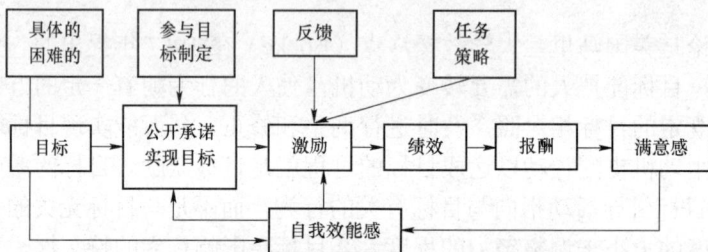

图13-7　个体对自我效能的感知过程

模型从明确的、有难度的目标开始，如果有对这些目标实现的公开承诺、恰当的反馈、高的自我效能感以及适宜的任务策略，目标就会产生高的绩效。而目标的难度影响自我效能感，自我效能感又影响目标实现承诺。如果高绩效导致希望中的回报，就会产生高的员工满意感。员工满意感提高就会增强目标承诺的可能性和自我效能感，进而能导致新一轮高绩效的产生。

有时候人们会觉得远大的目标难以实现，这时可考虑把大目标细化切分成一系列的小目标，人们会认为小目标容易实现，从而增强目标的自我效能感，最终也有利于大目标的实现。

13.4.3.2　期望理论

期望理论是弗鲁姆（Vroom）于1964年在《工作与激励》中提出来的激励理论。期望理论以3个逻辑关联反映需要与目标之间的关系，即要激励员工，就必须让员工明确：①工作能提供给他们真正需要的东西；②他们需要的东西是和绩效联系在一起的；③只要努力工作，就能提高绩效。

期望理论认为，一个人从事某项活动的动力大小，取决于"该项活动所产生的成果的吸引力的大小"和"该项成果实现概率的大小"这两个因素，前者被定义为"效价"，后者被定义为"期望值"。用公式表示就是：

$$激励力 = 效价 \times 期望值$$

可以把上述公式理解为：若个人对实现某个目标的效价高，且实现概率也高，则实现此项目标的激励力就大；若效价和期望值这两个因素中的任何一项很低，则实现此目标的激励力就不大。效价和期望值也有一定的关系。如果目标很低，任何人都能轻而易举地实现，那么，组织不可能提供很高的回报，效价也就很低。

效价受个人价值取向、主观态度、优势需要及个性特征的影响。同一个目标对不同的人可能有3种效价：正、零、负。如果个人喜欢其预计可得的结果，则为正效价；如果个人漠视其预计可得的结果，则为零值；如果不喜欢其预计可得的结果，则为负效价。一个人认为有价值的事物，另一些人可能认为价值不大。例如，100 元奖金对生活困难者可能很有价值，而对亿万富翁来说没有什么意义。一个人如果渴望得到升迁机会，在他心中，"升迁"的效价就很高；如果他对升迁漠不关心，那么升迁对他来说效价就等于零；如果他害怕升迁会失去平静的生活，那么升迁对他来说效价就是负值。效价越高，激励力量就越大；如果效价为零，就没有激励作用；如果效价为负，则不但不会产生激励作用，而且可能会产生消极的破坏性作用。

当然，组织一定要采取措施让员工相信在期望值和效价之间存在逻辑关联性，才能产生激励效果。期望理论的三要素就是期望值、业绩与回报的关联性、效价。

应用期望理论要注意以下几点。

（1）管理者要了解员工最看重什么回报，不要泛泛地采取各种激励措施，而应当采取多数成员认为效价最大的激励措施。

（2）清晰地界定努力程度与业绩之间的关联性以及工作业绩与回报之间的关联性，让员工相信这种内在关联的逻辑。

（3）适当设定目标的难度，以控制期望概率。期望概率太小，激励力也小；期望概率太大，不努力就能实现目标，激励效果也不好。

（4）期望理论强调预期的行为，让员工知道组织对他们的要求是什么以及组织如何评价他们的业绩，才能产生好的预期行为。

（5）期望理论关心员工的感觉。期望值和效价都是员工的感觉，而现实与感觉是不同的。一方面期望值和效价决定激励力，另一方面激励力又反过来影响员工对于目标、期望值和效价的感觉。

实例分析：红烧肉的激励

老板接到一桩业务，有一批货要搬到码头上去，又必须在半天内完成。任务相当重，手下就那么十几个伙计。这天一早，老板亲自下厨做饭。开饭时，老板给伙计一一盛好，还亲自捧到他们每个人手里。

伙计王接过饭碗，拿起筷子，正要往嘴里扒时，一股诱人的红烧肉浓香扑鼻而来。他急忙用筷子扒开一个小洞，3 块油光发亮的红烧肉揣在米饭当中。他立即扭过身，一声不响地蹲在屋角，狼吞虎咽地吃起来。这顿饭，伙计王吃得特别香。他边吃边想：老板看得起我，今天要多出点力。于是他把货装得满满的，一趟又一趟，来回飞奔着，搬得挥汗如雨……

整个下午，其他伙计也都像他一样卖力，个个搬得汗流浃背。一天的活，一个上午就干完了。中午，伙计王不解地偷偷问伙计张："你今天咋这么卖力？"张反问王："你不也是干得很起劲嘛？"王说："不瞒你，早上老板在我碗里塞了 3 块红烧肉！我总要对得住他对我的关照嘛！""哦！"伙计张惊讶地瞪大了眼睛，说："我的碗里也有红烧肉哩！"两人又问了别的伙计，原来老板在大家碗里都放了肉。众伙计恍然大悟，难怪吃早饭时，大家都不声不响闷嘟嘟地吃得那么香。

如果老板将这碗红烧肉放到桌子上，让大家夹来吃，大家可能就不会这样感激老板了。同样这几块红烧肉，同样几张嘴吃，将它单独放到每个人的碗里却产生了不同的效果，不能不说这位老板很精明。

问题：

（1）老板为什么要单独在每个人碗里放红烧肉，而不是放到桌子上让大家共享？红烧肉单独放到每个人碗里产生的激励作用和放到桌子上共享的激励作用，究竟哪个会更大一些？

（2）请用激励的相关理论分析此案例。

分析要点：

1. 老板单独在每个人碗里都放了红烧肉，而不是放到桌子上让大家共享，因为这样做可以让每个伙计都认为只有自己是被老板所重视的，带着这种感恩之心，所以工作更加卖力。因此，红烧肉单独放到每个人的碗里产生的激励作用要大于放到桌子上让大家共享的激励作用。

2. 期望理论认为，要有效地激发员工的工作动机，调动员工的积极性，需要正确处理好三种关系：一是努力与绩效的关系，二是绩效与奖励的关系，三是奖励与满足个人需要的关系。

13.4.4　强化理论

斯金纳（Skinner）等人倡导的强化理论是以学习的强化原则为基础来理解和修正人的行为的一种理论。所谓强化，从其最基本的形式来讲，指的是对一种行为的肯定或否定的后果（报酬或惩罚），它至少在一定程度上会决定行为在今后是否会重复发生。

13.4.4.1　强化原则

强化原则的主要观点如下。

（1）经过正强化的行为趋向于重复发生。所谓强化因素就是会使某种行为在将来重复发生的可能性增加的任何一种"后果"。

（2）在激励一个人按某种特定方式工作时，报酬比惩罚更有效。

（3）所期望取得的工作成绩应予以明确规定和表述。只有行为的目标准确而具体时，才能予以衡量并付给报酬。同时，报酬应该循着所期望的行为目标的方向来支付。行为修正技术通常提供一种分等级的"强化进度表"，人们可以据此从他们目前所在的地位（他们行为的基线）持续地向行为目标前进。

（4）强化的一种重要形式是对工作成绩的反馈。

即问即答：只表扬不批评，或只有批评没有表扬，会带来什么后果？

小卡片：哈姆纳（Hamner）的 6 项行为强化规则

● 不能以同样的方式奖酬所有的人，绩效大小不同，奖酬也应该不同。如果管理者给每个人以同样的奖励，其结果是惩罚了完成工作最好的，奖励了工作最差的。当这种情况发生时，前者会改变他们的积极行为，后者则会固化自己的消极行为。

● 无反应本身具有强化的效果。管理者常通过他们不做某些事和实际做某些事来塑造下属的行为。例如，不纠正一个工人上班迟到，就可能被认为上班迟到是被允许的。管理者必须仔细检查他们做出反应或不做出反应所可能导致的后果。

● 一定要告诉下属，他们怎样做才能得到奖酬。管理者通过让下属清楚组织的奖酬导向，可增加下属的工作自由度和积极性。

● 告诉下属他们正在做的哪些事是错误的。这个信息能帮助下属懂得如何改变不良工作习惯，否则下属就不可能明白为什么奖励被取消或为什么惩罚他。

● 不要在下属的同事面前惩罚下属。如果这样做了，这个人实际上被惩罚了两次，可能导致下属寻找抵制管理的方式，其结果对在场的人都不好。

● 使结果和行为相一致。这要求管理者公正地对待下属。如一些人工作出色，就应得到适当的奖励，否则他们就会有意控制自己的努力与产出。如果某些人实际得到的比应得的多，就常常会使这些人认为没有理由再增加他们的努力。

13.4.4.2　强化方式

强化理论运用于管理工作中，可以通过如下 4 种方式进行。

（1）正强化。这是通过给予被强化者适当报酬的方式，以肯定某种行为。

（2）负强化。这是指预先告知人们某种不符合要求的行为可能引起不良后果，以使人们采取符合要求的行为或回避不符合要求的行为，从而避免或消除不良后果。通过这种强化方式能从反面促使人们重复符合要求的行为，达到与正强化同样的目的。

（3）惩罚。以某种强制性的后果来表示对某种行为的否定，不希望这种行为重复出现。

（4）中止，或者叫自然消退、冷处理。这是指对某种行为中止或者取消正强化，以表示对该种行为某种程度的否定。

在上述 4 种强化方式中，正强化对行为的影响最有力和有效，因为它能增加组织成员有效工作行为的发生。相反，惩罚和中止只能用来减少组织成员无效工作行为的发生，只告诉组织成员不该做什么，但没有指出应该做什么。应用负强化常常很麻烦，有时甚至没有可能，因为它要求建立一个对组织成员来说不是很愉快的环境，并持续到所希望的行为发生为止。

实例分析：海底捞，你学得会吗？

在海底捞，天天都可以见到消费者排长队等着吃火锅，连三伏天也不例外。海底捞的经营之道其实非常简单，就是"把顾客当人"。做到这一点的关键是员工。海底捞的员工与富士康员工来自同一群体，主体是 80 后或 90 后，其中 95% 来自农村。海底捞的翻台率比同行要高一到两倍，员工劳动强度远高于同行。海底捞的传菜员脚上没有不起泡的；后堂刷碗工手没有不烂过的；前台服务员嗓子没有不哑过的，而且分工不分家，互相帮忙，"来回不空手"。在餐饮行业员工流失率常常高达 50%，但海底捞的员工流失率只有 10%，海底捞靠什么做到如此低的员工流失率呢？

"人心都是肉长的，你对人家好，人家也就对你好；只要想办法让员工把公司当成家，员工自然会把心放在顾客身上。"海底捞董事长张勇曾这样表示。

怎么才能把海底捞当成家？答案很简单：把员工当成家里人，感动员工。

"感动员工"应该是对所有管理者的基本要求。一名管理者一天感动 5 名顾客，还不如一天感动 5 名员工，因为受到感动的 5 名员工绝对不只感动了 5 名顾客。用什么感动员工？关爱！关爱是感动之源。如何关爱呢？

海底捞的员工都是租住正式小区或公寓，有空调、热水器及简易家具，人均住宿面积 6～8 m²，能上网，24 小时有热水供应，距离工作的地点步行 20 min 左右。公司雇用专人每两周打扫一次宿舍卫生。夫妻双方任意一方在海底捞干满半年，可享受公司提供的夫妻房或夫妻住房补贴。海底捞的员工餐很特别：①每天吃四顿饭，周六、周日加班还有加餐。②上班直接吃饭。

新员工入职，首先统一培训，然后到店里，所有领导轮流接待后，安排师父。无处不在的鼓励是海底捞的一个特色。鼓励有时候是当时的口头奖励，有时候是第二天例会上的实物或者现金奖励。领导在店里面和员工一起工作，也是一种鼓励。在海底捞，"关心员工"不是一项独立的考核指标，而是所有工作的根本。公司甚至给员工发足光粉泡脚，以解脚臭。

海底捞的所有岗位，除了基本工资，还有浮动工资、奖金和分红，同时还有其他待遇。例如，在海底捞工作满一年的员工，若一年累计3次或连续3次被评为先进个人，该员工的父母就可以来探亲1次，往返车票公司全部报销，其子女还有3 d的陪同假，父母享受在店就餐1次。凡在海底捞工作满3年，员工子女可享受2 000～5 000元/年不等的教育补贴。只要是店长以上级别，如果把孩子带到城里念书，公司报销学费。

公司每月会给干部、优秀员工在故乡的父母寄一部分奖金。

在海底捞的管理层考核中，指标只有两个：顾客的满意度和员工的满意度，而被许多企业视为生命线的营业额和利润都没有列入考核范围。在海底捞，员工只要努力，都有升迁的机会。事实上，一个农村小伙子，从普通服务员做到大区经理这样的例子，在海底捞中并不少见。

每个员工入职以后都从基层做起，这是"海底捞"的"底"。海底捞的薪金构成是建立在"员工发展途径"之上的。员工工资级别由低到高分为：基本、二级、一级、先进、标兵、劳模、功勋。相对于同行来说，薪资较高。在海底捞，针对不同类型员工的特点，海底捞给员工设置了不同的晋升通道。普通员工可以通过升职提高工资，即使不能升职也可以通过评级提高工资。功勋员工的收入可以超过经理。海底捞晋升制度的最大特征是必升而非选升。就是说，每个人只要在一个职位上连续一段时间都表现优秀，就可以实习更高一级职务，实习合格以后就会拥有那个职位。之后连续一段时间表现优秀就可以再实习下一个职务。即使不能升职也能升级。员工连续3个月被评为"先进"就可以自动晋升为"标兵"；连续4个月被评为"标兵"就可以自动晋升为"劳模"；连续6个月被评为"劳模"就可以自动晋升为"功勋"。也可以直接被晋升为店长级别。做到店长以后就不一定总是升职了，而是会被安排到其他地区当店长，或者到其他职能部门去。例如，在海底捞四川物流站，就有以前的店长做卸货工。这不是被"贬"，而是正常的"工作调动"。只要他还是优秀的，几年以后也可以做物流站站长。

人不仅需要关爱，还需要尊敬。对员工的尊敬就是信任，信任的标志就是授权。张勇在公司的签字权是100万元以上；100万元以下是由副总、财务总监和大区经理负责；大宗采购部长、工程部长和小区经理有30万元签字权；店长有3万元签字权。张勇对一线员工的信任更让同行匪夷所思。一线普通员工有给客人先斩后奏的打折权和免单权。

🖊️ 实训项目

项目名称：激励与绩效水平。

实训目的：通过采取物质激励的方法，使人人都积极、主动参与活动。

实训器材：奖品（如棒棒糖、饮料、小玩具、小额纸币等）。

实训指导：寻找两位主持人，与他们共同商议活动的内容，要求设计数场活动，当主持人宣布活动内容时，与会人员一开始不愿意参加。主持人可以邀请与会人员参加，第一场活动结束，无论参与人员的表现如何，每位参与者都可以获得奖品。接着进行第二场活动、第三场活动……，奖品一场比一场更吸引人，相信要求参加活动的人越来越多、积极性会越来越高涨。

实训报告：每位与会人员思考激励与绩效水平之间的关系，书写500字的心得体会。

复习思考题

一、多选题

1. 赫茨伯格因素理论中认为激励的因素使员工感到满意,激励因素表现在( )方面。

A. 公司良好的工作条件　　　　　　　　B. 良好的人际关系

C. 表扬　　　　　　　　　　　　　　　D. 工作成就

E. 赞赏

2. 对绩效形成的过程进行有效控制需做好( )。

A. 持续的绩效沟通　　　　　　　　　　B. 绩效信息的收集与分析

C. 提供绩效目标实现过程中的反馈　　　D. 提供指导与支持

E. 根据需要调整绩效目标

3. 绩效管理的特征是( )。

A. 以成果为导向　　　B. 以过程为核心　　　C. 以考评为中心　　D. 以改进为目的

4. 提高组织绩效的方法有( )。

A. 加强组织管理　　　　　　　　　　　B. 推进组织改革

C. 正确选择领导方式,改善群体的决策机制

D. 加强组织沟通　　　　　　　　　　　E. 制定改进标准

5. 平衡计分卡的基本结构有( )。

A. 财务角度　　　　　　　　　　　　　B. 顾客角度

C. 内部业务流程角度　　　　　　　　　D. 学习与成长角度

6. 马斯洛需要层次论,认为人的需要有( )。

A. 生理的需要　　　B. 安全的需要　　　C. 社交的需要　　D. 尊重的需要

E. 自我价值实现的需要

二、简答题

1. 试述绩效管理流程的步骤。

2. 如何提高个人绩效?

3. 绩效管理与传统的绩效考核有什么区别?

4. 绩效评价中关键业绩指标体系的程序有哪些步骤?

5. 如何应用绩效考核结果?

复习思考题参考答案

学习目的

通过本章的学习，结合问题管理的步骤，利用各种发现问题、分析问题、解决问题的方法高效地处理问题。把这些步骤与方法运用于实践中，不断提高自己的问题管理能力。

知识目标

- 了解问题、问题管理的含义；
- 掌握问题管理的程序；
- 掌握描述问题的方法。

能力目标

- 会利用头脑风暴法、关键问题分析法、历史追溯列表分析法、反复性分析法、鱼骨图分析法来发现、分析问题；
- 掌握优先排序法、合并法、重要性矩阵法，会运用这 3 种技术来解决问题。

思政目标

- 运用实践工具增强学生自我管理能力，提升学生道德品质、品性修养；
- 培养学生集体观念，引导学生正确认识分析问题和解决问题的方法；
- 树立学生爱岗敬业的道德品质；
- 培养学生"工匠精神"。

思维导图

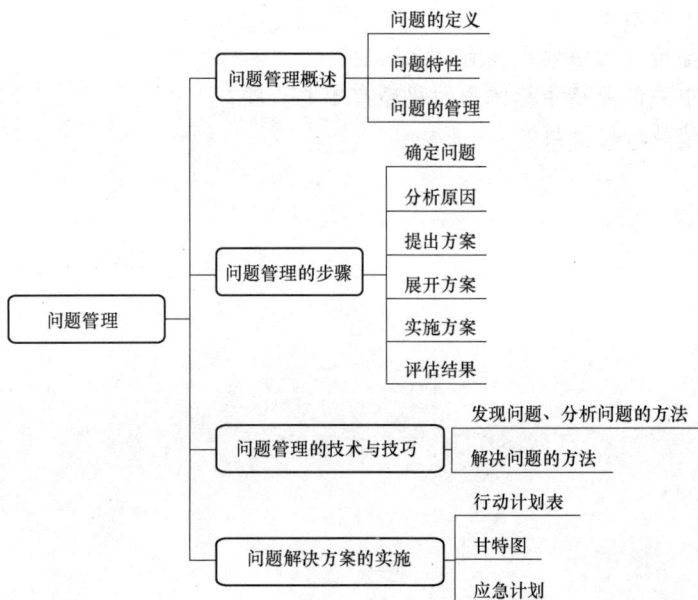

管理问题：

格林公司是一家三四十人的小企业，有 4 个部门，都是技术部门。

我入职公司后，发现公司管理很混乱。于是，我向老板提了一些建议和意见，并制定了一套完整的制度规范，老板比较认同，也意识到不解决管理问题公司做不大，决定推行，并让我负责一个技术部门的同时负责公司管理事宜，4 个部门的主管都要听我的。

但真正执行起来，有很大的阻力。主要在 4 个主管身上。以前他们基本只是起到技术骨干的作用，基本不需要履行管理的职责。对于推行新制度，主管 A 完全不认同，开始的时候不愿意执行，后来老板几次跟他谈话，并在他的待遇方面有所表示后，他才勉强做些自己该做的事。主管 B 很随性，对什么都无所谓，对制度这个东西有一种天生的抵触，因为他的那个部门大多数时候由我直接领导，所以基本没有要他管的事。但他根本管不好自己，经常出现违反制度的情况，由于他是公司老人，也是技术骨干，老板虽然对他不满，也一直没有痛下杀手，而我几次跟他谈话，只希望他能管好自己，但效果都不理想。主管 C 和主管 D 是新提拔上来的，因此，对制度的事情算是比较上心，平常该做的事都尽力在做。

主管 A 和主管 B 不仅严重影响到了制度的推行和平常的管理工作，而且他们根本就不买我的账。能感觉得到他们对我有敌对情绪，我也完全拿他们没办法。几次向老板反映情况，老板也只能跟他们谈谈，尽量劝服。老板不想解雇他们，一是因为他们是技术骨干，解雇他们对公司的竞争力影响太大，二是怕影响到公司的人心。

我该怎么做呢？

问题： 请为"我"分析问题所在，并提出相应的解决办法。

分析要点：

1. 公司的组织结构不完整，组织结构的管理职能不清晰，导致主管不清楚自己的工作职责。

2. 没有具体的业绩衡量标准，小企业在制定薪酬时，可以考虑工作表现与完成度不同，划分等级。

14.1　问题管理概述

问题管理与科学管理、人本管理、目标管理并称四大管理模式。中国问题管理专家孙继伟对问题管理进行了系统、全面的阐述，他认为问题管理是以解决问题为导向，持续不断地挖掘问题、表达问题、归结问题、控制问题的一套管理方法和管理流程，是一种简单而有效的管理模式。当今企业的外部环境和条件日益复杂，并且这些因素对企业的影响越来越大，同时管理学呈现了整合化和精细化，这两个方面促使管理者对问题管理的需求越来越大。

14.1.1　问题的定义

14.1.1.1　什么是问题

中国台湾中原大学的王晃三教授认为，一件事或物之应然与实然存在落差，并且有可能消除，值得加以消除，有必要加以消除之任务，称为问题。

认知心理学认为，人们可以把问题表征为 3 种状态，即起始状态、目标状态和中间状态。

当起始状态和目标状态是已知的，但是如何从起始状态达到目标状态的路径是未知的时候，就存在了一个问题。

R. M. Gagne 认为问题"必须是个体首次遇到的，且无现成的可回忆的经验加以解决的那种情境"。Gagne 的这个定义比较好地限定了问题的情景，对研究问题解决提供了基础。但他强调的是问题的个体性、首次性及非提取性，而不对问题的起始状态、目标状态做出特殊的规定。

问题是结果与目标或标准的差异，是要求（需要）与现状的偏差。例如，业绩目标为 5 000 万元，可是只达成 4 500 万元，这是与目标的差异。公司规定杂质必须控制在 8×10^{-6} 以下，检验结果是 12×10^{-6}，这是与标准的差异。

问题发生的时机有两种，一种是开始便有问题，另一种是中途出现问题。例如，王经理的孩子从开始学英文便成绩不佳，这是开始便有问题的情况；生产班更换新的设备后，质量便开始不稳定，这是中途出现的问题。开始便有的问题分析起来比较复杂，需要用到多种工具组合，至于中途出现的问题，主要掌握的便是当中有何改变，从变量中去寻找，往往能找到问题所在。

问题类型可以分成三大类，其一是发生型的问题，应该做到（得到、达到）而尚未做到（得到、达到）或不应该发生而发生者。例如，市场占有率下降、产品滞销等。其二是潜在型问题，例如，广告推出后，生产能力可能跟不上。其三是改善型问题，希望做到（得到、达到）而目前尚未做到（得到、达到）者，表示现状与期待有差距，而希望提升实力，是因为自身提高目标与标准而产生的差异，例如，以前交货期是 3 天，现在为因应客户的需求提早为 1 天，因而有许多问题要跟着解决，例如，订货流程、运输车辆的添购、人员的训练等。

小卡片：对问题的调查

87.5%的受访者对于自己的问题（现在与潜在）有隐瞒与不愿面对的现象，98%以上的受访者觉得自己的工作与团队有着必须要解决的问题，95.5%以上的受访者对于问题描述与认知的概念是不完全正确的，74%以上的研究企业对于存在的问题，尤其是潜在的问题并没有设立解决机制，甚至列为定时、定量处理的工作计划，超过 50%以上的企业会邀请主管干部，在年度目标设定时加入现存或潜在问题的解决方案，80%以上的企业认同：80%的公司成本耗损是由 20%问题所产生的；而这 20%的问题早已存在于 80%公司同仁的认知当中。

14.1.1.2 对问题的态度

1. 人人都有问题

有人说：生命只有一个单纯的问题，就是每个人都有问题。

学生插画练习：漫画能够表现"人人都有问题"。

有些人很怕别人批评他有问题，而有意地自我欺骗，认为自己绝不会犯错，不会有问题。其实，每个人都有问题，就像每个人会生病一样；生病时要看医生，不可讳疾忌医，同样，有问题时就须解决问题，不可不承认自己有问题。

小卡片：不能正确面对问题的行为

攻击：系一种敌视动作，与愤怒的情绪相接近。消极性攻击者总是装着不高兴的样子，不求别人协助、不合作、不太愿意回答别人的问话。积极性攻击者，喜欢抗辩、指责别人、愚弄别人、讽刺别人甚至对物对人有粗暴行为。

屈服：表现出消极、自暴自弃、被动等负面情绪，对工作没兴趣或没心思追求进步，得过且过，犹如一只被打的狗，尾巴缩在两腿间垂头丧气走了。

固执：明知道行不通、不合理，仍然要重复同一错误，根本不接受新观念，甚至可能以强烈态度反抗别人的约束或纠正的意图。

退化：虽然是成人，举止却表现得像小孩子一般，耍赖、婆婆妈妈、哭泣……，只希望回到过去的安全与美好状态，甚至，沉醉于自己建立的幻想世界，在幻想的世界中好像一切问题皆圆满解决了。

2. 越早发现问题越容易解决

因为当问题即将发生或刚发生时，造成问题的原因（过程）初步形成，较易解决，就像癌症，早期发现的治愈比率较高。所以随时保持问题意识挖掘问题、解决问题，免得事到临头，才想到抱佛脚，那就太晚了。

小卡片：企业中缺乏问题意识的现象

- 同样问题重复发生；
- 不良率持续偏高；
- 整理、整顿不良。

3. 面对问题才能解决问题

敢面对问题的人，才可能接受问题，才有勇气去分析问题，也才可能提出解决问题的对策。

小卡片：面对问题的正确心态

1. 积极思考：
- 视问题为机会；
- 化阻力为助力；
- 遇挫折即成长。
2. 用问题激发创意：
- 问题是自我考验的机会；
- 问题可刺激思考学习；
- 问题是自我历练的良药。

4. 问题是有意义的

因为一般人皆怕碰到问题，但如果进一步了解问题的本质会发现，人类文明进步的过程，就是不断解决问题的过程。所以每个问题的发生，都代表往上提升的契机，即所谓"危机就是转机"。

所以，在理解问题含义时，需要明确以下 3 点。

（1）问题本身不是问题，真正的问题是对待问题的错误态度和做法；

（2）学会精确定义真正的问题，而不是问题的表象；

（3）学会在问题中创造机会。

14.1.2 问题特性

如果你目前所处状况有以下特性存在，那么你所处的就是一个有问题的状况。

（1）不完全的交流与沟通。交谈已经中止或者根本没有开始，因此，相互之间缺乏完全的理解。

（2）未知。信息是缺乏的、未知的。

（3）不准确的信息。一些已知的信息是错误的。

（4）混乱。参与的人发现他们自己处于迷雾中，被外界的混乱刺激着或受多种选择的压抑或控制。

（5）隐藏的感情。急迫地企图退出的心情和内心感受。

（6）不同的观点。你和其他人有相互冲突的想法和意见。

（7）变化着的印象。像你观察到的一样，状态、思想、情感和期望都在变化。有时候这些变化是根本性的。

（8）平衡的窘境。存在一种相互斗争的拉锯似的状况，在此情况下，没有人或者某种思想能取胜，以打破这种平衡。

（9）存续性。这种平衡的状况并没有消失。

课堂活动：问题描述练习

以下描述，哪些是对"问题"的描述？

1. 一个疑问，团队不能找到答案的疑问。
2. 你的老板给你一个长期的、适当的工作项目。
3. 你的管理者设计了一个团队没有时间完成的任务。
4. 你看到几个很好的机会，可以改善质量状况。
5. 团队应当与当前的系统斗争或者只是沿着原有的系统工作。
6. 不管你做了什么，一个小组的目标都不能达到。
7. 在假期之前，团队有很多工作不能完成。
8. 由于合作者的反对，你不能推进一个过程。
9. 你应当重新组织团队的工作领域吗？
10. 一个疑问，团队到目前也没有尽力去回答的疑问。

（1是、2非、3是、4非、5是、6是、7是、8是、9非、10非）

实例分析：顾客技术公司的问题

顾客技术公司是一个以新技术为基础，以开发和销售消费品为主的小公司，公司有一种非常成功的产品——电动牙刷。最近，工程部对产品进行了很大的、新的改进，他们设计了完善的自动线路，减少了人的介入。

但是这产生了一个问题。工程部的管理者们希望立刻介绍和推广这种新改进的产品，但不幸的是，由于目前尚在测试生产阶段，生产管理者已经看到了生产这种新产品的问题，质量管理者也正在查找是什么原因导致的问题。市场管理者却希望立即发布这种改进产品，但财务管理者却担心如果太快推出这种新产品，可能会导致大量的原先生产的牙刷成为过时产品而滞销，加大库存量。

鉴于目前存在的问题，由公司总裁组织召开了正式的关于电动牙刷的会议。但会议的讨论很快恶化成为激烈的、无任何明确方向主导的互相间的争论。那些临时性的、未经事先充分准备的会议内容和计划安排，使旨在平息矛盾和问题的会议成为争吵的导火索。

问题：在该案例中，所有的问题特性都表现出来了。如果你希望帮助这个可怜的小公司，你将会如何做呢？

课堂活动：行动练习

你可以按照以下两种方式更有创造性地应用以上技巧进行思考。

第一，清晰地描述问题情况，并写下来，这样你就可以确切地知道你需要解决的问题到底是什么，并且询问是否还有其他问题。

第二，在你采取行动之前，尽可能多地想出可能解决问题的办法。方法的数量直接导致你得到结果的质量。

14.1.3　问题的管理

问题管理是一种新生代管理思想，其经典论断是：问题本身不是问题，真正的问题是对待问题的错误态度和做法。

14.1.3.1　问题总是存在

在公司经营管理活动中，永远都会存在问题；每一个特定时期都有其特定的问题；现有的问题解决了，新的问题又出现了。公司管理本质上就是问题管理。

14.1.3.2　回避问题只会导致更严重的问题出现

公司和员工通常都倾向于回避问题。人的天性就是自我美化，所以必然看成绩多、看问题少。回避问题也不能让问题自行消失，结果只能是小问题重复发生，学费一交再交；各方面小问题的累积最后变成了大问题，正如无数的蚁穴，最终导致千里之堤的崩溃。回避问题是一条没落之路，而正视和积极解决问题则是公司成长的"高速公路"。

小卡片：青蛙原理——不在问题中觉醒，就会在问题中沉沦

如果把一只青蛙扔进沸水中，青蛙就会马上跳出来。但是如果把一只青蛙放入凉水中逐渐加热，青蛙会在不知不觉中失去跳出的能力，直至被热水烫死。这就是问题管理中的青蛙原理。企业中的问题也是这样，企业内部的一些小问题日积月累，就会使企业逐步失去解决问题的能力和机制。

14.1.3.3　问题是公司和员工成长的机遇

把问题当作公司和员工不断完善自我的路标，当作有针对性地提高公司竞争力的指示灯。公司成长之路，实质上就是一条发现问题、研究问题和解决问题之路。

14.1.3.4　要培育积极对待问题的企业文化

企业文化是基本的价值观和行为标准。培育和强化一种新型的问题观，一种以理性和积极的态度来对待问题的主流态度，对保持企业持续发展尤为重要。

14.1.3.5 鼓励提出问题

在传统的企业文化气氛中，谈自己的问题有损形象，谈别人的问题会得罪人。新型企业文化则赞赏那些有反省意识并勇于提出自身问题的人，奖励那些通过提出问题、解决问题而提高了自我的员工。同时，还鼓励指出别人的问题，帮助整个团队改进工作。

14.1.3.6 提倡创造性地解决问题

新型的企业文化，不仅重视问题的解决，而且提倡问题解决方式的创新。创新意味着更好的结果和更高的效率。在这里，标新立异、异想天开是受鼓励的，大胆尝试并从失败中总结经验是受支持的，工作一次比一次做得好是受赞扬的。

14.1.3.7 要建立程序化解决问题的制度

发现、研究和解决问题的过程，必须有制度的保证，才能变成自动的程序机制。企业文化着眼于员工主动、积极去解决问题，而企业制度则提出了解决问题的外在强制性要求。

思政园地：工匠精神

不推诿，找寻解决之道

公司里来了一个实习生，每天10:00上班，22:00才下班，看着也挺辛苦的。上班时间，她总是每隔一会儿就会跑过来问老板："领导，合作方说要……我怎么跟他说呀？""领导，财务说……我该找谁？""领导，客户说发票开错了，怎么处理呀？"她把各式各样的问题抛给老板，多次打断了老板的工作思路，老板有点儿不耐烦，可又不能发脾气，毕竟勤学好问也没什么错。

某天下午，临近下班时老板把她叫进办公室，跟她进行了一次彻谈。老板问她："你为什么要来公司实习？"她说："我想锻炼一下自己的能力。"老板说："很好，但你知道，职场中最重要的能力是什么吗？"她想了想，不知该如何作答。

老板一本正经地告诉她："职场中最重要的能力，是解决问题的能力！实习的目的，是让你学会如何在复杂的局面下解决问题，而不是跑腿加班做苦力，更不是把问题丢给别人。每次我给你布置任务，你总是把每一步遇到的问题都抛给我，让我提出解决方案，你再去做，这样的话，有什么意义呢？公司需要的员工，在遇到问题的时候一定要懂得自己想办法，不是不可以找领导，但你至少应当想出3种解决方案再去找领导商量。也许，你的这些想法并不成熟，可时间长了，你自然会总结出一些规律和经验。这些东西，没有人可以手把手教会你，只能靠自己去体悟。"

她看着老板，点了点头，似乎明白了。果然，在后来的工作中，她改掉了遇到问题就问的习惯，先是自己想办法解决，偶尔问问同事，实在拿不定主意的时候才会询问老板。几个月后，她的工作效率上去了，做事也比以前果断了。

14.1.3.8　提出问题表

问题管理通过制度要求企业、部门和员工都有一张关于工作的问题表，内容包括：主要问题、原因分析、解决思路与方案、支持条件、时间表。这样一张不断修订的问题表，实质上是一张改变竞争劣势、培育竞争优势的路线图。

14.1.3.9　任务—方法二线式工作计划

工作计划只包含工作任务是不够的，还应当包含工作方法的改进，以不断优化工作方法的思想，指导工作计划的编制，持续完善作业程序，使企业竞争力的提高具有制度的保障。

14.1.3.10　得分—扣分并重式考评

业绩考评一般侧重于根据完成的工作来确定分数。问题管理的新思维，则要求更加重视存在的问题，要求在根据业绩得分的同时，要根据问题扣分并对扣分项目做出针对性的说明。考评会议不仅要成为工作成绩的认定会，更要成为现存问题的研讨会和工作方法的改进会。

14.1.3.11　项目反省制度

问题管理要求，企业应当实施项目反省制度。在完成一个项目后，人们多少都会做一些反省。但这种反省的意识性不强，反省的结果也很难用于改进下一个项目的工作。针对这些问题，建立项目反省制度就非常必要。这种制度化的对成败得失的总结，可以使得每个项目都成为向上攀升的新台阶。

问题管理作为一种新的管理思想，把公司存在的问题变成了成长和自我完善的机遇，让你感觉问题不再是问题。

14.2　问题管理的步骤

解决问题时，要注意程序，如果单从表面现象，便提出问题解决策略，往往会出现舍本逐末，或治标不治本的情况，当然也无法解决问题。例如，人员加班问题严重，便提出增加人手的要求，其实分析原因后可能是主管下达指令时间太慢，或是工作分配不当，或是流程设计不良所造成的。所以，在未分析具体原因之前，切勿乱下定论，造成更大的问题与挫折。俗话说"斩草不除根，春风吹又生"，解决问题也要抓住根本，才能顺利处理。

可以利用如图 14-1 所示的 6 个步骤来解决问题，按照一定流程来解决问题，你可以显著地提高自己的思考能力。

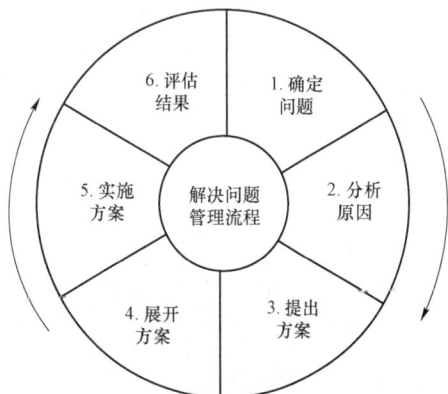

图 14-1　解决问题管理流程

14.2.1 确定问题

在遇到问题时，首先要界定问题。要清晰地界定所面对的状况，并且要写下来，"目前的情况到底怎样？"然后询问，"还有没有其他的情况？"有时以不同的词汇描述同一个问题可以让它更容易得到解决。至少有 50%的情况可以通过准确地界定得到解决。例如，企业在约定的交货期却无法发货和完成对客户的时间承诺。在这种情况下，管理者首要的任务就是去界定问题究竟出在哪里。另外，在分析问题来源的过程中，可能涉及相当多的部门，因此，界定问题绝对不是要界定责任，不是要将责任推卸给某个部门。而是为了彻底寻找问题产生的根源，从而为下一步更好地衡量、分析和解决问题打下坚实的基础。寻找替罪羊，对寻找问题的根源没有任何的帮助。

实例分析：一则笑话的启示

有一天，动物园管理员发现袋鼠从笼子里跑出来了，于是就开会进行讨论，经过查看袋鼠的生长档案并请教动物学家，后他们认为是袋鼠长大了，能跳得更高，所以原来设计的笼子的高度已经不够用了。于是他们将笼子的高度由原来的 2m，加高到 2.5m。第二天，他们发现袋鼠还是跑到外面来了，所以他们又将笼子的高度加到 10m。没想到第三天居然看到袋鼠又跑出来了，管理员百思不得其解，只好将所有的篱笆再加高，并且再加第二道、第三道篱笆，这样的抗争持续了很久。但是，一个月之后，管理员发现袋鼠又全都跑到长颈鹿那边去了，于是管理员绝望了。

一天，长颈鹿和几只袋鼠闲聊："你们看，这些人会不会再继续加高你们的笼子？"长颈鹿问。"很难说。"袋鼠说，"如果他们再继续忘记关门的话！"

确定解决问题的主题在整个程序中是最关键的一步，如顾客满意度、生产效率、周转时间、员工士气、提高质量、供应商管理、快速的市场情报、缩短新产品推出的周期等。写出一份问题陈述报告。

（1）列出与主题相关的较为重要的问题，进一步明确所需要解决的问题。

（2）选择问题，问题选择标准有：

① 对主题影响最大的；

② 客户最不满的；

③ 解决难度；

④ 解决需要时间；

⑤ 投资回报率；

⑥ 在控制范围内；

⑦ 资源的充分性。

（3）阐明并写出问题现状。问题描述越清楚，便越容易解决。例如，售货员没有笑容、售货员没有注视顾客、售货员没有对顾客说谢谢。

现状描述的主要内容：

① 谁——运输部门；

② 什么——22.5%的产品交付有延误现象；

③ 何地——北京地区；

④ 何时——从 2005 年 8 月开始至今；

⑤ 频率——一直；

⑥ 严重性——占客户投诉的 54%；

⑦ 持续时间——7 个月；

⑧ 其他问题。

（4）决定是否需要分析问题的根源。问题现状描述清楚之后，需要根据以下清单进行审核，以此来决定接下来执行第二步——找出原因，还是第三步——产生解决方案？

① 不知道原因；

② 知道原因；

③ 对原因有所了解，但不能确定；

④ 不必知道原因就可以解决问题；

⑤ 无法获得分析原因所需的数据；

⑥ 目前需要一种应急措施。

课堂活动：Pizza 外送问题

B 餐厅是一家 Pizza 餐厅，Pizza 餐厅必须有较多的外送才能提高利润，但是 B 餐厅外送状况一直不佳。B 餐厅主管发现外送状况不佳的因素可能有：

● 时间，顾客希望等待的时间不要超过 30 min，但是，餐厅有时会让顾客等待时间超过 30 min。

● 温度，Pizza 送到顾客处，温度已经太低，所以变得不够美味。

● 有些顾客认为晚餐只吃 Pizza 选择性不够，因为有些家人爱吃 Pizza，有些人则不爱吃。

如果你是主管，如何解决？

14.2.2　分析原因

询问"所有可能导致这种状况的原因是什么？"没有能够准确地确定原因往往会导致你必须一次又一次地去解决所遇到的问题，至少 25% 的状况可以通过发现导致它的正确原因而得到有效解决。例如，企业交货期的延误有可能是因为材料供应商的交货期延误，相应地造成了企业生产线上的延误，从而最终导致销售人员对客户所做的承诺延误。这样，企业在处理问题时，才能更有针对性。因此，对问题的分析，尤其是对核心问题的分析这一步骤是必不可少的，因为它决定了解决问题的方向，也直接影响到解决问题的效果。

具体步骤：

（1）确定问题产生的范围（流程图）；

（2）采集并分析数据；

（3）识别主要原因；

（4）目标陈述。

连问 5 个为什么？

Q. 为什么产品交付延误？

　　Q. 为什么？

　　　　Q. 为什么？

　　　　　　Q. 为什么？

　　　　　　　　Q. 为什么？

工具 1：寻找问题的核心流程。

一家企业在遇到运作不顺畅时，首先要寻找问题的核心流程。所谓寻找问题的核心流程，指的是思考企业本身成立的目的是什么，追求利润所采用的方式是什么，企业持续地关注客户的需求是什么。

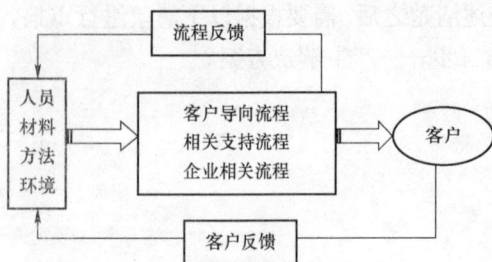

图 14-2　寻找问题的核心流程

客户购买企业生产的产品，企业才有可能盈利。客户不购买产品的原因未必是产品问题，而是由于客户心目中所期待的需求并没有得到充分的满足。实际上，如果产品品质有问题，但是品质问题不会影响到产品的使用功能，客户也是愿意购买的。满足客户需求的标准并不是唯一的。因此，为了争取并满足客户，需要抓住几个核心的流程，如图 14-2 所示。

14.2.2.1　客户导向流程

首先对市场进行分析，了解客户的需求和整个市场的需求；其次根据与客户的合约，具体实施如何去满足客户。公司在进行新产品开发时，还需将各个部门串联起来，共同努力完成生产任务。这其中包含供应商部分，因为供应商也是企业产品开发的一个环节，它必须提供资源和设备来协助完成新产品的开发。当新产品开发完成之后，还需要确认新产品是否达到了设计目标，反馈客户的需求是否真正得到了满足。

14.2.2.2　相关支持流程

为了满足客户导向流程，需要更多的相关部门都来提供协助。这些相关的支持流程包括训练与发展、信息情报系统、设备的维护保养、采购、供应商管理、物流管理和工装设备管理等。

在这些流程中，训练与发展是为了确保人员具备必要的工作能力和足够的个人发展机会，充分发挥员工的聪明才智；信息情报系统的建立，能有效地帮助公司收集数据，为分析决策服务；设备的维护保养、工装设备管理和质量控制等流程对产品质量都有比较重要的影响。

14.2.2.3　企业相关流程

企业相关流程主要包括经营和企业发展的计划。企业首先要考虑的是今后的经营和发展方向。根据对市场需求的调查，确定最适合本企业未来发展的方向，进而为这个总体目标付出最大的努力。

制订了企业的长远发展计划之后，接下来就要制订企业在近一二年内的经营计划，并根据市场需求的变化，不断地修正经营计划的具体内容，从而使经营计划随时与市场需求保持高度的一致。

工具 2：结构树——层层细化主题，找到与主题相关的具体的重要问题领域/原因。

工具 3：帕雷托图——从多种问题/原因中分离出主要的问题/原因。

工具 4：头脑风暴法。

工具 5：因果图。

课堂活动：烤漆线的问题

A 公司烤漆线的返工率与不合格率似乎都偏高,烤漆线主管在和工程师讨论后发现可能的原因有以下几项。

- 原料缺陷(来料为前工程冲压段制造);
- 环境造成的砂砾问题(现场已经有防尘设施);
- 油漆品质和不同机器之间的问题(供货商有两家,多种颜色);
- 返工造成不合格;
- 人员操作能力问题。

问题:如果你是主管,如何解决?

14.2.3　提出方案

询问"所有可能的解决方案是什么?"在你开始采取行动之前,把你所能想到的所有解决方案写下来,可能解决方案的数量往往决定着你所选择解决方案的质量。

具体步骤:

(1)产生可能解决问题的方案;

(2)制定绝对条件和选择标准;

(3)做出清晰的决定,选择最佳解决方案,通常来说有决定总比没有决定要好。

在选择问题最佳解决方案时,可以应用决策表帮助将不同选择方案就各种衡量标准进行比较。

工具 6:决策表。

	方案 A	方案 B	方案 C
绝对标准			
期望标准 1			
期望标准 2			

14.2.4　展开方案

展开方案的具体步骤:

(1)制订实施计划。制订行动计划时常见的错误:

① 没有明确责任人(谁);

② 没有详细制定重要行动步骤(什么);

③ 没有明确时间进程(何时);

④ 没有配给必要的资源;

⑤ 没能有效地监控进展情况。

(2)测试计划,找出潜在问题,并修改计划。

(3)"为实施决定设定一个清晰的责任,然后为决定的完成和审核设定一个最终期限。"记住,没有最终完成期限的决定是一场没有结果的讨论。

14.2.5　实施方案

具体步骤：

（1）实施计划，必要时进行更新；

（2）监督实施过程；

（3）采集用于评估解决方案（项目）有效性的数据；

（4）在必要时实施应急性计划；

（5）追踪和监控决定的实施情况，将实际结果与预期结果进行对比，得出一个新的解决方案和新的行动路线。

小卡片：默菲定律

默菲定律源于美国空军1949年进行的关于"急剧减速对飞行员的影响"的研究。实验的志愿者们被绑在火箭驱动的雪橇上，当飞速行驶的雪橇突然停止时，实验人员会监控他们的状况。监控器是一种由空军上尉工程师爱德华·默菲所设计的甲胄，甲胄里面装有电极。有一天，在通常认为无误的测试过程中，甲胄却没有记录任何数据，这使技术人员感到非常吃惊。默菲后来发现甲胄里面的电池每一个都放错了，于是他即兴说道："如果某一事情可以有两种或者两种以上的方法来实现，而其中有一种会导致灾难性的错误，而这一错误往往就会发生。"

默菲的这一说法后来得到广泛的流传并被总结成默菲定律：如果坏事有可能发生，那么不管这种可能性多么小，它总会发生，并可能引起更大的损失。即任何可能出错的地方都将出错！

14.2.6　评估结果

评估项目结果具体步骤：

（1）验证结果；

（2）检查解决方案（项目）是否带来新问题；

（3）将成功的解决方案（项目）设定为新的标准；

（4）表彰团队并沟通结果。

如果需要，则进入下一个改善循环。

14.3　问题管理的技术与技巧

在对问题含义有了一个明确的了解之后，接下来就是如何发现管理中的问题。发现问题的这一环节，在实际操作中，很难将其和问题分析这一工作分离开来。所以，这里将发现问题、分析问题合并为一个环节加以阐述。发现并分析问题是解决问题和实施决策过程的开始。在发现问题的时候，常常采用的方法是"头脑风暴法"。

14.3.1　发现问题、分析问题的方法

14.3.1.1　头脑风暴法

"头脑风暴"是一种典型的创造性的讨论方法。在讨论中人们依靠每个人的贡献产生对所处状况的综合图景。就像访谈的形式一样，计划是使之正常发挥作用所需要的。头脑风暴必须被有效地引导和管理，才能保证交谈和讨论的主题是集中的、有效的。

亚历克斯·奥斯本是"创造学和创造工程之父"、头脑风暴法的发明人。这种方法的目的是通过找到新的和异想天开的方法来解决问题。

课堂活动：练习

1. 用头脑风暴法，分析"顾客技术公司的问题"这一案例。
2. 利用头脑风暴法的办法收集一些能够改善你的学习和生活的方法。

当发现问题后，那么接下来就要对该问题进行定义。定义问题所采用的方法是"关键词分析法"。

14.3.1.2　关键词分析

关键词分析是一种定义重要的或有争议的词或概念的方法。

在分析问题的过程中，团队交流时，语意有时候可能成为一种障碍，当不同的人对同一个词有不同的理解和意思解释时，语意问题就发生了。使用"关键词分析工作表"将有助于帮助交流、沟通、澄清语意问题。为使用关键词分析，应该：

（1）选择应被列出的词或术语；

（2）在工作表的顶端写出这个词或术语；

（3）尽可能地以多种方式让团队定义该关键词；

（4）选出一个大家都同意的定义。

关键词分析是提供给问题解决者的一种支持技术，是一种有价值的解决困难的工具。

在第一节"顾客技术公司"的实例中，质量是一个应被定义的关键词，下面是来自团队成员关于该词的最初定义，如表 14-1 所示。

表 14-1　关键词分析的最初定义

关键词	质量
	定义
工程管理者	可接受的废品
质量管理者	没有缺点
市场营销人员	"最好"的市场产品
财务管理者	产生最高的边际利润
总裁	能使股票价格上升

经过对问题的严格定义，接下来的工作就是对问题进行分析。在问题分析的过程中，可以采用"历史追溯列表分析""鱼骨图分析""二八原理""反复性分析"这 4 种有效方法。

14.3.1.3　历史追溯列表分析

使用历史追溯列表分析（见表14-2），可以了解一个未解决的问题是如何渐进的、深化的，让人有可能重新想起这些事件发生的顺序，从而厘清错综复杂的现状。从当前的时间开始，列出主要的表象与原因，并检查每次是什么时候开始的，通过鉴别谁先谁后发生的秩序，展现出原因—影响之间的关系，如你经常会发现一个中间出现的问题确实是由于早期一个不正确的解决方案造成的。

表14-2　历史追溯列表分析

主要的表象/原因	它什么时候发生的	然后发生了什么

使用历史追溯列表，分析顾客技术公司工程部进行新工艺应用开发的计算机程序员的困境。在案例中，程序设计组领导召开了一个关于完善牙刷程序设计方案的会议，以检查如何进行应用开发。将程序员的意见分歧的原因顺序列出，最近的原因被放在最上面：

（1）缺乏程序设计团队的监督；

（2）程序设计组负责人选择老的数据库设计；

（3）回顾以前使用了不同的程序设计方法；

（4）在设计新程序时，很少考虑顾客意见；

（5）新程序设计方法未进行培训；

（6）程序设计组负责人获得了"按自己的方式行事"的权利；

（7）程序设计组负责人展现出"全通的态度"。

这种方法还能帮助你把事件结果串成问题事件演进表来进行分析，以便展示什么被忽略了和确定从哪里寻找根本原因。

14.3.1.4　反复性分析

反复性分析帮助你追踪问题的演化过程，通过反复性分析，区分最基本原因和它们的影响，这个逻辑的过程就像层层抽丝剥茧的过程。如果根本原因没有出现在你最初的问题研究过程中，那么先发现的似乎是一个最基本的潜在事实，将它写在如表14-3所示的"问题分析表"的第一个框中，然后问自己"这个事实是由什么产生的？"或者"为什么这个事实是一个问题？"不断重复这样的过程，直到你找到了问题的原因。下面的"顾客技术公司"例子说明了如何使用这一个工具。

表 14-3　问题分析表：电话中生气的顾客

他已经是第五次打电话

它是由于……

自动牙刷不能像当初想象的一样正常工作

它是由于……

所写的产品介绍不准确

它是由于……

新产品的包装盒中装了错误的使用手册

它是由于……

顶替休假员工的包装工没有遵守工作流程，在产品包装盒中塞入了错误的手册

💡 **即问即答**：请用"反复性分析"法分析当前食品领域乱象丛生的原因。

14.3.2　解决问题的方法

经过发现、分析问题，那么问题管理的下一个环节就是解决问题。通常，解决问题的步骤可以用下面流程图来表示，如图 14-3 所示。

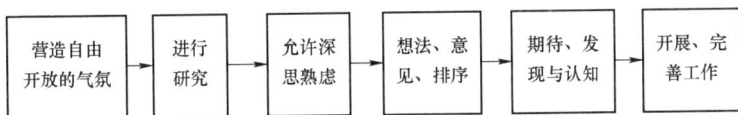

营造自由开放的气氛 → 进行研究 → 允许深思熟虑 → 想法、意见、排序 → 期待、发现与认知 → 开展、完善工作

图 14-3　解决问题的步骤流程图

在解决问题的过程中，常采用的方法主要有："优先排序法""合并法""重要性矩阵法"。

14.3.2.1　优先排序法

该种方法又称"冒泡排序法"，这种方法来源于计算机的程序设计。它就像计算机排序功能一样，对一组势均力敌的评估方案进行比较，把列表中前两项列出，并决定哪一个更好，如果第二个更好，则把它移到表的最上边，否则把它留在原来的顺序，然后再依次对下边两项进行比较，调整顺序，如此反复，直到排列出比较合理的优先顺序。

下面使用顾客技术公司列表中的剩余方案进行比较分析：

（1）让总裁决策，并让反对者保持一致；

（3）启动一种临时有用的操作方法以生产具有新功能的模型；

（6）向董事会汇报，并让它们做出决策；

（7）制订一个让董事会参与的共同计划方案；

（8）让眼前反复多次的过程自生自灭；

（9）聘请专家以协调这一过程。

第（1）和第（3）似乎一个正确的顺序，因此，让它们先放着，当比较第（3）和第（6）时，"临时有用"的方案似乎并不迫切，因此将它下移，则新的决策方案的优先顺序变为：

（1）让总裁决策，并让反对者保持一致；

（6）向董事会汇报，并让它们做出决策；

（3）启动一种临时有用的操作方法以生产具有新功能的模型；

（7）制订一个让董事会参与的共同计划方案；

（8）让眼前反复多次的过程自生自灭；

（9）聘请专家以协调这一过程。

这个过程应该从第一个开始向下比较到最后一个，只有当每个条目在表中的相对位置都得到大家的同意，这种比较才算完成。

课堂活动：针对顾客技术公司案例的优先排序

你是否同意下面针对顾客技术公司案例所做的优先排序，或者你会按什么不同的形式组织它们？

（7）制订一个让董事会参与的共同计划方案；

（6）向董事会汇报，并让它们做出决策；

（9）聘请专家以协调这一过程；

（1）让总裁决策，并让反对者保持一致；

（3）启动一种临时有用的操作方法以生产具有新功能的模型；

（8）让眼前反复多次的过程自生自灭。

思政园地：工匠精神

独当一面，值得托付

在获得全国"工人先锋号"的河南豫光金铅股份公司制氧厂运行工段，有一位气瓶充装班员工，名叫孙素霞，她是该公司的巾帼标兵。她调到气瓶充装班仅4个月的时间，就考出了全班第一的好成绩，并在多本杂志上发表了专业论文。

当记者对她进行采访，问到她新一年的工作打算时，孙素霞不假思索地说："在工作中能独当一面！我拿公司的工资，就必须努力做一个独当一面的员工。自己不能独当一面，做事让领导推推转转，拨拨动动，迟早会被淘汰。领导看不到、想不到、做不到的，能替领导看到、想到、做到。这样的员工，才是合格的员工，才对得起自己的工资。"

在休息时间，孙素霞一直不忘给自己充电。她的办公桌上整齐地码放着一堆书，都是与工作有关的技术类教材。有些书已经没有封面了，书中划满了各种颜色的线，有些地方还粘着复习提纲和知识总结。她之所以看这些书，是为了发现工作中的问题，并及时找到解决问题的办法。用孙素霞自己的话说："学习是为了使自己的价值得到增值，为企业创造更多效益，做对企业最有价值的员工。"

14.3.2.2 合并法

在评估期间，你可能发现列表中多个解决方案是不互相冲突的，而合并法的目的就是对剩余的方案进行归类，通过对同一类别的方案进行整合，有效缩短最后可供选择列表的长度。

在顾客技术公司案例最终决策列表中的前3个选择方案不完全成熟：

（7）制订一个让董事会参与的共同计划方案；

（6）向董事会汇报，并让他们做出决策；

（9）聘请专家以协调这一过程；

（1）让总裁决策，并让反对者保持一致；

（3）启动一种临时有用的操作方法以生产具有新功能的模型；

（8）让眼前反复多次的过程自生自灭。

经过考虑之后，管理团队决定将它们（第 6、7、9 项）进行合并，现在它们的列表变成了下面的样子：

（7）、（6）、（9）聘请专家进行调整，将所有的情况向董事会汇报，并与董事会一起共同制订计划的过程；

（1）让总裁决策，并让反对者保持一致；

（2）启动一种临时有用的操作方法以生产具有新功能的模型；

（3）让眼前反复多次的过程自生自灭。

14.3.2.3　重要性矩阵法

将可供选择的解决方案列于表 14-4 左边一栏，按重要性打分的方法在中间交叉的地方进行打分排序，然后通过新增栏进行总和计算。

表 14-4　重要性矩阵

打分评价范围：				
可供选择的解决方案	评　估　标　准			总　分

以顾客技术公司为例，用什么标准和重要性来判断你的可供选择的策略呢？

（1）影响股票价格；

（2）市场扩张与推广；

（3）节省费用与降低成本；

（4）有利于管理和激发员工士气；

（5）降低风险水平。

可将其重要性矩阵制作如下：

打分评价范围：1～5分，5分最重要

可供选择的解决方案	评 估 标 准					总分
	股票	市场	成本	士气	风险	
（7）、（6）、（9）聘请专家进行调整，将所有的情况向董事会汇报，并与董事会一起共同制订计划的过程						
（1）让总裁决策，并让反对者保持一致						
（2）启动一种临时有用的操作方法以生产具有新功能的模型						
（3）让眼前反复多次的过程自生自灭						

课堂活动：重要性矩阵练习

根据你对顾客技术公司案例的认识，对选择方案进行打分评价，并进行加总，完成矩阵表。然后将你的打分结果与下面顾客技术公司的结果进行对比。

打分评价范围：1～5分，5分最重要

可供选择的解决方案	评 估 标 准					总 分
	股票	市场	成本	士气	风险	
（1）聘请专家进行调整，将所有的情况向董事会汇报，并与董事会一起共同制订计划	5	5	4	5	5	24
（2）让总裁决策，并让反对者保持一致	2	3	5	3	3	16
（3）启动一种临时有用的操作方法以生产具有新功能的模型	4	5	1	4	1	15
（4）让眼前反复多次的过程自生自灭	1	3	5	1	1	11

小卡片："问题管理"的十大定律

【第一定律】把问题作为切入点、从问题开始进行管理，比把理论和目标作为切入点、从理论和目标开始管理，会更加简单有效。

【第二定律】管理者必须进行问题管理，而不是危机管理。

【第三定律】问题总在长大，解决需要动力。

【第四定律】用平常心寻找问题是不够的，要用"挖掘问题"的态度和方法，才能准确、到位地发现问题。

【第五定律】表达问题比发现问题更重要。

【第六定律】阶段、层次、角度、对象 4 个因素决定了问题挖掘方法和解决方案的差异。这也称为问题管理的四论（阶段论、层次论、角度论、对象论）。

第六定律推论：解决问题不仅要对症下药，还要对事下药、对人下药、对愿下药、对财下药。

【第七定律】监控问题有时比解决问题更重要。

【第八定律】治本总比治标好，治标总比不治好，不治总比搞乱好。

【第九定律】并不是所有的问题都需要马上解决，有些问题可以置之不理，有些问题可以掩盖起来，问题管理要抓大放小。

【第十定律】管理只有恒久的问题，没有终结的答案。

第十定律推论：优秀大公司并不比创业小公司的问题少，快速发展的企业和阶段性成功的企业存在更多需要解决和能够解决的问题。

14.4　问题解决方案的实施

通过发现、分析、解决问题这三个环节，找到了可行的、令人满意的解决方案，最后就要将其付诸行动，也就是问题管理的最后一个环节——实施。在这一环节，可采用的方法有：列出"行动计划表"、画出"甘特图"，在必要的情况下，还需采取"应急计划"。

14.4.1　行动计划表

在行动计划表中，需要考虑团队成员中谁能够胜任各项行动任务，以及谁将对表中的何事负责；在"绩效标准"栏中，必须明确达到的绩效水平的数量和质量；在"监测技术"一栏，也就是为你建立绩效表的标准，以及决定每一个功能必须被怎样达到，它是针对每个行动所使用的监测方法，比如，生产数量统计数字、抽样检查、巡查管理等；"所需资源"一栏包括时间、资金等各种资源，如表 14-5 所示。

表 14-5　行动计划表

日期：

总体解决方案：					
行动	负责人	绩效标准	监测技术	完成时限	所需资源

通过制订行动计划表，可以衡量目标、明确个人的责任和义务、节省时间、协调彼此的行动，创造一个现实的方案，使决策或者总体目标变为现实。

14.4.2　甘特图

详见本书第 8 章《时间管理》。

14.4.3　应急计划

在制订行动计划时，人们往往容易认为经过深思熟虑制订的计划是近乎完美的，很少有人会认为计划会出问题和麻烦。但是，谦虚和谨慎没有一点儿坏处，不要忘记"摩西规则"——"任何事情都可能变糟或出错"。为了避免人和工作出现这种情况，做一个应急计划是最好的保险措施。使用"应急计划工作表"有助于团队思考什么会出现错误，做什么能避免出错？以及思考如果事情变的越来越糟，你怎样才能从逆境中解脱出来？如表 14-6 所示。

表 14-6　应急计划工作表

什么可能出错？	你怎样能防止事情发生？	如果事情发生了，你怎样去修复和处理它？

在这里，需要强调的是：①虽然有好的方案，但实施不力，问题也无法解决。所以必须重视实施；②在实施过程中对上述 3 个步骤（发现、分析、处理问题）必须进行反馈，以便及时发现漏洞和偏差，纠正错误、弥补过失。

课堂活动：制订行动计划表

试针对你的某一项工作或者学习，制订一份行动计划表。

实训项目

项目名称：如何发现问题、分析问题？

背景：某民营房地产集团公司下属商贸分公司，在自有房产基础上经营有 5 家超市，经营品种以生鲜、食品、日用日化为主，总营业面积 10 000 m²；百货一家，主要经营范围为服装针织、皮具、皮鞋、化妆品、小吃，营业面积 4 500 m²；正在筹备中的购物中心面积 18 000 m²。

问题 1：经过统计，商贸公司 2021 年 9 月至 2022 年 3 月的销售，总体毛利率不到 8%，注意，相对于市场状况以及竞争对手来讲，此毛利率偏低，反映了占销售比重近 80% 的超市经营毛利不正常。

问题 2：经过进一步的市场调查，针对超市每个品种安排如下数量的市调（按销售数量排名），得出如表 14-7 所示的数据。

表14-7　商贸公司市场调查分析表1

品种	市调数量	毛利率/%	甲连锁店/%	乙连锁店/%	丙便利店/%
生鲜	150	3.2	4.5	5.2	8.6
食品	200	4.8	6.2	6.8	7.2
日用日化	200	5.3	6.3	7.5	8.9
整体毛利率		5.5（超市）	8.3（内参）	8.9（内参）	12.5（内参）

注：甲连锁店为一国营零售企业，在本地有34家连锁店，拥有诸多食品、日化产品的批发代理权；

乙连锁店为一民营连锁零售企业，现有18家分店，拥有部分食品、日化产品的批发代理权；

丙为一家200 m² 左右的便利店。

经过对市调数据进一步分析，发现价格问题，即公司产品进价比竞争对手售价高的情况，如表14-8所示。

表14-8　商贸公司市场调查分析表2

品种	单品	比甲高	比例/%	比乙高	比例/%	比丙高	比例/%
生鲜	150	12 种	8	7	4.7	0	—
食品	200	41 种	20.5	22	11	6	3
日用日化	200	25 种	12.5	12	6	3	1.5

公司意识到问题的严重性，紧急召开了采购人员的专项会议，要求在规定时间内（一周）针对以上问题各采购主任做出解释并及时与供应商进行谈判，希望能得到实质性的解决。

一周时间过去了，供货价问题依然没有得到明显的改善，高出的比例依然居高不下。总结各采购主任的解释，主要有如下几点。

1. 甲、乙对手拥有诸多敏感商品的控制权，近水楼台先得月，它们有权利及有实力去进行降价。

2. 公司政策对于供应商的渠道利润要求过高，厂商在无奈的情况下，只有提高供货价来保持其基本利润，如果要求供应商降价，只有舍弃部分渠道利润才可行。

3. 公司要求的经营方式过于呆板，竞争对手的部分商品是从批发市场上铲货来冲击市场，而公司没有此先例，都是以正常方式进行经营。

4. 公司的付款方式问题。由于现金进货与押款进货的供货价有区别，但是公司最低付款时限为7天付款，因此，没有办法降低价格。

5. 竞争对手的恶意竞争行为。牺牲利润，亏本赚吆喝。

6. 人手不够，杂事多，没有办法集中时间与精力与供应商谈判。

针对以上解释，公司明确回复：在有把握的情况下，以上由于公司自身原因造成的供货价高的问题，可以放宽尺度与供应商进行交涉。

但是，一周时间过去了，问题仍然没有得到改善。

真的就是以上原因造成的进价高吗？这是主要的原因呢？还是有其他的原因？

按照鱼骨图 5 个因素，总结出以下影响供货价的因素，并认同表中带星事项为影响事件的重要事项，见表 14-9。

表 14-9　用鱼骨图分析法分析影响供货价的因素

要素	影响事项	影响力	备注
人	一、自身因素 1. 采购人员的谈判力度不够 2. 管理者安排市调不力，没有系统的市调计划及安排，反馈迟缓 3. 没有及时地进行价格调整 4. 闭门造车，对外界反应迟缓 5. 素质问题，恶意作弊，私心杂念导致价格过高 6. 全员素质需要进一步提高	★	
	二、供应商因素 1. 实力问题 2. 代理级别问题 3. 哄抬物价，或者商品批次不同 4. 不能承受过高的渠道费用	★	
	三、竞争对手因素 1. 恶意降价行为，亏本赚吆喝 2. 有自己的批发代理优势 3. 经营方式灵活		
机	1. 硬件因素：设备、货架、冷冻设备等方面的好与坏对销售的影响、相关促销设备对于供应商的支持是否到位 2. 软件因素：软件系统落后，信息更新不及时 3. 陈列：商品陈列的位置差，面位安排少，陈列无序而杂乱，让厂商无信心	★	
料	1. 商品周转率不高，导致积压严重，产品滞销，厂商不肯送新货 2. 我们的商品质量比竞争对手的好，渠道正规 3. 公司政策的支持力度欠灵活，如合作方式、费用收取等方面，导致价格无法降低 4. 对于哪些商品价高没有一个清楚的认识	★	
法	1. 手法欠灵活，如进货方式、付款方式等方面 2. 没有进行定期与不定期有效的价格跟踪 3. 对于市场的变化没有做到及时地了解 4. 对供应商的支持力度没有到位 5. 促销方式上没有让供应商感觉有效而满意 6. 经营手法及公司发展方向有待提高层次	★	
环	1. 竞争环境的变化，商圈的变化导致竞争加剧，对手的恶意竞争行为频繁 2. 自身经营环境，如地理位置上的劣势，政府行为及地方的干扰等		

问题：

1. 根据所给资料，画出该案例的鱼骨图；

2. 运用一种或者多种发现、分析问题的技术，归纳并找出本案例中产生问题的最大根源。

复习思考题

一、多选题

1. 解决问题的方法有（　　　）。

A. 优先排序法　　　　　　　　　　B. 合并法

C. 重要性矩阵　　　　　　　　　　D. 因果图

2. 问题的定义（　　　）。

A. 一件事或物之应然与实然之间存在落差，并且有可能消除，有必要加以消除之任务

B. 结果与目标或标准的差异，是要求与现状的偏差

C. 要求回答或解释的题目

D. 需要研究讨论并解决的疑难或矛盾

3. 发现问题、分析问题的方法有（　　　）工具。

A. 头脑风暴法　　　　　　　　　　B. 关键词分析

C. 目标管理　　　　　　　　　　　D. 历史追溯列表分析

4. 问题管理步骤中分析原因可借助（　　　）工具。

A. 结构图　　　　　　　　　　　　B. 帕累托法则

C. 头脑风暴法　　　　　　　　　　D. 因果图

5. 客户购买产品，企业才有可能盈利，而满足客户需求的标准并不是唯一的，为了争取并满足客户，需要抓住几个核心流程（　　　）。

A. 客户导向流程　　　　　　　　　B. 相关支持流程

C. 企业相关流程　　　　　　　　　D. 目标制定流程

二、简答题

1. 简述问题管理的步骤。

2. 如何分析原因？

3. 请用历史追溯列表分析法解决你曾碰到的一件难事。

4. 浅谈发现问题的方法。

5. 简述解决问题的方法。

复习思考题参考答案